REIHE ZEITGUT

Schicksale

Ulrich Steinhilper

Die gelbe Zwei

Erinnerungen und Einsichten eines Jagdfliegers 1918 bis 1940

Herausgegeben von Jürgen Kleindienst

JKL Publikationen

Alle im Buch veröffentlichten Fotos und Dokumente stammen aus dem Privatbesitz von Ulrich Steinbilper.

Bibliografische Information Der Deutschen Bibliothek
Die Deutsche Bibliothek verzeichnet diese Publikation in der Deutschen Nationalbibliografie; detaillierte bibliografische Daten sind im Internet über http://dnb.ddb.de abrufbar.

Reihe ZEITGUT, Schicksale
Verlag: JKL Publikationen GmbH, Berlin
Klausenpaß 14, 12107 Berlin
Telefon 030 - 7 41 04 624, Telefax 030 - 7 41 04 626
eMail: info@zeitgut.com
www.zeitgut.com
Herausgeber: Jürgen Kleindienst
Umschlaggestaltung: Maria Herrlich, Berlin
Druck: Ebner & Spiegel GmbH, Ulm
Printed in Germany
ISBN 3-933336-30-9

Inhalt

Kindheit und Jugendjahre

In jener Nacht, als ich geboren wurde, gab es einen der wenigen Fliegerangriffe des Ersten Weltkriegs auf Stuttgart. Zunächst wollte meine Mutter ihr erstes Kind nicht im Keller entbinden, aber als dann die Fliegerabwehrkanonen bellten, fügte sie sich doch den Anweisungen der Hebamme. Schon wenig später trug ich durch mein Geschrei zum Lärm des Luftangriffs bei. Das war am 14. September 1918.

Der Vater meiner Mutter, Großvater Christian Bay, diente als Feldwebel zwölf Jahre im württembergischen Heer. Nach Ende seiner Dienstzeit wurde er bei der Reichsbahn angestellt. Ein Arbeitsverhältnis war damit gesichert, aber die Bezahlung war gering. Trotzdem ließ er seinen Kindern eine gute Ausbildung zukommen. Die drei Töchter besuchten die damals üblichen »Seminare« und wurden Lehrerinnen. Die beiden Söhne, meine Onkel Karl und Adolf, brachten es zum Ingenieur. Sie fingen als Lehrlinge bei Bosch und Daimler Benz an, danach gingen sie auf die bekannte und traditionsreiche Maschinenbauschule Eßlingen, wo sie die Ingenieurprüfung ablegten. Adolf arbeitete im Ersten Weltkrieg für die Firma Gotha und entwarf dort ein Flugzeug, das einen Weltrekord erzielte. Später war er in Ludwigshafen Direktor des Zeppelinhafens. Nach dem Ersten Weltkrieg wanderte er in die USA aus. Dort konstruierte er Webmaschinen und erfand eine Methode, hochbeanspruchte Textilnadeln zu härten.

Im Gegensatz zu meiner Mutter hatte mein Vater Wilhelm eine sehr schwere Kindheit. Sein Vater, ein armer Bauer in Knittlingen, starb, als er und seine beiden Brüder noch sehr klein waren. Seine Mutter heiratete wieder und brachte noch einen Sohn zur Welt.

Wilhelm lernte in der Volksschule sehr gut und kam deshalb nach Stuttgart ins »Waisenhaus«, wo es sehr streng zuging. Er wurde Lehrer und unterrichtete an verschiedenen Volksschulen in Dörfern rund um Stuttgart. Dort lernte er die »Lehrerin« Paula

Bay kennen und lieben. Wie es damals üblich war, heirateten die beiden nach einiger Zeit.

Zu Beginn des Ersten Weltkriegs war mein Vater eingezogen worden. Er diente sich hoch zum Leutnant der Infanterie und kämpfte an der französischen, italienischen und rumänischen Front. In Italien war Erwin Rommel sein Kompaniechef. Wenn ich später mit meinem Vater über den Ersten Weltkrieg sprach, zeigte er sich noch immer voller Verehrung für seinen ehemaligen Kompaniechef.

Nach dem Krieg wurde Ochsenwang, ein kleines Dorf, das am Steilabfall der Schwäbischen Alb liegt – ungefähr vierzig Kilometer entfernt von Stuttgart – unsere Heimat. Wir lebten dort von 1918 bis 1925 im Haus gegenüber der Kirche, dessen erster Stock dem Dichter Eduard Mörike als Wohnung gedient hatte, als er 1832/33 Vikar an der Dorfkirche war. Wie er hatten auch wir weder fließendes Wasser noch Strom.

Die Dorfschule in Ochsenwang verfügte nur über ein Klassenzimmer und hatte nur einen einzigen Lehrer: meinen Vater. Unsere Familie – 1921 wurde noch meine Schwester Trude geboren – war arm, doch mir fehlte es an nichts. Mein Vater war sehr sportlich, und es dauerte nicht lange, bis in dem kleinen Dorf Ochsenwang auf einer Anhöhe ein Faustballfeld angelegt wurde. Dort trainierte er die jungen »Älbler« und gewann mit ihnen so manchen Wettbewerb. Meine Mutter, die musikalisch begabt und als Lehrerin entsprechend ausgebildet war, gründete einen Kirchenchor. Orgel und Klavier spielte sie für die dortigen Verhältnisse außerordentlich gut.

Da es im Dorf nur einen kleinen Laden gab, der lediglich das Nötigste wie Zucker und Mehl führte, mußte mein Vater größere Einkäufe in Kirchheim unter Teck tätigen, das zwölf Kilometer entfernt war. Manchmal ging er auch in das etwas näher gelegene Weilheim, aber auch das waren neun Kilometer. Solange wir kein Fahrrad besaßen, mußte er alle diese Wege zu Fuß erledigen.

Merkwürdig, wie das Gedächtnis manche Dinge hervorholt, während anderes in Vergessenheit gerät. Ich erinnere mich deutlich an ein Weihnachtsfest, das nicht zu meinen schönsten zählt. Vater war unterwegs, um letzte Einkäufe zu erledigen. Wie gewöhnlich durfte ich ihm bergabwärts durch das »Zipfelbachtal« entgegengehen. Ich war noch sehr klein, aber niemand fürchtete,

Mein Vater unterrichtete in der Ochsenwanger Dorfschule sieben Jahrgänge in einem Klassenraum. Ich stehe als stolzer Erstkläßler vor ihm, neben mir meine kleine Schwester Trude, die natürlich auch aufs Bild wollte.

daß mir etwas zustoßen könnte. An diesem Tag sollte ich im Dorf Hepsisau auf ihn warten, wo ich zur »Belohnung« einen richtigen Haarschnitt beim örtlichen Friseur erhielt, der mich sanfter behandelte als der im Nebenberuf als Friseur tätige Ochsenwanger Postbote. Als ich fertig war, dauerte es noch eine Ewigkeit, bis Vater aus Richtung Weilheim erschien und wir gemeinsam durch das Zipfelbachtal heimgingen.

Der Weg verlief neben dem Bach. Er war steil und vereist, und Vater rutschte mit seinem schweren Rucksack aus. Er wäre in den Bach gefallen, wenn ihn nicht einige Tannenbäumchen aufgefangen hätten. Soweit war es gutgegangen, denn er hatte sich nichts gebrochen, aber in seinem Rucksack hörte man Glas klirren. Die Zylinder für unsere Erdöllampe! Um die richtige Größe für einen zweiten Zylinder zu erwischen, hatte Vater unser einziges Stück sorgfältig verpackt als Muster mitgenommen. Nun hatten wir gar keinen mehr! Man kann sich vorstellen, was das für ein Fest war! Ohne Licht konnten wir nicht lesen, meine Mutter konnte keine Weihnachtslieder auf dem Klavier vorspielen und infolgedessen konnten wir auch nicht singen. Die Stimmung zwischen den Eltern war nicht gerade freundlich. Ein solches »Fest« vergißt man nicht so schnell.

Als meine Eltern endlich in der Lage waren, ein Fahrrad zu erwerben, wurde vieles leichter. Damit sie es beide benutzen konnten, schafften sie ein Damenfahrrad an. Selbstverständlich konnte so ein teures Gerät mit einem Lehrergehalt nicht auf einmal bezahlt werden, und so stotterten sie das Gritzner Damenfahrrad in zwölf Monatsraten ab. Mehr als an das Rad selbst erinnere ich mich, wie mein Vater meiner Mutter das Radfahren beibrachte. Er hatte es beim Militär gelernt und war sich seiner Sache sicher, aber es dauerte wohl zwei bis drei Wochen, bevor Paula es beherrschte. Manchem Hindernis – ob Dornenhecke oder Steinmauer – konnte sie leider nicht rechtzeitig ausweichen.

Heute ist kaum noch vorstellbar, daß man damals selbst das Alltägliche nur schwer bekam. Gemahlenes Mehl war knapp und deshalb teuer. Wenn die Bauern die Ernte eingebracht hatten, suchten wir drei die Stoppelfelder nach Ähren und einzelnen Körnern ab, die durch den Rechen gefallen waren. Uns zuliebe »vergaßen« die Bauern schon mal kleinere Stellen, wo die Ausbeute dann besonders groß war. Sie wurde gesiebt, in die Mühle gebracht und ausgemahlen. Mit diesem Mehl backten wir unser Brot und unsere Kuchen.

Gebacken wurde im Backhaus, denn die Häuser im Ort hatten keinen eigenen Backofen. Das Backhaus lag neben der Schule und wurde von allen genutzt. Natürlich durften wir Kinder dabei sein. Die abendlichen Backstunden genoß ich, weil es dann frisches Brot gab. Besonders schön war es zu Weihnachten, wenn »Gutsle« gebacken und hin und wieder gemeinsam Lieder gesungen wurden.

Vor allem aber erfuhr man im Backhaus Neuigkeiten, schließlich war der Nachrichtenfluß noch dürftig. Vor achtzig Jahren drang nur wenig in so kleine Dörfer wie Ochsenwang vor, im Winter sogar manchmal wochenlang gar nichts. Selbst im Sommer kamen die Zeitungen nicht regelmäßig in unsere abgelegene Gegend. Das Radio befand sich noch in der Experimentierphase. Wir erlebten auf den umliegenden Bergen, dem Breitenstein oder dem Auchtert, wie die Radiobastler Versuche mit Kristalldetektoren unternahmen. Der Empfang blieb dem Glück über-

Weihnachten 1926: Ganz außen stehen meine Eltern. Ich habe eine Laubsäge in der Hand und einen Hammer im Mund. Meine Schwester Trude sagt bis heute, daß ich mit Hammer und Laubsäge durch ihre Kindheitserinnerungen geistere.

lassen, von Klang und Qualität keine Spur. So ging man, wollte man Neues erfahren, zum Backhaus, und wir Kinder, den Duft des frischen Brotes in der Nase, lauschten andächtig.

Geschichten aus der großen Welt brachten auch die Schäfer und Steinklopfer mit. Auf den guten Weiden um Ochsenwang herum gab es viele Schafe, und es war immer ein besonderes Erlebnis, wenn sie Lämmchen zur Welt brachten. Auch die Männer, die neben den staubigen Landstraßen auf den Steinhaufen saßen und die Steine zu Schotter zerklopften, wußten einiges von der Welt, denn sie waren oft weit herumgekommen.

Um das Jahr 1925 brachte ein Lastwagen die große technische Revolution auf den Berg nach Ochsenwang. Dieses von einem Motor angetriebene Fahrzeug hatte die »Steige« von Bissingen herauf geschafft. Da Ochsenwang so etwas noch nie erlebt hatte, versammelte sich das ganze Dorf, um das Wunderwerk zu bestaunen. Für uns war der Lkw eine Sensation, auch wenn die damalige Technik noch in den Kinderschuhen steckte: Die Hinterachse hatte noch kein Differential; eine riesige Kette, ähnlich einer dicken Fahrradkette, trieb sie an, und die breiten Räder bestanden aus Vollgummi.

Mir war bis dahin nicht bewußt, wie behütet ich in dem kleinen Dorf lebte. In der zweiten Hälfte der zwanziger Jahre zogen wir dann nach Creglingen an der Tauber, wo Vater die Lehrerstelle erhalten hatte, die gleichzeitig die Stellvertretung des Schulleiters umfaßte. Die Kleinstadt hatte für den Siebenjährigen einige weniger angenehme Überraschungen parat – nicht zuletzt im Umgang mit den anderen Kindern. Obwohl Ochsenwang nur 200 Kilometer von Creglingen entfernt war, sprach man dort einen ganz anderen Dialekt. Auf der Schwäbischen Alb hatte ich ein breites bäuerliches Schwäbisch gelernt, nun mußte ich mich auf das Fränkische umstellen. Anfangs wurde ich wegen meiner Sprache als »Bauernbub« oder, was noch schlimmer war, als »Dummerle« verspottet. Kinder sind da nicht gerade zimperlich.

In Creglingen begegnete ich zum ersten Male Juden, von denen ich bis dahin nur in der Bibel gelesen hatte, und ich erinnere mich, wie sehr es mich überraschte, daß sie wie jeder andere aussahen. Creglingen hatte etwa 1200 Einwohner, davon waren etwa 200 Juden. Das Städtchen war Endstation einer kleinen Eisenbahn und in dem landwirtschaftlichen Gebiet Hohenlohe ein bedeutender Umschlagplatz für Getreide und Vieh. Viele Händler für landwirtschaftliche Produkte wohnten hier mit ihren Familien. Sie bildeten die große jüdische Gemeinde von Creglingen.

Mit den jüdischen Familien kam ich über meine Mutter in Berührung. Sie waren als Kaufleute und Händler finanziell recht gutgestellt und schickten ihre Kinder zu meiner Mutter in den Klavierunterricht – meist die Mädchen. Es mögen wohl an die sieben oder acht im Alter zwischen sieben und vierzehn Jahren gewesen sein. Meine Mutter war von ihren Schülerinnen durchaus begeistert und hielt sie für talentiert.

Jeden Samstag zogen die jüdischen Familien festlich gekleidet von der Synagoge auf der Straße, die nach Rothenburg führte, an unserem Wohnhaus vorbei. Ein gutes Stück weiter drehten sie dann um und kehrten in den Ort zurück. Ich mochte es, wie sie, alle schwarz gekleidet – auch die Frauen und Mädchen – und lebhaft plaudernd da unten vorbeizogen. Julius, der Sohn eines jüdischen Schmieds, mit dem ich mich angefreundet hatte, nahm

Meine Creglinger Klasse um 1928: Ich bin der Junge mit der Fahne. Der Dritte von links in der ersten Reihe ist mein Freund Julius, der mir die Synagoge zeigte.

mich eines Tages heimlich in die Synagoge mit, die um die Ecke der Schmiede lag. Dort fühlte ich mich unbehaglich, der Altar und der ganze Innenraum wirkten unheimlich und fremd.

Die Creglinger Schule, an der mein Vater unterrichtete, hatte sieben Grundschul- und drei Realschulklassen. Es dauerte nicht lange, bis er auch hier einen Fußballverein gründete. Zu jener Zeit waren Bälle, besonders lederne Fußbälle, eine Seltenheit. Mein Ansehen bei den jungen Burschen wuchs gewaltig, als sie merkten, daß ich über gebrauchte Fußbälle verfügen durfte, die in unserer Waschküche aufbewahrt wurden. Dieses Vergnügen war allerdings nicht ohne schmerzliche Begleitumstände zu haben: Tägliches Klavierüben verordnete meine Mutter, erst danach durfte ich auf den Fußballplatz. Das war keine Kleinigkeit, denn ich verspürte nicht den Wunsch, Klavierspielen zu lernen. Doch meine Mutter setzte sich durch. Ich gehorchte, aber das erforderte manchmal viel innere Disziplin, wenn unten meine Freunde auf mich und den Ball warteten.

Die meisten Creglinger Kinder beendeten ihre Schulausbildung nach sieben Jahren und gingen entweder in den bäuerlichen Betrieb der Eltern oder begannen eine Lehre. Nur wenige besuchten die Realschule, und von diesen setzte nur ein Teil nach drei Jahren den Schulbesuch im benachbarten Bad Mergentheim fort, wo man das »Einjährige« nach sechs Jahren ablegen konnte, oder zog nach Stuttgart, wo nach neun Jahren mit dem Abitur die Hochschulreife erworben werden konnte.

Vom ersten Augenblick an gefiel mir in Creglingen die uns benachbarte Gärtnerei. Die Brüder Herberts bewirtschafteten eine weiträumige Anlage mit einem großen gläsernen Gewächshaus, das im Winter mit Koks beheizt wurde. Sie lehrten mich, wie man Samen streut und die gekeimten kleinen Pflanzen umsetzt. Ich bekam für meine Arbeit ein paar Pfennige, war aber mit ganzem Herzen dabei, Salat, Rettich, Spinat und Blumenkohl aufzuziehen. Kühlschränke gab es noch nicht, geschweige denn Südfrüchte aus Übersee. Wenn im Gewächshaus die Gurken heranreiften, ging endlich die lange Winterzeit ohne frisches Gemüse zu Ende. Stimmte die Planung der Herberts, waren die ersten Gurken zur Osterzeit auf dem Markt.

Bei den Herberts fühlte ich mich wohl, weil sie mit mir richtige Gespräche führten, etwa über den Unterschied zwischen Beamten und Handwerkern, über Selbständigkeit und die große Weltpolitik. Völlig willkürlich formten sie so mein Weltbild. Meine Eltern zeigten sich nicht gerade begeistert von meinem guten Verhältnis zu den Gärtnern. Sie hätten lieber gesehen, wenn ich den Pflanzen in unserem Garten die gleiche Aufmerksamkeit gewidmet hätte.

Weil ich hin und wieder, wenn niemand zur Stelle war, auch den Verkauf von Salat und Gemüse übernahm, kamen die Herberts auf den Gedanken, mich mit einem Leiterwagen und einer Waage ins Städtchen zu schicken. Mein ambulanter Verkauf sollte recht gut bezahlt werden. Ich war damals elf Jahre alt, willigte aber ein, ohne meine Eltern zu fragen. Kinderschutz kannte man noch nicht, erst recht nicht auf dem Lande.

Eine Woche lang ging alles gut, aber dann erwischte mein Vater mich in einer Schulpause mit meinem Leiterwagen. Aus der Traum! Samt Wägelchen wurde ich zur Gärtnerei zurückgeschickt, und es gab einen Riesenkrach. Meine Eltern hielten sich für etwas »Besseres«, und dazu paßte es nicht, daß ihr Sohn Salat und Rettiche verkaufte.

Ich fand bald eine neue Nebentätigkeit. In der Familie war ich längst dafür bekannt, daß ich alles auseinander nahm und meistens auch richtig wieder zusammensetzte. Es ist daher nicht verwunderlich, daß ich mich mit dem Inhaber einer kleinen Werkstatt, in der Motorräder und Autos repariert wurden, anfreundete. Ich durfte Motorräder putzen und Autos waschen. Dafür wurde ich zuweilen mit einer Fahrt auf dem Motorrad belohnt. Später durfte ich sogar Motoren zerlegen. Ich erinnere mich noch daran, wie mir das Einschleifen von Ventilen beigebracht wurde.

Die Arbeit gefiel mir, und man sah mich nicht selten auf dem Rücksitz eines schnellen Motorrads. Einmal lud mich ein Autobesitzer zu einer Fahrt nach Künzelsau ein, fünfzig Kilometer über eine staubige Landstraße, und hinterher waren wir stolz, daß wir nur zweimal »Plattfuß« hatten.

Wie meine Eltern – mein Vater als Fußballtrainer, meine Mutter als Chorleiterin – ihr Talent und ihre Energie einsetzten und gekonnt Veranstaltungen organisierten, das weckte den Neid einiger eher behäbiger und selbstzufriedener alteingesessener Bürger. Als der Chor meiner Mutter in einem Wettbewerb über den Gesangverein, der von Frau Forstmeister Hennig geleitet wurde, auch noch triumphierte, wurde das als Affront aufgefaßt.

Solche »Kleinigkeiten« störten mich nicht, aber sie betrafen mich. Als ich nämlich eines Tages mit Freunden auf unserem Damenrad eine Steige am Ortseingang herunterfuhr und mich an der Geschwindigkeit berauschte, warf mir ein Forstangestellter einen Stein in das Vorderrad. Ich stürzte und zog mir dabei schlimme Schürfwunden zu. Noch schlimmer war, daß der Missetäter mich anschließend verprügelte.

Das war meinen Eltern zuviel. Sie entschieden, ihn beim Amtsgericht zu verklagen. Aber der einzige Anwalt in Creglingen vertrat sofort die Gegenseite, so daß sie einen Anwalt in Bad Mergentheim, am Sitz des Amtsgerichts, beauftragen mußten. Damit war die Sache schon verloren. Am Tag der Verhandlung traten drei Zeugen aus Creglingen auf, die erklärten, was für ein Rowdy und Störenfried ich sei. Wir hatten keine Zeugen, und so verfügte der Amtsrichter, daß der Förster freigesprochen werde und meine Eltern in der Zeitung eine Annonce aufzugeben hätten, in der sie sich entschuldigten. Das alles kostete so viel Geld, daß an Einspruch gar nicht zu denken war.

Von nun an behandelten mich meine Eltern sehr streng. Ich schien an allem schuld zu sein, denn sie bestraften – so kam es mir jedenfalls vor – immer nur mich. Ich begann an mir zu zweifeln und wußte bald nicht mehr ein noch aus. Als meine Mutter dann eines Tages während der Klavierstunde, als ich stümperhaft vorspielte, den Schuh auszog und auf mich einprügelte, rannte ich in mein Zimmer und schloß mich ein. Ich drohte aus dem Fenster zu springen, falls irgend jemand versuchen sollte, die Tür zu öffnen. Ich war so unglücklich und verwirrt, daß ich es vielleicht wirklich getan hätte. Gott sei Dank überdachten meine Eltern ihr Verhalten. Das war sehr ungewöhnlich, denn Eltern hatten damals immer recht. Daß die Leute sich dauernd über mich beschwerten, hatte sie zermürbt und mir gegenüber ungehalten gemacht. Nach meinem Verzweiflungsausbruch haben wir uns ausgesprochen, und von da an fühlte ich mich zu Hause wieder wohl.

Für mich wäre es nun an der Zeit gewesen, auf die höhere Schule nach Bad Mergentheim zu wechseln. Aber Bad Mergentheim war dreißig Kilometer entfernt, zu weit, um täglich mit der Bahn dorthin zu fahren. Meine Eltern entschieden daher, daß ich die 3. Klasse noch einmal absolvieren und zusätzlich Englisch lernen sollte. Ich lernte also Englisch und wurde ein Jahr älter. Aber auch nach einem Jahr war die Zugverbindung nicht besser. Wir mußten eine andere Lösung finden.

Damals kamen die ersten Fahrräder mit Hilfsmotor auf den Markt, zwar nicht mit heutigen Mopeds vergleichbar, aber doch recht robust. Diese Räder schafften nicht alle Berge, da sie nur zwei Gänge hatten, brachten es aber auf bis zu dreißig Kilometer pro Stunde. So ein Fahrrad mit Zweitaktmotor schien all unsere Probleme zu lösen! Ich würde damit jeden Tag die achtzehn Kilometer nach Weikersheim fahren und dort in den Zug steigen, der auch andere Schüler nach Mergentheim brachte. Da ich erst dreizehn Jahre alt war, erhielt ich dafür eine besondere Genehmigung und wurde so der erste motorisierte Schulpendler in Creglingen.

Aber das ging nicht lange gut. Mein Gefährt war mir manchmal nicht schnell genug, und als mich eines Tages unsere Hebamme mit ihrem Hilfsmotor-Fahrrad auf dem Heimweg überholte, ließ

Ausflug des Creglinger Albvereins im Jahre 1928. Alle Honoratioren der Stadt waren in diesem Verein Mitglied, auch meine Eltern. Aber als soziale – und zudem zugezogene – Aufsteiger gehörten sie nie wirklich dazu. Ganz vorne sitze ich, der Rowdy.

ich alle Vernunft fahren und gab Vollgas. Nach wenigen hundert Metern überholte ich die Hebamme wieder und fühlte mich stolz. Da tat es unter mir einen gewaltigen Schlag, und der Motor fraß sich fest.

Meine Eltern ließen mich für diese Dummheit büßen. Bis der Motor repariert war, sollte ich jeden Tag mit dem Damenfahrrad nach Weikersheim fahren. Bei gutem Wetter ging es einigermaßen, aber wenn ich verschlief, erreichte ich den Zug nur, wenn ich die kürzere Strecke über die Berge nahm. Dann geriet ich tüchtig ins Schwitzen, und wenn es auch noch regnete, kam ich ganz durchnäßt zum Zug. Naß von innen und außen saß ich den ganzen Tag in der Schule und fror. Das hatte Folgen: Ich holte mir eine schlimme Nierenentzündung.

Die Krankheit kurierte ich in den Sommerferien, und als der reparierte Motor zurückkam, baute ich ihn sogleich selbst ein. Bevor ich Auspuff und Schalldämpfer befestigte, unternahm ich eine Probefahrt. Der Ton war so schön laut, und es machte einen

Heidenspaß, mit solchem Lärm durch den Ort zu brausen. Als ich aber auf dem Rückweg am Haus des Verwaltungsaktuars vorbeifuhr, warf dieser Holzscheite nach mir. Eines traf mein Vorderrad, so daß ich stürzte. Ich war nur leichtverletzt, aber das Vorderrad war hin. Meine Eltern hatten aus Erfahrung gelernt und dachten nicht daran, vor Gericht zu ziehen.

Vom Schulsport war ich infolge meiner Krankheit befreit. Ich fand nun mehr Zeit zum Klavier- und Orgelspiel und hatte sogar Freude daran. Zwar reichte ich noch nicht an die Baßpedale, aber auf der Klaviatur der Orgel fühlte ich mich wohl. Die große Orgel mit ihren riesigen Pfeifen befand sich in der Stadtkirche, und dorthin hatte ich zu gehen, wenn ich mich musikalisch entwickeln wollte. Da ich jung war, zog ich natürlich leichtere Musik den Chorälen oder der Kirchenmusik vor. So spielte ich auf diesem gewaltigen Instrument – es hatte drei Klaviaturen – auch Tanzmusik. Beim Tango hörten sich die Pfeifen der Kirchenorgel besonders gut an. Das machte mir richtig Spaß, aber dem evangelischen Pfarrer nicht, und so wurde die Erlaubnis, auf der Kirchenorgel zu spielen, widerrufen – zumindest vorübergehend.

Dieser Bann wurde aufgehoben, als meine Mutter wenig später erkrankte und ich an ihrer Stelle bei einer Beerdigung in der Herrgottskirche – mit dem berühmten Riemenschneider-Altar – spielen sollte. Ich hatte Herzklopfen, aber alles lief gut. Daraufhin durfte ich auch wieder auf der Orgel in der Stadtkirche üben, aber selbstverständlich nie wieder Tanzmusik und Schlager.

Da ich mit dem Hilfsmotor-Fahrrad nicht mehr fahren durfte, kam ich zu Frau Adelmann in Mergentheim in Pension. Außer ihrer Tochter Liselotte und mir lebten noch drei weitere Schüler in dem Haushalt. Frau Adelmann mußte mit dem Geld, das sie an uns Schülern verdiente, auskommen. Das Essen war entsprechend, aber wir fühlten uns wohl und vertrugen uns gut.

Als Realschüler in Mergentheim kam ich mit der Hitlerjugend in Kontakt. Ein HJ-Führer sprach mich an, ich solle beitreten. Die Jungen, auf die ich dort traf, gefielen mir aber nicht. Sie schienen alle die Schule verlassen zu haben und eine politische Karriere anzustreben. Für mich waren sie »Maulhelden«, mit denen ich meine Zeit nicht verbringen wollte.

Von den Lehrern in Bad Mergentheim ist mir der knapp zwei Meter große Studienrat Wöbbelmann, der Englisch unterrichtete,

Wir erlebten 1928/29 einen strengen Winter, und ich bekam die ersten richtigen Skier. Bisher war ich mit Faßdauben, auf die Lederschlaufen genagelt waren, über den Schnee gerutscht. Aus Büchern lernte ich den »Telemark« und den »Christiania« und durfte bald mit den Älteren und »Besseren« des Städtchens mitfahren. Dieser »vornehme« Sport trug viel dazu bei, daß ich schließlich akzeptiert wurde.

Realschüler in Bad Mergentheim, 1931, neben mir Frau Adelmann, die sich mit ihrer Tochter Liselotte (links im Bild) als Pensionswirtin durchschlug, nachdem ihr Mann dem Alkohol verfallen und arbeitslos geworden war.

in lebhafter Erinnerung. Er hatte in England gelebt und betonte immer wieder, daß es auf dieser Welt nichts Besseres gäbe, als einen englischen Paß zu besitzen, denn mit dem könne man überall hinreisen, ohne ständig um ein Visum bitten zu müssen. Bei ihm lernte ich gerne Englisch. Für mich war er ein Vorbild, ja ich bewunderte ihn. Seine Achtung vor dem englischen Volk hinterließ bei mir einen sehr starken Eindruck.

Vom Frühjahr 1933 an besuchte ich die Friedrich-Eugens-Oberrealschule in Stuttgart, denn ich lernte leicht, und meine Eltern konnten sich den Schulbesuch leisten, da mein Vater inzwischen Schulvorstand geworden war.

Auch in Stuttgart mußte ich eine günstige Unterkunft suchen. Die beste und billigste Lösung schien das Heim des Christlichen Vereins Junger Männer (CVJM) in der Furtbachstraße zu sein. Das war gewagt bei meinen vierzehn Jahren, denn dieses Heim wurde recht offen geführt. Wir konnten nach Belieben kommen und gehen, und wenn ich der Rowdy gewesen wäre, für den mich die Leute in Creglingen hielten, hätte ich das wohl ausgenutzt. Aber ich lernte und benahm mich für mein Alter recht erwachsen.

Im Heim teilte ich das Zimmer mit einem 24 Jahre alten Schuhmacher, den ich nicht oft zu Gesicht bekam. Er war gläubiger Christ und hatte das Heilige Land besucht. Die Photos von dieser Reise führte er auf Lichtbildvorträgen vor. Mein monatlicher Scheck belief sich auf fünfzig Mark. Manchmal verzichtete ich auf das Essen, um mir einen Kinobesuch leisten zu können. Das verschwieg ich meinen Eltern wohlweislich, denn sie hätten sich Sorgen um meine Gesundheit gemacht.

Der freie Ausgang am Abend war schön, nur hatte ich keine Freunde. Das Lernen fiel mir weiterhin leicht, aber der Umgang mit den Mitschülern nicht. Ich war ein Außenseiter, ein »Bauernbub«. Wenn ich in der Stunde wieder einmal etwas besser gewußt hatte, klemmten sie mich unter die Schiefertafel und fuhren mir mit dem schmutzigen Tafelschwamm über das Gesicht.

Wie lange ich das durchgestanden hätte, weiß ich nicht. Aber es bahnte sich eine Lösung an. In den Ferien lernte ich Siggi kennen, eine junge Dame aus Stuttgart, die ihre Sommerferien bei Bekannten in Creglingen verbrachte. Sie erzählte mir von ihrem Bruder, der in der Schule nicht so recht mitkam. Wir heckten den Plan aus, daß ich künftig als Pensionsgast bei ihnen wohnen sollte.

Sommer 1933 auf einem Schulausflug zur Burg Hohenzollern. Noch trage ich (vorn rechts) das grüne Hemd des CVJM.

Als guter Schüler konnte ich möglichweise dem Bruder beim Lernen helfen. Zurück in Stuttgart, weihte Siggi ihre Mutter ein, die ohne Bedenken zustimmte. Jetzt kam es auf mich an: Der Besuch bei Siggis Vater, Direktor einer Verkaufsniederlassung für Eisen und Stahl, war meine Angelegenheit. Herr Roser war ein feiner Mann, und ihm gefiel mein Vorschlag, mit dem Sohn Wilfried zu lernen. So zog ich in die »vornehme« Hasenbergsteige.

Diese Veränderung erleichterte mein Leben ungemein. Natürlich wurde in der Schule registriert, daß ich in eine gute Gegend

In meiner neuen Heimat Heutingsheim zeichnete ich mich zum ersten Mal im Leben als»Bauernbub« aus: Ich wurde Maikönig, weil ich der einzige Junge war, der reiten konnte. Meine Maikönigin war die Tochter des ortsansässigen Schmieds.

gezogen war. Innerhalb kurzer Zeit gewann ich nun Freunde, Wilfried kam in der Schule besser zurecht, und für Frau Roser, die immer knapp bei Kasse war, bedeutete meine monatliche Zahlung eine willkommene Einnahmequelle. Wilfried und ich stellten so manches gemeinsam an. Diese »Schulpension« wurde zu einem wertvollen Teil meines Heranwachsens.

Ich war noch immer Mitglied beim CVJM. Wilfried trat dem Verein ebenfalls bei und nahm an mancher Fahrt teil. Aber inzwischen war Adolf Hitler an die Macht gekommen, und das traf auch den CVJM: Er wurde »gleichgeschaltet«. Angeblich waren verschiedene Jugendorganisationen unnötig, und so ging der christliche Verein in der Hitlerjugend auf. In einer feierlichen Veranstaltung gaben wir die grünen Hemden ab und nahmen die braunen der Hitlerjugend in Empfang.

1934 zogen meine Eltern nach Heutingsheim in die Nähe von Stuttgart um. Dort wurde dann meine Schwester Helga geboren. Etwa zu dieser Zeit trat mein Vater in die NSDAP ein. Warum er das tat, weiß ich nicht. Vielleicht bewog ihn die wirtschaftliche Lage dazu, die damals so schlecht war, daß das Gehalt der Beamten um zehn Prozent gekürzt und diese Summe dann in drei Raten pro Monat ausgezahlt wurde. Hitler versprach, all diese Mißstände zu beseitigen, und erhielt entsprechend viel Zulauf.

Ich glaube, daß die Erlebnisse in Creglingen das politische Denken meines Vaters stark beeinflußt haben. Als Offizier des Ersten Weltkrieges beschäftigte er sich zudem viel mit dem Diktat von Versailles, das den in Deutschland lebenden Menschen wenige Chancen einräumte. Ihm schien wohl, daß Hitler und die NSDAP dieses Unrecht beenden würden. Dieser Glaube, aber auch die Erfahrungen mit der konservativen »Oberschicht« in Creglingen mögen ihn veranlaßt haben, schon so früh Parteimitglied zu werden. Die wahren Absichten der NSDAP haben damals nur wenige erkannt, sonst wäre die »Partei«* kaum soweit gekommen.

Bei Familientreffen hörte ich fortan so manche heftige Diskussion zu diesem politischen Thema zwischen meinem Vater und Onkel Karl, einem engagierten Anhänger der DVP (Demokratische Volkspartei). Karl Bay hatte dort viele Freunde, unter anderen den ersten Bundespräsidenten nach dem Krieg, Theodor Heuss. Onkel Karl, der in einer gehobenen Position bei der Deutschen Reichsbahn arbeitete, fiel mit seinen politischen Ansichten bei der NSDAP bald unliebsam auf. Bevor er jedoch in ernsthafte Schwierigkeiten geriet, wurde er krank und in den vorläufigen Ruhestand versetzt. Das entzog ihn den Angriffen in der Öffentlichkeit, aber innerhalb der Familie kam es zu einer Art Spaltung. Mit Onkel Karl und seiner Frau verkehrten wir bis zum Kriegsende 1945 kaum noch. Nach dem verlorenen Krieg wurde Onkel Karl schnell wieder gesund und konnte als Amtsrat bei der Bundesbahn arbeiten.

Mit dem Umzug nach Heutingsheim änderte sich auch meine Situation. Ich konnte wieder zu Hause wohnen und von dort täglich mit dem Zug nach Ludwigsburg in die Schule fahren. Inzwischen war ich siebzehn. In diesem Alter besuchte man damals eine Tanzschule, das gehörte zum festen Teil der Erziehung.

In der Tanzschule erlebte ich zum ersten Mal, wie sich der Haß auf Juden auswirken konnte. Wir, die Schüler der 8. Oberklasse,

---

* Die Partei: Erst in Gefangenschaft hörte ich das Wort Nazi-Partei. Deswegen werde ich in diesem Buch nur das Wort »Partei« verwenden, so wie ich und die meisten Deutschen es damals gebrauchten.

waren angehalten, unsere Damen selbst einzuladen. Ein Schulkamerad war mit einem attraktiven jüdischen Mädchen befreundet und lud sie ein. Er erhielt eine Zusage. Das rief die »Partei« auf den Plan: Im berüchtigten »Stürmer« erschien ein Artikel mit der Überschrift »Greuel«. Unter dem Druck der Schulleitung wurde das jüdische Mädchen aus der Tanzstunde ausgeladen. Ihr Tanzherr erschien daraufhin auch nicht mehr. Er blieb aber – sicher ist sicher – in der Hitlerjugend. Meine Distanz zur HJ wuchs noch mehr, und da ich zwischen Heutingsheim und Ludwigsburg pendelte, konnte ich leicht die meisten HJ-Veranstaltungen meiden.

Im Frühsommer 1936 besuchten Werbeoffiziere der Kriegsmarine und der Luftwaffe unsere Schule. Mit Lichtbildern warben sie erfolgreich für die Offizierslaufbahn in ihren Teilstreitkräften. Als der Luftwaffenoffizier vortrug, war ich wie elektrisiert von dem Gedanken, daß ein einfacher Junge wie ich fliegen lernen könnte. Wie aus der Pistole geschossen kamen meine Fragen. Ich verhehlte nicht, daß ich mich schon einmal vergeblich, beworben hatte, und zwar beim 13. Infanterieregiment, das eine lange Tradition in Ludwigsburg hatte. Die Ablehung hatte man damit begründet, daß selbst für gute Bewerber kein Platz vorhanden sei. Ich zweifelte das an, denn zur Bewerbung gehörte auch ein »Leumundszeugnis«, und ich hatte schon als »Rowdy« vor Gericht gestanden. Heute weiß ich, daß diese Ablehnung mich den Krieg überleben ließ. Die Chancen dafür waren im 13. Infanterieregiment gering. Es kämpfte in Polen, war im Frankreichfeldzug eingesetzt und später in Rußland. Dort wurde es in ein Panzerregiment umgewandelt.

Die Werbeoffiziere der Luftwaffe beruhigten mich aber: Die Anforderungen von Heer und Luftwaffe seien verschieden, ich solle es erneut versuchen. Ich gewann den Eindruck, daß die Luftwaffe sich als neuer Wehrmachtsteil weniger auf Verbindungen und Traditionen stützte. Meine Bewerbung schickte ich nach Berlin, dort wurde die Luftwaffe zentral gesteuert und geführt. Als ich eingeladen wurde, mich an der Flugzeugführerschule der Reichsluftwaffe in Berlin-Gatow vorzustellen, war meine Freude unbändig. Als ich erfuhr, daß wir in Gruppen zu fünfzig Abiturienten geprüft würden, tauchten erste Zweifel auf. Zwar war die Einladung ein erster Schritt, aber würde eine »Landpomeranze« wie ich angenommen werden?

Im Sommer 1936 reiste die 8. Klasse der Oberrealschule Ludwigsburg für vier Wochen in ein Landschulheim nach Isny im Allgäu. Wir trieben Sport, schmiedeten Zukunftspläne und genossen das Leben, das für so viele von uns nur so kurz sein sollte.

Fliegen zu wollen, dieser Wunsch war zu jener Zeit recht ungewöhnlich, so, als nähme man sich heute vor, in den Weltraum zu fliegen. Unser Physikprofessor, der im Ersten Weltkrieg Pilot gewesen war, munterte uns auf. Er hielt für uns drei Bewerber, die in Berlin-Gatow getestet werden sollten, nachmittags Unterricht, in dem er uns die physikalischen Grundlagen des Fliegens vermittelte. Wenn bloß nicht der immer wiederkehrende Zweifel gewesen wäre: »Kann ein junger Mann, der aus einem so kleinen Dorf wie Heutingsheim stammt, wirklich Pilot der Luftwaffe werden?«

Schon Tage vorher reiste ich nach Berlin. Dort wohnten entfernte Verwandte, die ich noch nie gesehen hatte. Da in Berlin zur selben Zeit die Olympischen Spiele stattfanden und Quartiere knapp und teuer waren, sollte ich bei ihnen wohnen. In Stuttgart wurde ich von den Eltern auf dem Bahnhof verabschiedet. Meine Mutter war ein bißchen nervös, weil ich so weit reiste. Vater gab mir Ratschläge für die lange Fahrt. Als die große, schwarze Lokomotive die Waggons aus dem Bahnhof zog, winkte ich eifrig. Meine erste große Reise begann. Heutingsheim, Ludwigsburg und Stuttgart lagen bald hinter mir, und die Gedanken eilten voraus – was Berlin wohl bringen würde?

Die Landschaft flog vorbei, aber ich merkte es kaum. Alle Sinne waren auf Deutschlands Metropole gerichtet. Als wir endlich durch die ersten Vorstädte rollten, war ich enttäuscht: Das sah ja aus wie in Stuttgart! Doch als der Zug in den Anhalter Bahnhof einfuhr, erschien mir dieser riesig. So viele Bahnsteige hatte ich noch nie zuvor gesehen. Das Menschengewirr war ungeheuerlich. Überall im Bahnhof und entlang der Straßen hingen die Fahnen der Nationen, die an den Spielen teilnahmen, sowie die Fahnen mit den Olympischen Ringen und dazwischen die roten Fahnen mit dem Hakenkreuz. Der Eindruck, aber auch die Verwirrung waren gewaltig. In meinem ganzen Leben war ich kaum jemals so beeindruckt, wie bei der Ankunft in dieser großen Stadt.

Die Verwandtschaft, der ich mich erst einmal vorstellen mußte, nahm mich schon auf dem Bahnsteig in Empfang. Ich wurde allseits belächelt und als »vom Land« kommend entsprechend behandelt: »Was siehst du gesund aus! Die Luft auf dem Lande muß schon viel besser sein, als hier in der Stadt!«

Für mich war alles aufregend: die bunten Fahnen, die vielen Leute, die fremden Sprachen, so etwas erlebte ich nicht zum ersten Mal, aber in der Olympiastadt 1936 war es einfach überwältigend. Ich versuchte, mir nichts anmerken zu lassen. Die Stadtmenschen sollten nicht denken, sie seien etwas Besonderes oder Besseres. Das Ehepaar betrieb ein Elektrogeschäft und hatte einen erwachsenen Sohn, der es später einmal übernehmen sollte. Sie besaßen ein Motorrad mit Beiwagen, das auch zum Warentransport diente.

Zum vorgesehenen Termin brachten mich die Verwandten mit ihrem Motorrad zum Flughafen Gatow und setzten mich an der Wache ab. In der Kaserne traf ich auf die 49 anderen Jungen, die zu der Prüfung eingeladen waren, darunter auch die beiden Ludwigsburger. Alle gaben sich den Anschein, als seien sie ruhig und gelassen, dabei waren wir aufgeregt und stolz darauf, in Berlin zu sein – noch dazu während der Spiele. Der überwiegende Teil unserer Eltern hatte die deutsche Hauptstadt bisher nicht gesehen, und schon deshalb war es ein besonderes Ereignis, auf Kosten des Staates nach Berlin zu reisen.

Die Prüfungen waren umfangreich, nicht umsonst dauerten sie

drei Tage. Auch die geistige Beweglichkeit war gefordert: Wir mußten einen Kurzvortrag halten und die anschließende Debatte leiten. Jedem standen drei Themen zur Auswahl. Der zehnminütige Vortrag mußte vor allen Prüflingen von einem Podium aus gehalten werden. Unter die Zuhörer mischten sich Luftwaffenoffiziere, die immer wieder Notizen machten. In der darauffolgenden Diskussion sollte der Vortragende versuchen, seine Ansicht zu vertreten.

Meine Wahl fiel auf »Vor- und Nachteile von Großstädten«, wobei ich die von der Partei ausgegebene Losung »Zurück aufs Land« etwas unter Beschuß nahm. Als Begründung für meine Meinung stellte ich die kulturelle Bedeutung von größeren Städten und die dortige Konzentration von Geist und Intellekt in den Vordergrund. Ich war selbst erstaunt, daß ich bei diesem Thema so redegewandt auftrat und mir viele Argumente einfielen, vor allem vor einer solch großen Zuhörerschaft. Damit löste ich einen regen Disput aus. Ich bekam viel »Feuer« aus den Reihen meiner Mitbewerber, die linientreu erscheinen wollten. Auch dabei machten die beobachtenden Offiziere, wahrscheinlich waren es Psychologen, ihre Notizen. Aber ich behauptete mich, ohne in Streit zu geraten.

Der andere Teil der Auswahlprüfung galt der physischen Verfassung. Disziplinen wie Turnen, Leichtathletik, »Mutübungen», ein ganzes Spektrum von körperlicher Leistung wurde uns abverlangt. Diesen Teil hielt ich für meinen Schwachpunkt. Jetzt rächte sich, daß ich wegen meiner Krankheit lange vom Sport befreit gewesen war. Wir sollten einen Sprung über das Pferd zeigen. Das hatte ich bisher weder gekonnt noch geübt. Trotzdem rannte ich mit dem Mut der Verzweiflung mit voller Wucht gegen die Stirnseite des hölzernen Pferdes. Es knallte und krachte, aber ich hatte das Turngerät nur um einige Meter verschoben. Als ich diesen vergeblichen Versuch wiederholen wollte, nahm mich der beaufsichtigende Offizier zur Seite und wies mich an, diese Übung auszulassen. Natürlich dachte ich, daß dieser mißlungene Sprung das Aus für mich bedeutete. Bei den folgenden Leichtathletikprüfungen konnte ich dann einiges ausgleichen. Zum Glück hatte der Prüfoffizier seine Kladde schon zugeklappt, als ich beim 3000-m-Lauf als letzter ins Ziel stolperte. Schwimmen konnte ich schnell und ausdauernd, aber Langlauf war eben nicht meine Stärke.

Nach zweieinhalb Tagen wurde eine Liste mit den Namen der zehn Auserwählten verlesen. Zu meiner vollkommenen Überraschung und großen Freude war ich dabei! Plötzlich sah es nun so aus, als würde ich es schaffen, bei der Luftwaffe angenommen zu werden.

Bevor wir Gatow verlassen durften, mußten wir uns noch einem letzten Test unterwerfen: Alle zehn wurden in einen separaten Raum geführt und mußten dort einzeln laute Kommandos geben an Soldaten, die freilich nicht anwesend waren. In der gehobenen Stimmung, in der ich mich befand, brüllte ich, als müsse man mich in Stuttgart hören.

Ich hatte von meinen Eltern Geld bekommen, um mir Berlin und auch einige sportliche Wettkämpfe ansehen zu können. Trotz der anfänglichen Faszination und Begeisterung mußte ich mir eingestehen: So eine Großstadt behagte mir eigentlich überhaupt nicht. Sämtliche Straßen waren voller Menschen und Fahrzeuge. Vielleicht hätten mich die sportlichen Veranstaltungen in den Bann geschlagen, aber die Enge, die vielen Leute, das Gewimmel störten mich. So hatte ich schon einmal empfunden, nämlich beim Großen Deutschen Turnfest, das 1933 in Stuttgart stattgefunden hatte.

Ich fuhr lieber wieder nach Hause. Vielleicht war ich auch nur darauf aus, meinen Eltern von meinem Erfolg zu erzählen oder dem Physiklehrer, der sich um uns und die Vermittlung der Grundlagen der Kunst des Fliegens so viel Mühe gemacht hatte. Mit stolzgeschwellter Brust saß ich im Zug. Nach der Ablehnung durch die Infanterie konnte ich meinen Eltern nun berichten, daß ihr Sohn gute Aussichten hatte, Offizier in der Luftwaffe zu werden.

Meine endgültige Einstellung hing nur noch von einer physiologischen Prüfung in Bad Cannstatt ab. Dort ging es dann zu wie in einer modernen Folterkammer. Wir wurden auf Gleichgewichtssinn und Orientierung, kurz auf unsere physiologische Kondition geprüft. Zuerst wurden wir auf Wendeltreppen über mehrere Stockwerke gejagt. Dabei mußten wir angeben, wo Norden, Süden, Osten und Westen war. Dann wurden wir einzeln in eine Art Rhönrad geschnallt. Ein Motor bewegte das Liegebett nicht nur horizontal und uns nicht nur kopfüber, sondern in allen Achsen.

Das war aber noch nicht genug!

Uns wurden Zahlen zugerufen, die wir addieren, multiplizieren oder subtrahieren, und sobald wir das Ergebnis hatten, dieses zurückrufen sollten. Ich war heilfroh, als die Tortour vorbei war und erinnere mich nur ungern an das Herumgedrehe in dem Drahtkäfig.

Zuletzt folgte ein Test, von dem ich immer noch nicht genau weiß, warum er gemacht wurde: Wir mußten in jede Hand einen Metallgriff nehmen, der – das sagte man uns vorher – mit Schwachstrom geladen würde. Wir sollten die Griffe festhalten, bis wir die Stromstärke nicht mehr ertragen könnten. Die sollten sich wundern! Ich blieb stur! Wenn von diesem Test meine Annahme abhing, würde ich sie halten, bis ich umfiel! An diesem Tage war ich einer von denen, die durchkamen. Danach gab es keine Prüfungen mehr, und von Berlin kam die Nachricht, daß ich angenommen sei.

Geschafft! Ich lerne fliegen!

1936
Vom Arbeitsdienst zur Luftkriegsschule

Am 3. September 1936 erhielt ich meinen Einstellungsbescheid von der Luftwaffe. In diesem wurden auch Bedingungen für die endgültige Aufnahme genannt: Zuerst mußte ich meine Schule mit guten Noten abschließen. Dann hatte ich meiner Arbeitsdienstpflicht zu genügen, allerdings würde dort meine Dienstzeit auf zwei Monate reduziert. Die ersten sechs Monate auf der Kriegsschule galten als Probezeit, erst danach würde die Offiziersausbildung erfolgen. Das störte mich jetzt alles nicht mehr. Ich war überzeugt, daß ich alle Hindernisse bewältigen würde und ein ganz neuer Lebensabschnitt beginnen sollte.

Von diesem Herbst an schien mein Leben in einen höheren Gang zu schalten. Es lief nicht mehr so dahin, sondern stürmte mit einem Tempo vorwärts, das ich vorher nicht für möglich gehalten hätte. Für jedermann war ersichtlich: Deutschland befand sich im Wiederaufbau seiner Wehrmacht, nicht nur Waffen, auch Menschen waren dazu erforderlich. Das wirkte sich auch auf mein Schicksal aus. Das Abitur bestand nicht, wie üblich, in einer Prüfung, vielmehr wurden die Noten meines Abschlußzeugnisses aus dem Durchschnitt der Zensuren des ersten Halbjahrs der 9. Klasse abgeleitet. Aus diesen und einer abschließenden Bewertung des Lehrers, der für die Klasse verantwortlich war, setzte sich das zum Hochschulstudium berechtigende »Notabitur« zusammen.

Es erstaunte mich, wie sehr persönliche Gefühle die Wertung beeinflußten. So gab mir der Physiklehrer ein »Sehr gut«. In Physik war ich gut, daß ich allerdings ein »Sehr gut« bekam, rührte wohl von seiner Liebe zum Fliegen. Im Gegensatz dazu stand die Bewertung des Chemielehrers, der frei von nationalistischem Denken war: Er gab mir ein »Ungenügend«. Ich war in Organischer Chemie schwach, aber so schwach? Als ich jedoch die Durchschnittsnote »Gut« sah, vergaß ich alle Bedenken. Mit gerade achtzehn Jahren hatte ich die »Hochschulreife« erworben!

Schon am 1. Oktober hatte ich mich ganz in der Nähe, in Schwäbisch Hall, zu melden. Das war ungewöhnlich, denn man leistete den Arbeitsdienst fern der Heimat. Zu jener Zeit hatten die Menschen wenig Reisemöglichkeiten, nicht einmal im eigenen Land kam man herum. Der Dienst in entfernten Gegenden sollte dazu beitragen, andere Menschen kennenzulernen. Dialekte und Gewohnheiten waren ja so verschieden, daß man sich kaum verstand. Das gegenseitige Verständnis sollte also gefördert werden.

In Schwäbisch Hall waren wir in der Samenscheune untergebracht, die zur benachbarten Comburg gehörte. Die mittelalterliche Burg lag auf einer Anhöhe, die Schwäbisch Hall überragt. In der Scheune gab es eine Küche, einen Speisesaal, Schlafräume, Duschen, Toiletten und ein besonderes Quartier für die Stammannschaft. Für alle anderen war der Arbeitsdienst nur Durchlaufstation: Alle befanden sich auf dem Weg zu verschiedenen Truppenteilen der Wehrmacht.

Werner Ruoff,* ein Offiziersanwärter aus Stuttgart, und ich hatten nur acht Wochen zu »arbeiten« und wurden so behandelt, daß es uns nach acht Wochen ganz und gar reichte. Die »Sonderbehandlung« wurde allerdings etwas zurückgenommen, als wir eine kleine Musikkapelle gründeten, der wir den Namen »Arbeitsdienst-Kameraden« gaben. Werner Ruoff spielte Cello und ich Klavier. Mit einer Handvoll anderer Kameraden vertrieben wir die Langeweile und sorgten für passable Unterhaltung.

Unser kleines Lager beherbergte nur eine Kompanie. Das Essen war knapp, und wenn der Lagerleiter nicht so einfallsreich gewesen wäre, hätte er uns wohl nicht satt bekommen. Dank seiner Initiative war ein Gemüsegarten entstanden, und mit den Küchenabfällen mästete er Schweine. So wurde unsere gewöhnliche Verpflegung mit frischem Salat, Gemüse und sogar ab und zu mit Fleisch angereichert.

Der normale Arbeitstag begann mit dem Weckruf um halb sechs wie beim Militär mit einem Hornsignal. Natürlich war es um diese Zeit noch dunkel und kalt. Uns blieben zehn Minuten zum

---

* Werner Ruoff war ein Abiturient, der in Ludwigsburg als Offiziersanwärter beim Infanterieregiment 13 angenommen worden war. Sowohl Werner als auch seine beiden älteren Brüder sind in Polen und Frankreich gefallen.

Mit dem Arbeitsdienst verbinde ich bis heute Kälte und Hunger. Offiziersanwärter wurden dort ziemlich schikaniert, weil sie nur acht Wochen Dienst tun mußten. Hinter mir hält jemand einen Spaten hoch. Werner Ruoff, mein Leidensgefährte in Schwäbisch Hall, ist der Junge ohne Käppi.

Waschen, Zähneputzen und Anziehen, dann begann der Frühsport auf einer Wiese gegenüber der Scheune. Diese hatte der Bauer kräftig mit Mistbrühe gedüngt, vielleicht, weil er den zwangsweisen Umzug auf einen anderen Platz provozieren wollte. Aber weit gefehlt! Unser Stammpersonal fühlte sich eher ermuntert, mit uns Bodenübungen zu exerzieren, damit wir in engen Kontakt mit der stinkenden Brühe kamen.

Nach dem Frühsport rannten wir in unsere Schlafräume, hängten die feuchten, stinkenden Trainingsanzüge neben unsere doppelstöckigen Betten und schlüpften in die Arbeitskleidung. Dann kippten wir Schwarzbrot mit Zichorienkaffee in uns hinein. Auf dem Marsch in die Stadt trugen wir die Spaten geschultert wie Gewehre. So mißhandelt wir uns auch fühlten, wenn es durch die Stadt Schwäbisch Hall ging, waren wir von Stolz erfüllt und sangen mit lauter Stimme, als kehrten wir von einem Sieg zurück. Dabei rückten wir mit dem Spaten aus, um Kanäle zu graben.

Wir marschierten immer einen steilen Berg hinauf, unweit des Schwäbisch Haller Flugplatzes Hessental. Wenn die Flugzeuge vom Typ Do 23 über uns hinwegbrummten, dachte ich oft daran, daß es bald auch mir vergönnt sein würde, so einen Vogel zu fliegen. Wenn ich zu lange träumte, wurde ich jäh in die Wirklichkeit zurückgeholt: Ich sei hier, um Gräben auszuheben, nicht um den Flugzeugen nachzusehen, meldete sich mein Aufseher.

Wir sollten einen kleinen Bach begradigen und tiefer legen, damit die sumpfigen Wiesen ringsherum landwirtschaftlich genutzt werden konnten. Da es nicht möglich war, das Wasser zu stauen, standen wir mit den Stiefeln im Bach und hatten patschnasse Füße, denn es gab noch keine Gummistiefel. Wir trugen normale Kommisstiefel aus Leder, und die waren immer feucht. Was wir anstellten, sie über Nacht trocken zu bekommen, blieb uns überlassen.

Ich fühlte mich ständig ausgelaugt und müde. Sicher haben andere Arbeitskameraden eine bessere Erinnerung, aber Werner Ruoff und ich wurden von den unteren Arbeitsführern sehr gequält. Besonders spaßig kamen sie sich vor, als sie uns den Böschungswinkel suchen ließen. Erst als Werner und ich im Wasser lagen und bis auf die Haut durchnäßt waren, erklärten sie uns, daß der »Winkel« die theoretisch angepeilte Neigung des Kanals sei. Wir trösteten uns damit, daß sie uns nur acht Wochen lang plagen konnten. Nach diesen acht Wochen fiel es mir leicht, der Samenscheune und dem Arbeitsdienst Lebewohl zu sagen. Für mich war klar, daß es nur noch aufwärtsgehen konnte.

Es gab kein Ausruhen. Kaum war ich heimgekehrt, packte ich schon wieder, denn schon am nächsten Tag sollte es nach Berlin gehen. Ich spürte innerlich, daß ich härter wurde im Nehmen. Während der Arbeitsdienstzeit hatte ich abgenommen, war aber muskulöser geworden. Ich fühlte mich selbständig und traute mir zu, mit der Zukunft leicht fertig zu werden, obwohl mir die militärische Laufbahn noch rätselhaft war. Schwieriger als der Arbeitsdienst konnte es ja nicht werden!

Die Bahnfahrt von Stuttgart nach Berlin dauerte zehn Stunden. Morgens kam ich im Anhalter Bahnhof an. Von dort ging es mit dem Gepäck zum Potsdamer Bahnhof. In Potsdam war ich dann um elf. Dort wartete ein blaugrauer Luftwaffenbus auf die Neuankömmlinge. Der Fahrer war ein Soldat in blauer Fliegeruniform.

Auf meine höfliche Frage, ob ich einsteigen dürfte, erhielt ich eine unfreundliche Anwort. Zwei andere Neuankömmlinge rieten mir, das zu ignorieren. Also stiegen wir ohne Erlaubnis ein und verstauten unser Gepäck. Ein weiterer Zug lief ein, und der Fahrer schnauzte auch diese »Anwärter« an. Wir nahmen das inzwischen gelassen. Als der Bus voll war, fuhren wir in Richtung Wildpark-Werder zu unserer Ausbildungsstätte. Mit unseren Pappkartons – wir waren angewiesen worden mit Kartons anzureisen, in denen unsere Zivilkleidung nach Hause geschickt werden konnte – sahen wir eher wie Flüchtlinge aus und nicht wie zukünftige Flieger.

Alle hatten sich den Empfang in der Luftkriegsschule anders vorgestellt. Wir fühlten uns wichtig und erwarteten eine feierliche Ansprache. Statt dessen scheuchte man uns wie eine Herde Schafe herum. An der Wache von Wildpark-Werder mußte jeder seinen Einstellungsbescheid vorlegen – als ob wir ohne dieses Papier halb Deutschland durchreist hätten! Das hatte ich von der Luftwaffe nicht erwartet!

Mit uns zog der erste Kurs in die Luftkriegsschule Wildpark ein, entsprechend neu waren die Gebäude. Sie rochen nach Farbe und Verputz. Wir staunten, daß wir in einem Kiefernwald landeten – keine Hangars, keine Flugzeuge, nur Unterkünfte und Säle, die wie Unterrichtsräume aussahen. In meiner Naivität hatte ich angenommen, daß der Eintritt in die Luftwaffe so etwas wie der Beginn einer höheren Ausbildung sei. Man hatte uns aus Hunderten von Anwärtern ausgewählt, und wir dachten, damit einer Art Elite anzugehörten. Statt dessen: »Hier antreten! Wo sind Ihre Papiere? Sie gehören auf Zimmer 8b!« Statt dessen dieses Geschrei und überall ein unsinniges Gerenne!

Ein Uniformierter fragte mich nach meinem Namen und schrie mich an, ich solle mich auf ein Zimmer im ersten Stock verziehen. Derselbe Mann verwehrte mir dann den Aufgang über die Mitteltreppe. In dem Tohuwabohu von Heruntersausenden und Hinaufstrebenden, alle mit Pappkartons, unternahm ich nochmals den Versuch, diese Treppe hinaufzusteigen. Wieder verwehrte mir das der Uniformierte mit unverständlichen Kommandos: »Verstehen Sie nicht einmal einfache Befehle?«, brüllte er. Ich war ratlos und eingeschüchtert. Da nahm sich ein Neuankömmling – wohl ein Altgedienter – meiner an: Ich solle den

Schlips* abnehmen und an der Treppe höflich sagen: »Bitte Herrn Obergefreiten vorbeigehen zu dürfen!« Ich befolgte den Rat und gelangte nach oben in mein Zimmer.

Erst dort kam ich zur Besinnung. Auf was hatte ich mich da eingelassen! In der HJ war ich einfach weggeblieben, wenn ich diesen geistlosen Befehlston erlebte. Ich hatte geglaubt, bei der Luftwaffe seien Intelligenz und logische Argumente gefragt, und nun das! Die unnötige Schinderei als Offiziersanwärter im Arbeitsdienst hatte ich doch nicht durchgestanden, um hier zu landen! Mußte ich nicht neu nachdenken?

Ich hatte die Offizierslaufbahn in der Luftwaffe angestrebt in der Überzeugung, alle Vorverurteilungen, das Herumgeschiebe und das Gestoßenwerden hinter mir zu lassen. Wenn es so weitergehen würde, war ich verloren. Meine Eltern hatten mir beigebracht, daß ich ein junger Mann mit hellem Kopf und guter Bildung sei. Geduldiger müsse ich allerdings noch werden und nicht immer erwarten, daß die ganze Welt meinen Wünschen entspreche. Hier entsprach nichts meinen Wünschen. Aber da ich nun einmal unterschrieben hatte, daß ich Offizier werden wolle, gab es keinen Weg zurück. Ich mußte die sechs Monate Infanterieausbildung absolvieren. Dann würde man weitersehen. Hatte ich nicht gerade erst erlebt: »Zuerst lernen, wie man über die Treppe kommt! Dann wird man schon weitersehen!«

Zunächst wurden wir eingeteilt. Ein Hauptmann war der Führer unserer Fahnenjunker-Kompanie. Sie bestand aus drei Zügen, die entsprechend der Körpergröße der Rekruten zusammengestellt wurden. Bei 1,80 Meter und mehr befand man sich im 1. Zug, von 1,72 bis 1,80 Meter im 2., und wer kleiner als 1,72 Meter war, kam in den 3. Zug. Diese Einteilung hatte den Vorteil, daß die gesamte Kompanie ein harmonisches Bild abgab. Jeder Zug wurde von einem Leutnant oder Oberleutnant geführt, jeder Zugführer hatte als Stellvertreter einen Feldwebel oder Oberfeldwebel. Ein Zug bestand aus drei Korporalschaften, denen jeweils ein Obergefreiter oder Unteroffizier vorstand.

---

* Schlipssoldaten nannte man die Angehörigen der Luftwaffe, deren Uniform einen offenen Kragen hatte. Darunter trug man ein hellblaues Hemd mit Schlips. Das stand im Gegensatz zu der alten preußischen Uniform, wo unter hohem Kragen eine Halsbinde getragen wurde.

Die Unterkunft hatte einen Mitteleingang. Der 1. Zug wohnte unten, wir, der 2. Zug, im Stock darüber, und der 3. Zug war auf der anderen Seite im Untergeschoß untergebracht. Darüber wohnte das Stammpersonal, also die Gefreiten, Obergefreiten, Unteroffiziere und Feldwebel.

Der Kompanieführer hatte sein Büro zusammen mit einem Oberfeldwebel, dem sogenannten Spieß, im Obergeschoß, gleich hinter der Treppe. Er wohnte nicht in der Kaserne. Die Zugführer und ihre Stellvertreter waren im selben Flur wie ihr Zug untergebracht, jedoch an dessen Ende. Wir sahen unsere Leutnante während der Dienstzeit und an den Abenden oder Wochenenden nur ganz selten. Das Sagen hatten dann ihre Stellvertreter.

Der Ankunftstag schleppte sich hin mit dem Empfang der Ausrüstung: Wäsche, Uniform, Karabiner, Fliegerrucksack, Brotbeutel, Kochgeschirr etc. Und auch das geschah mit Geschrei, Gerenne und viel Hin und Her. In der Kleiderkammer wurden uns die Sachen einfach zugeworfen. Versuchte man, etwas anzuprobieren, hieß es gleich: »Paßt! Der Helm – paßt! Schnall das Leder enger! Die Jacke – paßt! Die Hose – paßt! Der Drillich – paßt!« Alles paßte, so waren wir schnell eingekleidet.

In den nächsten Tagen beschäftigten wir uns in den sogenannten Kasernenstunden mit dem Einnähen der gedruckten kleinen Namensschilder. Kaum einer der Fahnenjunker hatte schon einmal mit Nadel oder Faden hantiert, und so dauerte es Tage, bis wir Nähen einigermaßen lernten. Jedes Stück, in das wir mit viel Mühe die Namensschilder eingenäht hatten, jedesmal ringsum die schwarzen Ecken am Rand treffend, mußte den Gefreiten vorgelegt werden – Unterhemden, Unterhosen, Fliegerhemden, Brotbeutel usw. Wenn es ihnen nicht paßte, rissen sie das Schildchen einfach heraus, und wir durften neu beginnen. Mein »Unglücksstück« war die mit Filz überzogene ovale Wasserflasche. Wieder und wieder wurde mein Namensschildchen herausgerissen, und ich mußte von vorn beginnen. Das ging so bis Weihnachten. Da erhielten wir zu unserer großen Überraschung Urlaub. Ich nutzte die Gelegenheit, meine Wasserflasche nach Hause zu schmuggeln. Zum einen wollte ich zeigen, welchen Schikanen wir ausgesetzt waren, und zum anderen meine Mutter bitten, den Namen für mich einzunähen. Mein Korporalschaftsführer war mit ihrer Arbeit zufrieden.

Meinem Vater erzählte ich von den Bedingungen in der Kaserne. Ich hätte beinahe geheult, als ich eingestand, daß ich solch eine barbarische Behandlung keine sechs Monate durchstehen würde. Ihm ist es zu verdanken, daß ich mich wieder faßte, denn er vermittelte mir, daß die ersten Wochen immer die schwersten seien. Danach würden sich die Dinge zum Besseren wenden. Er stimmte mich um, und ich fing an, wieder an meine Zukunft zu glauben. Es tröstete mich, wie er mir seinen Eintritt in die Infanterie schilderte und darüber lachte, daß sich nach so vielen Jahren die Methoden der Unteroffiziere so wenig gewandelt hatten. Ich fühlte mich besser, vom Lachen war ich aber weit entfernt.

Die Offiziere wie überhaupt das gesamte Stammpersonal kamen überwiegend aus dem 100 000 Mann starken Heer, das der Versailler Vertrag Deutschland gestattet hatte. Die noch jungen Offiziere besaßen den Flugzeugführerschein und wollten sich eher fliegerisch entwickeln. An unserer militärischen Ausbildung waren sie nicht sonderlich interessiert. Anders die Feldwebel, die Gefreiten, vor allem das Unteroffizierskorps. Die meisten dienten schon lange und hatten bis dahin das Heer oder die Polizei ausgebildet. Sie hatten zwar eine neue Uniform angelegt, ihre Ausbildungsmethoden aber blieben die alten. Sie sagten uns, daß wir in kurzer Zeit ihre Vorgesetzten sein würden, aber sie sagten uns auch, daß es von ihrer Beurteilung abhinge, ob wir dorthin kämen oder nicht. Sie genossen es – wenn auch nur für kurze Zeit – Macht über uns zu haben. Mir schwante nichts Gutes, da ich schon oft unangenehm aufgefallen war. Als sich meine Stiefel dann jedoch durch besonderen Glanz auszeichneten, wurde ich »Stiefelputzer« meines Korporalschaftsführers. Daß ich diesen Obergefreiten besonders »liebte«, kann man sich vorstellen, denn er war derjenige, der mir bei der Ankunft auf der Treppe mehrmals den Weg versperrt hatte.

Nach dem Weihnachtsurlaub kam ich gestärkt zurück; ich wollte durchhalten! Aber es schien schlimmer zu werden. Im Januar war der Exerzierplatz von Schnee und Schlamm bedeckt. Deshalb kamen wir fast jeden Tag im nassen, dreckigen Drillich zurück. Das kümmerte unsere Ausbilder wenig. Am nächsten Morgen hatte unser Drillich weiß, frisch und sauber zu sein. Das erreichte man nur, wenn man sich nach dem Zapfenstreich im Keller in die Waschräume schlich und dort schrubbte. Nur so konnte man am folgenden Tag durch den Appell kommen. Man durfte sich bei seinem nächtlichen Tun allerdings nicht erwischen lassen. Damit das Zeug einigermaßen trocken wurde, schliefen wir auf dem nassen Drillich. Wenn man den Bogen heraushatte und die Hose richtig legte, konnte man am nächsten Tag sogar mit Bügelfalte antreten.

Hin und wieder »erwischten« uns die Unterführer. Zur Strafe strichen die dann den Urlaub am Wochenende. Das bedeutete, daß wir Samstag und Sonntag in der gesamten Kaserne – auch bei anderen Zügen – Flure, Toiletten, Duschen und Waschräume zu schrubben hatten. Ein weitverbreiteter Sport war auch die »Flagge Luzie«. Diese Übung stammte wohl von der Kriegsmarine und wurde gewöhnlich über ein ganzes Zimmer verhängt, in dem vier Fahnenjunker wohnten. Sie lief folgendermaßen ab: Die vier Stubeninsassen mußten am Ende des Flurs antreten, dann meldete der Stubenälteste, daß alle versammelt seien. Der strafende Aufseher übernahm nun das Kommando: »Ausgehuniform – in drei Minuten!« Wir rannten wie die Verrückten in unser Zimmer, zogen uns um, rannten zurück, traten stramm an, und der Stubenälteste meldete: »Ausgehuniform – drei Minuten!« Dann hatte er einem Unteroffizier zu folgen, der Zimmer und Spinde untersuchte, und wehe, wenn ein Spind oder das Zimmer nicht aufgeräumt waren!

Rückblickend verstehe ich nicht, warum wir uns das so lange gefallen ließen. Auch wenn sie uns aus schierer Langeweile plagten, kam es selten zum Aufruhr. Bei einer »Flagge Luzie«-Aktion übertrieben unsere Peiniger allerdings so sehr, daß sich doch Widerstand regte. Sie nahmen diesmal zur Untersuchung der Stube den Stubenältesten nicht mit. Sie zogen die Spindschlüssel ein, öffneten alle Spinde, rissen das Stroh aus unseren Matratzen, türmten es in der Mitte des Zimmers zwischen den Stuhlbeinen auf und mischten darunter den Inhalt unserer vier Spinde. Da kam einem Zimmerkameraden die Galle hoch. Er war »Auslandsdeutscher«, hatte in Peru die Reifeprüfung abgelegt und war bei der deutschen Luftwaffe angenommen worden. Er rastete aus, zog aus dem Haufen Stroh plötzlich sein Bajonett und ging auf den Obergefreiten los, der uns beaufsichtigen sollte. Er erwischte ihn nur leicht, und wir konnten ihn bändigen. Zu unser großen Überraschung passierte danach überhaupt nichts!

Nicht viel später hatte ein anderes Zimmer von diesen Schikanen genug. Allerdings war hier der Stubenälteste ein »Gedienter«, der sich in der Truppe als Fahnenjunker qualifiziert hatte. Als diese Rekruten zu einer »Flagge« antreten sollten, zogen sie in aller Ruhe mit dem kalten Abendbrot auf ihre Stube. Sie vesperten, der Unteroffizier schrie herum, aber sie befolgten seine Befehle nicht. Der Unteroffizier holte den Feldwebel, und auch der schrie vergeblich herum. Nichts geschah, die »Flagge« fiel aus! Irgendwie muß die Angelegenheit dem Kompaniechef zu Ohren gekommen sein. Der »gediente« Stubenälteste wurde zum Hauptmann befohlen und vernommen, wobei sich herausstellte, daß die Offiziere von der ganzen Schinderei keine Ahnung hatten. Danach besserte sich vieles, aber nicht alles. Diesmal hatten die unteren Chargen verloren, aber sie würden sich rächen.

Etwas lernte ich beim Militär recht schnell: »Melde dich niemals freiwillig!« Eines Tages war nämlich die gesamte Kompanie angetreten, und der Spieß sagte: »Wer ein Musikinstrument spielen kann – einen Schritt vorwärts! Marsch!« In Erinnerung an unsere Musikkapelle beim Arbeitsdienst trat ich einen Schritt vor. Damit war ich als »Freiwilliger« zum Kartoffelschälen für den nächsten Sonntag eingeteilt, den ganzen Nachmittag lang!

Obwohl jung und fit, gingen wir am Wochenende oft nicht aus. Wir wollten uns etwas ausruhen, ausschlafen. Wenn man aber dabei vom Unteroffizier vom Dienst, UvD genannt, auf der Stube erwischt wurde, hatte man auch mit Schrubber und nassem Lumpen Toilette, Dusche und Flur zu putzen. Wie also ausruhen? Wir holten eines Tages unseren Ausgangsschein ab, schlossen uns in der Stube ein und verhielten uns dann so leise, als wäre sie unbesetzt. Gegen zehn rüttelte der UvD an unserer Tür. Wir hielten den Atem an. Aber so leicht ließ er sich nicht foppen. Er kam mit dem Generalschlüssel zurück, und dann hieß es mit Schmierseife, Schrubber und Lumpen putzen und anschließend alles mit dem Schlauch abspritzen, alle Stockwerke der Kaserne. Ich wollte trotzdem durchhalten.

Während der gesamten sechs Monate der Probezeit gingen wir also nur selten aus. In der ersten Zeit wurden wir von einem Gefreiten »ausgeführt«. Er konnte für uns »Grüßen«, denn wir waren in dieser so wichtigen militärischen Aufgabe noch ungeübt, wurden aber sehr intensiv geschult. Ich glaube, wenn damals schon der Hitlergruß dazu gekommen wäre, hätte diese Ausbildung nie ein Ende gefunden. So lernten wir »Grüßen« mit und ohne Kopfbedeckung. Alle bestanden die abschließende Prüfung. Von da an durften wir alleine ausgehen.

Nach Berlin war es von Wildpark-Werder aus nicht weit, aber noch näher lag Potsdam. Dort hatten wir ein kleineres Gasthaus entdeckt, das von einer Wirtin mittleren Alters geführt wurde. Fast immer aßen wir dort das »Bauernfrühstück.« Das war ein appetitlich hergerichteter Teller voller Bratkartoffeln, dazu Eier mit Schinken und gelbem Mais. Das Gericht kostete nicht sehr viel, und man erhielt Nachschlag, soviel man wollte. Das war kein besonderes Erlebnis, aber es brachte etwas Abwechslung in unser Kasernenleben und uns auf andere Gedanken. Das war wichtig!

Etwa im Februar begannen wir mit dem Scharfschießen. Auch bei der Luftwaffe war der Karabiner Mauser 98 K die Standardwaffe, eine solide Infanteristenwaffe ohne Mätzchen. Das Gewehr lag mir am besten. Mit dem Maschinengewehr, dem MG, wußte ich dagegen wenig anzufangen. Da konnte man so genau zielen wie man wollte, sobald man den Abzugshahn zog, verschüttelte es den ganzen Mann, und die Zielgenauigkeit war zum Teufel. Ich fand einfach kein Rezept: Man zielte, zog ab, die Schüsse lösten sich, und innerhalb von drei Sekunden war das Magazin leer. Ich konnte die entfesselte Maschine einfach nicht halten. Trotzdem bestand ich auch am MG, allerdings mit durchschnittlichem Ergebnis. Das Schönste am ganzen Schießen war die Abwechslung. Der Schießstand lag ziemlich weit entfernt. Wir wurden auf einer Lkw-Pritsche hingefahren und verbrachten dort fast den ganzen Tag – einen ganzen Tag ohne Schinderei!

Auf einen anderen Lkw-Ausflug freuten wir uns genauso: zur Heeres-Kriegsschule in Potsdam, wo Rommel damals Taktiklehrer war. Wir wurden dorthin gefahren, weil die Schule eine Schwimmhalle besaß. Beim ersten Mal staunte ich, wie schlecht einige meiner Kameraden schwammen. Wie üblich hatten die Ausbilder ihre eigenen Maßstäbe. Wir alle mußten vom Dreimeterbrett springen. Für mich war das ein Vergnügen, für die schlechten Schwimmer stellte es dagegen eine fast unüberwindbare Hürde dar. Aber der anwesende Feldwebel bestand darauf: »Springen Sie, oder Sie sind entlassen!« So manche arme Seele landete da mit Bauchpflatscher. Mutig waren sie alle, und alle haben bestanden.

Ende Mai 1937 wurde unsere Infanterieausbildung abgeschlossen. Wir sollten zu dem etwa neunzig Kilometer entfernten Truppenübungsplatz Döberitz marschieren. Der Marsch diente nicht nur der Überwindung der Entfernung, sondern er war auch Teil der Übung. Wir marschierten »in feindlichem Gelände«, wie eine Infanteriekompanie, die sich mit Stoßtrupps nach voraus und beim Marschieren rechts und links absicherte. Dabei hatten wir unsere gesamte Ausrüstung zu tragen: Gewehre, leichte und schwere Maschinengewehre sowie Tausende von Platzpatronen, denn unterwegs würden wir wiederholt angegriffen werden. Jeder Mann trug außerdem noch etwa dreißig Kilogramm: voller Fliegerrucksack, Gewehr, Seitengewehr, Spaten, Handgranaten, Stahlhelm, Brotbeutel mit Wasserflasche und Gasmaske. Die tägliche Marschleistung betrug etwa dreißig Kilometer – also drei Tage Anmarsch.

Jeden Abend wurden wir in einem Dorf erwartet und feldmarschmäßig untergebracht. Etwa zwei Kilometer vor dem Tagesziel empfing uns eine Luftwaffen-Militärkapelle. Mit Marschmusik zogen die müden Knochen dann wie von selbst in das Dorf. Am Abend fand stets im größten Gasthaus ein Manöverball statt. Meist versammelten sich dort rund 300 Leute, und die Musikkapelle spielte mit ihren Saxophonen ganz schmissige Tanzmusik. Wir waren die Helden und vergaßen die Blasen an den Füßen bis zum nächsten Tag.

Morgens wurden wir zeitig geweckt, frühstückten mit unseren Gastgebern und marschierten pünktlich um acht aus dem Dorf hinaus. Auf den ersten Kilometern begleitete uns wieder die Marschmusik, und es geschah nicht selten, daß uns die Tänzerinnen vom Manöverball in der ersten und letzten Reihe begleiteten und damit allen, auch den Offizieren, eine Freude bereiteten.

Auf dem Truppenübungsplatz in Döberitz mußten wir in zwei Wochen alles anwenden, was wir bisher gelernt hatten. Hier absolvierten wir den gefährlichen Teil der Infanterieausbildung: Werfen von scharfen Handgranaten, wobei ein Ausbilder aufpaßte, daß wir rechtzeitig warfen. Zum ersten Mal schossen wir auch mit großkalibrigen Pistolen. Die Zeit auf dem Übungsplatz bedeutete für uns »Krieg.« Wir schwitzten beim Ausheben von Schützengräben, wir röchelten unter den Gasmasken, wenn die Filter nicht genug Sauerstoff durchließen, und wir schossen im freien Feld. Alles in allem waren wir recht gut, aber ständig fragten wir uns auch, ob

Der Infanterielehrgang auf der Kriegsschule in Werder 1937 endete mit einem Manöver in Döberitz. Auf dem dreitägigen Marsch dorthin fand jeden Abend ein Manöverball statt – und am nächsten Morgen begleiteten uns die jungen Damen noch ein Stück.

das alles sinnvoll sei. Wir wollten doch nicht zur Infanterie, wir wollten fliegen! Den Truppenübungsplatz betrachteten wir als weitere Hürde, die es zu überwinden galt. Dieser Ansicht waren die uns zugeteilten Heeresausbilder allerdings nicht.

Während der Abschlußübung ereignete sich ein merkwürdiger Vorfall. Dem Oberfeldwebel, stellvertretender Zugführer des 1. Zuges, paßte es nicht, daß wir auf dem Übungsplatz wie Infanterierekruten behandelt wurden. Er wartete, bis keiner unserer Offiziere in der Nähe war, und schickte die ganze Kompanie dann mit voller Ausrüstung ins Gelände. Er befahl das Seitengewehr aufzupflanzen und die Gasmasken ohne Filter anzulegen. Mit »Gewehr über« mußten wir im Achtungsmarsch ins Gelände marschieren. Da die Gasmasken ohne die Filter bald beschlugen, konnten wir nicht sehen, wohin wir geführt wurden. Wir gehorchten seinen Befehlen und gerieten unter seiner Führung im Achtungsmarsch in die im Gelände ausgehobenen Schützengräben. Das war eine Purzelei in die Gräben! Einer fiel auf den anderen, und da wir mit aufgepflanztem Bajonett und dem geschulterten Gewehr in den Graben plumpsten, war es ein Wunder, daß es keine ernsthaft Verletzten gab. Aber nun verweigerten wir gemeinsam jeden weiteren Gehorsam und folgten seinem Befehl auch nicht, als er uns Meuterei vorwarf. Ihm blieb nichts anderes übrig, als uns zur Kaserne zurückmarschieren zu lassen. Als derselbe Oberfeldwebel seinen Zug dann eines Nachts in Wildpark aus dem Bett holte und vor aller Augen »Vorbeimarsch« üben ließ, erschien der zuständige Oberleutnant und stoppte den offensichtlich geistesgestörten Mann. Er wurde in eine Anstalt gebracht, und wir bekamen ihn nie mehr zu sehen.

Noch in der letzten Woche der Ausbildung in Wildpark gab mancher auf, denn von allen Seiten wurde Druck ausgeübt. Mir blieb das erspart, denn ich war mit vereiterten Blasen an beiden Füßen in die Luftkriegsschule zurückgekehrt. Der Sanitätsobergefreite sah sich die Bescherung an und entschied, daß zuerst die Hautfetzen wegzuschneiden seien und dann eine beidseitige Behandlung mit Jod zu erfolgen habe. Ich warnte ihn vor meiner Überempfindlichkeit gegen Jod, die sich durch hohes Fieber bemerkbar mache. Er warf mir Angst vor – das Brennen sei für einen Fahnenjunker auszuhalten – und bepinselte die großen roten Flecken an beiden Fersen mit der braunen Flüssigkeit. Innerhalb weniger Minuten wurde mein ganzer Körper flammendrot. Andere Sanitäter eilten zu Hilfe. Sie zogen mich aus und puderten mich, um den Juckreiz und das hohe Fieber einzudämmen. Als schließlich Schüttelfieber auftrat, telefonierten sie einen Truppenarzt herbei. Gott sei Dank kam der schnell und verordnete fieberstillende Medikamente. Gegen das irrsinnige Jucken fand auch er kein Mittel. Das offene Fleisch hatte eine zu große Angriffsfläche geboten. Die nächsten 24 Stunden waren für mich eine Tortur. Trotzdem entging mir nicht, daß der Fall verschwiegen werden sollte, damit der Obergefreite, der trotz meiner Warnung das Jod aufgepinselt hatte, nicht bestraft würde. Das war eine böse Erfahrung.

Fast die gesamte Kompanie wurde in den zweiten Lehrgang versetzt. Mich konnte man wohl gar nicht durchfallen lassen, denn dann hätte man mein Fehlen bei den Schlußprüfungen erklären und die falsche Behandlung einräumen müssen. Vielleicht war das mein Glück. Die Infanterieausbildung hatte ich damit überstanden. Endlich, endlich würde ich fliegen lernen.

1937
Wir lernen fliegen

Während ich im Revier lag, wurde die ganze Fahnenjunker-Kompanie samt Gepäck auf Lastwagen in die Kaserne nach Werder verlegt. Schließlich brachte man auch mich in einem Sanka, einem Sanitätswagen mit rotem Kreuz, dorthin.

Die Atmosphäre in Werder war von Anfang an besser, viel entspannter und freundlicher. Auf den Stuben gab es keine Zuordnung mehr nach Körpergröße, doch ob die Mischung nach Landsmannschaften gelungen war, mußte sich erst noch herausstellen. Die Schwaben, Preußen, Ostpreußen, Bayern, Sachsen und Friesen, die hier aufeinandertrafen, konnten sich zuweilen kaum verständigen.

Im ersten Lehrgang, der Infanterie-Ausbildung, hatten etwa zehn »Junker« aufgeben müssen. Diese »Verluste« ersetzte man mit Offiziersanwärtern aus der Truppe, die ihre Grundausbildung bei anderen Truppenteilen, meist fliegenden Verbänden, bestanden hatten und dort nicht so geschunden worden waren. In der Regel waren sie etwas älter als wir; allesamt erwiesen sie sich als gute Kameraden.

In Werder waren auch die Unterkünfte besser. Drei oder vier Fähnriche – wir waren inzwischen befördert worden – lagen auf einer Stube zusammen. Jeweils zwei Stuben teilten sich den dazwischenliegenden Waschraum, der auch Toilette und Dusche enthielt. Welch ein Luxus!

Zu meiner Stube, die mit drei Mann belegt war, gehörten zwei »Nordlichter«: Hinrich Waller, ein »blonder Friese«, der mir sogleich klarmachte, daß er mit Hinnerk anzusprechen sei, und Willi Hofmann, der aus Husum, also auch von der Küste, stammte. Die beiden sprachen ungezwungen plattdeutsch miteinander, was mich besonders nach »Licht aus!« störte, wenn ich nicht einschlafen konnte, während sie sich unverständliches Zeug erzählten oder über einem Witz in schallendes Gelächter ausbrachen.

Meine Beschwerden kümmerten sie nicht, und auch meinen Argumenten gegenüber zeigten sie sich wenig zugänglich. Als ich darauf hinwies, daß ich in der Schule leider nur Englisch gelernt hätte, aber nicht Plattdeutsch, meinten sie, ich solle Platt lernen und nicht Schwäbisch sprechen.

Hinnerk war sehr ehrgeizig. Er stammte aus einer Bauernfamilie mit vielen Kindern und war stolz darauf, zum Offiziersanwärter der Luftwaffe auserkoren zu sein. In meinen Augen übertrieb er aber, wenn er sich dem Staat gegenüber zu Dank verpflichtet fühlte, weil er eine so gute Ausbildung erfahren durfte. Willi Hofmann dagegen galt als »Hans Dampf in allen Gassen«. Immer war er guter Laune, nahm härteste Schläge in Kauf und blieb dabei lustig und gelassen. Er besaß einen unerschöpflichen Vorrat an Gedichten, ernsten, feierlichen, lustigen und manchmal auch nicht »astreinen«. Wenn sich einmal nichts Passendes fand, dichtete er einfach selbst. Willis Vater war Lokomotivführer bei der Reichsbahn und hatte sparen müssen, damit sein Sohn das Abitur machen konnte.

Die Auswahl bei der neuen Luftwaffe war wirklich »klassenlos«. Das größte Talent, der beste Mann, die richtige Mischung aus Ausdauer, Wissen und Mut setzte sich durch. Das war die Stärke der Luftwaffe, und die sollte sich später im Krieg bei Einsätzen in der Luft bewähren. Ob allerdings einer wie Willi, der sich durch Humor und Sorglosigkeit auszeichnete, aber von einer Katastrophe in die nächste geriet, hier am richtigen Platz war, daran zweifelte ich bald.

Willi fiel allerdings auch dadurch auf, daß er von technischen Dingen und Zusammenhängen nicht die geringste Ahnung hatte. Auf entwaffnende Art bewies er das bei der Navigationsprüfung. Der prüfende Major stellte Willi die Frage: »Fähnrich Hofmann, Sie befinden sich mit Ihrem Flugzeug über den Wolken, im Blindflug, und Sie haben das Kommando. Plötzlich erklärt der Bordfunker, daß er keine Bodenverbindung mehr hat. Ich habe alles versucht, es geht nicht mehr, im Funkgerät ist die Sicherung durchgebrannt und wir haben keinen Ersatz dabei! Hofmann, was unternehmen Sie?« Die ganze Klasse, die zur Prüfung mit im Lehrsaal saß, sah sofort, daß Willi verloren war. Da der Major uns den Rücken zuwandte, machten viele dem Ratlosen Zeichen, »rauchten« eine Zigarette oder »öffneten« ein volles Päckchen. Zi-

Bevor wir zu Flugzeugführern ausgebildet wurden, erlernten wir, wie man mit dem Fallschirm abspringt. Der Propeller einer laufenden W 34 verursachte den nötigen Wind. In diesem Windkanal »zogen« wir am umgeschnallten Gurt, dann entfaltete sich der Schirm, den wir einfangen, überholen und niedertreten mußten.

garetten waren damals in Aluminiumfolien verpackt, und sie wollten ihn darauf bringen, daß man mit einer Alufolie eine Sicherung überbrücken kann. Erst schaute Willi verständnislos, dann aber kam ein Leuchten in sein Gesicht: »Herr Major, da würde ich zuerst eine Zigarette rauchen und dann in Ruhe überlegen, was zu tun ist!« Darüber mußte selbst der Major lachen, und er zeigte Erbarmen: »Hofmann, Sie haben bestanden!«

Ob es richtig war, einen wie Willi im Krieg fliegen zu lassen? Schon sehr früh – im Frankreichfeldzug – holten französische Jäger ihn mit seiner Me 109 vom Himmel. Vielleicht bewunderte er gerade den schönen blauen Himmel, vielleicht zogen auch quellende Wolken vorbei, als sein Flugzeug von Kugeln getroffen wurde, zu Boden stürzte und sein Leben so früh und jäh ein Ende fand. Wofür?

In den ersten Tagen in Werder dachten wir freilich noch nicht an Kampf und Gefahr, wir wollten nur eins: fliegen lernen! Wir wollten Piloten werden und später vielleicht die Bomber oder Jäger der Luftwaffe fliegen. Wir dachten überhaupt nicht daran, daß ein Krieg ausbrechen und wir in Gefahr geraten könnten. Wir hielten uns für talentierte junge Männer, die auf dem Weg waren, ihre kühnsten Träume wahr zu machen. Ich war so erfüllt davon, daß ich im nächsten Heimaturlaub kaum erwarten konnte, wieder zurück nach Werder zu kommen. Welch ein Wandel hatte sich – zur Erleichterung meiner Eltern – da vollzogen!

Werder war – und ist – bekannt für seine Baumblüte: Kirschen, Pflaumen, Pfirsiche, ganz Werder ist im Frühling ein einziger Blütentraum. Die Obstbauern verkauften nicht nur an Händler, sondern auch an die vielen Besucher aus Berlin, die am Wochenende in Scharen herbeiströmten, um die Baumblüte zu genießen – und den Obstwein. Der schmeckte gut und süß, aber wehe, wenn man zu viel genoß, dann litt man am nächsten Tag unter grausamem Kopfweh.

Während dieser »Saison« hatten wir wenig Ausgang, und wenn, dann nur in Zivilkleidung. Ausdrücklich war uns empfohlen worden, Zivil aus dem Heimaturlaub mitzubringen. Weniger Ausgang machte uns in diesen Tagen wenig aus, weil es überall voll war und man von Betrunkenen angerempelt wurde. Es war beinahe unmöglich, nicht in eine Schlägerei verwickelt zu werden. Allerdings war das schade für die vielen jungen, hübschen Mädchen aus Berlin, die in die Cafés und Restaurants zum Tanzen kamen, da sich herumgesprochen hatte, daß die Zivil-Fähnriche gute Tänzer seien.

Wir wurden in der Luftkriegsschule in Werder tatsächlich wie Menschen behandelt. Noch erstaunlicher war, welch geringe Bedeutung man der Theorie zunächst beimaß. Schon in der ersten Woche führte man uns in eine Flugzeughalle, und dann ging es sogleich hinaus auf den Flugplatz, wo rund um die »Startfahne«, mit Bodenwimpeln und Landekreuz, das Flugfeld abgesteckt war (an geteerte Startbahnen dachte man noch nicht). Unsere Schulflugzeuge waren der Heinkel Kadett, auch He 72 genannt, mit einem Siemens Sternmotor von 160 PS und der Focke-Wulf »Stieglitz«, die FW 44, mit Bramo-Sternmotor von 150 PS. Beide Modelle erläuterte uns das Bodenpersonal in der Halle. Es gab zwei hintereinanderliegende offene Sitze, der hintere für den Lehrer, der vordere für den Schüler. Vor beiden Sitzen befanden sich die

Hinnerk Waller (rechts) und ich 1937 vor einer Heinkel Kadett. Der Bauernsohn aus dem Norden, der für mich unverständliches Plattdeutsch sprach, wurde während der Ausbildung zum Flugzeugführer mein bester Freund.

gleichen Instrumente, und auch Steuerknüppel und Fußpedale waren vorne und hinten gleich.

Natürlich waren wir alle auf unseren ersten Flug neugierig, vielleicht etwas in Sorge, ob wir nicht luftkrank werden würden, was man womöglich nachher unserer Uniform (am Platz flogen wir in normalen Uniformen, nur mit Haube und Fliegerbrille) ansehen würde. Aber für solche Überlegungen blieb nicht viel Zeit, denn schon wurde der erste Flugschüler herangewunken.

Mit jedem Schüler absolvierte der Lehrer fünf Runden. Wir hatten bei diesen ersten Einweisungsflügen Hände und Füße von den Steuerungen fernzuhalten. Als ich an der Reihe war und auf dem Weg zum Flugzeug in das fröhliche Gesicht meines Vorgängers sah, war mir gleich wohler zumute. Den Propellerwind verspürte ich viel stärker, als ich mir das vorgestellt hatte. Ich öffnete die Klappe, stieg ein, legte die Gurte an, und schon gab der Fluglehrer hinter mir Gas.

Ich hatte Mühe, durch den schwirrenden Propellerkreis zu blicken. Bei Vollgas vibrierte die Maschine, und dann setzte sich

Die wohl schwierigste Schritt auf dem Weg zum Flugzeugführer war der erste Alleinflug. Vielen Schülern wurden die Gebäude am Platzrand beinahe zum Verhängnis.

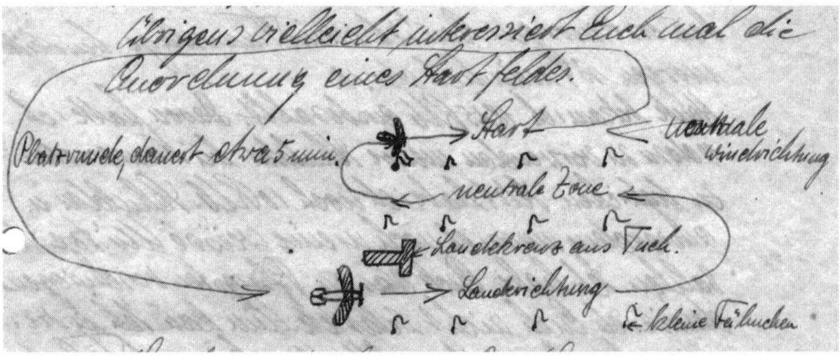

Skizze zur Platzrunde in einem Brief an meine Eltern

das leichte Flugzeug in Bewegung. Zuerst war die Beschleunigung gering, aber dann stieg sie rasant, zumindest für mich, der bis dahin nur die Geschwindigkeit von Eisenbahnen, älteren Motorrädern und Autos erlebt hatte. Dabei hielt diese »Beschleunigung« keinen Vergleich aus mit der Me 109, bei deren Start der DB 601

Einspritzmotor 1175 PS entwickelte und wir im wahrsten Sinne des Wortes in Sekunden in die Luft geschleudert wurden.

Kaum waren wir angerollt, kam das Heck des Flugzeugs hoch, und sogleich konnte ich gut nach vorne, durch den Propellerkreis, sehen. Als wir dann abhoben und aufstiegen, erlebte ich eine ungeahnte Leichtigkeit. Tatsächlich, ich flog! Wir gewannen an Höhe, und ich wußte nicht, wohin ich zuerst schauen sollte, während ich eingewiesen wurde. Die Straßen verwandelten sich in dünne Bänder, und die Landschaft verlor sich in der Ferne. Es kam mir vor, als ob das kleine Flugzeug in der Luft schaukelte, es bewegte sich auf und ab, hin und her. Dann wiederum spürte ich, wie der Lehrer hinter mir das Gas zurücknahm und sah auch unter mir die leichten Bewegungen des Steuerknüppels und der Fußrasten. Natürlich hätte ich am liebsten gleich mit angefaßt, aber es galt ja: Finger weg bei den Einweisungsflügen.

Die Fluglehrer hatte man der Luftkriegsschule zugeordnet. Der Chef unserer »Fluggruppe« war ein Zivilist, Herr Harms, der immer einen nervösen Eindruck machte. Man erzählte, daß er schon viele Jahre als Fluglehrer arbeite und bei Ausbildungsflügen mehrmals verletzt worden sei. Infolge eines Unfalls trage er eine Silberplatte im Kopf. Neben ihm unterrichteten drei weitere Lehrer, die jeder zehn bis zwölf Schüler ausbildeten. Unsere Instrukteure waren Unteroffizier Haberkorn, Herr Grote und Graf Perponcher.

Nach etwa fünfzig Platzrunden mit einem der Fluglehrer, auf denen wir nach und nach die Betätigung der Ruder über Steuerknüppel und Pedale erlernten, und – Gott sei Dank – wenig theoretischem Unterricht wurden wir auf den ersten Alleinflug geschickt. Wenn ich ehrlich bin, muß ich zugeben, daß ich vor diesem ersten Alleinflug Angst hatte. Man sah ja, was alles passierte, wenn die Kollegen allein starteten – seltsamerweise immer das gleiche: Sie gaben Vollgas, rollten an, und schon brach der kleine Doppeldecker nach links aus und raste auf die zweistöckige Kaserne am Rande des Platzes zu. Während einer gerade noch rechtzeitig Vollgas herausnahm, bremste und dicht vor der Kaserne zum Stehen kam, riß ein anderer die Maschine mit wenig Fahrt hoch, verschwand hinter dem Gebäude im Hof und erschien dann wieder am Horizont! Uns stand das Herz fast still, und daß Herr Harms keinen Herzschlag erlitt, grenzte an ein Wunder.

Dann legte dieser Kandidat aber eine perfekte Platzrunde hin und landete, als ob nichts geschehen sei. Hinterher wußten wir nie, wer mehr zu leiden hatte, der Alleinflieger oder wir.

Schließlich kam auch ich an die Reihe, obwohl ich mich noch gar nicht sicher fühlte. Unsere Fluglehrer wechselten dauernd und konnten unsere Leistungen daher gar nicht richtig beurteilen, und natürlich trug auch keiner Verantwortung für die »Reife« zum ersten Flug. Die Entscheidung, wer an der Reihe war, fiel also ziemlich willkürlich. Da wir aber möglichst früh »allein« fliegen wollten, sagte keiner nein, wenn er die Chance erhielt.

Als ich allein im Sitz der vibrierenden Maschine hockte, war mir recht mulmig zumute. Ich zitterte, und mein Mund war trocken. Ich umklammerte den Steuerknüppel, als ob ich mich daran festhalten könnte, doch dann riß ich mich zusammen, stemmte die Füße in die Pedale und nahm mit der linken Hand den Gashebel fest in den Griff. Jetzt war ich gefaßt auf alles, was da kommen sollte. Der Schüler mit der Startfahne gab die Maschine frei, und ich schob den Gashebel nach vorn, langsam, aber bis zum Anschlag. Der Motor stotterte zuerst, nahm dann aber an. Der Propeller setzte die Maschine in sanfte Bewegung, und ich rollte los.

Bevor das Flugzeug Geschwindigkeit aufnimmt, kann man die Bewegung am Boden nur mit dem Gashebel und den Bremsen an den Fußhebeln, gleichzeitig Seitenruder, kontrollieren. Dabei bleibt der Knüppel am Bauch, damit die Maschine rollt und das Heck nicht hochkommt. Wenn die Geschwindigkeit jedoch zunimmt, ändert sich alles: Das Flugzeug will seitlich ausbrechen. Obwohl ich darauf gefaßt war, weil ich es bei anderen beobachtet hatte, war ich überrascht. Viel härter als vermutet mußte ich in die Seitenruder (die Fußhebel) treten. Bisher hatten das – wohl unbewußt – regelmäßig unsere Fluglehrer getan, so daß die Ruder den Schülern entsprechend weich vorgekommen waren. Mit dieser Überraschung wurde ich fertig. Zwar kam ich mir fast brutal vor, als ich so hart in die Seitenruder trat, aber das Flugzeug folgte. Blitzartig wurde mir klar, warum der erste Alleinflug so oft mißlang: Die Lehrer hatten beim Start viel zuviel »geholfen«, ganz abgesehen davon, daß das Flugzeug mit halber Zuladung viel nervöser reagierte als mit beiden Piloten an Bord.

Damit die Maschine auf Kurs blieb, mußte sie beim Start viel härter angefaßt werden, als ich gewohnt war. Zum Glück hatte ich das rechtzeitig bemerkt. Da alle Flugschüler ähnliche Erfahrungen beim ersten Alleinflug machten, wurde bald das gesamte Ausbildungssystem geändert. Wir wurden in Zwölfergruppen eingeteilt und bekamen jeweils einen »eigenen« Lehrer pro Gruppe, der bald jeden einzelnen mit seinen Stärken und Schwächen kannte.

Die Ausbildung der Flugzeugführer erfolgte stufenweise über die Schritte: »A2«, »B1«, »B2«, parallel dazu erwarben wir den Kunstflugschein »K1«, denn alle Maschinen, auf denen wir lernten, waren voll kunstflugtauglich.

Das erste Ziel war der A2-Schein. Den erhielt man, wenn eine bestimmte Anzahl von Alleinflügen erfolgreich absolviert war und man Notlandungen im Außengelände mit und ohne Fluglehrer durchgeführt hatte. Für die Notlandungen, die im Alleinflug geübt wurden, gab es besondere Vorschriften: Ein Feld im Umkreis von etwa fünf Kilometern wurde uns angegeben. Dort wartete ein Fluglehrer, der vorher mit dem Auto dorthin gefahren worden war. Wir flogen den Landeplatz in 200 Metern Höhe an, nahmen das Gas vollständig zurück und mußten dann im Gleitflug das Feld erreichen, auf dem der Fluglehrer wartete. Gelang es uns, das Feld in etwa zwei bis drei Metern Höhe zu überfliegen, durften wir durchstarten. Der Lehrer zeigte durch Winken an, ob man bestanden hatte oder das Manöver wiederholen mußte.

Ähnlich verliefen die »Ziellandungen«. Sie begannen etwa 800 Meter über dem Landekreuz am Platz, wo wir wieder Gas wegnahmen, um in Spiralen, im Gleitflug, so nahe wie möglich neben dem Landekreuz aufzusetzen. Das sollte ohne »Schnirpsen« (kaum hörbares, leichtes Gasgeben, falls man im Gleitflug nicht hinkam) erfolgen. Einige Kandidaten versuchten zuvor, die falsche eigene Einschätzung durch »delikates« Gasgeben zu korrigieren, aber das gelang selten. Wenn wir Schüler auch behaupteten, nichts gehört zu haben, die Fluglehrer hatten einfach zu gute Ohren und ließen nichts durchgehen. Immerhin lernten wir auf diese Weise die Kunst des »Slippens« – eine Art seitwärtiges Rutschen in der Luft, bei dem man Höhe verliert ohne schneller zu werden. Das kam mir sehr zugute, als ich später meine Me 109 unter schwierigen Bedingungen landen mußte.

Wenn ich es recht weiß, waren für den A2-Schein 2000 Kilometer »über Land« gefordert. Ich erinnere mich genau an meinen ersten Überlandflug von Werder nach Magdeburg, eine Entfernung von etwa 100 Kilometern. In Magdeburg würde ich zum ersten Mal auf einem fremden Flugplatz landen. Das bedeutete: Kurs finden, Flugplatz finden, landen, Bordbuch unterschreiben lassen und wieder nach Hause fliegen – allein, ohne Fluglehrer. Also ging ich mit meinem Bordbuch auf die Wetterstelle, um dort das Bordbuch stempeln zu lassen und das Flugwetter einzuholen. Dann rollte ich mein Flugzeug aus der Halle. An der Startfahne kontrollierte mein Fluglehrer, ob der Barograph, der unterwegs meine Flughöhe aufzeichnete, eingeschaltet war, denn nur über dieses Gerät war die Überwachung unterwegs möglich.

Natürlich haben wir uns »verfranzt« und die Orientierung verloren. Da man aber nicht anhalten und nach dem Weg fragen konnte, mußten wir uns (illegal) behelfen, indem wir herabstießen, um ein Autobahnschild (damals noch selten) zu entziffern, oder entlang einer Bahnlinie einen größeren Bahnhof zu finden und zu identifizieren. Dieses »Hinabtauchen« war nach der Rückkehr natürlich auf dem Barogramm zu sehen, und es setzte ein gewaltiges Donnerwetter vom Fluglehrer, weil wir, erstens, die Orientierung verloren und, zweitens, auf verbotene Weise wiedergefunden hatten. Aber selbst der strengste Fluglehrer mußte einsehen, daß eine »illegale« Handlung immer noch besser war als eine Notlandung auf einem Feld oder Sportplatz oder gar ein Bruch mit Verletzung.

Schon auf meinem ersten Überlandflug nach Magdeburg mußte ich all meine Erfahrungen und theoretischen Kenntnisse aufbieten. Wir hatten genügend Zeit, uns vorzubereiten und auf einer Karte der eingezeichneten Route zu folgen. Wir hatten im theoretischen Unterricht gelernt, wie man Wind, Geschwindigkeit und Abdrift ausrechnet und welcher Kompaßkurs zu steuern war. In der Flugleitung war mein Streckenplan abgesegnet worden, aber jetzt in der Luft schien alles anders. Ich war gestartet, hatte in der Platzrunde meine Höhe erreicht und wollte per Kompaßkurs nach Magdeburg fliegen. Aber der Kompaß drehte und drehte sich. Weil ich ständig den Kompaß beobachtete und versuchte, das Flugzeug auf Kurs zu bringen, verlor ich nach wenigen Minuten die Orientierung. Das war nun der Unterschied: Ich war allein und konnte niemanden um Rat fragen. Glücklicherweise

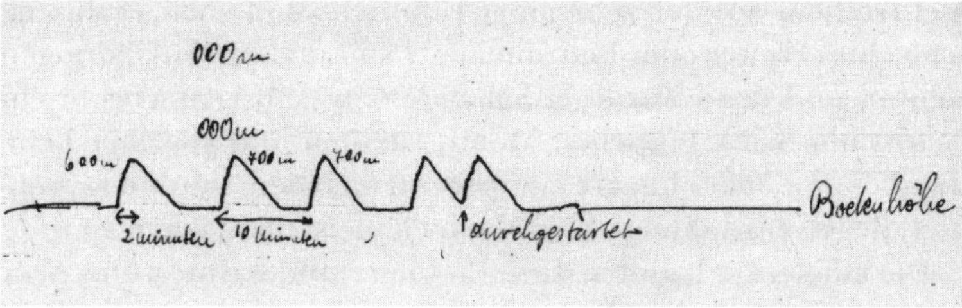

In einem anderen Brief erkläre ich die Funktionsweise eines Barographen

befand ich mich noch in Sichtweite unseres Platzes und flog zurück, um neu zu beginnen. Diesmal machte ich alles langsam, und siehe da, der Kompaß beruhigte sich, und ich fand meinen Kurs.

Magdeburg lag ziemlich genau westlich, ich mußte 270 Grad fliegen. Alles ging wie am Schnürchen. Das Wetter war schön, ich konnte mich auf meiner abzurollenden Karte orientieren, hielt meine Route ein und brauchte nicht einmal eine Stunde, bis ich die Elbe kurz vor Magdeburg überflog. Der Flugplatz war auf meiner Karte eingetragen. Ich fand ihn sofort und landete sicher. Der Anfang war schwer gewesen, aber ich hatte Ruhe bewahrt und mein Ziel erreicht.

Heute kann ich sagen, daß ich auf diesem Flug mehr lernen mußte als jemals nachher. Nach meiner Beurteilung haben wir auf den Überlandflügen mehr Selbständigkeit erlangt und mehr Erfahrungen gemacht als irgendwo sonst. Wenn wir Kilometer sammelten, waren wir oft stundenlang einsam unterwegs und konnten aus Übermut – oder auch aus Leichtsinn – zuweilen mehr lernen, als uns lieb war. Der Barograph zeigte schließlich nicht alle Sünden auf. War eine leichte Schwankung in der Höhe der Atmosphäre zu verdanken, oder war das ein unerlaubter Looping? Manchmal, an schönen Tagen, flogen wir mit vielen Maschinen auf gleichem Kurs, weil das Wetter in dieser Gegend gerade gut war. Und dann führten wir uns gegenseitig Loopings vor, die jeder sehen oder bewundern konnte – lange bevor Kunstflug in unsere Ausbildung aufgenommen wurde. Als angehende Jagdflieger lieferten wir uns unterwegs Kurvenkämpfe. Das hatte Folgen: Auf den Überlandflügen, auf denen wir nur Kilometer sammeln sollten, verloren zehn junge Fähnriche ihr Leben. Prahlerei, schlechtes Wetter oder Benzinmangel konnten zu Notlandungen führen, und dann wurde in Sekunden aus silbrigen Vögeln ein Gewirr aus Stahl, Propeller, Motor, Drähten und geballter Leinwand. War wieder einmal einer heruntergefallen, wurden wir zahmer, flogen diszipliniert, aber das hielt meist nicht lange an.

Die Fluglehrer kannten diese Probleme und warnten uns. Aber wir waren jung und schlugen die Warnungen in den Wind. Bald offenbarte sich, daß man uns nicht in die Nähe des Elternhauses oder der Freundin schicken durfte. Viele Unfälle geschahen gerade in heimischer Umgebung, wo die Flugschüler ihren Eltern und Bekannten vorführten, daß sie fliegen gelernt hatten. Dann wurde auch gezeigt, was man noch nicht beherrschte. Ein Looping wurde geflogen, man raste tief am Kirchturm oder dem eigenen Haus vorbei und übernahm sich – zuweilen tödlich. Glücklicherweise forderten die Unfälle oft nur das Flugzeug, nicht das Leben, aber es war klar: In ihre Heimat durfte man die Fähnriche zum Kilometersammeln nicht schicken. Mir war es daher auch bei bestem Flugwetter nicht erlaubt, südlich der Main-Linie zu fliegen. Schade eigentlich.

Unfälle passieren immer dann, wenn man sie nicht erwartet. Auch ich machte diese Erfahrung. Es war ein schöner Tag: sonnig, ein wenig Wind, ideales Flugwetter. Wir waren mit vielen Flugschülern um die Startfahne versammelt, flogen einer nach dem anderen unsere Platzrunden, immer fünf Runden, was hieß: ab von der Startfahne, eine Platzrunde, Landung möglichst genau neben dem ausgelegten Landekreuz und dann Rückweg in der »neutralen Zone«, die mit Bodenwimpeln die Startbahn von der Landebahn abgrenzte, abwinken mit der Startfahne, und schon ging die nächste Runde los. Funkkontakt zwischen Tower und Pilot, ob in der Luft oder am Boden, gab es, wie gesagt, noch nicht. Erst recht gab es keinen »Controller«, der auf dem Flugplatz den Verkehr regelte und Anweisungen erteilte. Auf dem Flugplatz, einer großen, grünen Wiese, landete man, wenn man sah, daß Start- oder Landebahn frei waren. Das Landekreuz wurde immer gegen den Wind mit weißen Tüchern auf dem Gras ausgelegt. Wenn bei einer Landung Gefahr drohte, schoß man mit der Signalpistole. Rot hieß durchstarten und zur Fahne schauen. Dort wurde bei Radschaden ein Radkreuz ausgelegt und mit einem R oder L versehen, was bedeutete: Rad ist rechts beziehungsweise links beschädigt. Bei grünem Signal konnte der Pilot dann landen.

An jenem Tag hatte ich vier oder fünf Platzrunden hinter mir und war auf dem Weg zurück zum Start, befand mich in der »neutralen Zone«. Vor mir rollte ein anderes Schulflugzeug, dem ich in gebührendem Abstand folgte, um nicht aufzulaufen. Um die Maschine nicht aus dem Auge zu verlieren, hielt ich mich schräg rechts dahinter. Es muß mein Schutzengel gewesen sein, der mich kurz nach rechts vorwärts blicken ließ. Der Schreck fuhr mir in die Glieder: Aus der Startlinie heraus kam ein glänzender, schwirrender Propellerkreis – genau auf mich zugerast. Dahinter machte ich schemenhaft die Silhouette eines Doppeldeckers aus, der in etwa einem Meter Höhe über den Boden hüpfte. Sofort reagierte ich und duckte mich vor dem krachenden Zusammenstoß. Das war mein Glück! Der zersplitternde Holzpropeller zertrümmerte das Glas meiner hochgeschobenen Fliegerbrille, und der heiße Ventilkopf des Motors der anderen Maschine brannte gegen meine Wange. Im Ducken hatte sich mein Instrumentenbrett über mich geschoben, das »Tack-tack« eines Propellers drang an mein Ohr. Vorsichtig schob ich meine rechte Hand nach oben und erwischte – wie durch Zufall – den Zündschlüssel. Den drehte ich automatisch auf »Aus«, und das »Tack-tack« hörte auf.

So langsam kam ich zu mir. Ich spürte die Hitze des Motors – und tropfte da nicht Benzin? Und ein Geschrei! Herr Harms war herauszuhören: »Raus! – Aussteigen! – Es brennt!« Aber ich konnte mich kaum bewegen, war angegurtet, und vom Zylinder des Sternmotors der anderen Maschine an der Schulter eingeklemmt. Dem Geschrei nach war mit allem zu rechnen: Explosion oder Brand. Aber ich konnte nichts machen. Sie drangen zu mir vor, verrenkten mir schier die Arme, zogen das Gewirr von Draht und Metall auseinander und befreiten mich. Wie lange das dauerte, weiß ich nicht. Es brannte nicht, und ich gewann meine Ruhe wieder, konnte alle Glieder bewegen. Als ich den Trümmerhaufen von außen sah, wurden meine Knie ganz weich. Die Rettungstrupps erschienen, was von den beiden Maschinen noch übrig war, wurde auf Lastwagen verladen und ich zum Röntgen in die Krankenstation geschickt.

Noch immer überkommt mich ein Schaudern, wenn ich die vielen Hände vor mir sehe, die mich aus dem Trümmerhaufen von Metall, Blech und einem heißen Motor, der nach Benzin stank, herauszogen, und mein Magen zieht sich zusammen. Die Maschine, die in mich hineingerast war, hatte ein Heereshauptmann geflogen, der auf unseren Flugplatz abkommandiert war, um den A2-Schein zu erwerben. Er sollte bei dem schönen Wetter möglichst viele Platzrunden fliegen. Da viele Maschinen am Start standen, wurde er als vierter Starter ganz nach links, nach außen gewunken. Als ihm »Start frei« mit der Fahne signalisiert wurde, hatte er den zweiten Bodenwimpel der Startbahn und den letzten Wimpel der Landebahn in einer Linie gesehen und war so schräg in die neutrale Zone hinein gestartet. Mich hatte er bei seinem Start überhaupt nicht wahrgenommen. Auf unserem Platz konnte der Heereshauptmann seine Übungen nicht fortsetzen, bei uns durfte er fortan nicht mehr fliegen.

Mit Glück habe ich diesen Unfall überlebt. Der gesplitterte Propeller hatte nicht nur das Glas meiner Flugbrille getroffen, sondern auch meine Fliegerhaube über dem linken Ohr aufgeschlitzt. Der Zylinderkopf war genau an meiner rechten Schulter zum Stillstand gekommen. Wie durch ein Wunder hatte ich mir nur den Mittelhandknochen der rechten Hand angebrochen, wohl weil ich den Steuerknüppel zu fest umklammert hatte. Die kleine Schlitzwunde über dem rechten Ohr wurde verbunden, das war's.

Noch am selben Abend schmiß unser Zugführer, Leutnant Möckel, in alter fliegerischer Tradition eine gewaltige Party. Mein Glück wurde mit viel Sekt, Ziehharmonika und kleinen Trinksprüchen gefeiert. Sicher ist diese Art, über Mißgeschicke hinwegzukommen, nicht die schlechteste. Voll Dankbarkeit erinnere ich mich heute mehr an diese Feier als an den Zusammenstoß.

Die drei Zugführer des zweiten Lehrgangs in Werder, die Offiziere, denen jeweils drei Gruppen zugeordnet waren, verehrten wir. Sie hielten zu uns, auch wenn es schwierig wurde. Manchmal trieben wir aber auch unsere Scherze mit ihnen. Der Zugführer des 1. Zuges fuhr einen kleinen DKW, einen offenen Zweisitzer mit Holzkarosserie. Dieses leichte Gefährt trugen wir eines Nachts mit mehreren Fähnrichen, angeführt von Ulrich Rudel, einem Pastorensohn, der sich im Krieg als berühmter Stuka-Pilot viele Auszeichnungen verdienen sollte, die Treppen zum Kasino hinauf. Groß war die Gaudi, als wir den Wagen auf Bitten des Besitzers am nächsten Tag die Treppe wieder hinuntertrugen.

Glimpflich überstandene Unfälle wurden stets heftig gefeiert. Zur »Feier« meines Unfalls mit einem anderen Schulflugzeug wurde ich ordentlich am Kopf verbunden, obwohl ich nur eine kleine Schnittwunde davongetragen hatte.

Die Fähnriche der Luftwaffe sollten eine umfassende gute Ausbildung erhalten. Das Flugplatzgelände grenzte an einen See, wo ein kleiner Segelhafen angelegt war. Dort lernten wir auf der Olympiajolle segeln. Da war Hinnerk, der schon von Kindesbeinen an mit Booten zu tun gehabt hatte, in seinem Element Wir verbrachten manches schöne Wochenende auf dem Havelsee, der in der Nähe Potsdams lag. Nicht selten legten wir an einem Uferstreifen an, der als Zeppelinhafen bekannt war. Dort befand sich ein wunderbares Gartencafé, wo wir zum »Fünf-Uhr-Tanztee« einkehrten.

Zu der umfassenden Ausbildung, die man uns angedeihen ließ, gehörte ferner der Motorrad-, Auto- und Lastwagen-Führerschein. Das Motorradfahren im Gelände liebten wir am meisten. Die Maschinen, 350-ccm-Zweitakter von DKW, waren nicht allzu

In Werder fügte es sich, daß einer der vielen Seen rund um Berlin an unser Flugplatzgelände anschloß. Es gab einen kleinen Segelhafen mit Olympiajollen, zu denen es Hinnerk (vorne) und mich an schönen Tagen oft hinzog. Hier war mein Freund in seinem Element.

stark, aber geländegängig, da wir in den Sandgruben manche haarsträubende Abfahrt hinlegen oder auf baumbestandenen Wiesen unsere Slalomfahrkünste beweisen mußten. Besonders wild ging es auf den Straßen zu. Da der ausbildende Lehrer, ein Obergefreiter oder Unteroffizier, am Ende fuhr, um uns zusammenzuhalten, konnte er das Tempo an der Spitze nicht kontrollieren, und so wurde Gas gegeben und überholt, was das Zeug hielt. Als Unfälle sich häuften, entschied die »Aufsicht« kurzerhand, daß wir alle die Prüfung bestanden hätten. Es dauerte nicht lange, bis wir auch den Lkw- und Pkw-Führerschein besaßen. Wir wurden gleich auf schweren Lastwagen ausgebildet, da damals die Klasse 2 für Lastwagen auch den Pkw-Führerschein enthielt.

Jeden Donnerstag hatten wir von 16 bis 18 Uhr »Kasernenabendstunde«, eine Art Gottesdienst, der abwechselnd von einem

Neben den Flugführerscheinen erwarben wir den Pkw- und den Lkw-Führerschein sowie die Erlaubnis, Motorräder zu fahren. Diese Bescheinigung erhielten wir nach sehr kurzer Zeit, weil wir während der Übungsstunden nicht zu zügeln waren und man den Unterricht möglichst schnell beenden wollte.

katholischen und einem evangelischen Geistlichen von der benachbarten Garnisonskirche in Potsdam abgehalten wurde. Die erste Stunde füllte der Militärgottesdienst, danach stellten sich die Geistlichen unseren Fragen. Diese kreisten oft darum, wie man sich als Christ zu benehmen, zu denken, zu bewegen habe, um »in den Himmel« zu kommen. Der protestantische Geistliche hatte an unseren Fragen mehr Freude als der katholische. Letzterer war davon überzeugt, daß schon unsere Art zu fragen uns in die »Hölle« bringen würde. Immer wieder legte er sich mit dem aus Südtirol stammenden Fahnenjunker Fischer an, der die kritischsten Fragen an ihn richtete. Wie engstirnig und verbohrt dieser Geistliche war, sollte dann ein tragisches Ereignis offenbaren.

Es war wieder einmal ein guter Flugtag. Viele Flugzeuge befanden sich in der Luft. Da gewahrten wir plötzlich, wie zwei Flugzeuge gleichzeitig zur Landung ansetzten. Der Pilot der unteren Maschine flog tiefer und weiter vorn. Er konzentrierte sich auf seine Landung, hatte leicht Gas drauf und schaute in Richtung Landekreuz. Er hatte keine Veranlassung, nach oben zu sehen. Der Pilot in der anderen Maschine erkannte, daß er zuviel Höhe hatte, kam im Gleitflug daher und hatte keinerlei Grund, nach unten zu schauen – wo er die gleichfalls zur Landung ansetzende Maschine sowieso nicht gesehen hätte, da sie verdeckt war. Wir aber sahen es kommen. Die obere Maschine flog schneller, verlor Höhe, die untere war langsam und flog fast waagrecht – das mußte unweigerlich zum Zusammenstoß führen.

Herr Harms rannte zur Signalpistole und schoß rot! Der tieferfliegende Pilot sah die Leuchtkugel, gab Gas und zog sofort hoch – er konnte ja nicht ahnen, daß die Gefahr über ihm lauerte! Es krachte. Der Propeller der oben fliegenden Maschine traf die untere in Höhe des Führersitzes. Beide Flugzeuge stürzten mit einem fürchterlichen Aufprall zu Boden. Ich rannte zu dem Trümmerhaufen und flehte: »Nur kein Feuer! Nur kein Feuer!« Die zertrümmerten Flugzeuge sahen, so fand ich, gar nicht so schlimm aus, aber dann fiel mein Blick auf den gebrochenen Hals, auf die weißen Wirbel. Der Pilot war von dem ins Führerhaus eindringenden Propeller enthauptet worden. Es war Fischer.

Ich verließ die Unfallstelle, denn hier kam jede Hilfe zu spät. Lange Zeit konnte ich mit niemandem darüber sprechen, was ich gesehen hatte. Auch als die Familie Fischer zur Beerdigung eintraf, war ich nicht in der Lage, sie zu trösten. Das mußten andere übernehmen.

Der Unfall wurde untersucht, aber wem sollte man die Schuld geben? Da es noch keinen Funksprechverkehr gab, war die Signalpistole das einzige Mittel, vor Gefahr zu warnen. Es unterblieb dann auch jede Schuldzuweisung. Gott sei Dank hatte der andere Schüler Glück gehabt und nur leichte Blessuren erlitten.

Die dem Unfall folgende »Kasernenabendstunde« wurde von dem katholischen Geistlichen abgehalten. Er nutzte sie, um uns den Tod des »Atheisten« Fischer als warnendes Beispiel vorzuführen. Fischer werde nie »in den Himmel« kommen. Ich traute meinen Ohren nicht. Mein Inneres rebellierte, und ich erhob mich langsam. Ohne um Erlaubnis zu bitten, verließ ich den

Der individuellste unter unseren Fluglehrern war Graf Perponcher (links in Hemd und Schlips), mit dem ich mein blaues Wunder erlebte, als er mich im Nachtflug einwies. Ein Kamerad hat seinen Arm um den bei einem Übungsflug tödlich verunglückten Tiroler Fahnenjunker Fischer gelegt.

Feierstunde in der Luftkriegsschule Werder für den verunglückten Flugschüler Fischer in Anwesenheit der Familie (rechts im Bild).

Raum, und als ich mich draußen wieder faßte und mich umschaute, sah ich, daß alle mir gefolgt waren.

Wir beschlossen einen Sprecher zu wählen, der die Offiziere über den Vorfall informieren sollte. Er wurde angehört, aber es passierte nichts. Auch der Kompaniechef schaltete sich nicht ein. Uns blieb schließlich gar keine andere Wahl, als das Gesetz des Handelns selbst in die Hand zu nehmen: Wir blieben den Feierstunden des Geistlichen fortan fern und riskierten damit, daß man uns Befehlsverweigerung vorwarf, ein Vergehen, das in der deutschen Wehrmacht eigentlich undenkbar war. Aber dazu kam es nicht, vielmehr wurde der Geistliche nach der zweiten »Meuterei« zurückgezogen.

Zu den Flugschülern, die die Nerven des nervösen Herrn Harms schonten, gehörte ich wohl nicht. Vielleicht hat er mich deshalb dem größten Individualisten unter den Fluglehrern, dem Grafen Perponcher, zugeteilt. Graf Perponcher wurde mein Ratgeber schlechthin. Der Graf benahm sich nicht, wie man sich gemeinhin den preußischen Adligen vorstellt, dennoch legte er Wert darauf, mit »Herr Graf« angesprochen zu werden. Mir traute er offensichtlich mehr zu als ich selbst, was wohl auf meine äußere Gelassenheit zurückzuführen war. Manchmal hatte ich das Gefühl, daß er mich überschätzte.

Die meisten der beim Kunstflug geforderten Figuren beherrschte ich bald recht gut: den aufwärts gerichteten »Turn« nach rechts oder links, das Trudeln mit Abfangen und auch die Loopings, die möglichst rund sein mußten. Ich hatte meine Freude daran, aber für andere Kameraden bedeuteten sie leider das Aus. Ihnen wurde schlecht, sie wurden »luftkrank«. Manche wollten nicht aufgeben, dachten, das sei nur eine Anfangserscheinung, erbrachen sich, konnten kaum mehr essen, magerten ab und mußten am Ende doch aufgeben. Der Kunstflugschein K1 war aber Teil des Militärführerscheins, und wer ihn nicht bestand, mußte den Lehrgang verlassen. Diejenigen, die aufgeben mußten, kamen in der Regel zur FLAK und konnten dort Offizier werden. Es waren gute Kameraden darunter, deren Schmerz wir teilten.

Während ich beim Kunstflug noch mit der »gesteuerten Rolle« kämpfte, bei der ich noch immer – auf dem Rücken liegend – nach unten durchfiel und meist in einem Abschwung endete, ent-

Als Flugschüler hatte ich vor jedem neuen Flugzeug eine gesunde Scheu, aber wenn ich erst einmal in der Maschine flog, dann traute ich mir auch einiges zu.

schied Graf Perponcher, daß ich reif sei für eine B1-Maschine, die Arado 66. Natürlich wußte ich, daß ich auf die B1-Klasse umsteigen mußte – aber schon jetzt? Doch da »Herr Graf« meinte, ich könne umsteigen, akzeptierte ich ohne Bedenken. Perponcher drehte eine Platzrunde mit mir in der Arado – auch ein Doppeldecker, nur größer –, stieg dann aus und bedeutete mir, daß ich nun allein fliegen solle. Das war keine kleine Überraschung, aber hätte ich sagen sollen, daß ich mir das nicht zutraute? Das kam gar nicht in Frage! Ich rollte also im Halbkreis zum Start. Den Kameraden mit der Startflagge in der Hand kannte ich: »Arndt«, fragte ich ihn, »wenn der Dicke hinter mir ausgestiegen ist, wie trimme ich die Maschine, daß sie mehr vorderlastig wird?« Er antwortete in Eile: »Siehst du den runden Knopf an deiner linken Seite?« – »Ja!« – »Dann schieb den ein wenig vorwärts!« Da hinter mir schon mehrere Maschinen warteten, winkte er mich eilig ab.

Zuerst schob ich den runden Knopf etwas nach vorn und gab kurz darauf Vollgas. Ich merkte wohl, daß dieser Motor stärker

Während die einen ihre Platzrunden absolvierten, regelten andere Flugschüler den Verkehr auf dem Flugfeld. Mit der Fahne wurde der Start freigegeben.

war und das größere Flugzeug besser beschleunigte, es wollte auch weniger ausbrechen, man mußte nicht so stark in die Seitenruder treten. Richtig stolz war ich darauf, daß mir auf Anhieb der Start so gut glückte. Aber sobald man anfängt stolz zu sein, geht etwas schief. Ich befand mich in 150 Metern Höhe mitten über dem am Flugpatz angrenzenden See, als der Motor zuerst »kotzte« und dann stehenblieb. Ich hatte gar keine Zeit zum Denken. Sofort brach ich den Steigflug ab, denn noch hatte ich genügend Fahrt, um geradeaus zu fliegen. »Der erste B1-Alleinflug und gleich eine Notlandung«, dachte ich.

Jetzt kam es darauf an, das anzuwenden, was ich bei den Übungen gelernt hatte. »Ruhe bewahren!« – »Umschau halten!« –»Notlandefeld aussuchen!« – »Für ein Feld entscheiden!« – »Bei der Wahl bleiben, auch wenn später besseres Feld in Sicht!« – »Landen, auch wenn unvorhergesehene Hindernisse auftauchen!« Genau an diese Reihenfolge hielt ich mich: Am anderen Ufer des Sees machte ich ein Feld aus, das zur Notlandung geeignet schien. Im Gleitflug suchte ich das Ufer zu erreichen. Zwar stand der Pro-

Mit meinen Freund Sigi Gruel vor dem Einsteigen in die W 34. In der Maschine sitzt der Mechaniker, der den Motor schon angeworfen hat. Auch die W 34 flogen wir mit umgeschnalltem Fallschirm.

peller, aber ich würde es schaffen. Doch dann erblickte ich beim Näherkommen plötzlich eine Strom- oder Telefonleitung, die quer zu meiner Landerichtung verlief. Doch ich blieb bei meiner Entscheidung, konnte die Schnauze etwas höher nehmen, ohne allzuviel Fahrt zu verlieren. Ich schaffte es gerade über die Leitung hinweg und slippte, was das Zeug hielt, bis kurz an den Boden, denn das Feld war klein – sehr klein. Kaum hatte ich am Boden die Maschine waagerecht gelegt, landete ich auch schon und machte beinahe einen Kopfstand. Das Fahrgestell sackte in den sumpfigen Boden ein, und ich kam zum Stillstand. Stolz und erleichtert stellte ich fest: »Erster B1-Alleinflug und Notlandung ohne Blessuren an der Maschine!«

Was war nun zu tun? »Nächstes Telefon suchen und Flugleitung benachrichtigen, wo notgelandet! Ursache der Notlandung durchgeben!« Ich machte ein Bauernhaus aus. Von dort wollte ich telefonieren. Aber unterwegs fiel mir auf, daß ich auf die zu erwartenden Fragen: »Ursache?« – »Motorschaden.« – »Warum?« gar keine Antwort wußte. Also zurück zur Maschine, vielleicht konnte ich auch hier meine Fachkenntnisse anwenden. Ich kletterte ins Führerhaus und mußte zu meinem Schrecken erkennen, daß sich auf der linken Seite zwei runde Knöpfe befanden. Ein schwarzer, über dem stand »Trimmung«, und ein roter, über dem stand »Brandhahn«, vorne war »Zu«, hinten »Auf«. Der rote Knopf stand auf »Zu«. Nun war es sehr einfach, den Grund für den Motorausfall durchzugeben: Ich hatte den Benzinzufluß abgedreht. Ich könnte den Hahn wieder auf »Auf« schieben, schoß es mir durch den Kopf, dann könnten die Mechaniker lange nach der Ursache für meine Notlandung suchen. Aber dann gab ich am Telefon doch die Wahrheit an, wenn auch nur die halbe: »Der Benzindruck blieb weg!«

Da mich andere Maschinen in der Platzrunde schon gesehen hatten, war ein Lastwagen mit Mechanikern und Benzin unterwegs, um zu sehen, was zu machen sei. Als sie eintrafen, bekannte ich mich zu meinem Fehler, und man gratulierte mir zu meiner ersten B1-Landung, einer erfolgreichen Notlandung. Gemischte Gefühle beherrschten mich, am liebsten hätte ich mich in ein Loch verkrochen. Aber der Bauer, von dessen Hof aus ich telefoniert hatte, erklärte, dies sei seit Jahren das tollste Ereignis, das sich auf seinem Bauernhof zugetragen habe. In seiner Hochstimmung bereitete er auf seiner Wiese ein ausgiebiges Mittagsmahl für den Unglückspiloten und die Mechaniker vor. Das konnten wir nicht ausschlagen.

Auf dem Flugplatz begrüßte Herr Harms mich, indem er auf »meine« Arado zeigte: »Da fliegt sie wieder, und Sie haben mit ihr eine Notlandung gemacht!« Aber wirklich kritisiert hat auch er mich nicht, schließlich war alles gut gegangen. Man sprach sogar mit einer gewissen Hochachtung von diesem Arado-Erstflug, der mit einer bruchfreien Notlandung endete. Mich wurmte aber, daß ich diese Notsituation selbst herbeigeführt hatte.

Wir waren mit der Ausbildung bereits beim B2 angekommen und flogen die Junkers W 34, einen größeren Metall-Tiefdecker, der mit dem für Junkers-Maschinen typischen Wellblech bedeckt war. Immerhin wurde diese Maschine schon im Reiseverkehr (sechs Fluggäste) eingesetzt. Der Sternmotor, der BMW Bramo, leistete 650 PS. In der Kabine saßen normalerweise Pilot und Copilot nebeneinander. Wir flogen nur die ersten Runden, bis wir uns an das halbe Steuerrad gewöhnt hatten, mit dem Lehrer auf dem Nebensitz. Dann saß der Schüler allein in der Maschine, und es war nur noch ein Mensch gefährdet.

Manche Unfälle wurden tatsächlich nur vermieden, weil die Flugschüler ein unglaubliches Geschick entwickelten. Martin Lensch etwa. Schon als er startete, passierte das Unglück. Wir alle mußten zusehen, wie beim Start, beim Springen des Fahrgestells über das Gras, eine Stütze des rechten Rades wegbrach und das Rad nach unten weghing. Als Martin zur ersten Landung ansetzte, wurden ihm rote Leuchtkugeln vor die Nase geschossen. Er zog die Landeklappen ein und versuchte im langsamen Vorbeiflug zu ergründen, warum er dieses Signal bekommen hatte. Bei der zweiten Platzrunde hielten wir das Rad hoch, Martin erkannte es und nickte im tiefen Flug mit dem Kopf. Bei der nächsten Runde hoben wir dann eine runde, weiße Tafel in die Luft, auf der ein dickes »R« zu lesen war, Martin verstand, es handelte sich um sein rechtes Rad. Diesmal wackelte er mit der Maschine zum Zeichen, daß er verstanden hatte. Er machte nach einer grünen Leuchtkugel erst einmal einen Probeanflug und hielt die rechte Fläche so hoch wie möglich. Alles staunte über so viel Besonnenheit. Beim nächsten Anflug galt es: Martin kam mit wenig Gas tief herein, hielt die linke Fläche so weit wie möglich nach unten und setzte ganz sanft auf dem linken Rad auf. Er wurde langsamer und langsamer, die rechte Fläche senkte sich geradezu gemächlich, und erst als die Maschine fast stand, fiel sie auf den Boden. Wir alle rannten mitsamt dem Fluglehrer zu der Junkers und hoben Martin auf die Schultern. Die Beschädigung der Maschine war minimal. Am nächsten Tag flog sie schon wieder. Aber an diesem Abend wurde mit viel Sekt gefeiert.

Meine Beziehung zu Graf Perponcher hatte sich fast zu einer Kameradschaft entwickelt. Er hatte mir die Notlandung mit der Arado wohl vergeben, vielleicht hatte er selbst den Eindruck, daß er mich etwas überfordert hatte. Wir näherten uns den Prüfungen für den B2, und dazu zählten zwanzig Nachtlandungen mit der W 34, der schweren Junkers-Maschine. Ich fand das Doppelsteuer, ein nach oben offenes halbrundes Rad, in einer Kabine recht fremdartig und fühlte mich eher wie im Führerhaus eines Lastwagens. Um 20 Uhr startete ich zu meinem ersten Nachtflug. Ich flog eine größere Runde, dann übernahm Perponcher das Doppelsteuer, um mir zu zeigen, wie man bei Nacht anfliegt. Wir beschrieben eine letzte Kurve, er brachte die Maschine in Linie mit den unter uns liegenden Lichtern und setzte zum Anflug an. Zuerst dachte ich, er wolle mir nur den Anflug zeigen, aber dann erkannte ich, daß er tatsächlich zur Landung ansetzte. Mit gefaßter Stimme wandte ich mich an ihn: »Herr Graf, entschuldigen Sie bitte, das unter uns sind nicht die Landelichter des Flugplatzes, sondern die Lichter der Hauptstraße von Werder!« Er murmelte etwas vor sich hin und sagte dann, ich solle weitersteuern: »Sie können das sowieso besser als ich! – Steuern Sie weiter!« Erst jetzt bemerkte ich den starken Whisky-Geruch in seinem Atem. Erst jetzt merkte ich, daß mein Graf einen sitzen hatte. Eine schöne Bescherung – die erste Nachtlandung in dieser schweren Maschine, und das ganz allein. Es ging gut, Graf Perponcher stieg schnell aus, und ich fabrizierte anschließend noch sechs Landungen.

Im Frühjahr und Sommer 1937 ging es uns wirklich gut. Wir flogen im Wechsel mit den anderen Zügen der Kompanie und füllten die übrige Zeit mit Sport, der uns rundum fit machen sollte. Mancher entdeckte so seinen Lieblingssport. Ulrich Rudel zum Beispiel fand Gefallen am Kugelstoßen. Diese Sportart pflegte er auch in der »Battle of Britain«, wenn andere neben dem vorgewärmten Stuka im Liegestuhl lagen.

Wir lebten in der Überzeugung, daß es mit Deutschland aufwärtsging. Wir Soldaten waren überall willkommen. Das »Versailler Diktat« geriet langsam in Vergessenheit. Wir Piloten wurden daran erinnert, weil wir nur bis Stolp an der Ostseeküste kurz vor Danzig fliegen konnten und ausdrücklich vor jeder Notlandung im »Korridor« gewarnt wurden. Ostpreußen durfte überhaupt nicht angeflogen werden. Aber auch da schien sich eine Lösung anzubahnen.

Es hatte sich doch schon einiges getan: Das Rheinland, das immer zu Deutschland gehört hatte, war durch Truppen der Wehrmacht besetzt worden. Es würde sicher nicht mehr lange dauern, bis wir auch – ohne die Polen zu fragen – unsere Landsleute hinter Danzig wieder besuchen konnten. Unsere Führung machte das schon richtig. Bisher hatte ganz Deutschland unter dem »Versailler Diktat« gelitten. Jetzt schienen sich die Bestimmungen zu lockern: Die Begrenzung des Heeres auf 100 000 Mann war aufgehoben, wir bauten eine neue Luftwaffe auf, daran war auch ich beteiligt. War das Unrecht? Und Österreich. War das nicht auch deutsch? War nicht mein Freund Fischer aus Tirol auf die Luftkriegsschule gekommen, um beim deutschen Wiederaufbau dabeizusein? Waren wir nicht auf dem richtigen Weg?

Ich glaube schon, daß die Generation meiner Eltern den Ersten Weltkrieg noch nicht vergessen hatte. Aber ob ihnen bewußt war, daß sich schon im Jahre 1937 ein neuer Krieg gegen England und die USA anbahnte, da habe ich meine Zweifel. Wahrscheinlicher erschien uns damals, daß wir mit Polen, Frankreich oder der Sowjetunion kriegerische Auseinandersetzungen führen würden. Dabei dachten wir mehr an Verteidigung als an Angriff.

Zu dieser Zeit kämpfte die »geheime« Legion Condor bereits auf der Seite Francos im Spanischen Bürgerkrieg.

1937
Der Reichsparteitag in Nürnberg

Die junge Generation der Deutschen sah zum überwiegenden Teil den Frieden nicht in Gefahr. Wir hatten den letzten Krieg nicht erlebt; wir waren ja kaum geboren, als er zu Ende ging. Für uns gab es keinen Zweifel, daß der greise Feldmarschall Hindenburg, der gegen die Rote Armee – wie wir im Geschichtsunterricht gelernt hatten – die Schlacht von Tannenberg gewonnen hatte, mit Hitler als Reichskanzler die richtige Wahl getroffen hatte. So ein erfahrener Mann konnte doch nicht falsch entscheiden! Hitler nannte den Versailler Vertrag einen Knebelvertrag und setzte sich mit der Besetzung des Rheinlandes über dessen Bestimmungen hinweg. Kein Wunder, daß er Zustimmung fand und viele Wähler gewann.

Der Aufbau der Wehrmacht barg viele Risiken, aber wir machten uns keine Sorgen, obwohl der Versailler Vertrag die Luftwaffe ausdrücklich verbot. Für uns Jungen, vor allem für Fähnriche, gab es nur den Weg nach vorn – heraus aus der Beschränkung auf ein 100 000-Mann-Heer. Daß die »Invasion« des Rheinlandes reiner Bluff war, wußten wir, weil die meisten der als »Bomber« eingesetzten Ju 52 von der zivilen Lufthansa ausgeliehen worden waren. Was sich »Jagdflugzeug« nannte, war meist nicht einmal bewaffnet.

Der Einmarsch ins Rheinland war ein gefährliches Unternehmen gewesen. Auf Dauer durfte man nicht auf solches Verhalten setzen. Nach dem Rheinland-Coup verlas der Standortälteste vor versammelter Mannschaft einen Tagesbefehl, in dem auf die Wichtigkeit und die Bedeutung der Streitkräfte hingewiesen wurde und darauf, daß wir durch unsere pure Existenz, aber auch durch unsere Bereitschaft dazu beigetragen hätten, den »Frieden« zu erhalten. Das ging jedem von uns tief in die Seele und stärkte unsere Bereitschaft zum Aufbau. Auch die feierlichen Paraden mit Musik, im Viereck angetreten, mit Waffen und in bester

Uniform waren für alle Waffengattungen von Berlin aus vorgeschrieben.

Wir sahen, was wir sehen wollten: Alles wurde besser, es gab keinen Hunger mehr unter der Bevölkerung, die Inflation war gering, und die Arbeitslosen verschwanden. Wir rückten in Europa wieder zu den führenden Nationen auf. In Deutschland wurden die ersten Autobahnen gebaut. Mercedes und Auto Union gewannen die meisten Autorennen in Europa. Die Flugzeuge von Junkers, Heinkel, Dornier und Messerschmitt flogen höher, schneller, weiter und wirtschaftlicher als alle anderen in der Welt. Die deutsche Wirtschaft erlebte einen Aufschwung, der noch kurz zuvor unvorstellbar gewesen war. »Kraft durch Freude« erfüllte Menschen, die schwer arbeiteten und nie gewagt hätten, an Reisen in ferne Länder auch nur zu denken, den Traum von einer Kreuzfahrt. Der Nationalstolz wuchs angesichts solchen Fortschritts. Wir waren der festen Überzeugung, daß wir das Erreichte schützen und bewahren könnten, je schneller wir vorankamen.

Alljährlich feierte sich das Dritte Reich auf dem Nürnberger Parteitag. In Jahr 1937 liefen Gerüchte um, daß die Luftwaffe durch eine »Fähnrichskompanie«, die alle Kriegsschulen repräsentieren sollte, vertreten sein würde. So gerne ich teilgenommen hätte, mich schreckte der Gedanke, wertvolle »Schulzeit« beim Fliegen zu verlieren. Aber als Hauptmann Pilger, unser Kompaniechef, das Ausleseverfahren bekanntgab, versicherte er feierlich, daß jede Flugzeit, die wir wegen »Exerzierens« verlieren würden, nach dem Parteitag doppelt gut gemacht würde.

Das war eine gute Nachricht, immer schon hatte mir gefallen, wenn eine ganze Kompanie, 120 Gewehre, auf das Kommando »Achtung! – Präsentiert das Gewehr!« wie auf einen Schlag das geschulterte Gewehr in die Achtungsstellung riß, oder wenn die ganze Einheit – das klappte schon beim Arbeitsdienst – bei »Kompanie halt!« noch zwei Schritte »eins – zwei« machte und dann mit einem lauten Hackenschluß zum Stand kam. Wir »Schlipssoldaten« konnten der Marine und dem Heer bei diesem Anlaß zeigen, daß wir Disziplin und soldatischen Gehorsam beherrschten. Mit Sicherheit war ich nie ein Militarist, aber diese Geschlossenheit, eine Sinfonie von Akkord und Gemeinsamkeit, gefiel mir einfach. Deshalb wollte ich mich für gutes »Exerzieren« qualifizieren, ich wollte in Nürnberg dabeisein.

Die Luftwaffe würde beim Vorbeimarsch aller Wehrmachtsteile mit einem Bataillon vertreten sein. Die anderen beiden Kompanien kamen vom Fallschirmjäger-Regiment Hermann Göring und vom Wachregiment der Luftwaffe (das Wachregiment bestand aus ausgesuchten Soldaten, die überall, wo wichtige Regierungsmitglieder zu bewachen waren, die Ehrenposten stellten). Natürlich würde es auch Vorbeiflüge verschiedener Luftwaffeneinheiten, Sturzbomber, Jäger und Bomber, geben. Das Heer würde am Boden Artillerie und Panzer vorführen, es würde Gefechtsvorführungen mit Platzpatronen geben. Für uns, die neue Luftwaffe, war aber besonders wichtig zu zeigen, daß wir auch am Boden mithalten konnten.

Die Teilnehmer an der Nürnberger Veranstaltung wurden sorgfältig ausgewählt. Wir mußten einzeln antreten, ein Unteroffizier gab das Kommando, und der jeweilige Zugführer bestimmte, wer in die engere Wahl kam. Wir führten aus: »Das Gewehr über!« – »Präsentiert das Gewehr!« – »Achtungsmarsch« und ein normales »Stillgestanden!« Und, o Wunder, ich war dabei.

Die Vorbereitung auf das große Ereignis war nicht schlecht. Wir wurden nicht geschunden, vielmehr merkte man deutlich, daß das Ziel ein guter Ausbildungsstand war. Klar wurde aber auch, daß wir uns in der Flugausbildung große Rückstände einhandelten, besonders jetzt im Sommer, wo fast immer gutes Flugwetter herrschte. Damit wir nicht zu weit zurückfielen, durften wir ab und zu ein Flugzeug besteigen und nach Belieben die Gegend um den Platz abklappern. Das war wirklich schön, denn wir konnten die »Freiheit der Lüfte« genießen.

Wir fuhren in einem reservierten Wagen der Reichsbahn nach Nürnberg, erfüllt von dem Gedanken, für unsere Luftwaffe das Beste zu geben. Von einem Bahnhof brachte man uns mit Lastwagen auf das Zeppelinfeld, wo eine riesige Zeltstadt aufgebaut war, alles in Reih und Glied. Wir waren mit den Zügen aus Dresden und Gatow in einem großen Zelt untergebracht, wo wir auf strohgefüllten Schlafsäcken schliefen. Es war warm, das Zeltleben war herrlich.

Jeden Tag fuhren wir auf Lkw zu einem großen Übungsfeld, wo auch Infanterie und Marine sich auf die Parade vorbereiteten. Zunächst sollte der Vorbeimarsch aus Zeitgründen in Kompaniefront erfolgen, das hieß 36 Mann nebeneinander, also ein ganzer Zug in einer Front. Beim Vorbeimarsch hielten wir die Front noch recht gut, aber sollte geschwenkt werden – was sowohl bei der Probe als auch in Wirklichkeit notwendig war, mußten die Flügel außen (man bedenke 36 Mann!) so schnell rennen, daß besonders bei der Infanterie »Chaos« entstand. Der Kommandeur eines Infanterie-Bataillons, der sah, daß die Luftwaffe dabei besser ausgerichtet lief, geriet in echte Verzweiflung: »Die sind nicht nur speziell ausgesucht, die sind auch vorbereitet!« Schließlich wurde entschieden, den Vorbeimarsch doch in Zugfront (zwölf Mann nebeneinander), also die Kompanie mit jeweils drei Zügen hintereinander, durchzuführen.

Am Tag des Vorbeimarsches herrschte herrliches Wetter. Den Anfang machte die Marine, dann kam das Heer, und wir, die Luftwaffe, bildeten den Abschluß; zuerst die Wachkompanie, dann die Fallschirmjäger, dann wir, die »Fähnrichskompanie«! Die Parade wurde natürlich von einer großen Militärkapelle begleitet, deren Musik über Lautsprecher überall zu hören war, bei den Herren auf der Ehrentribüne, bei den Zuschauern auf den Rängen und natürlich bei den vorbeimarschierenden Einheiten auf dem Exerzierfeld. Als wir uns im Gleichschritt in breiter Zugfront der Ehrentribüne näherten, waren wir angespannt, wußten wir doch, daß Hitler, Göring, Heß, Goebbels, also die gesamte Parteispitze, den Vorbeimarsch abnehmen würden. Das Kommando kam auf den richtigen Fuß: »Augen rechts! – Aaachtung!«, und wir streckten Stiefel und Beine im Parademarsch. Vorgesehen war, daß die Einheiten vor der Ehrentribüne 150 Meter im Achtungsmarsch marschieren sollten, aber unser Kompaniechef meinte, daß wir allen »die Schau« stehlen sollten! Und so blieben wir auch nach der Ehrentribüne im Parademarsch – mit dem Erfolg, daß die Menge aufstand, klatschte und uns zujubelte, und so marschierten wir weiter, bis wir nicht mehr konnten. »Rührt euch!« erlöste uns endlich. Die »Schlipssoldaten« konnten sich sehen lassen.

Nach der Parade lieferten wir die Gewehre ab und hatten frei. Wir Werderaner«steuerten die Robert-Ley-Halle an (Robert Ley war zuständig für die Deutsche Arbeitsfront und damit unterstand ihm auch die »Kraft durch Freude«-Organisation). Dort ertönte von einem Podium – wie auf dem Münchner Oktoberfest – eine fröhliche Blechmusik. Bier in Krügen wurde an langen hölzernen

In der Zeltstadt auf dem Zeppelinfeld in Nürnberg. Wir repräsentieren beim Reichsparteitag 1937 die Luftwaffe beim Vorbeimarsch. Ich bin der dritte links neben dem Eingang mit dem Eßgeschirr in der Hand.

Tischen serviert. Unsere Fähnrichgruppe besetzte einen ganzen Tisch. Ein älteres Ehepaar, das schon am Tisch saß, luden wir kurzerhand ein.

Als der Saal sich füllte, wurde es eng an den Tischen. SS-Junker, die unschwer an ihren schwarzen Spiegeln zu erkennen waren, wollten das Ehepaar von unserem Tisch vertreiben. Aber damit waren wir nicht einverstanden, und es kam zum Streit. Die Situation drohte außer Kontrolle zu geraten, beide Seiten griffen schon zum Seitengewehr, Blutvergießen schien unvermeidlich. Da erschien ein höherer »Goldfasan« (so nannte man damals braun Uniformierte, die viel »Lametta« trugen) und glättete die Wogen. Er war gesetzten Alters und vermittelte diplomatisch und geschickt. Beide Seiten respektierten seinen hohen Rang. Er sorgte dafür, daß die älteren Leute am Tisch bleiben konnten. Zur

Versöhnung tranken wir am Schluß sogar ein Bier mit den SS-Junkern. Wir gingen ihnen aber aus dem Weg.

Von nun an verfolgten wir die militärischen Vorführungen als Zuschauer. Sie fanden auf dem großen Viereck des Zeppelinfeldes statt. Dort sahen wir zum ersten Mal, wie unsere Wehrmacht operieren würde. Es war sehr eindrucksvoll: Eine Kombination von Infanterie und Panzerverbänden trug die gemeinsamen Angriffe vor, unterstützt von der Luftwaffe mit ihren Jägern und Sturzkampflugzeugen. Die Henschel 123 stürzten mit heulendem Motor ins Stadion und die Heinkel Doppeldecker fegten knapp über die Köpfe der Zuschauer hinweg. Die militärische Kraft war nicht zu übersehen.

Als die große Schau in Nürnberg vorbei war, fiel es uns fast schwer, in den Alltag der Ausbildung zurückzufinden. Aber nun galt es, die versäumten Flugstunden in gemeinsamer Anstrengung mit Ausbildern, Offizieren, Unteroffizieren und nicht zuletzt den Fluglehrern nachzuholen. Wir hatten Glück mit dem Wetter und konnten bald die Prüfungen für den »Militär-Flugzeugführerschein« ablegen, wobei es für uns natürlich besonders wichtig war, daß wir nach bestandener Prüfung das Flugzeugführerabzeichen offiziell tragen durften. Wir fühlten uns als »Piloten«, wohlwissend, daß es noch ein weiter Weg war, bis wir Kampflugzeuge fliegen konnten.

Die nächste Phase der Ausbildung begann. Wir erhielten ein Kommando zu einer aktiven, fliegenden Luftwaffenkampfeinheit. Es war Zufall, daß ich zu einer Bombereinheit geschickt wurde, die mit Dornier Do 17, dem sogenannten fliegenden Bleistift, ausgerüstet und in Schwäbisch Hall stationiert war. Stadt und Umgebung waren mir also bekannt, außerdem hatte ich es nicht weit nach Hause. Wieder sollte es eine Mischung der drei Luftkriegsschulen geben, weshalb fünf Fähnriche aus Werder, fünf aus Dresden und fünf aus Gatow nach Schwäbisch Hall kamen. Ausgewählt wurden wir mit Hilfe des Hollerith (später IBM)-Lochkarten-Systems, alle hatten wir Namen, die mit S begannen, also Steinhilper, Stendel, Strehl, Stangl, Staiger, Schmidt und so fort. Schon bald bemerkten wir, daß es eine gute Idee war, die Fähnriche der drei Kriegsschulen zu mischen. Es bildeten sich neue Freundschaften, die später in der Gefangenschaft und auch nach dem Krieg fortdauern sollten.

Vorbeiflug der Luftwaffe auf dem Nürnberger Parteitag – eine Inszenierung von Kraft und Macht und Kriegsbereitschaft.

Der Wechsel von der Flugschule zur Kampfeinheit war äußerst lehrreich. Hier trafen wir auf Flugzeugführer, die in Spanien in der »Legion Condor« geflogen waren. Wenn sie erzählten, hingen wir »Jungen« an ihren Lippen. Da sprach die »Front«, die Gefechtserfahrung, und wir erkannten, wieviel wir noch lernen mußten. Wir hatten bisher wenig Erfahrung mit Frontflugzeugen. Mit der Heinkel He 51, einem damals schon veralteten Jagdflugzeug, hatte ich in Werder wenige Stunden Kunstflugübungen absolviert, aber schon damals sprachen alle von der Me 109, die in Spanien ihre Feuertaufe erlebte. Mit unserem Militärflugschein (gilt einschließlich B2) durften wir Bomber wie Do 17, He 111 oder Ju 86 (C-Maschinen) nicht fliegen, und auf den Luftkriegsschulen hatten wir auch nur gelegentlich in einer zweimotorigen Focke-Wulf »Weihe«* am Steuerknüppel gesessen. Wir Flugschüler hat-

* Die FW 58 »Weihe« wurde später am Kanal mit zwei Schwimmern ausgerüstet und dann als Seenotflugzeug eingesetzt.

ten also vor dieser Truppenkommandierung keinerlei Kontakt zu den Bombern. Nach dem Hörensagen war die W 34, auf der wir unsere B2-Prüfungen abgelegt hatten, zwar schwerer zu fliegen als die dreimotorige Ju 52, aber wer die »Tante Ju« oder die Bomber fliegen wollte, mußte ergänzend eine C-Schule besuchen, die an die Luftkriegsschule anschloß und die Prüfung für solche Flugzeuge abnahm.

Zum Ausbildungsplan bei der »Truppe« gehörte, daß wir in der gläsernen Kuppel der Do 17 den Tiefflug wie im Tiefangriff miterleben durften. Das war ein Abenteuer: Fest angeschnallt saßen wir in der Kanzel neben dem Flugzeugführer und sahen zum ersten Mal durch den gläsernen Boden, wie unter uns Felder, Hekken, Bäume, Straßen und Eisenbahnen vorbeifegten. Bisher hatten wir immer den schwirrenden Propellerkreis vor uns gehabt, jetzt flogen wir dicht über dem Boden, sahen alles genau und hatten auch ein bißchen Angst, ob der Flugzeugführer neben uns die nächste Hecke wohl rechtzeitig überspringen würde. Um diese drastische Ausbildung zu vervollständigen, wurden auf dem benachbarten Bombenübungsplatz Zementbomben im Hoch- und Tiefangriff geworfen. Wir saßen neben einem geübten Beobachter, der zielen konnte und wußte, wann der Knopf zu drücken war.

Damit wir in diesen zwei Monaten das Fliegen nicht ganz verlernten, wurde gestattet, daß wir gelegentlich mit dem Heinkel Kadett fliegen konnten, einem Typ, den wir von der Schule her kannten. Dieses Flugzeug wäre für mich normalerweise kein Problem gewesen, aber es herrschte eisiges Wetter, und der Kadett war auf Schneekufen umgerüstet worden. Die schwarzen Männer vom Verband, die Mechaniker, die das Flugzeug für mich aus der Halle wuchteten, warnten mich zwar vor dem starken Wind und der eisigen Vorfläche der Halle, aber ich wollte unbedingt fliegen. Sicherheitshalber schoben sie die Maschine gut 100 Meter von der Halle weg. Kaum war ich eingestiegen und hatte mich angeschnallt, da ließen die Mechaniker die Flächen los und sprangen zur Seite. Sofort drehte sich die Maschine, vom Wind getrieben, und ich bemerkte erst jetzt, daß Schneekufen bedeuteten: »Du hast keine Bremsen« (beim Rollen wurde das Flugzeug damals nur durch Bremsen der Einzelräder rechts oder links dirigiert). Ich schien verloren, der Wind blies mich seitwärts zurück auf die eisernen Hallentore zu, und ich schlitterte ohne Kontrolle auf dem glatten Boden dahin. In meiner Verzweiflung gab ich Gas und merkte gleich, wie ich in den Füßen Druck auf die Seitenruder bekam, dann gab ich Vollgas, und die Maschine gehorchte. Die Halle war nicht mehr weit, als ich endlich den kleinen Doppeldecker in den Wind richten konnte.

Auf dem Eis und bei starkem Wind brauchte ich nur eine kurze Strecke, um abzuheben. Ich glaube, noch auf dem Vorfeld der Halle erhob ich mich in die Luft. Alle Angst vor einem Unfall – womöglich einem Totalschaden – fiel von mir ab. Die Steuer reagierten, alles war in Ordnung, ich schaukelte im Wind und war wieder einmal Herr der Lüfte. Die Schneekufen hatten zwar beim Starten laut geknirscht, die Maschine war über das Eis gehopst und gesprungen, aber jetzt flog ich sie mit Gelassenheit. Ich fand meine Ruhe wieder. Lange blieb ich allerdings nicht in der Luft, denn vor der Kufenlandung hatte ich doch Angst. Sie verlief aufregend, aber normal. Ich hatte gelernt, wie man ohne Bremsen »rollt!« Es war nicht einfach, nur mit Gas und Seitenruder – ohne Hilfe an den Tragflächen – die Halle sicher zu erreichen. Erst als die schwarzen Männer den kleinen Doppeldecker an den Flächenenden festhielten, konnte ich mich entspannen.

Im Winter gab es oft Leerlauf. Wenn dann der eine oder andere ehemalige-Spanierkämpfer im Offizierskasino ein Bier zu viel getrunken hatte, wurde auch geprahlt. Ob wir wollten oder nicht, bei dieser Sauferei mußten die Fähnriche mithalten. Je weniger wir fliegen konnten, um so mehr wurde gesoffen. Der Alkohol diente dem Vergessen. Es wurde gar kein Geheimnis daraus gemacht, daß wir bei der Truppe auch lernen sollten, unser Benehmen unter Alkoholeinfluß zu erkennen und uns in diesem Zustand zu beherrschen. Genau erinnere ich mich an einen Abend, als wir, etwa ein Dutzend Fähnriche, stillstehen mußten und jeder ein gefülltes Bierglas erhielt, das wir auf »Gewehr über!« in einem Zug leeren mußten. Die Ordonnanzen erhielten Befehl, uns aufs neue mit gefüllten Gläsern zu versorgen. Das »Gewehr über!« wurde so lange wiederholt, bis die ersten Fähnriche buchstäblich auf dem Bauch lagen. Obwohl es schon Ausfälle gab, wurde das Spiel fortgesetzt, bis alle übereinander krabbelten und sich erbrachen. Für die laut johlenden Offiziere war es wohl ein besonderes Spektakel, die »Crème de la Crème« der zukünftigen deutschen Luftwaffe am Boden übereinanderkriechen zu sehen.

Wir waren lange wohl zu feige, um uns gegen derartige Mißhandlungen zu wehren. Dann brachte aber doch einer die Zivilcourage auf: Anton Stangl, mein Zimmerkamerad.* Nach dem Essen wurde den Ordonnanzen wieder einmal befohlen, uns Bier zu reichen. Tönnes (sein Spitzname) Stangl machte das erste »Gewehr über!« noch mit, dann weigerte er sich. Als ihm das zweite Bier gereicht wurde, schrie er laut den anwesenden Offizieren ins Gesicht: »Wenn diese verdammte Sauferei zum Offizierwerden gehört, dann scheiß ich drauf! – Pfui Teufel!« Er machte auf dem Absatz kehrt, verließ den Raum und schlug die Tür hinter sich zu. Und was passierte? Nichts. Es stellte sich aber heraus, daß auf dem Fliegerhorst ein »Fähnrichsvater« zu unserer Betreuung bestimmt worden war, was sich bis dahin nicht bemerkbar gemacht hatte. Nun war er allerdings bemüht, uns zu beschwichtigen. Es war wie so oft: Nur einer brauchte den Mund aufzumachen, und schon herrschte Ordnung. Nach diesem Vorfall hatte niemand mehr Spaß am »Gewehr-über«-Spiel.

Wir hatten allen Grund, Tönnes Stangl dankbar zu sein. Nach dem Zwischenfall im Flugplatzkasino wurde der Zwang, dort zu essen, für uns Fähnriche gelockert. Wir erhielten mehr Ausgang, durften öfter in die Stadt gehen. Wir schrieben Januar 1938, und es war Fasching im Städtchen. Da gab es in den Gasthäusern, Cafés und städtischen Sälen viele Bälle, Tanz mit oder ohne Kostüm, Theateraufführungen und Umzüge. Wir Fähnriche hatten ein Gasthaus mit großem Saal, den »Ritter«, ausgesucht. Im »Ritter« war es billig, die Getränke waren gut, die Kapelle entsprach unserem Geschmack, die Tanzfläche war zwar klein, aber viele hübsche Haller Mädchen verkehrten dort und warteten nur darauf, zum Tanzen aufgefordert zu werden. Zum Fasching war der ganze Saal mit bunten Papiergirlanden ausgeschmückt.

In der Mitte des Saales stand ein antiquierter Holz- und Kohleofen, der heizte, was er konnte, denn draußen war es eisig. Aber dann drehte einer der Fähnriche wie im Rausch des Vergnügens durch: Mit bloßen Händen wollte er den heißen Ofen umwerfen, verbrannte sich dabei und riß wohl aus Schmerz das Ofenrohr, das in die Decke führte, heraus. Da der Ofen »volles Rohr«

* Dr. Anton Stangl, abgeschossen in der »Battle of Britain«, wurde später ein anerkannter Psychologe.

brannte, schlug sofort Feuer aus der hinteren Öffnung und setzte die Papiergirlanden in Flammen. Panik brach aus, aber wir konnten den Verursacher bändigen und mit Feuerlöschern die brennenden Girlanden löschen. Der Saal leerte sich rasch, die Musiker packten ein, und unser verbrannter Kamerad stammelte wirres Zeug. Er war nicht betrunken, wußte aber auch nicht, was er getan hatte und warum er plötzlich auf den Ofen losgegangen war. Bei den Saufveranstaltungen im Kasino war uns schon aufgefallen, daß er meist als erster zu Boden ging. Vermutlich hatte ihn der ganze Rummel überwältigt. Der Eigentümer des »Ritter« gab sich aber nicht zufrieden. Er hatte Schaden erlitten und benachrichtigte die Polizei, die natürlich den Namen des Übeltäters notierte.

Sicherheitshalber meldeten wir den Vorfall dem Gruppenkommandeur der Schwäbisch Haller Bombergruppe, der sich allerdings nicht weiter aufregte. Der Vorfall muß aber auch dem Standortkommandeur zu Ohren gekommen sein, der wiederholt solche Vorfälle mit dem Bürgermeister zu regeln hatte. Die Offizierskarriere des jungen Mannes fand nach diesem Zwischenfall ein Ende. Er verblieb jedoch bei einer fliegenden Einheit, denn er war ein guter Pilot, der schon den C2 erreicht und die Blindflugprüfung abgelegt hatte.

Zum offiziellen Faschingsumzug der Stadt wurde uns ein schwerer Luftwaffen-Lkw zugeteilt, den wir nach Belieben herrichten durften. Im Zug gingen einige Musikkapellen mit, auch eine Luftwaffenband mit den beim Militär neuen Saxophonen. Alle machten begeisternde Musik. Der Wagen mit jungen Fähnrichen im Faschingskostüm hinterließ allseits Eindruck. Besonders die Hausfrauen, die von den Fenstern aus dem Zug zuschauten, waren uns zugetan. Sie überschütteten uns mit Bonbons, Pralinen und Einladungen – wenn sie Töchter im heiratsfähigen Alter hatten. Wir nahmen sie gerne an, denn wir genossen es, wieder einmal wie zu Hause in einer Familie zu sein.

Als der Fasching vorüber war, endete auch unsere Zeit bei der Bombergruppe. In Werder sollte der letzte, der dritte Lehrgang, stattfinden. Wir waren die ersten, die ihn absolvieren würden. Es stellte sich aber heraus, daß in Werder niemand zu wissen schien, wie es weitergehen sollte. Schließlich wurde bekanntgegeben, daß wir in den Alpen Skifahren würden. Das sollte uns auf die Höhe vorbereiten und Fitness und Gesundheit fördern.

Von dieser Nachricht war ich begeistert. Vielen Kameraden hatte ich schon erzählt, welch herrlicher Sport das Skifahren sei. Sigi und ich, die einzigen, die schon einmal auf Skiern gestanden hatten, wurden kurzerhand zu »Skilehrern« unseres Zuges ernannt. Mit dem sportlich veranlagten Sigi konnte ich mich freilich nicht messen. Der hatte schon als Schüler sein Taschengeld verdient, indem er im Sommer als Tennis- und im Winter als Skilehrer arbeitete. Er stammte aus einer recht wohlhabenden Familie. Sein Vater war in der Entwicklung der Württembergischen Metallwaren-Fabrik tätig und hätte es wohl lieber gesehen, wenn Sigi studiert hätte.

Alle drei Züge der Kriegsschule wurden nacheinander nach Steibis im Allgäu geschickt. Unser Zug sollte der erste sein, und so wurden Sigi und ich als Vorauskommando nach Steibis entsandt. Dort erwartete uns ein Infanteriefeldwebel. Zu Fuß ging es das letzte Stück bis zur Hütte, die von einem Infanterieregiment gemietet worden war. Sie lag ideal oberhalb von Steibis, mitten in der Natur, ein bißchen einsam, aber gerade recht, um Abstand zu gewinnen vom Alltag der Flugausbildung. Der Feldwebel stellte uns die beiden Köche vor und zeigte uns unser Schlaflager. Uns schien es, als wolle man die ersten Gäste der Luftwaffe durch Sauberkeit beeindrucken. In der Scheune, wo im Sommer die Kühe übernachteten, waren auf dem Boden Strohmatratzen ausgelegt, die mit ihren strahlenden blauweiß-gestreiften Überzügen zum Ausruhen einluden. Sigi konnte telefonisch nach Werder berichten, daß alles für die ersten Gäste aus Werder wohl vorbereitet sei. Bis die anderen ankamen, brachte Sigi mir noch manchen Trick bei. Ich hatte geglaubt, Christiania und Telemark zu beherrschen, aber als ich sah, wie elegant Sigi jeden Hang hinunterschwang, kamen mir meine Künste recht dürftig vor. Aber für die Anfänger ging ich immer noch als »Skilehrer« durch.

Im Gebirge hatte sich herumgesprochen, daß die Luftwaffe kommen würde. Wo immer wir auftauchten, wurde uns vorgeführt, wie die Gebirgsjäger abfahren konnten. Es war nur natürlich, daß wir zuerst staunten, aber bald setzten wir unsere »Geheimwaffe« ein: Wir warteten, bis sie auftauchten, und dann schwebte Sigi in eleganten Schwüngen den Hang hinab, daß es nur so stäubte und jedermann staunte. Schließlich wollte niemand mehr die andere Waffengattung beeindrucken.

Da man auf der Luftkriegsschule in Werder zunächst nicht wußte, wie man die Fähnriche weiter ausbilden sollte, wurden wir zum Skilaufen nach Steibis im Allgäu geschickt, wo wir uns an die »Höhe gewöhnen« sollten und eine wunderbare Zeit verbrachten.

Bevor der Zug unter Führung von Leutnant Möckel eintraf, hatten wir, die Vorhut, nicht nur freie, sondern herrliche Tage in Schnee und Sonnenschein. Wir freuten uns auf die Ankunft unserer Kameraden, auch auf Leutnant Möckel, der wegen seiner freundlichen Art sehr beliebt war. Wie der ganze Zug, der überwiegend aus Norddeutschland stammte, hatte auch er keine blasse Ahnung vom Wintersport. Der unbekümmerte Willi Hofmann verfiel beim Anblick der Berge und des Schnees sogleich in Begeisterung. Obwohl er in seinem Leben noch nie Skier unter den Füßen gehabt hatte, stürmte er den Hang hinauf, schnallte die Lederbindung fest und fuhr in rasender Schußfahrt auf uns zu. Es klang gar nicht ängstlich, sondern eher fröhlich, als er uns zurief: »Und wie bremst man jetzt?« Dann umhüllte ihn eine weiße Wolke. Willi stand lachend auf, klopfte den Schnee von seiner Kleidung und wollte wieder hinauf, da er ja nun wußte, wie man bremst. Wir hielten ihn nur mit Mühe davon ab, indem wir darauf hinwiesen, daß der Weg zur Hütte noch viel Kraft koste. Es dauerte etwa anderthalb Stunden, bis wir alle oben waren.

Wir verbrachten herrliche, sorglose Tage im Allgäu. Was konnte es auch Schöneres geben, als bei Sonnenschein und Pulverschnee, gemeinsam mit guten Kameraden, die Routine, auch die Unfälle der Ausbildung zu vergessen. Es war ein wundervolles, gemeinsames Erleben. Die Abende konnten wir gestalten, wie wir wollten. Das schmackhafte Hüttenessen hatten wir kaum vertilgt, da machten wir uns schon in der Dunkelheit auf den Weg nach Steibis. Manchmal war es sternenklar, dann ging es leicht, aber sobald es schneite oder neblig war, erforderte die Abfahrt all unsere Fahrkünste. Wir riskierten manches, um ins Dorf zu gelangen. Schien der Mond, konnten wir bei der steilen Abfahrt einen Querweg rechtzeitig erkennen und bremsen. Bei schlechter Sicht knallten wir unweigerlich in die gegenüberliegende Böschung, rappelten uns auf und fuhren dann weiter. Lag man in der Böschung, hörte man zu beiden Seiten Einschüsse wie aus einem Kanonenrohr: »Flop!«, »Flop!«und wieder »Flop!« Das Glück muß uns zur Seite gestanden haben, denn niemand hat sich dabei verletzt.

Im Dorf kehrten wir in den verschiedenen Wirtshäusern ein. An einen Abend erinnere ich mich besonders. Sigi setzte sich, niemand wußte warum, zu einer Gruppe von Holzfällern, die sich gegenseitig ihre Kraft vorführten. Zuerst wurden mit bloßen Händen Streichholzschachteln der Länge nach zerdrückt, anschließend Holzkisten zertrümmert. Zu unserer Überraschung konnte Sigi gut mithalten. Nach verschiedenen ähnlichen Wettbewerben kam der Schnaps dran. Sigi forderte die Holzfäller zum »Ex«-Trinken einer gesamten Staffel zu je drei Ketten »Enzian« heraus, das hieß zu neun Gläsern Schnaps (Staffeln bestanden damals aus drei Ketten). Auf einem Tablett wurden die vollen Gläser in V-Formation aufgestellt, und »ruck-zuck« trank Sigi auf einen Zug die ganze »Staffel« aus. Sigi war großzügig: Die Holzfäller, vier an der Zahl, konnten sich ihre Staffel teilen. Natürlich versuchten wir diesen Wettbewerb zu verhindern, denn wir sahen kommen, daß wir Sigis »Leiche« den Berg hinaufzuschleppen hatten – vergeblich, die Sauferei ging weiter. Es wurde sogar noch schlimmer: Sigi stellte drei Staffeln auf das Tablett, und um die dreißig voll zu machen, ergänzte er die Gruppe noch mit drei Schnäpsen für die drei Flugzeuge des Stabsschwarms.

Wer zuerst umfiel, die Holzfäller oder Sigi, weiß ich nicht mehr. Gut in Erinnerung blieb mir jedoch der mühsame Heimweg mit unserer »Schnapsleiche«. Auf der Hütte mußten wir ihn gleich auf den Scheunenboden legen, denn er ergoß sich aus allen Öffnungen. Plötzlich war er ein sehr kranker junger Mann. Voller Sorge weckten wir Leutnant Möckel. Ein Doktor war weit und breit nicht zu erreichen, aber der Hüttenfeldwebel wußte Rat. Dieser altgediente, erfahrene Mann wies uns an, Sigi völlig zu entkleiden und dann bis zum Kopf im Kuhmist zu vergraben. Die Innentemperatur des Misthaufens kann wohl um die 50 Grad betragen haben, denn sofort fing Sigi gewaltig an zu schwitzen. Damit wurde seinem Körper wahrscheinlich Alkohol entzogen, bevor er die Leber und womöglich das Hirn schädigte. Das Hausmittel wirkte, wenn auch keiner erklären konnte, warum. Nach ein paar Tagen fuhr er wieder in beneidenswerten Schwüngen den Hang hinunter. Ich kann Enzianschnaps seither nicht mehr riechen.

Sigi, mein guter Freund, wurde Opfer der »Battle of Britain«.

1938/39
Dunkle Wolken ziehen auf

Das Flugzeugführerabzeichen, das ich fortan auf der linken Brustseite meiner Uniform trug, machte mich stolz; vielleicht trug es zur inneren Reife bei. Ich hatte etwas erreicht, was ich mir selbst oft nicht zugetraut hatte, und das bestärkte mich jetzt im Glauben an mich selbst. Ostern 1938 war es geschafft.

Wir erhielten Kurzurlaub, und ich konnte einige Tage zu Hause in Heutingsheim verbringen. Helga, meine jüngere Schwester, war gerade vier Jahre alt, und Trude, die ältere, war sechzehn geworden. Sie sonnten sich im Glanze der Uniform des großen Bruders, an der das Flugzeugführerabzeichen prangte. Auch die Position meines Vaters, der sich gegen die Anwürfe des NSDAP-Ortsgruppenleiters, eines ihm untergebenen Lehrers, zu behaupten hatte, wurde durch mein Auftreten – zumindest vorübergehend – gestärkt.

Die hohe Politik interessierte mich noch immer nicht. Was ich sah und erlebte, bestätigte mich in der Ansicht, daß Deutschland auf dem richtigen Weg sei, in der Welt wieder Ansehen zu gewinnen. Im Radio, in den Zeitungen, überall war zu lesen und zu hören, daß wir erstarkten und wieder erfolgreich waren. Hitler hatte das »Versailler Diktat« überwunden, es war offenkundig: Der deutsche Adler konnte seine Schwingen wieder ausbreiten.

Die Einheiten der Wehrmacht, so hieß es damals, sollten unpolitisch bleiben. Das war für die Luftwaffe besonders einfach, denn wir lebten ja beinahe wie isoliert. Die Flugplätze und Kasernen lagen meist fünf bis fünfzehn Kilometer außerhalb größerer Städte. Sie waren eingezäunt und wurden bewacht. Der Besuch in der Stadt war etwas seltenes, noch seltener waren Verbindungen zur Bevölkerung des Standortes. Während des dritten Lehrgangs in Wildpark war das anders, denn wir wurden abkommandiert, in Potsdam Tanzen zu lernen. Man wollte uns vermitteln, wie wir uns als zukünftige Offiziere Damen gegenüber zu benehmen hatten.

Die Heinkel – He 51 –, die im Spanienkrieg, eine wichtige Rolle spielte, war für uns nach der Flugzeugführerausbildung ein begehrtes Übungsflugzeug, mit dem man nach Herzenslust kurbeln konnte.

Unsere Tanzpartnerinnen waren wohl handverlesen, eine interessante Gruppe junger Mädchen, alle etwa achtzehn Jahre alt.

In diesem Tanzkurs lernte ich Gerda Havemann kennen, die ich gerne »engagierte«. Eines Abends brachte Gerda eine hübsche Dame mit, die sie mir als ihre ältere Schwester vorstellte. Nach dem Unterricht saß eine fröhliche Runde noch im Café beisammen, die Schwester spendierte uns armen Fähnrichen ein paar Runden Portwein, und wir erlebten einen herrlichen Abend. Selbstverständlich begleitete ich die Damen zum Potsdamer Bahnhof. Als der Zug schon anfuhr, schwang ich mich auf das Trittbrett und verpaßte der Schwester am offenen Fenster einen Abschiedskuß. Der Wein hatte mich mutig gemacht. Kurze Zeit später erhielt ich von der Familie Havemann eine Einladung in ihr Haus in Babelsberg, ganz in der Nähe der UFA Filmstudios. Dort winkte mich die »ältere Schwester« bei der Begrüßung auf die Seite, um mir zu erklären, daß sie nicht die Schwester, sondern die Stiefmutter von Gerda sei.

Professor Havemann, dessen Sohn zu DDR-Zeiten als Physiker

Der Stösser – die Focke-Wulf 56 – war für Jagdübungseinsitzer vorgesehen. Sie war in Bad Aibling im Gebirge und später in Böblingen mein Lieblingsflugzeug.

bekannt wurde, war damals etwa fünfzig Jahre alt. Er war populär, denn er hatte die Musik zu dem Olympiafilm »Fest der Völker« geschrieben. Goebbels hatte ihn daraufhin zum Reichsmusikdirektor ernannt. Aber der Musikprofessor war in erster Linie Künstler und unterwarf sich nicht blindlings den Anweisungen von Leuten, die von seinem Metier wenig verstanden. Als ich in dem Babelsberger Haus verkehrte, hatte er den Posten des Reichsmusikdirektors bereits niedergelegt. Verfolgt wurde er deswegen nicht. Die Familie führte ein großes Haus – ich lernte dort unter anderen den Komponisten Paul Hindemith kennen – und verbrachte den Urlaub mit Vorliebe auf der eigenen Jacht in der Ostsee, mit der man bis nach Schweden segelte.

Etwa im Juni wurde Gerda, die ihr »Pflichtjahr« ablegen mußte, in ein Forsthaus nach Grünberg in Schlesien (heute Polen) verpflichtet. Wir schrieben uns, wobei sie erkennen ließ, daß sie sich dort einsam fühlte. In den Pfingstferien überraschte ich sie daher mit meinem Besuch. Dort waren wir aber nie allein, und nicht einmal kam eine persönliche Unterhaltung mit Gerda zustande. Wir schrieben uns weiterhin, und als Gerda auf eine Hühnerfarm in Erkner, ganz in der Nähe Berlins, versetzt wurde, besuchte ich sie auch dort. Aber dann trennten sich unsere Wege.

In Werder offenbarte sich immer mehr, daß wir »Versuchskaninchen« waren. Eine richtige Jagdausbildung war in diesem dritten Lehrgang nicht geplant, erst recht keine Beobachterausbildung, wie es für Bomberbesatzungen vorgesehen ist. Man erklärte uns, daß all das dann geschehe, wenn klar sei, bei welchem Verband wir landen würden: Jäger oder Bomber, Aufklärer oder gar Sturzkampfflieger. Diese neue Waffengattung wußte einfach noch nicht, wie sie ihre Offiziere und ihr fliegendes Personal für die zu erwartenden Aufgaben ausbilden sollte. Wir spürten an allen Ecken und Enden, daß man an uns ausprobierte, wie die Luftwaffenoffiziere eigentlich geschult werden sollten.

Viele Schwierigkeiten erwuchsen schon aus der Tatsache, daß bisher alles in der Wehrmacht auf die Bedürfnisse des Landheeres ausgerichtet war. Die Fähnriche der Luftwaffe verbrachten viel zuviel Zeit in der verwaltungsmäßigen Ausbildung, wo wir vor allem im Formular- und Beschaffungswesen unterrichtet wurden. Eine eigene Luftwaffenkultur bestand eben noch nicht. Dabei war der zu bewältigende Stoff gewaltig. Wir lernten, wie man Bataillons- oder Kompaniebefehle schriftlich erteilt. Kartenwesen wurde für Bodentruppen passend gelehrt. Bildwesen war eher der Luftaufklärung angepaßt, und wenn man sich nicht zu helfen wußte, wurden wir in Verwaltung, auch den besonderen Fonds im Falle der Mobilmachung, geschult. Das sollte sich für mich eines Tages als nützlich erweisen.

Bei dem riesigen Pensum wurde alles nur oberflächlich behandelt. Wir fragten wiederholt, warum so wichtige Themen wie Blindflug, Funk, Bombenwurf oder Zusammenarbeit von Bodenstationen und Jagdflugzeugen, kurz die Luftverteidigung, nicht gelehrt würden. Das alles hätte uns schließlich viel mehr interessiert. Aber es gab keine Fachleute, die diesen Stoff hätten vermitteln können. Die Lehrer stammten ja zum großen Teil aus dem Heer und trauten sich einen derartigen Unterricht nicht zu. Unsere Aufmerksamkeit litt zunehmend unter den Verhältnissen.

In Wildpark waren wir bewußt mit Österreichern zusammengelegt worden, die »ins Reich heimgekehrt« waren. Schnell freundete ich mich mit Otto Vlach an, der eine gründliche Ausbildung bei der österreichischen Flugabwehr (FLAK) absolviert hatte. Er war von der Entwicklung nicht gerade begeistert, auch nicht davon, daß er nur als Fähnrich übernommen worden war. Er konnte und wußte viel mehr als wir, schließlich hatte er schon drei Jahre Ausbildung hinter sich. Vlach verhehlte nicht, daß der Anschluß Österreichs nicht in seinem Sinne gewesen war. Was blieb ihm aber anderes übrig, als seine Karriere bei der deutschen FLAK fortzusetzen. Er war mathematisch begabt und hoffte, daß sich ihm in der ballistischen Berechnung Chancen bieten würden.

Unser Aufsichtsoffizier Schmidt war uns beiden von Anfang an unsympathisch. Im Gegensatz zu den anderen Aufsichtsoffizieren trug er nicht das Flugzeugführerabzeichen. Er kam als Beobachter aus einer Einheit, die in Spanien Bomben warf. Alles schien neu an ihm, seine Uniform, seine Stiefel, alles glänzte, kurzum, wir waren neugierig, woher er kam und weshalb er auf einer Kriegsschule Aufsichtsoffizier wurde. Allmählich wurden wir fündig: Oberleutnant Karl Schmidt war im Spanienkrieg von einer rotspanischen Iljuschin abgeschossen worden. Er hatte sich mit dem Fallschirm gerettet, wäre aber von spanischen Dorfbewohnern gelyncht worden, wenn nicht ein russischer Jagdflieger gelandet und ihn aus dieser mißlichen Lage befreit hätte. Schmidt wurde gefangengenommen und in Bilbao verhört. Er gab an, daß er NSDAP-Mitglied sei und in Spanien gegen den Kommunismus kämpfen wollte. Diese Aussage hat ihm wahrscheinlich das Leben gerettet, denn er wurde ausgetauscht. Zurück in Deutschland wurde er zum Offizier befördert.

Schmidt war den beiden anderen Aufsichtsoffizieren nicht gewachsen und wurde von diesen »geschnitten«. Wo Souveränität angebracht gewesen wäre, bestand er auf der genauen Beachtung der Vorschriften und strafte entsprechend. Als Otto Vlach und ich eines Sonntags im Pyjama auf unseren Betten lagen und versuchten, mit dem Katzenjammer, den der süße Wein des Vorabends hinterlassen hatte, fertigzuwerden, kam Schmidt unangemeldet herein, um nach uns zu sehen. Warum wir nicht nach Berlin gefahren seien, wollte er wissen. »Weil ich gerade kein Geld habe!« antwortete ich. Daraufhin inspizierte er meinen Spind und meinen Geldbeutel. Sieben Pfennige waren darin. Das bestätigte meine Aussage, und Schmidt schien keine weiteren Fragen zu haben.

Wenig später fiel ich unangenehm auf, weil ich den Beginn des Nachmittagsunterrichts verschlief. Als ich mein Mißgeschick bemerkte, beschloß ich, die Stube durchs Fenster zu verlassen, weil ich auf dem Gang Gefahr lief, Schmidt zu begegnen, der immer darauf achtete, daß wir pünktlich waren. Als ich mich aber nach meinem Sprung aus dem Fenster aufrichtete, schaute ich auf die Uniformknöpfe von Schmidt. Er ließ mich stillstehen und befahl, daß ich eine schriftliche Arbeit abzuliefern hätte, Thema: »Warum soll ein Fähnrich nicht durchs Fenster springen?«

Zwei Tage später las ich in der Pause der Klasse mein Werk vor:

»Wildpark, 13. 5. 38 ...
Ausarbeitung für Herrn Oberleutn. Schmidt ...
Aufgabe: Warum soll ein Fähnrich nicht aus dem Fenster springen.

Aus dem Fenster zu springen ist eine Tätigkeit, die manchmal vom Soldaten verlangt wird und im Kriege oftmals praktisch zur Anwendung gelangen wird. Aber genauso wenig wie der einzelne Mann aus seinem Gewehr nicht Schüsse abgeben kann, wenn es ihm paßt, darf er aus dem Fenster springen, wenn kein besonderer Grund vorliegt oder er keinen Befehl dazu erhält. Im Einzelfalle ist es also verboten und wird immer zu einer Rüge Anlaß geben. Wohin würde es auch führen, wenn jeder durchs Fenster springen könnte, wenn es ihm angenehm ist. Springt aber ein Fähnrich durchs Fenster, dann ist das ein Zeichen dafür, daß er in diesem Augenblick nicht nur seine Kinderstube, sondern auch seine gute militärische Erziehung vergißt. Wenn dieses Vergehen von Mannschaften beobachtet wird, dann wirkt sein schlechtes Vorbild ungünstig auf ihre Erziehung. Es gibt allerdings gewisse Umstände, die solches Handeln erklären und es als notwendig erscheinen lassen. Ist z. B. ein Fähnrich auf seiner Stube versehentlich eingeschlossen worden, dann kann er seinen Diensteifer nur dadurch beweisen, daß er durchs Fenster springt, besonders wenn er im 1. Stock wohnt. Kommt ein Fähnrich in folgende verzweifelte Lage: Um ein Ziel zu erreichen stehen ihm 2 Wege zur Verfügung, ein versperrter und nur mit Verlusten durchzumachender und ein anderer durchs Fenster. In diesem Falle ist die Versuchung groß, durchs Fenster zu springen. Es ist allerdings dann taktisch unklug, wenn dieser Weg einzusehen ist und das Ziel nun

Katzenjammer am Sonntagmorgen. Während wir (rechts neben mir ein Besucher, ganz rechts FLAK-Fähnrich Vlach) noch gegen unsere trübsinnige Stimmung ankämpften, stand plötzlich unser Aufsichtsoffzier Oberleutnant Schmidt im Zimmer. Dieser unangemeldete Besuch brachte mir eine folgenreiche Beurteilung ein.

mit größeren Verlusten erreicht wird. In diesem Falle ist es für einen Fähnrich besonders verwerflich, durchs Fenster zu springen. Er beschädigt höchstens die Fensterbank und der einzige Erfolg ist ein Mißerfolg.«

Wir amüsierten uns so sehr, daß wir die Tür nicht hörten. Schmidt war eingetreten und hatte meine letzten Sätze vernommen. Ob ich aus Verlegenheit oder um den Affront zu vervollständigen meine Blätter überreichte? Schmidt verfaßte jedenfalls einen ausführlichen Bericht über das Benehmen des völlig undisziplinierten Fähnrichs Steinhilper, der in meine Personalakte gelangte und meine Laufbahn ganz erheblich beeinträchtigen sollte.

Ungefähr im Juli 1938 liefen Gerüchte um, daß unser Lehrgang nicht zu Ende geführt werden würde. Wenig später erfuhren wir, daß wir Front- oder aktiven Einheiten zugeführt würden, und zwar ausschließlich Jagd- oder Stuka-Einheiten. Das war logisch und entsprach dem Militär-Flugzeugführerschein B2, mit dem alle Sturzkampfflugzeuge und Jagdflugzeuge geflogen werden konnten. Die Offiziersanwärter, die über die Unteroffizierslaufbahn kamen, wurden anders behandelt, denn sie besaßen meist den C2 oder gar die Blindflugberechtigung und wurden Bomber- oder Aufklärungsverbänden zugeteilt. Offenbar sollten die Jäger- und Sturzkampfverbände schneller ausgebaut werden. Uns war das recht, denn Jagd- oder Sturzkampfflieger wollten wir sowieso am liebsten werden.

Ich wurde nach Bad Aibling, südlich von München, kommandiert. Von dort war es nicht weit nach Stuttgart. Die anderen Fähnriche, die nach Bad Aibling versetzt wurden, kannte ich schon. Es waren Hinnerk Waller sowie Hermann Staiger und Rudi Schmidt, die mit mir in Schwäbisch Hall gewesen waren.

Doch nicht alles schien glücklich gelöst. Rudi Schmidt kam zur I/JG233, die tatsächlich schon mit der Me 109 ausgerüstet war – die wir alle fliegen wollten – und von dem aus dem Ersten Weltkrieg bekannten Oberst Max Ibel geführt wurde. Hinnerk und mich versetzte man dagegen in die namenlose Gruppe von Jagdfliegern, die aus Fähnrichen und Unteroffizieren verschiedener Jagdverbände bestand. Rudi flog eine Me 109, während wir herumsaßen. Wir wußten nicht einmal, wer unser Staffelkapitän sein sollte. Alles war ein einziges Durcheinander. Beinahe waren wir stolz darauf, daß Rudi überhaupt noch mit uns sprach. Das Problem der Luftwaffe wurde deutlich: Personalentwicklung und Ausstoß der Flugzeugfabriken waren nicht abgestimmt.

Nur wer gute Beziehungen hatte, bekam was er wollte. Wir hatten kein einziges Flugzeug. Selbst auf der Kriegsschule hatte es da besser ausgesehen. Unsere Offiziere hatten genug damit zu tun, mit allen möglichen Tricks in die etablierten Einheiten zu gelangen. Es war unserer eigenen Initiative überlassen, ein Flugzeug zu organisieren und so ab und zu ein paar Runden zu drehen. Wenn die Unteroffiziere, die aus anderen Jagdeinheiten kamen oder gar mit der Legion in Spanien geflogen waren, sich nicht um uns gekümmert hätten, hätten wir nutzlos herumgesessen und die Zeit mit sinnlosem Warten vertan. So lehrten sie uns wenigstens Kurvenkampf und Sturzflug der Jagdfliegerei. Wenige Stunden absolvierte ich so auf einer Arado 68, die aber unbewaffnet war, so daß keine Luftschießübungen durchgeführt werden konnten. Sooft es ging, flog ich mit dem Stösser, einer Focke-Wulf 56. Das waren herrliche Erlebnisse. Der Stösser war besonders gut im Steigflug, und so ließ sich die kleine Maschine in dieser gebirgigen Gegend einmalig leicht bewegen, ob hangaufwärts oder fast im Sturzflug über die Felswände hinab. Die Alpen südlich von Aibling sind um die 2000 Meter hoch, manche Gipfel auch höher. Mit einer gewissen Vorsicht konnte man bei guter Sicht eigentlich fliegen, wie man lustig war. Zum Chiemsee mit dem Segelparadies Prien war es auch nicht weit, und es gehörte dazu, daß man die Segelboote mit besonderem Propellerwind versorgte. Erfahrene Flugzeugführer behaupteten, gelegentlich Boote umgeworfen zu haben, wenn der Überflug tief genug war.

Während der Zeit, die wir in Bad Aibling verbrachten, passierte kein einziger Unfall, zumindest kann ich mich an keinen erinnern. Ich selbst hätte diese erfreuliche Bilanz aber beinahe zunichte gemacht. Ich war wieder einmal mit dem Stösser unterwegs und stieg an diesem herrlichen Sommertag einer Gewitterwolke entgegen. Ich hängte die wendige Maschine geradezu an den Propeller und gewann Höhe. Als ich dann die schwarze Gewitterwolke erreicht hatte, wurde ich plötzlich übermütig und flog mitten in die Wolken, wobei mir die Schaukelei und das Auf und Ab richtig Spaß bereiteten. Ich war dabei vorsichtig und beobachtete die Geschwindigkeitsanzeige genau. Zu meinem Schrecken fiel sie plötzlich ab, und ich konnte am Höhenmesser ablesen, wie das Flugzeug rasend schnell an Höhe verlor. Ich fiel vom Himmel! Erst als mich unterhalb der Wolke wieder warme Sommerluft umgab, merkte ich, was passiert war. Vom Stösser fielen Eissplitter, die mich im Gesicht trafen. Nie hätte ich gedacht, daß es auch im Sommer Vereisung gibt.

Wir hatten in Bad Aibling keine Aufgabe, und so freute es uns, daß wir – Hinnerk Waller, Fähnrich Kahse und ich – beauftragt wurden, drei Arado 68 von Köln zu überführen. Wir kamen samstags mit dem Zug in Köln an und wollten am nächsten Tag zurückfliegen. Die Wetterwarte wollte unseren Flugplan jedoch nicht absegnen, da es auf der gesamten Strecke stark gewittrig sei und tiefe Wolken den Flug entlang des Rheins versperrten. Man riet uns, einen kleinen Umweg über Gießen zu machen. Wir sollten dort landen und dann weitersehen. Damit wir nicht alle navigieren mußten, wollten wir im Verband fliegen, als Dreierkette, wobei jeweils der Kettenführer den Kurs zu bestimmen hatte. Wir wollten uns dabei abwechseln, damit jeder einmal für die kleine Einheit »verantwortlich« war.

Auf der ersten Strecke führte Hinnerk, der uns auf den richtigen Kurs brachte, obwohl das Wetter sehr kritisch war. Die Arado war ein offenes Jagdflugzeug. Da es in Strömen regnete, war der Flug wirklich unangenehm. Hinnerk versuchte es zuerst auf dem direkten Weg nach Frankfurt, aber man konnte schon von weitem sehen, daß der Himmel in dieser Richtung voll schwarzer Wolken hing. Also folgten wir dem Rat der Wetterwarte und landeten in Gießen. Nachdem wir aufgetankt hatten, riet man uns, Frankfurt weiträumig zu umfliegen und erst weiter südlich wieder an den Rhein zurückzukehren. Dort in der Rheinebene sei ein Weiterflug bis Karlsruhe möglich. Das hörte sich vernünftig an. Laut Plan war jetzt Kahse dran. Aber kaum waren wir gestartet, fing er an, wie wild mit seiner Maschine herumzufuchteln. Ich verstand seine Zeichen nicht, gab aber schließlich Gas und übernahm die Führung. Zu meiner Beruhigung kam Kahse langsam auf die Position und hörte auf zu wedeln.

Das Wetter besserte sich, und bald konnten wir unter uns die Autobahn nach Karlsruhe sehen. Ich ging auf fast 100 Meter hinab. Kahse flog noch tiefer, und es schien, als wolle er seine Geschwindigkeit mit der der Wagen auf der Autobahn messen. Ich verlor ihn aus den Augen. Hinnerk und ich landeten in Karlsruhe, kurz darauf kam Kahse. Er rollte aber nicht an das Abfertigungsgebäude, sondern zu einer kleineren Halle, auf der der Schriftzug »Werkstatt« prangte. Kahse tobte, als er uns sah. Ich sei mitten in das Gewitter hineingeflogen, dabei sei sein Flugzeug vom Blitz getroffen worden, und er hätte Karlsruhe nur noch im Tiefflug erreichen können. Wenig später traf im Abfertigungsgebäude allerdings ein Polizeibericht ein, der meldete, ein Doppeldecker habe elektrische Hochspannungsleitungen, die über die Autobahn führten, durchtrennt. Zwei Dörfer seien ohne Strom, die Maschine sei weitergeflogen.

Kahse hatte großes Schwein gehabt. Er gab seine Schuld zu. Mit der »Blitzeinschlag«-Geschichte hätte er wohl kaum jemanden überzeugen können. Allzu deutlich waren die Einschnitte und Brandmale, die nur an den vorderen Enden der Tragflächen zu sehen waren. Mit solch einer dämlichen Lüge hatte er versucht, uns allen die Schuld zuzuschieben. Hinnerk und ich übernachteten in der Stadt und ließen ihn allein auf dem Flugplatz. Vor dem Start am nächsten Morgen bat er uns, seine Aussage, wie es zum Schaden gekommen sei, offenzuhalten, er würde sich etwas einfallen lassen. Das versprachen wir; wir hatten uns inzwischen auch etwas beruhigt.

Ich freute mich auf die vor uns liegende Strecke nicht nur, weil ich da offiziell führen sollte, sondern weil an diesem Montag in Heutingsheim Kinderfest war und wir »vorbeischauen« wollten. Schon von weitem machte ich den Festplatz mit seinem großen Zelt aus. Hinnerk und ich flogen einige Kreise, damit die da unten auf uns aufmerksam wurden. Sofort strömten alle aus dem großen Zelt ins Freie, richteten die Blicke nach oben, wo sie uns an diesem sonnigen Morgen gut sehen konnten. Wir wollten ihnen etwas ganz besonderes bieten. Wir flogen nicht nur wie die Verrückten, wir machten auch Krach: Wir stürzten mit Vollgas, zogen zwischen Zelt und Karussell in steilen Kurven wieder hoch, um dann beinahe wieder den Boden zu berühren. Wir boten wirklich alles, was verboten war. Nach gut fünf Minuten flogen wir weiter in der Gewißheit, dem sonst verlassenen Dorf wirklich eine Schau geliefert zu haben. Ein paar Tage fürchteten wir, daß ein Bericht über unsere »Flugschau« einlaufen könnte. Aber es geschah nichts.

Über Kahse erzählten wir in Bad Aibling nur, daß wir ihn wegen technischer Probleme in Karlsruhe zurückgelassen hätten, er würde aber nachkommen, sobald sein Flugzeug repariert sei. Als Kahse dann wirklich erschien und der ganze Schwindel aufflog, fingen wir uns alle einen gewaltigen Verweis ein. Kahse bekam sieben Tage Stubenarrest, den er absitzen mußte, darüber hinaus wurde der Vorfall in seine Personalakte eingetragen.

Nach und nach erhielten wir alte Maschinen in ausreichender Anzahl, einen Staffelkapitän wie die anderen beiden Staffeln auch, nur einen Kommandeur hatte die Gruppe nicht und eine Bezeichnung auch nicht. Wir wurden aber ausgebildet. Die vorgesehene Aufgabe war die Teilnahme an einem Manöver des SS-Regiments »Feldherrnhalle«. Wir sollten Tiefangriffe üben und das Regiment die Verteidigung in Marschkolonne. Für ein so wichtiges Manöver war die Bereitstellung von Flugzeugen und Brennstoff kein Problem. Wir wurden nach Neubiberg, nördlich von München, verlegt, wohin wir unsere Mechaniker aber nicht

In Bad Aibling waren wir ein bunt gemischter Haufen: links ein Unteroffizier, der uns auf der Me 109 ausbildete, daneben ein frischgebackener Leutnant unseres Jahrgangs, ein schwarzer Mann, Leutnant Bert Göbel, der später in Böblingen mein Zimmernachbar war. Er fiel am 25. Juni 1942 in Rußland. Neben ihm steht Hinnerk Waller mit der Schirmmütze und ganz rechts im Ledermantel Leutnant Bubi Jung.

mitnehmen konnten und infolgedessen die Motoren unserer Maschinen selbst starten mußten. Da damals alle Jäger ihre Motoren mit einem Schwungkraftanlasser starteten, hieß das, auf die untere Tragfläche steigen, mit einer Kurbel das Schwungrad auf sehr hohe Touren bringen, schnell einsteigen, Zündung einschalten und Starterknopf ziehen. Wenn man Glück hatte, kam der Motor schon beim ersten Mal, wenn nicht – geriet man ganz schön ins Schwitzen, denn auch im Sommer trugen wir in den offenen Maschinen eine gefütterte Fliegerkombination.

Von Neubiberg aus starteten wir zum Angriff auf die SS-Kolonnen. Es war das erste Mal, daß ich an einem kriegsmäßigen Einsatz beteiligt war. Eine Menge Gedanken gingen mir durch den Kopf, als ich die armen Kerle da unten durch die Gegend flitzen sah. Sie ließen ihre Fahrzeuge stehen und stürzten in die nächstliegenden Gräben, von wo sie uns mit Platzpatronen aus kleinen Geschützen, Maschinengewehren und Karabinern beschossen.

Zunächst regnete es leicht, dann immer stärker. Das Wasser traf mich ins Gesicht. Es schmeckte merkwürdig süßlich, so daß meine Zunge ganz trocken wurde. Als ich auf meinen Hebel zum Kühler schaute, wußte ich, warum: Ich war die ganze Zeit mit geschlossenem Kühler geflogen. In diesem Moment kam mein Kettenhund* auf mich zugeflogen und machte mir Zeichen, die nach »Halsabschneiden« aussahen. Verdammt noch mal, ich hatte mich so sehr über meinen gelungenen Alarmstart gefreut, bei dem alle Staffeln von ihren Liegeplätzen aus kreuz und quer, über- und untereinander und ohne Rücksicht auf die herrschende Windrichtung starteten, daß ich vergessen hatte, den Kühler zu öffnen. Jetzt stand der Zeiger für Kühlflüssigkeit und Öl oberhalb des roten Bereichs. Ich mußte jeden Augenblick damit rechnen, daß mein Motor sich festfraß. Gott sei Dank fielen die Temperaturen von Öl und Kühlmittel schnell ab, und ich konnte, nachdem ich den Hebel zum Kühler umgestellt hatte, die Tiefangriffe weiter mitfliegen. Nach einigen Sturzflügen – mit vorsichtigem Gasgeben – stiegen die Temperaturen jedoch wieder. Kaum gab ich etwas Gas, erhöhte sich die Temperatur sofort, ein klares Zeichen dafür, daß schon zuviel Kühlmittel entwichen war und mein Motor nicht mehr abkühlte.

Eine Anweisung für solche Fälle fiel mir ein: Bevor ein wertvoller Motor »hopsgeht«, ist es besser, eine Notlandung zu riskieren. Die Reparatur der Flächen oder der Zelle ist meist leichter und billiger. Ich wurde in dem raschen Beschluß zur Notlandung bestärkt, als jedes Gasgeben die Temperatur hochtrieb. Also: »Zündung aus!« – »Notlandefeld aussuchen, beim selben Feld bleiben, wenn es auch in letzter Sekunde schlecht aussieht!« – »Nerven behalten, mit Ruhe ans Werk!« Ruhe brauchte ich, denn beim Näherkommen erwies sich mein Notlandeplatz als abschüssig. Es

---

* Im militärischen Verband ist »Hund« der neben einem fliegende Kamerad. Im Ersten Weltkrieg war das entsprechend der Kette (jeweils drei Flugzeuge) der Kettenhund, nach dem Spanischen Bürgerkrieg und der Einführung des Schwarms der Rottenhund, wobei zwei Flugzeuge eine Rotte und zwei Rotten einen Schwarm bildeten.

war zu spät, um noch etwas zu ändern. Ich setzte auf, rollte auf dem Kleefeld bergab, versuchte vorsichtig zu bremsen – bei dem glitschigen Boden fast wirkungslos – und sah schon ein frisch gepflügtes Ackerfeld auf mich zukommen. In den Furchen sanken die Räder tiefer ein, die Maschine folgte nach links und langsam, langsam hatte meine Bremserei Erfolg: Das Heck meiner Maschine hob sich, und ganz ohne Krach kam der Doppeldecker zum Stillstand, der Propeller grub sich in die dunkle Erde, und ich saß ziemlich hoch in der Luft – wobei ich mir sehr komisch vorkam. Ich schnallte die Gurte ab und stieg vorsichtig von meinem Hochsitz herab, um den Schaden näher zu betrachten.

Mit meinem Taschenmesser entfernte ich die Erde rund um den Holzpropeller. Das sah gut aus, selbst bei sorgfältiger Betrachtung war keine Schramme zu erkennen, überhaupt fand ich keine Beschädigung, alles schien in bester Ordnung. Trotzdem war ich sehr niedergeschlagen, als ich mich durch den lehmigen Acker in meinen Pelzstiefeln und der Fliegerkombination mühsam vorwärtskämpfte zum nächsten Bauernhof. Der Bauer erschrak bei meinem Anblick, führte mich dann aber zum Telefon, so daß ich den nächsten Flugplatz, Schleißheim, anrufen und um Hilfe bitten konnte. Nach meiner Bewertung brauchte ich nur Kühlflüssigkeit und Benzin, sonst sei das Flugzeug intakt.

Bis Hilfe aus Schleißheim eintraf, machten sich der Bauer und ich mit einem großen Metzgermesser am Propeller, der nicht allzutief in der Erde steckte, zu schaffen und legten ihn sorgfältig frei. Er war rundum unversehrt. Danach hängten wir uns beide an das Leitwerk und brachten den Schwanz wieder zur Erde. Als das Flugzeug so dastand, sah alles schon viel besser aus. Die Mechaniker aus Schleißheim brauchten nicht lange, um festzustellen, daß das Kühlsystem kein Leck hatte. An Flüssigkeit fehlte es nur, weil der Motor zu heiß geworden war. Glück gehabt. Unser Staffelkapitän, Oberleutnant Robitzsch, glaubte mir, daß mein Kühlerhebel geklemmt hatte und ich deswegen notlanden mußte. Ich erntete sogar Lob, weil ich durch mein besonnenes Verhalten und eine gute Notlandung weder Motor noch Flugzeug beschädigt hatte. Wirklich Glück gehabt.

Bad Aibling war mit zwei Gruppen, also sechs Staffeln, die dort stationiert waren, überbelegt, was nicht nur eine Belastung, sondern auch ein Sicherheitsrisiko darstellte. Als erfolgreicher Flieger des Ersten Weltkrieges wußte Max Ibel Abhilfe zu schaffen: Unsere immer noch namenlose Gruppe wurde nach Herzogenaurach, einem Flugplatz nördlich von Nürnberg, verlegt. Das störte uns überhaupt nicht, denn mit der Versetzung bekamen wir nicht nur einen Kommandeur, sondern wurden sogar offiziell zur I/333. Der neue Gruppenkommandeur war Major Stoltenhoff; Robitzsch blieb uns als Staffelkapitän erhalten. Auch diese neue Gruppe war zusammengesetzt aus vielen neuen Gesichtern, einige Fähnriche kamen von Jagdschulen, die Unteroffiziere von anderen Verbänden, insgesamt war die Situation ähnlich wie in Aibling: zu viele Flugzeugführer, zu wenig Maschinen.

In Herzogenaurach traf schon bald die erfreuliche Nachricht ein, daß alle Fähnriche zu Oberfähnrichen befördert werden sollten. Das war auch in finanzieller Hinsicht eine gute Nachricht, denn die Beförderung brachte uns auf das Gehalt eines Stabsfeldwebels, also nur eine Stufe unter dem Leutnant. Drei Fähnriche wurden allerdings von der Beförderung ausgeschlossen: Helmut Wick, der von einer anderen Einheit kam, Kahse und Steinhilper. Meine Enttäuschung war groß. Bei Kahse kannte ich den Grund, von Helmut Wick wußte ich nichts, aber warum ich?

Bei Helmut Wick stellte sich heraus, daß er eine Frau heiraten wollte, die das Offizierskomitee, zuständig für die Heiratserlaubnis, als »Geschiedene« ablehnte mit der Begründung, das Komitee habe keinerlei Interesse daran, daß ein Fähnrich sich in einen Skandal verwickle. Helmut Wick bemerkte dazu: »Wenn es je zu einem Krieg kommen sollte, dann werde ich denen da oben zeigen, wer ich wirklich bin. Dann werden sie mit mir nicht mehr so umspringen!« Oberleutnant Helmut Wick, dem Kapitän der 3. Staffel JG 2 »Richthofen«, wurde schon am 27. August 1940 das Ritterkreuz für zwanzig Luftsiege verliehen. Im Sommer 1940 war er neben Mölders und Galland der erfolgreichste deutsche Jagdflieger am Kanal. Er wurde rasch befördert. Seit dem 28. November 1940 gilt er als Major und Kommodore des »Richthofen«-Geschwaders als vermißt. Die englische Berichterstattung meldete, daß er an diesem Tag über der Insel Wight von Flight Lieutenant John Dundas abgeschossen wurde. Dieser Abschuß besiegelte das Schicksal von Lieutenant Dundas: Er wurde anschließend von Wicks Rottenhund tödlich getroffen.

Warum ich nicht befördert woren war, erfuhr ich erst ein Jahr

Der später am Kanal berühmte Jagdflieder Helmut Wick wurde wie ich erst nachträglich zum Oberfähnrich befördert. Er war dem Offizierskomitee, bei dem Offiziere damals um eine Heiratserlaubnis einzukommen hatten, unangenehm aufgefallen, weil er eine Geschiedene zur Frau nehmen wollte. Seit der Blomberg-Affäre – der ehemalige Oberbefehlshaber der Wehrmacht Generalfeldmarschall Werner von Blomberg war 1938 entlassen worden, als die halbseidene Vergangenheit seiner zweiten Frau bekannt wurde – nahm man es mit der Heiratserlaubnis wieder sehr genau, zumal Hitler und Göring düpiert worden waren, die Blomberg als Trauzeugen gewonnen hatte.

später, als ich durch Zufall Einblick in die Personalakten bekam. Natürlich studierte ich meinen eigenen Ordner besonders sorgfältig und wurde fündig: Oberleutnant Schmidt hatte starke Bedenken gegen meine Ernennung zum Offizier geäußert. »Verschwendungssucht« und »Disziplinlosigkeit« stand da. Ich könne nicht mit Geld umgehen, sei ein Rebell. »Steinhilper ist nicht der Mensch, dem andere folgen.« Gut, daß ich inzwischen etablierter Leutnant war, vielleicht hätte ich mich sonst auf die Suche nach Schmidt gemacht, um ihm zu zeigen, wozu ein Rebell fähig ist.

Damals traten bald andere Dinge in den Vordergrund: Der Konflikt um das Sudetenland beherrschte die Politik. Nachdem der »Anschluß« Österreichs gelungen war, wollte Hitler auch die Sudetendeutschen »heim ins Reich« holen. Die deutsche Presse berichtete von den dreieinhalb Millionen Deutschen, die über die Sudetendeutsche Partei von Robert Henlein Unterstützung erführen gegen die zunehmende tschechische Willkür. Wir Soldaten wußten nicht genau, was da gespielt wurde oder gespielt werden sollte. Wir fragten inzwischen gar nicht mehr: »Muß die deutsche Reichsregierung handeln?«, sondern nur noch: »Wann wird die deutsche Reichsregierung eingreifen?«

Je länger die Krise anhielt, um so nervöser wurden wir. Was mochte die militärische Reaktion für uns bedeuten? Unsere Staffel war schlecht vorbereitet, und wir hatten noch keinerlei taktische Waffenübungen absolviert. Unsere Arados waren zwar ausgelegt zur Bewaffnung mit zwei durch den Propeller schießende MG, aber die meisten dieser Maschinen waren das nicht. Letztlich spielte das gar keine Rolle, denn wir hatten keine Waffenwarte, die die MG mit scharfer Munition laden und warten konnten.

Schließlich wurden wir ins Geschehen einbezogen, denn man verlegte uns nach Straubing an die tschechische Grenze. Dort lag schon eine Bombergruppe, die mit sehr alten Maschinen vom Typ Do 23 ausgerüstet war. Die Piloten belächelten ihre eigenen Maschinen als »fliegende Särge«, deren Höchstgeschwindigkeit 260 Stundenkilometer betrug. Dieser rudimentäre Bombertyp hatte noch eine offene Kanzel, in der Flugzeugführer und Beobachter am Boden und in der Luft immer einen guten Überblick hatten.

Entlang der Grenze zwischen Bayern und der Tschechoslowakei flogen nun zahlreiche deutsche Jäger und Bomber, und die zehn Heeresdivisionen an der Grenze versteckten sich auch nicht gerade. Nach dem Münchner Abkommen sollten wir dann auch die Engländer und Franzosen beeindrucken, indem man uns nach Eger abkommandierte, wo wir Teil der Ordnungsmacht werden sollten.

Der Überführungsflug von Straubing nach Eger, eine Strecke von 150 Kilometern, spricht nicht dafür, daß unsere militärische Macht die Tschechoslowakei schnell in die Knie gezwungen hätte. Die ganze Staffel war unbewaffnet, wir hatten keinerlei Funk und nur eine Landkarte, die sich in den Händen des Staffelkapitäns befand. Nach dem Start bildeten wir drei Ketten, die in Sichtverbindung flogen. Oberleutnant Robitzsch führte mit seiner Kette. Das Wetter war nicht gerade gut, aber die Berge des Böhmerwaldes und des Fichtelgebirges blieben unterhalb der Wolken. Nach etwa einer Stunde wurde klar, daß wir uns verfranzt hatten, denn wir befanden uns nicht im Anflug auf Eger. Wir beobachteten, wie unser Staffelkapitän ständig in seine Karte schaute, dann wieder nach unten, um zu erkennen, wo er war. Schließlich gestikulierte er wild mit den Händen, warf die Arme verzweifelt in die Luft und signalisierte, daß die Formation aufgelöst sei und jeder auf sich selbst angewiesen.

Was für eine Lage! Die Benzinuhr stand fast auf Null, was hieß, Sprit für höchstens fünfzehn Minuten. Jeder suchte daher flugs sein Heil auf einem anderen Weg. Ich stieg etwas höher und sah gar nicht weit entfernt einen Flugplatz mit Lastwagen auf dem grünen Rasen. Da der Motor noch ruhig lief, flog ich erst einmal tief über den Platz, um sicherzugehen, daß die Lastwagen »deutsch« waren, dann landete ich. Hilfsbereit wurde meine Maschine aufgetankt und mir empfohlen, am Platz hochzusteigen, dann würde ich in entsprechender Richtung Eger gleich erkennen. Dort landete ich wenige Minuten später wohlbehalten.

Insgesamt dauerte es zwei volle Tage, bis die Staffel wieder komplett war. Einige wenige wie Oberleutnant Robitzsch und Leutnant Rott, sein Kettenhund, schafften es auf Anhieb, aber andere durchstanden Notlandungen auf Fußballplätzen und Wiesen, kurz dort, wo sie gerade genug Gras und Länge fanden. Wir hatten Glück, daß Eger mit Flugzeugen überbelegt war. In diesem Gewimmel von Flugzeugen, Bombern und Stukas kümmerte sich niemand darum, warum eine Jagdstaffel so zerfranzt ankam.

Im Durcheinander auf dem Flugplatz Eger konnte ich Robitzsch nicht finden. Als ich ihm schließlich zufällig über den Weg lief, zeigte er sich hocherfreut, daß ein Pilot seiner Staffel angekommen war. Das war's. Quartier mußte ich mir alleine suchen. Ich landete im Klassenzimmer einer Schule, eine Massenunterkunft mit Strohmatratzen auf dem Fußboden. Dort war auch Hinnerk gestrandet. Nachdem wir unsere Habseligkeiten untergebracht hatten, machten wir uns unverzüglich auf den Weg in die Stadt.

Für mich war es ein seltsames Gefühl, zum ersten Mal in einer fremden, in einer ausländischen Stadt zu sein. Obwohl im Sudetenland eine große deutsche Minderheit lebte, sah man auf der Straße, in Läden und Gasthäusern viele Schilder in tschechischer Sprache abgefaßt. Wir hatten deutsches Geld zum Bezahlen, konnten beim Quartiermeister aber auch tschechische Noten eintauschen. Den Empfängern war es gleichgültig, welche Währung sie erhielten. Alle Restaurants und Gasthäuser lockten mit gutem Bier und schmackhaftem Essen. Die ganze Stadt war in festlicher Stimmung.

Um »Eindruck zu schinden«, zeigten wir uns in der folgenden Zeit auch bei schlechtem Wetter am Himmel über Eger. Dann kam der Tag des offiziellen Vorbeiflugs. Tiefe Wolken und ein starker böiger Wind sorgten nicht gerade für ideales Flugwetter, aber Risiko hin oder her: Die Luftwaffenführung brachte mehr als hundert Flugzeuge in die Luft. Die größte Zahl der Bomber und Stukas kamen von jenseits der Grenze. Die Jäger – einschließlich unserer Gruppe – begleiteten sie, ergänzt durch einige Me 109 aus Karlsbad. Noch nie waren wir in so großem, engen Verband geflogen. Bei der herrschenden Turbulenz tanzten unsere Maschinen ständig auf und ab. Keinen Augenblick konnte ich die Hand vom Gashebel nehmen. Das kompakte Fliegen erforderte von allen Teilnehmern höchste Konzentration. Welch große Kraft der Zerstörung da in der Luft war! An den Ernstfall dachte ich lieber nicht.

Kaum waren wir wieder am Boden, schlüpften Hinnerk und ich in unsere Ausgehuniformen und reihten uns entlang der Absperrung auf, die das Volk zurückhalten sollte, wenn Hitlers Wagen vorbeifuhr. Obwohl wir es nicht darauf anlegten, stachen wir mit unseren gutsitzenden Fähnrichsuniformen mit den hellgelben Spiegeln aus der Menge heraus. Noch bevor die Wagenkolonne uns passiert hatte, zogen einige junge Egerländerinnen in hübschen Trachtenkostümen unsere Aufmerksamkeit auf sich. Sie wollten deutsch mit Deutschen sprechen. Nicht nur die Trachten, auch die Mädchen waren hübsch, und es dauerte nicht lange, bis wir uns anfreundeten.

Eines der Mädchen, Traudl Hahn, erzählte, ihre Mutter habe Offiziersquartiere angemeldet, und es sei etwas frei. Das ließen wir uns nicht zweimal sagen, informierten den Quartiermeister und waren schon auf dem Weg zur angegebenen Adresse. Die Familie des Rechtsanwalts Hahn war sehr davon angetan, daß das Sudetenland wieder zu Deutschland gehörte, die beiden Söhne allerdings, die in Prag studierten, machten sich große Sorgen, wie es mit ihrem Studium weitergehen sollte.

Unsere Zimmer waren groß, und sie waren geschmackvoll eingerichtet. Das Essen, das Frau Hahn selbst zubereitete, schmeckte köstlich, besonders für uns, die gegen wenige Verpflegungsmarken von jeglicher Militärkost freigestellt waren. Fast jeden Abend gingen wir mit Traudl zum Tanzen. Obwohl Hinnerk als Oberfähnrich die bessere Uniform hatte, gab sie mir den Vorzug. Vielleicht war ich der bessere Tänzer, auf jeden Fall freute es mich, daß Rang nicht alles zu sein schien. Nach zwei Wochen mußten wir zurück nach Herzogenaurach. Ich schrieb Traudl noch einige Zeit, aber irgendwann hörten wir nichts mehr voneinander.

Rückwirkend zum 1. September 1938 wurden wir alle – auch ich – zum Leutnant befördert, und zwar ganz ohne Aufhebens, als ob das alltäglich sei. Nur allzugern gab ich dem Posten, der mit dem Gewehr präsentierte, als ich als Leutnant zum ersten Mal die Wache des Fliegerhorstes Herzogenaurach passierte, seine fünf Mark.*

Ich nahm mir ein paar Tage frei, denn ich hatte nun wichtige Dinge zu erledigen: Als Offizier mußte ich meine gesamte Kleidung, Uniform und Ausrüstung selbst beschaffen. Die Liste war nicht klein: normale Fliegeruniform, weiße Sommeruniform, Fliegersmoking, Ledermantel, Reitstiefel und vieles mehr. Alles zusammen kostete etwa 1500 Reichsmark. Das war kein Problem, denn dafür gab es die Luftwaffen-Kleiderkasse. Ich würde unterschreiben, die Kleiderkasse würde bezahlen und in Raten von meinem Monatsgehalt zurückholen. Viel wichtiger war mir die zweite Anschaffung: ein kleines Auto.

Ständig wurden wir versetzt, immer lagen die Flugplätze außerhalb der Stadt. Wenn ich ein normales Leben führen wollte, gehörte dazu irgendein Fahrzeug. Nach anfänglichem Zögern versprachen meine Eltern zu helfen, wie sie mir schon öfter geholfen hatten. Sie finanzierten meine Wünsche, die ihnen sinnvoll erschienen, und ich zahlte dann in Raten die Hälfte des Kaufpreises zurück. Damit war die Geldfrage gelöst, aber wie sollte ich in den Besitz eines Autos kommen? Da zu jener Zeit das wirtschaftliche Wachstum Deutschlands jede Planung übertraf, war die Nachfrage nach Autos, besonders Kleinwagen, viel größer als das Angebot. Es gab lange Wartelisten für DKW und Opel, also

* Es gab so eine Art Gesetz, nach dem frischgebackene Leutnants dem ersten Posten, der mit Gewehr präsentierte, fünf Mark auszuzahlen hatten.

Ein Foto, das auf dem Umschlag der »Berliner Illustrirten« erschien anläßlich des Einmarsches der deutschen Truppen in der Tschechoslowakei. Das blonde Mädchen vorne links ist Traudl Hahn, die Hinnerk und ich in Eger kennenlernten, was uns zu dem formidablen Quartier bei der Familie Hahn verhalf.

Kleinwagen, wie sie für mich in Frage kamen. Zufällig sah ich aber in einer Stuttgarter Zeitung eine Verkaufsanzeige für einen beinahe fabrikneuen DKW. Die Annonce las sich fast zu schön, um wahr zu sein, trotzdem fuhr ich mit der Eisenbahn zu dem Waffelfabrikanten nach Schorndorf, der den Wagen anbot. Und tatsächlich! Auf dem Parkplatz der Fabrik stand der DKW: ein Ex-

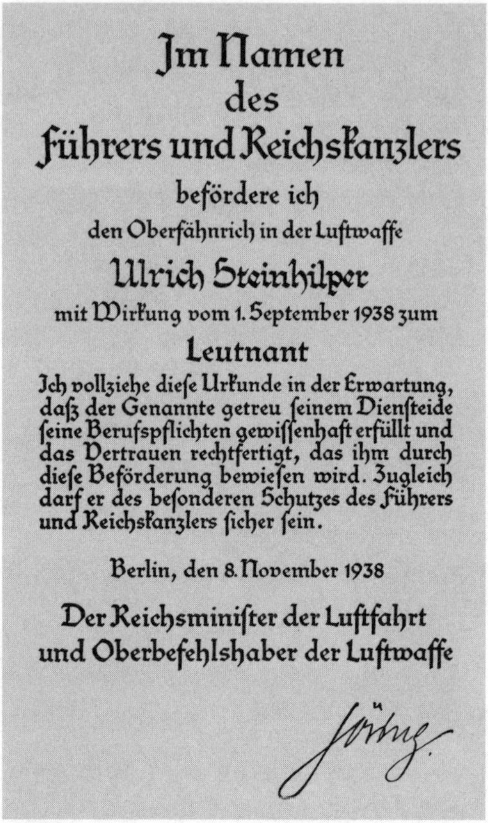
Im Namen
des
Führers und Reichskanzlers
befördere ich
den Oberfähnrich in der Luftwaffe
Ulrich Steinhilper
mit Wirkung vom 1. September 1938 zum
Leutnant
Ich vollziehe diese Urkunde in der Erwartung, daß der Genannte getreu seinem Diensteide seine Berufspflichten gewissenhaft erfüllt und das Vertrauen rechtfertigt, das ihm durch diese Beförderung bewiesen wird. Zugleich darf er des besonderen Schutzes des Führers und Reichskanzlers sicher sein.

Berlin, den 8. November 1938

Der Reichsminister der Luftfahrt
und Oberbefehlshaber der Luftwaffe

emplar des Modells »Meisterklasse« mit einem 900-ccm-Zweitaktmotor, der immerhin 20 PS hatte. Den Typ kannte ich genau, er war sozusagen mein Wunschtraum: Holzkarosserie mit Leinwand, oben schwarz und unten in einem herrlichen Dunkelgrün. Dieses Exemplar war kaum drei Monate alt und hatte noch nicht einmal 2000 Kilometer auf dem Buckel – mein banges Herz hüpfte vor Verlangen.

Herr Mössle, der Besitzer, schätzte sich glücklich, sein Auto einem Luftwaffenleutnant verkaufen zu können. Er sei selbst Flieger und habe sich den Wagen mehr zum Spaß gekauft. Aber jetzt, wo so viele Leute auf ein Auto warten müßten, schlage sein nationales Gewissen. Er verlangte nur 2000 Reichsmark für den Wagen, der neu 2300 Reichsmark gekostet hatte. Meine Eltern hat-

Im September 1938 wurde ich zusammen mit allen Kameraden zum Leutnant befördert. Es verblüffte mich fast ein wenig, daß diese Beförderung für mich mit gar keinen Schwierigkeiten verbunden war.

ten mir einen unterschriebenen Scheck mitgegeben, ich setzte den Betrag ein, und der DKW gehörte mir. Selig fuhr ich in meinem ersten eigenen Auto von Schorndorf nach Heutingsheim zurück.

Einschließlich Fliegerzulage bekam ich nun monatlich rund 300 Reichsmark. Das reichte trotz der monatlichen Autorate von 50 Reichsmark an meine Eltern noch für einen weiteren Luxus: Ich verkaufte mein Radio – ebenfalls eine Errungenschaft auf Basis der finanziellen Vereinbarungen mit meinen Eltern – und schaffte mir dafür eines der ersten tragbaren Blaupunkt-Reise-Radios an. Das war einer der besten Käufe, die ich jemals getätigt habe. Das Ding war schwer, denn es hatte einen Akku und eine 120-V-Batterie, doch es paßte als Autoradio auf den Rücksitz meines DKW. Es hatte einen guten Klang, und wenn man die Rückwand als Antenne hochklappte, konnte man viele deutsche und sogar französische Radiostationen empfangen. In Herzogenaurach nahmen Hinnerk Waller und ich es sogar in das beste örtliche Café mit. Zuerst war das Erstaunen größer als die Begeisterung, wir mußten beinahe den Rückzug antreten. Aber als sich herausstellte, daß es nicht nur pünktlich, sondern auch in guter klanglicher Qualität Musik zum Fünf-Uhr-Tanztee lieferte, zog es immer mehr Besucher zum Tanz in das Café. Wir brauchten schließlich unsere Rechnung nicht mehr zu bezahlen.

Dieses Reiseradio begleitete mich von nun an, und als wir später in den Frankreichkrieg ziehen sollten, hat es so manche Information geliefert, die uns sonst nicht erreicht hätte. Auch mein kleiner DKW bewährte sich. Wenn wir die Kaserne des Fliegerhorstes verließen, war er oft überladen mit jungen Luftwaffensoldaten, die ins benachbarte Dorf oder in die nächste Stadt strebten.

Hinnerk und ich waren inzwischen gute Freunde und hatten beschlossen, wenn es die Umstände gestatteten, zusammenzubleiben. Dabei wußten wir nie, was die Militärmaschinerie mit uns vorhatte. Wenn Entscheidungen über Versetzungen zu treffen waren, wurden persönliche Beziehungen (wenn man keine Entscheidungsträger kannte) meist nicht berücksichtigt. Wir konnten also nur darauf hoffen, nicht getrennt zu werden.

Um das Sudetenland hatte Hitler hoch gepokert. Eine ernsthafte Krise war gefolgt, aber am Ende hatte er sein Ziel erreicht. Noch einmal hatte Europa sich seinen Forderungen gebeugt – es sollte das letzte Mal sein. Aber das wußten wir nicht.

1939
Aus Erkenntnissen werden Hindernisse

Hinnerk Waller hatte manchmal Heimweh, denn er kam – im Gegensatz zu mir – nur sehr selten nach Hause. Über Weihnachten 1938 war er zum Dienst eingeteilt, aber als ich merkte, daß er das Fest unbedingt bei seiner Familie auf dem Bauernhof verbringen wollte, tauschte ich mit ihm.

Diese Feiertage werde ich nie vergessen. Das war kein Dienst, diese Wintertage auf dem Flugplatz Herzogenaurach waren einfach herrlich! Die Nächte waren kalt, aber kristallklar, und der hohe Schnee auf dem Platz krachte nur so unter den Stiefeln. Meine nächtliche Kontrollrunde führte mich rund um den Flugplatz, und überall wurde ich von den Posten gestellt: »Halt! – Wer da?« Sobald ich dann mit Paßwort antwortete und aus dem Schatten trat, nahmen sie Haltung an, und ich konnte ihre Wachsamkeit loben. Als am Heiligen Abend, nach Mitternacht, alle Wachen gemeinsam einen Glühwein tranken, verspürte ich wirklich ein Gefühl von Kameradschaft und was es hieß, in der Gemeinschaft einer Truppe zu leben. Es tat gut, sich unter Kameraden so wohl zu fühlen.

Zum Jahreswechsel hatte ich dann frei und fuhr zum Skifahren auf die Schwäbische Alb, wo ich gute alte Freunde traf. Wilfried Roser, dem ich einst Nachhilfe erteilt hatte, wohnte mit mir im Tal in Honau. Er war erwachsen geworden und hatte mit Erfolg seine Schulabschlüsse hinter sich gebracht. Silvester feierten wir im eleganten Hotel Traifelberg gegenüber Schloß Lichtenstein. Kurz vor Mitternacht plünderten wir die Damengarderobe und schnappten uns die elegantesten Hüte, um sie beim Feuerwerk im Hotelhof hochgehen zu lassen. Je eleganter der Hut, um so höher die Ladung, die ihn mit Gezische in den Himmel fliegen ließ, und je höher die Hüte flogen, um so größer der Beifall! Als die Damen jedoch entdeckten, daß es sich um ihren Kopfschmuck handelte, war die Freude nicht mehr so groß. Ob wir diese Jahreswende, die letzte im Frieden, so gefeiert hätten, wenn wir gewußt hätten, daß der Krieg vor der Tür stand?

Noch im Januar wurden Hinnerk und ich zur Jagdgruppe I/433 nach Manching in der Nähe von Ingolstadt versetzt. Von vornherein war klar, daß wir dort wieder auf alte Bekannte treffen würden. Wir ließen Herzogenaurach ganz ohne Bedauern hinter uns, denn für uns junge Burschen mußte etwas los sein, und bei I/333 war nichts los.

In Manching waren die Unterkünfte beinahe luxuriös. Jede Leutnantswohnung hatte zwei Schlafräume, dazwischen lag der Bad- und Toilettenraum. Ein Kiefernwald, der zu dem Fliegerhorst gehörte, tarnte die Unterkünfte. Der Gruppenkommandeur Hauptmann Graf von Pfeil und Klein Ellguth trug nicht nur einen so eindrucksvollen Namen, sondern trat auch eindrucksvoll auf. Von seiner neu ins Leben gerufenen I/433 konnte man etwas erwarten, hier war Leben in der Bude. Alle Staffelkapitäne waren Ex-Legion-Condor-Leute: Staffeloberleutnant Adolf Galland, Staffeloberleutnant Wolfgang Ewald sowie Staffeloberleutnant Alfons Klein und Oberleutnant Erich Woitke, Chef der Stabskompanie. Für uns gab es überhaupt keinen Zweifel, daß so viele »Spanier« dem Aufbau der neuen Jagdgruppe förderlich sein würden. Aus Erfahrung wußten wir, daß diese »Bruderschaft« von Condor-Veteranen über alle Verbände, Stäbe und Dienstgrade hinweg Kontakte pflegte. Wenn sie etwas wollten, dann setzten sie das auch durch. Sie kannten die geheimen Kanäle, wußten, wie man Personal oder Material »anschaffte«.

Zunächst einmal wurden wir, die neuen Leutnante, bei der großen Vorstellung den einzelnen Staffeln zugeteilt. Die »arrivierten« Offiziere saßen in einer Runde um uns versammelt und warteten in ihren bequemen Sesseln, was mit uns geschehen würde. Sie befanden sich auf einer höheren Stufe. Galland rauchte eine seiner berühmten Zigarren, während Graf von Pfeil die Liste mit unseren Namen vorlas. Der Österreicher Leutnant Kirchner wurde T.O. (Technischer Offizier) in der 1. Staffel, Leutnant Geller wurde z.b.V. (zur besonderen Verwendung) in der 2. Staffel, Leutnant Göbel T.O. in der 2., Leutnant Waller T.O. bei der 3. Staffel und so weiter. Ich war kaum als z.b.V. Galland in der 1. Staffel zugeteilt, da fiel auf, daß der Nachrichtenoffizier (N.O.) der Gruppe, der Hauptmann Graf von Pfeil zuarbeiten sollte, vergessen worden war. Zuerst fragte von Pfeil nach freiwilligen Meldungen, aber da niemand wußte, was diese Aufgabe bedeutete, erfolgte keine Meldung. »Dieser Posten muß besetzt werden!« sagte er. »Nochmals, wer macht das freiwillig?« Als sich wieder keiner meldete, fragte er nur noch: »Wer ist der Jüngste?« Ich war immer der Jüngste, und so wurde ich N.O. – der erste Nachrichten-Offizier der Jagdgruppe I/433 in Manching.

Da keiner, der Kommandeur eingeschlossen, eine Ahnung hatte, welche Aufgaben der N.O. übernehmen sollte, stellte ich eine Bedingung: Ich war Flugzeugführer und wollte weiterhin fliegerisch in der 1. Staffel bleiben. Das wurde mir zugestanden, und damit war die Verteilung der Ämter abgeschlossen. Nachdem sich der große Kreis gelichtet hatte, blieben wir jungen Leutnants noch eine Weile zusammen. Wir waren voller Tatendrang. Endlich sah es danach aus, als käme System in die Luftwaffe.

Wir waren tatsächlich zu einer Jagdgruppe im Aufbau abkommandiert worden. Zahlreiche Me 109 standen bereit, feste Zusagen für die Lieferung neuer »E«-Maschinen lagen vor, und nicht zuletzt stand zur Umschulung – wichtig für uns Neulinge – eine Me 108 zur Verfügung. Nur aus der Presse kannten wir diesen Vorgänger der 109, der Professor Willy Messerschmitt bereits viele Rekorde eingebracht hatte. Hier konnten wir den mit Leder gepolsterten Viersitzer nicht nur bewundern, sondern nutzten ihn zur Umschulung auf die 109, die als einsitziger Jäger keinen Platz für einen Lehrer vorsah. Unsere 108 trug noch immer die zivile Farbe, ein tiefes Blau, aber wichtig für die Umschulung war: Sie hatte ein einziehbares Fahrgestell, Landeklappen und war vor allem auch mit den automatischen Vorflügeln, die bei langsamer Fahrt ausfuhren, ausgerüstet, also die ideale Maschine zum Umsteigen auf die 109.

Ich war bei weitem nicht unter den ersten, die »konvertierten«. Mein Lehrer in der 108 war ein Unteroffizier, der mich gut vorbereitete. Er wurde nie laut, wenn ich Fehler machte, er ermutigte mich, wenn ich zusehen mußte, wie meine Mitschüler bei der ersten Landung am schmalen Fahrwerk der 109 scheiterten. Es gab abgeknickte Fahrgestelle, gebrochene Propeller, verbogene Kurbelwellen in den Motoren, Schäden an der Zelle, aber alles ging glücklicherweise ohne Personenschaden ab. Ich wartete geduldig, bis ich an der Reihe war.

Als Nachrichtenoffizier war ich gewissermaßen ein Teil der Stabskompanie. Der T.O., der Technische Offizier der Gruppe, der dem Werftzug vorstand, und der Adjutant des Kommandeurs flogen normalerweise in einem Gruppenschwarm und führten die Staffeln an. Dazu muß man wissen, daß damals alle deutschen Jagdverbände auf den jagenden Schwarm umstellten. Der Schwarm, von Werner Mölders in Spanien erfunden, bestand aus zwei Rotten (die sich gegenseitig deckten). Er löste die Kette ab, die noch aus dem Ersten Weltkrieg stammte. Später erst übernahmen die Alliierten (die Engländer während der »Battle« von 1940) diese taktische Einheit und nannten sie »Finger Four«. Graf von Pfeil, der weder ein Legion-Condor-Veteran war noch über besondere Erfahrungen mit der Me 109 verfügte, zeigte sich leider nicht versessen darauf, seinen eigenen Gruppenschwarm zu gründen. Er wartete erst einmal ab. So kam es, daß ich, obwohl ich in der 1. Staffel bei Galland als z.b.V. verblieben war, überall und nirgends fliegerisch gefördert wurde. Keiner kümmerte sich um den Nachrichtenoffizier, niemand wußte, was dessen Aufgabe war, und niemanden ging meine Entwicklung etwas an: den Stab nicht, weil er von nichts wußte, und Galland nicht, weil er sich für den Funkverkehr nicht interessierte. Damit war ich zunächst einmal »Hans Dampf in allen Gassen«, für alles und nichts zuständig.

Ende Januar machten große Neuigkeiten die Runde: Zum ersten Mal in der deutschen Geschichte sollten in Berlin in der Reichskanzlei die Leutnants, die 1938 ernannt worden waren, dem »Führer« des deutschen Reiches vorgestellt werden. Das waren zusammen über 1000 junge Offiziere von der Kriegsmarine, dem Heer und der Luftwaffe. Ein weiteres Mal lieferte Goebbels mit seinem Propagandaministerium ein Meisterwerk in puncto Inszenierung und Organisation. Alle Wehrmachtsteile sollten zusammengeführt werden und sich mit der Reichsführung solidarisieren, und das gelang. Hitler hielt eine mitreißende Rede, in der er uns weit in die Zukunft führte. In dieser Stimmung fiel es uns allen leicht, Volk und Vaterland Treue zu schwören. Einzeln traten wir vor, Hitler schüttelte jedem die Hand und sah ihm in die Augen – über tausendmal! Als er vor uns stand, die Augen streng auf jeden einzelnen gerichtet, als ob er jeden persönlich kennenlernen wollte, da gab es kaum einen, der sich nicht verpflichtet

Als Nachrichtenoffizier verfügte ich über einen ansehnlichen Fuhrpark, auf den meine Leutnantskollegen manchen begehrlichen Blick warfen. Dazu gehörte auch diese 750-ccm-Zündapp mit Seitenwagen. Das Foto wurde im Frühjahr 1940 in Laachen-Speyerdorf bei Landau aufgenommen.

fühlte. Es war eine an unser Gefühl gerichtete Veranstaltung, und Hitler schlug uns – genau wie geplant – in Bann.

Die Luftwaffe, der jüngste Wehrmachtsteil, kam zuletzt dran. Als Hermann Göring in einer seiner prächtigen weißen Uniformen erschien, begrüßten wir ihn mit lauten »Hermann«-Rufen. Es gefiel ihm, daß wir ihn dann aber in die Luft warfen, schien ihm viel weniger zu gefallen, und er verließ die Veranstaltung. Wir vermißten ihn nicht. Der Sekt floß reichlich, und wir trafen auf viele Freunde aus der Schule und aus anderen Wehrmachtsteilen. Ich begegnete Mitschülern aus Stuttgart und Ludwigsburg, auch Werner Ruoff war als Infanterieleutnant dabei. Viele hatte ich über ein Jahr lang nicht gesehen. Was war alles in diesem einen Jahr geschehen – und doch wie wenig, wenn man bedenkt, was auf uns zukommen sollte. Wie wenige dieser strahlenden jungen Leutnants lebten 1945 noch! Aber im Januar 1939 war die Zukunft hell, der Sekt perlte im Glas, und als die Feier gegen Morgen zu Ende ging, blieb die Erinnerung an ein gelungenes Fest, an ein gelungenes Wiedersehen.

Ein großer Gewinn dieses Berliner Treffens sollten für mich die »Fachgespräche« sein, die ich mit Kollegen meines Jahrgangs führte, die auch Nachrichtenoffizier geworden waren und ebenfalls keine Ahnung hatten, was diese Aufgabe bedeutete. So manches wurde im Zuge der Gespräche etwas klarer. Es gab Hinweise, welche Dienstvorschriften, welche Bücher zu lesen seien. Je mehr ich las, um so mehr erkannte ich, wie groß die Verantwortung des N.O. war. Der Nachrichtenzug, den ich führen sollte, bestand aus 75 Mann, die zwei 1,5-Kw-Funkstationen zu betreiben hatten. Außerdem umfaßte der Zug zwei Feldtelefoneinheiten, die mit Lastwagen ausgerüstet waren. Die Vermittlungen, Kabeltrommeln und Feldtelefone waren transportabel und paßten auf die Lkw, da der Nachrichtenzug unabhängig und beweglich sein mußte. Alles war doppelt vorhanden, damit im Ernstfall bei einer Verlegung sowohl das zu verlassende Flugfeld als auch ein neues bestückt werden konnte.

Jede Jagdgruppe sollte selbständig sein. Deshalb war in der Stabskompanie alles vorhanden: der Werftzug mit Werkzeugen, sogar mit Drehbänken und Ersatzteilen für Flugzeuge; der Kraftfahrzeugzug mit Fahrzeugen und nicht zuletzt der Nachrichtenzug, der sich sowohl in das öffentliche Netz bei Freund und Feind einstöpseln konnte als auch den Funkverkehr zu gewährleisten hatte, ob es sich nun um Boden-Bord-Verkehr oder um taktischen Funkverkehr am Boden handelte. Natürlich gehörte zu den Aufgaben auch, alle Telefonverbindungen auf den jeweiligen Flugplätzen sicherzustellen. Dies galt für die Stabsverbindungen, die Unterkünfte und die Staffelliegeplätze. Für die Verlegung vom alten zum neuen Flugplatz stand der Stabskompanie eine »Tante Ju«, eine Ju 52 zur Verfügung. Wenn es eilte, sollte damit sogar ein Vorauskommando eingeflogen werden können. Selbst dieses Flugzeug war in Manching vorhanden.

Als ich mich nach meinem Personal umschaute, erlebte ich allerdings eine böse Überraschung: Statt 75 Mann hatte ich nur siebzehn. Der höchste Rang war der eines Obergefreiten, und dieser Obergefreite hatte gerade drei Wochen Arrest hinter sich. Die Nachrichtensoldaten aus Wiesbaden-Erbenheim, Bad Aibling und Herzogenaurach zeichnete vor allem eines aus: Sie hatten im Arrest gesessen, keiner weniger als sieben Tage! Welch ein Start! Die abgebenden Einheiten hatten die Gelegenheit zum »Ausputzen« genutzt. Man kann sich leicht vorstellen, was das für ein Haufen war. Ich hatte ein Flugzeug, aber keine Besatzung. Anstelle eines Feldwebels, drei Unteroffizieren und vielen Spezialisten fand ich diese verlesene Truppe vor. Außer meinem privaten Blaupunkt-Radio war nichts an Ausrüstung vorhanden. Das war eine echte Herausforderung für den jüngsten Leutnant der Jagdtruppe.

Sobald ich einigermaßen die Übersicht gewonnen hatte, wandte ich mich an Graf von Pfeil. Wie üblich konsultierte er zuerst die »Spanier«, die Veteranen der spanischen Legion Condor – und stieß auf Gleichgültigkeit. »Wozu all die Aufregung?« fragten sie. »In Spanien hatten wir Jäger keinen Nachrichtenzug, alle Nachrichtenverbindungen wurden von den Luftnachrichteneinheiten (in Uniform braune Spiegel) sichergestellt und gut abgewickelt.« Es sei nicht sinnvoll, fliegende Jäger mit solchen Dingen zu belasten.

Bald begriff ich, welche Schwierigkeiten es zu überwinden galt. Als dann noch mein Chef der Stabskompanie, der Spanienveteran Oberleutnant Woitke, nach Eger versetzt wurde, verschlechterte sich die Lage zunehmend, da sein Nachfolger, Leutnant Möllenhoff, kein Legion-Condor-Veteran war. Gegenüber den Oberleutnanten und den Spanienkämpfern, den Staffelkapitänen, hatte er nichts zu melden. Da half es gar nichts, daß er auf meiner Seite stand.Ich war ganz auf mich allein angewiesen und mußte den Gruppenkommandeur überzeugen, daß gewaltige Veränderungen nötig waren. Ich versuchte ihm klarzumachen, daß es wohl das beste wäre, wenn er seine Jagdgruppe gegenüber dem Luftgau in München als »nicht einsatzfähig« meldete. Ich versuchte ihm klarzumachen, daß seine Gruppe ohne Nachrichtenverbindungen dastehen würde. Zunächst bewegte sich aber nichts, dennoch hatte ich das Gefühl, Eindruck hinterlassen zu haben.

Ohne Zweifel konnten sich die Erfolge der Legion Condor in Spanien sehen lassen. Vor allem Hauptmann Werner Mölders, der in Spanien vierzehn Luftsiege errungen hatte, leitete mit der Erfindung der Rotte eine weitreichende Entwicklung ein. Die Rotte flog mit zwei Me 109 in etwa 200 Metern Entfernung, wobei jeder Jagdflieger nicht nur nach vorne zu schauen hatte, sondern auch das Heck seines Rottenkameraden im Auge zu behalten, abzusichern und gegen den gefährlichen Angriff von hinten zu schützen hatte. Die Entfernung, in der geflogen wurde, entsprach dem Kurvenradius, der notwendig war, um hinter den Schwanz des zu schützenden Rottenkameraden schießen zu können. Dazu muß man wissen, daß beim Jäger die Waffen starr eingebaut sind und mit dem ganzen Flugzeug gezielt wird. Diese Mölders-Erfindung war bahnbrechend: Aus zwei Rotten wurde der Schwarm, die Staffel bestand aus drei Schwärmen, die durchaus auch in der Höhe gestaffelt fliegen konnten.

Sosehr diese Erfindung aus dem Spanienkrieg der deutschen Jagdfliegerei nutzte, sosehr hat die »geheime« Anwesenheit der deutschen Luftwaffe und damit der Verzicht auf einen »deutschen« Funkverkehr der deutschen Jägerei geschadet und sie letztlich in Rückstand gebracht. Da die nach Spanien entsandten deutschen Jagdflieger die englische Sprache nicht beherrschten, hätten sie im Funkverkehr deutsch sprechen müssen und sich damit »entlarvt«. Den Legion-Condor-Jägern mußte es daher zunächst genügen, mit den Tragflächen zu »wackeln«, also manuelle Signale zur Verständigung auszusenden. Aber je erfolgreicher sie wurden, desto mehr wich der Druck, mit Phantasie den wichtigen Sprechfunk so zu entwickeln, daß die Jäger ihn, ohne »entlarvt« zu werden, einsetzen konnten. Nachträglich ist es schwierig zu beurteilen, was entscheidend war: die Entwicklung der Rotte oder der Stillstand im Funk einschließlich der Weisung und Führung durch Radar. Auf jeden Fall setzten sich im Frühjahr 1939 in unserer Gruppe die »Spanier« durch. Ihre Ansicht, daß der Funk entbehrlich sei, galt.

Noch heute ärgere ich mich darüber, daß der ehemalige General der Jagdflieger, Adolf Galland, im »Jägerblatt«, dem offiziellen Organ der Gemeinschaft der Jagdflieger, 1985 schrieb: »Die Erprobung der deutschen Flugzeuge und Waffen im spanischen Bürgerkrieg hatte keine realen strategischen Vorstellungen und Erfahrungen gebracht, so wichtig auch Erkenntnisse auf technischem, taktischem und kooperativem Gebiet waren.« Und weiter: »Eine direkte Funksprechverbindung mit den Bombern war auf Grund unterschiedlicher Frequenzen nicht möglich. Ein fast unglaublicher Tatbestand, der sich u. a. bei Verspätung und Verpassen des Treffpunktes verheerend ausgewirkt hat.« Hätte er doch im Frühjahr 1939 besser auf mich gehört! Ich ahnte damals schon, wie wichtig gute Funkverbindungen im Ernstfall sein würden, aber alle meine Versuche, den »Spaniern« gute Nachrichtenverbindungen zu »verkaufen«, scheiterten. Das sollte sich in der »Luftschlacht um England« verheerend auswirken.

Noch 1985 hatte Galland wenig Ahnung von den Funkgeräten. Schon zu Beginn der Bomberbegleitungen in der »Battle« wurde auch ich gewahr, wie oft unser Treffen mit den Bombern Verspätungen und Treibstoffmangel bedeuteten. Das wäre leicht zu vermeiden gewesen, wenn man unser Jagdfunkgerät mit fixierten Frequenzen bei den Gruppenkommandeuren der Bomber installiert hätte. Die Bomber hatten die entsprechenden Rahmen, die zwölf Volt und die Antennen, und es wäre durchaus möglich gewesen, wenigstens von den jeweiligen Bomberverbandsführern eine Sprechverbindung zu den Begleitjägern herzustellen. Meine entsprechenden Vorschläge stießen damals allerdings auf Mißachtung. Beim I/JG 433 und später beim I/JG52 war es vor allem Galland, der mir bei jedem Vorschlag, jedem Fortschritt im Wege stand. Als Argument kam immer: »Wir haben in Spanien gesiegt, oder?« Das war unbestritten, aber noch nie hat gewonnen, wer sich auf seinen Siegen ausruhte.

Wie auf jedem Fliegerhorst war auch hier eine Luftnachrichtenkompanie ortsgebunden stationiert, die zu keinem fliegenden Verband gehörte. Sie war schon vor uns da, wickelte den Morse-

Funkverkehr ab und versorgte alle Blindflugeinrichtungen sowie die entsprechenden Peilgeräte samt Flugleitung und Wetterwarte, wie es sich eben damals gehörte. Dort gab es sorgfältig ausgewählte Spezialisten, die aus der alten Reichswehr stammten, meist aus dem Heer oder der Kriegsmarine. Diese Kompanie stellte mir einen erfahrenen Obergefreiten als Geräteverwalter zur Verfügung. Der Mann war ein Segen. Mit seinen dicken Brillengläsern sah er zwar wenig militärisch aus, aber er kannte sich aus, vor allem wußte er, welches Gerät uns zustand und wie es bestellt werden mußte. Für mich war unfaßbar, was uns alles erreichte: neue Mercedes Lastwagen, schwere Geländewagen mit riesigen Transformatoren, Sendewagen, Empfänger, Kabeltrommeln, Vermittlungen, Kübelwagen, Beiwagen, Motorräder. Selbst Graf von Pfeil war sehr beeindruckt und zeigte nun mehr Interesse an der Arbeit seines N.O. Was alles zu uns gehörte, war nicht zu übersehen: Vier schwere doppelachsige Gelände-Lkw der 1,5-kW-Station mit Anhängern zur Stromerzeugung, zwei Lastwagen für die Telefonausrüstung, zwei 750-ccm-Beiwagen-Gespanne von Zündapp, zwei graue 1,5-l-BMW-Kabriolets und geländegängige Wagen zum Auslegen der Feldkabel. In Produktion, aber schon angekündigt, waren zwei Mastwagen, die einen zehn Meter hohen Antennenmast ausfahren konnten. Verständlich, daß mich das viele Gerät mit Freude, aber auch mit Sorge erfüllte. Woher das Personal nehmen, um handlungsfähig zu werden?

Alles Gerät, mit Ausnahme der zwei BMW-Kabriolets, war fabrikneu. Aus Sicherheitsgründen bat ich die Fliegerhorstkompanie um Platz in einer Halle, wo ich die Fahrzeuge sicher unterstellen konnte. Das wurde gewährt. Es zeigte sich aber, daß sie dort nicht vor der Begierde der Staffelkapitäne geschützt waren. Diese bemerkten das Anwachsen meines Fahrzeugparks und natürlich auch, daß ich kein Fachpersonal hatte. Ich hatte nicht einmal genügend Fahrer, um die Fahrzeuge im Depot in Unterpfaffenhofen abzuholen, sondern mußte die Fliegerhorstkompanie und die Staffeln um Hilfe bitten.

Meine Kollegen, die neuen Leutnante und vor allem die Staffelkapitäne, richteten zunehmend begehrliche Blicke auf meine Fahrzeuge. »Wenn der verdammte Nachrichtenzug schon kein Personal hat, um sie zu nutzen, warum können wir sie nicht auf die Staffeln aufteilen? So würden sie wenigstens genutzt und nicht in der Halle herumstehen bis Gott wer weiß wann.« Und die jungen Leutnante brachten alle Arten persönlicher Argumente vor, um wenigstens an die BMW-Kabriolets heranzukommen. Konnte ich in Ruhe ansehen, daß alle »reichen« Spanier mit ihren eigenen Wagen in die Stadt fuhren, während sie die Nächte bei Kartenspiel und Bier im Kasino verbringen mußten? Schließlich gehörten die Kabrios der Luftwaffe und nicht mir persönlich. Aber auch Leutnant Möllenhoff und Graf von Pfeil ließen sich nicht erweichen: Die Lkw wie die Pkw blieben in der Halle – sie waren Dienstwagen. Manchmal hatte ich nun schon ein schlechtes Gewissen, wenn ich mit Hinnerk in meinem DKW Ausflüge unternahm.

Wir beide spürten, daß wir in der Kaserne zu »seltenen Vögeln« geworden waren, zu Außenseitern. Wir begnügten uns weiterhin mit dem Besuch einfacher Gasthäuser, wo wir gut und preiswert essen konnten, wir besuchten auch Tanzveranstaltungen und schlossen dort viele Freundschaften. Als ich eines Nachts eine Tanzveranstaltung verließ, sprang mein Auto nicht an. Ich hatte einige Gläschen getrunken, befand mich aber für fahrtauglich. Passanten entdeckten schnell, daß mein Auspuff im Schnee steckte, schippten diesen frei, und der Motor sprang an. Ich war so begeistert, daß ich spontan alle einlud, die nach Hause gefahren werden wollten. Außer Hinnerk und mir zwängten sich neun Personen, Männlein und Weiblein, in mein kleines Auto. Das war eine lustige Heimfahrt!

Trotz des Widerstandes der »Spanier« kümmerte sich Graf von Pfeil zusehends um die Belange des Nachrichtenzuges. Er telefonierte sogar mit dem Luftgaukommando in München und trug dort unsere Probleme vor. Die Antworten von dort waren zuerst ausweichend: »Versuchen Sie das Beste daraus zu machen – Sie sind nicht die einzige Einheit mit Problemen!« Aber er gab nicht auf und wandte sich an höhere Dienstgrade, die er noch aus Berlin kannte. Beim schnellen Aufbau der Luftwaffe wurden viele Entscheidungen nach persönlichen Vorlieben gefällt. Das verstärkte noch die Dominanz der »Gemeinschaft« der »Legionäre«. Häufig rückte nicht der Fähigste in die höhere Position, sondern es reüssierte ein »Freund«, der sich an der richtigen Stelle meldete. Was mich betraf, so genoß ich viel Hilfe von den Nachrichtenexperten der Horstkompanie. Nur mit deren Ausbildern konnte ich einen täglichen Dienstplan für meine eigenen Leute erstellen. Wir erzielten Fortschritte, aber viel zu langsam.

Die Entwicklung geriet ins Stocken durch einen Vorfall, der mich sehr in Anspruch nahm. Fast alle Fahrzeuge und die Ausrüstung für den Nachrichtenzug kamen aus dem Luftwaffendepot Oberpfaffenhofen westlich von München. Dort hatte der Gefreite Ludwig Huber einen ganzen Lkw voller Blechregale für Telefonkabeltrommeln übernommen und dafür unterschrieben. Als er jedoch in Manching eintraf, fehlte ein komplettes Regal samt Kabeltrommeln. Huber konnte nicht erklären, wie es zu dem Verlust gekommen war. Er wurde angewiesen, einen Bericht zu erstellen. Als sein Vorgesetzter mußte ich den Verlust in einem Berichtsblatt melden, das in ganz Deutschland verteilt wurde. In der Verlustmeldung wurden mein Rang, mein Name und die Einheit genannt.

Eines Tages meldete sich ein Polizeibeamter aus Donauwörth bei mir. »Sind Sie Leutnant Steinhilper? Suchen Sie nach Fernsprechkabeltrommeln?« Die Polizei in Donauwörth sei im Besitz dieser Trommeln, und sie habe großes Interesse, den Fahrer des Lastwagens zu befragen, von dem diese Trommeln gestürzt seien. Ein Bauer, der sich mit dem Fahrrad auf dem Heimweg befand, sei nämlich von einer Trommel erschlagen worden. Der tote Mann und die Kabeltrommeln seien morgens im Straßengraben gefunden worden.

Ich mußte als Verteidigungsoffizier vor Gericht erscheinen. In der Gerichtsverhandlung stellte sich dann heraus, daß der Fahrer Huber den Mann auf dem Fahrrad erst in letzter Sekunde gesehen hatte, weil es Nacht war und – kriegsbedingt – mit Verdunkelung gefahren wurde. Huber zog den Lkw ruckartig nach links und dachte, daß er vorbeigekommen sei. Er merkte überhaupt nicht, daß ein Kabelschacht samt Inhalt vom Lkw gefallen war. Selbst der Obergefreite Pauls im nachfahrenden Lkw hatte nichts von dem Vorfall bemerkt. Meine Verteidigung bewirkte immerhin, daß Huber nur vom Gefreiten zum einfachen Luftwaffensoldaten zurückgestuft wurde. Er durfte seinen Führerschein behalten und blieb Fahrer. Von der Schuld am Tod des Bauern konnte ihn niemand entbinden, denn er als Fahrer war dafür verantwortlich, daß die Ladung seines Lastwagens gesichert war und während der Fahrt nicht herunterfallen konnte.

Ich kam aber auch nicht ungeschoren davon: der Vorfall war Munition für die »Spanier«. Alle rächten sich nun dafür, daß ich meine Fahrzeuge nicht auf die Staffeln verteilen wollte. »Da kann man sehen, wie weit es dieser Nachrichtenzug bringt, jetzt haben sie sogar einen unschuldigen Bauern auf dem Gewissen! Vor Gericht mußten sie sich stellen und haben dabei den Namen der ganzen Gruppe I/433 in Verruf gebracht!« Diese Häme setzte mir stark zu. Was da alles auf den Schultern eines Zwanzigjährigen landete! Doch Hauptmann von Pfeil und Leutnant Möllenhoff stärkten mir unverdrossen den Rücken, gaben mir aber auch den Rat, um das Wohlwollen der Staffelkapitäne zu werben. Ich solle sie aufsuchen und um Unterstützung bitten. Ich sollte zu den Löwen in die Höhle gehen – und das tat ich.

Als die Staffeloberleutnante Ewald und Galland eines Tages im Nebenraum einer Flugzeughalle zusammensaßen, hoffte ich, gleich zwei Fliegen mit einer Klappe zu schlagen. Höflich klopfte ich an und trat dann nach Aufforderung ein. Ich hatte mich bestens präpariert, brachte nun aber keinen Ton heraus: Festgezurrt an einem heißen Heizkörper saß dort Gallands Hund, ein großer brauner Setter. Vor seiner Schnauze baumelte eine Bratwurst, die er nicht erreichen konnte. Ich war betroffen vom Anblick des zitternden Hundes. Galland sah meine Betroffenheit und erklärte die Behandlung für eine Erziehungsmaßnahme. Der Hund habe sich angesichts einer Wurst »schlecht« benommen und werde zwei Stunden dafür an die Heizung gebunden. Alle meine guten Vorsätze schwanden, ich schaffte es nicht, zum Thema zu kommen. Wenn ich gewußt hätte, was auf dem Spiel stand, wären meine Anstrengungen vielleicht größer gewesen.

Damals gab es aber auch Ereignisse, die mich in der Zuversicht bestärkten, daß die Dinge doch vorankommen würden. So wurde ich eines schönen Tages in meiner besten Uniform mit dem Kommandeurswagen, dem großen Wanderer, nach München zum Luftgau gefahren. Hauptmann von Pfeil hatte mir nur angedeutet, daß mich dort der General Martini, der höchste Rang der Luftnachrichtentruppe, sprechen wolle. Für mich war das wie im Traum (oder im Märchen). Alles kam so plötzlich, daß ich kaum Zeit hatte, mich auf dieses Treffen vorzubereiten.

General Martini benahm sich völlig normal, eben wie alle Menschen, die es im Leben zu etwas gebracht haben. Er war umgänglich und keineswegs überheblich. Ich fühlte mich bei ihm gut aufgehoben, trug meine Sorgen und Bedenken vor und schilderte ihm auch, wie ich die Aufgabe eines Nachrichtenzuges – sowohl in der Verteidigung als auch im Angriff – sah. Durch Kopfnicken deutete er zuweilen seine Zustimmung an und bestätigte, daß ihm viele meiner Probleme bekannt seien. Da mir der General zuhörte und die richtigen Fragen stellte, berichtete ich mehr über die Situation in Manching: Alles Material sei da und von hoher Qualität, aber es fehlte hinten und vorne an Personal, an Fachleuten, um auszubilden, um für den Ernstfall vorbereitet zu sein. Ich kam mir wichtig vor und ließ auch einige Bemerkungen über die »Spanier« fallen. Aber auch da unterbrach er mich nicht, hörte zu und erklärte, daß ich mit meinen Sorgen nicht allein dastünde. Die meisten der neuen Nachrichtenoffiziere in den Jagdgruppen hätten die gleichen Probleme. Auch die Vorurteile der Legion-Condor-Veteranen waren ihm bekannt. Er ermahnte mich zur Geduld, versprach aber, den Nachrichtenzug I/433 bei der nächsten Personalzuweisung zu berücksichtigen. Bezüglich der Unteroffiziere wolle er nicht zu viel versprechen, da sei der Bedarf an Bordfunkern einfach zu groß, aber mindestens einen rundum gutausgebildeten Unteroffizier würde ich zugeteilt bekommen.

Nach einer Viertelstunde war alles vorüber. Erstaunlich, was wir in dieser kurzen Zeit alles besprochen hatten. Ich kam mir vor wie in einer neuen Welt. Der General verabschiedete mich mit dem wiederholten Rat, meine Ansichten den sogenannten Experten näherzubringen, meine Ideen zu verkaufen. Ich solle mich nicht entmutigen lassen. Bei den Flugzeugen, bei den Panzern, bei den Autos seien wir technisch auf der Höhe, aber im Nachrichtenwesen seien wir ins Hintertreffen geraten. Dort müßten jetzt Anstrengungen unternommen werden. Zum Schluß erwähnte er noch, daß innerhalb eines Monats alle Nachrichtenoffiziere der Jagdgruppen zu einem Kurs mit verbessertem Lehrplan nach Halle auf die Luftnachrichtenschule einberufen würden.

Generalmajor Martini hielt Wort. Innerhalb von zwei Monaten wurden mir über fünfzig neue Rekruten zugeteilt, die nicht nur begeistert waren, sondern auch die richtige Vor- und Ausbildung mitbrachten. Es waren Abiturienten und viele Radiobastler unter ihnen. Schon vor ihrer Nachrichtenausbildung hatten sie versucht, mit anderen Radioamateuren zu verkehren, sei es mit ein-

Der Nachrichtenzug I/52 – fast alles Abiturienten, denen keine nachrichtentechnische Herausforderung zu groß war. Der Mann ganz rechts ist Treplin. Er steckte voller Ideen, von denen wir so manche umgesetzt haben.

fachen quarzgesteuerten Detektoren oder mit Geräten, die schon mit Röhren bestückt waren. Sie konnten es kaum erwarten, bis sie mit den modernen, schon vorhandenen 1,5-kW-Stationen arbeiten durften. Hier stand Gerät herum, von dem sie früher nicht einmal geträumt hatten. Und auch da hielt der General Wort: Ich bekam mit Unteroffizier Krehe einen rundum gutausgebildeten Spezialisten, der – was zu dieser Zeit selten war – schon mit Kurzwellen, Mittel- und Langfrequenzen gearbeitet hatte. In gewisser Weise zeigte er sich enttäuscht, daß einsatzfähige Jagdflugzeuge noch nicht mit Einrichtungen zum »Peilen« ausgerüstet waren. Er hatte sogar mit Peilgerät gearbeitet und hielt es für unerläßlich, Jagdflugzeuge mit Navigationshilfen auszurüsten. Jetzt hatte ich plötzlich das Feldtelefon bei meinen Nachrichtenleuten beliebt zu machen, denn ich konnte nicht zulassen, daß sich alle auf das moderne Funkgerät stürzten. Es bereitete mir große Mühe, unter diesen intelligenten jungen Leuten genügend Männer zu finden, die bereit waren, am Vermittlungspult zu stöpseln. Das Telefon und die damit zusammenhängende Technik stellten für viele von ihnen keine technische Herausforderung mehr dar. Mit diesen jungen Männern hielt der Fortschritt im Nachrichtenzug der Gruppe Einzug.

Ich hatte kaum Zeit, Krehe mit den wichtigsten Partnern der Fliegerhorstkompanie bekannt zu machen, denn ich war zur Luftnachrichtenschule nach Halle/Saale abkommandiert. Der Kurs war speziell für die Nachrichtenoffiziere der Jagdgruppen geplant, und deshalb ging die Einladung über die Kommandeure der entsprechenden Gruppen. Sie wurden gebeten, ihrem N.O. eine Me 109, die mit Funkgeräten ausgerüstet war, mitzugeben. Hauptmann von Pfeil meldete mich sofort an, und zu meiner großen Freude stellte er mir auch eine Me 109 D mit 680 PS aus seinem Stabsschwarm zur Verfügung. Der Silberstreifen am Horizont wurde heller und breiter! Aber wenn alles rosig aussieht, droht meist schon das Verhängnis.

Am Wochenende des 18./19. Februar, noch vor dem Aufbruch nach Halle, war ich als Wachoffizier eingeteilt. An Werktagen oblag diese Aufgabe immer erfahrenen Offizieren, denn dem Wachoffizier unterstand der ganze Flugplatz. An diesem Wochenende wollten einige Offiziere unbedingt nach Berlin zur Autoausstellung fahren. Unsere Ju 52 sollte in die Reichshauptstadt fliegen, wo nicht nur zivile, sondern auch militärische Fahrzeuge ausgestellt waren. Oberleutnant Klein, der inzwischen die 3. Staffel übernommen hatte, und Leutnant Möllenhoff, zuständig für den Kraftfahrzeugzug, hatten damit einen offiziellen Grund, nach Berlin zu fliegen. Daß unsere »Tante Ju« übers Wochenende nach Berlin flog, war eine Gelegenheit, die viele wahrnehmen wollten, die ihre Familie oder Freundin in der Hauptstadt hatten. Die Liste der Mitflieger war lang.

Am Samstagmorgen konnte ich vom Flugturm aus sehen, daß die dreimotorige Ju 52 startklar gemacht wurde, aber ich glaubte nicht, daß bei diesem »Sauwetter« ein Flug möglich sein würde. Nicht nur, daß der Himmel neblig trüb und verhangen aussah, es schien schlimmer zu werden, sogar Schneeflocken mischten sich unter den Regen. Wiederholt telefonierte ich mit der Wetterwarte, aber sie konnte keine Besserung vorhersagen, sie warnten sogar vor Vereisung! Oberleutnant Klein kam immer wieder zu mir. Er wollte nicht aufgeben und hoffte auf Wetterbesserung. Zwischen Manching und Berlin lagen etwa 450 Kilometer. Allen war klar, daß bei diesem Wetter ein Flug nur möglich war, wenn davon viele Kilometer blindgeflogen werden konnten. Unter den Besatzungsmitgliedern unserer Ju 52 hatte keiner einen Blindflugschein, denn alle Flugzeugführer mit entsprechender Qualifizierung befanden sich bei Bombergeschwadern.

Ich hatte eine schwere Stellung: Mein ehemaliger Kompaniechef wollte unbedingt fliegen, wollte es probieren, aber ich verteidigte mein Verbot und gab keine Erlaubnis zum Start. Klein und Möllenhoff versuchten mich zu beeinflussen, meinten, ich solle »nicht so stur sein«, aber ich hielt mich an meine Vorschriften. Schließlich erschien Oberleutnant Klein mit einem Unteroffizier, der auch für den Flug gebucht war. Dieser Unteroffizier zeigte mir einen Ausweis, in dem stand, daß er als Beobachter im Blindflug ausgebildet sei. Damit war mein Widerstand nichtig, und ich fühlte mich in gewisser Weise erleichtert. Sie konnten starten. Es war bereits Mittag, als die Junkers mit ihren elf Insassen, Besatzung und Passagieren, auf die Startbahn rollte. Die drei BMW-Motoren mit je 660 PS dröhnten laut, als die Maschine langsam in dem dunklen, düsteren Himmel verschwand. Ich verließ den Turm und begab mich auf die weiteren Kontrollgänge.

Am Abend erhielt ich einen Anruf des Diensthabenden der örtlichen Flugaufsicht: Die Ju habe Berlin nicht erreicht, sei überfällig gemeldet. Am Sonntagmorgen folgte die Bestätigung: Der Maschine war im Schneesturm vor einigen Hügeln nördlich von Eger wegen schwerer Vereisung der Steigflug nicht gelungen. Sie war zerschellt und hatte die elf Insassen in den Tod gerissen. Die Rettungsmannschaften hatten einen Trümmerhaufen vorgefunden. Eine Zentnerlast legte sich auf meine Schultern.

Am Montag hatte ich dann die schwere Aufgabe, alle Betroffenen zu informieren. Von Pfeil wollte mir zunächst alle Schuld zuschieben: Warum hatte ich sie überhaupt starten lassen? War mir nicht bekannt, daß der Wachoffizier für alles die volle Verantwortung trug? Ich berichtete ihm von den ursprünglich kameradschaftlichen Versuchen Oberleutnant Kleins, mich zu überreden, und davon, wie ich zuletzt nachgeben mußte, als der Unteroffizier mit der Blindflug-Beobachterlizenz (wobei sich nachträglich herausstellen sollte, daß der Ausweis ein Schwindel war) erschien. Ich hätte den Start eben nur freigeben dürfen, wenn sie mir einen Mann präsentiert hätten, der nach bekannten Regeln die Voraussetzung für den Blindflug besaß, wandte von Pfeil ein. Ich fragte ihn, welche Chancen ich denn gegenüber Oberleutnant Klein und Leutnant Möllenhoff gehabt hätte? Ich wolle sie jetzt, da sie tot seien, nicht beschuldigen, aber unter schweren Druck hätten sie mich schon gesetzt. Es dauerte geraume Zeit, bis die Untersuchungen sachlich und normal verliefen, aber damit wurde auch der Verlust offenbar: der Chef der Stabskompanie, Oberleutnant Klein, sein Stellvertreter, Leutnant Möllenhoff, und Feldwebel Löhlein, der Schirrmeister der Gruppe, sowie die gesamte Flugzeugbesatzung und weitere vier Fluggäste, wobei einer nicht einmal auf der Liste stand.

Von diesem zusätzlichen Passagier erfuhren wir erst am Montag. Mir wurde gemeldet, daß ein Unteroffizier nicht vom Wochenendurlaub zurückgekehrt sei. Wenig später rief seine Freundin aus Berlin an und fragte, warum er nicht, wie versprochen, zum Wochenende erschienen sei. Erst jetzt erfuhren wir, daß noch ein weiterer Mann als Passagier in der Ju gewesen war, daß also zwölf Mann in der Maschine gesessen hatten. Ich mußte der jungen Frau aus Berlin mitteilen, daß ihr Freund beim Absturz der Maschine ums Leben gekommen sei. Dabei erfuhr ich, daß sie hochschwanger war. Sie tat mir entsetzlich leid, und ich versuchte ihr am Telefon, so gut ich konnte, Trost zu spenden. Bald danach rief die Mutter des »blinden Passagiers« an. Sie schien nicht sehr traurig zu sein und eigentlich mehr daran interessiert, daß die Freundin von der Luftwaffe keine Abfindung erhielte, da diese nur ihr, der Mutter, zustünde. Später, als das Kind, ein Bub, geboren war, änderte sie ihre Haltung wohl, denn ich erfuhr, daß sie nicht vor Gericht zog und auf diese Weise zu ihrem Enkel stand.

Mir wurde befohlen, an drei Bestattungen teilzunehmen. Das war wohl auch als Strafe gedacht. Zunächst fuhr ich nach Nürnberg, dann nach Esslingen und schließlich zum dritten Begräbnis in der Nähe von Reichenbach im Täle. Diese letzte Bestattung hat mich am meisten berührt. In gewisser Weise hatte ich mich schon an die Routine gewöhnt: Überall trat eine Ehrenwache mit Stahlhelm an, spielte eine große Militärkapelle zum Abschied das Lied: »Ich hatte einen Kameraden …«. Ich kannte sowohl den genauen Ablauf als auch mein Kommando: »Hoch legt an! – Feuer!«, worauf drei Salven über das Grab donnerten. Dann kam der schwierigste Teil, nämlich das Gespräch mit den Angehörigen. Wenn sie erfuhren, daß ich von derselben Einheit stammte, wollten sie natürlich hören, wie ihr Sohn ums Leben gekommen war. Als er sie beim letzten Mal verlassen habe, sei er doch bester Gesundheit und voller Zuversicht gewesen, und jetzt war er tot. Warum? Darauf wußte ich keine Antwort, und was ich wußte, durfte ich nicht erzählen – solche Unfälle wurden geheimgehalten –, und es hätte ihnen auch nicht geholfen.

In Hausen im Täle wurde der Bordfunker der verunglückten Ju 52 zu Grabe getragen. Er war der einzige Sohn einer Witwe, die ihren Mann im Ersten Weltkrieg verloren hatte. Weil viele unglückliche Umstände zusammengetroffen waren, hatte die Mutter auf schreckliche Weise vom Tod ihres einzigen Kindes erfahren. Normalerweise riefen wir beim Tod eines Luftwaffenangehörigen den nächsten Flugplatz an und baten darum, daß ein geeigneter Offizier der Familie die traurige Nachricht persönlich überbrachte. Aus ungeklärten Gründen geschah das in diesem Fall nicht. Vielmehr erhielt die Witwe eine Mitteilung, daß sie auf der Bahnstation in Ditzenbach eine hölzerne Kiste abholen solle. Sie wunderte sich, was sie da abholen sollte, machte sich aber mit dem Leiterwagen auf den Weg ins sechs Kilometer entfernte Ditzenbach. Sie war ahnungslos, bis ihr der Frachtbrief zur Unterschrift gereicht wurde. Darauf stand in harten, kalten Buchstaben nur das Wort »Sarg«. Ihr wurde schwarz vor Augen. Die Bahnbeamten kümmerten sich um sie in dieser Not. Doch kaum hatte sie den ersten Schmerz überwunden, machte sich diese tapfere Frau mit dem Leiterwagen und der traurigen Fracht auf den Heimweg. Dabei beschäftigte sie immer wieder die Frage, warum der Sarg so klein war; ihr Sohn war doch viel größer. Vielleicht handelte es sich um einen Irrtum?

Mir brach es fast das Herz, als sie mir erzählte, wie stolz sie auf ihren Sohn gewesen war, der als Bordfunker in die Mannschaft der Ju 52 aufgenommen worden war. Er schwärmte immer von seiner tollen Ausbildung und war glücklich, es so weit gebracht zu haben. Sie habe schon gewußt, daß Fliegen gefährlich sei, und innerlich sei sie auch auf das Schlimmste vorbereitet gewesen, aber daß sie auf diese Art von seinem Tod erfahren mußte! Immer wieder stellte sie mir die Frage, wenn schon solche Irrtümer passierten, ob wir sicher seien, daß er wirklich in dem kleinen Sarg lag? Ach, wenn es doch nur ein Irrtum hätte sein können!

All meine Routine war dahin, als wir am offenen Grab standen. Meine Kehle war wie zugeschnürt, als ich den Befehl gab: »Hoch legt an!« – »Feuer!« – »Laden!« – »Feuer!« – »Laden!« – »Feuer!«. Jedesmal, wenn die Salve krachte, kam in dem engen Tal das Echo zurück, und jedesmal erschrak die kleine Frau am Grab. Als dann die Kapelle das Lied: »Ich hatte einen Kameraden, einen besseren findst Du nicht!« spielte, schluchzte sie laut auf. Jetzt war es gewiß, daß sie nach ihrem Mann auch ihren einzigen Sohn verloren hatte. Von nun an mußte sie ihren Weg ganz alleine gehen. Aber als sie den Friedhof verließ, zeigte sich ihre ganze Größe, denn sie weinte nicht mehr, sondern ging in aufrechter Haltung.

Sie hatte in ihrem Häuschen für die Trauergäste ein kaltes Buffet mit Wein und Bier aufgetischt und auch dafür gesorgt, daß Nachbarn die Rolle der Gastgeber übernahmen. Nun bat sie mich, sie ein wenig zu begleiten. Sie deutete auf einen nahen Berg und schlug vor, daß wir dort hinaufgehen sollten. Wir wanderten gut anderthalb Stunden, bis der Schnee so tief wurde, daß wir umkehren mußten. Sie erzählte davon, wie sie sich mit ihrem Sohn durchgeschlagen hatte, nachdem ihr Mann gefallen war, wie gut er in der Schule gelernt hatte und wie gut sie sich auf ihn hatte verlassen können. Alles zog noch einmal an ihr vorbei. Und nun hatte man ihr den Sohn zurückgeschickt: »Wie eine kaputte Maschine, die nichts mehr taugt, deren Zeit abgelaufen ist. Wir senden sie zurück zum Erzeuger.«

Als wir in ihr kleines Häuschen zurückkehrten, waren ihre schwarzen Halbschuhe klatschnaß. Schon von weitem hörten wir, daß bereits der fröhlichere Teil der Feier begonnen hatte. Die Musiker hatten ihre Uniformen aufgeknöpft, spielten leichte Musik und brachten die Dorfbewohner in bessere Stimmung. Als es dann hieß, von der tapferen Frau Abschied zu nehmen, bedankte sie sich ausdrücklich. Sie fange an zu verstehen, daß der tragische Tod ihres Sohnes ein Unglück war. Aber wir, die Luftwaffe, hätten unser Bestes gegeben, um ihn würdig zu Grabe zu tragen.

Dieser Tag hat meine Einstellung zum Leben verändert, das habe ich dieser tapferen Frau aus Hausen zu verdanken. Als sie den kleinen Sarg mit den sterblichen Überresten ihres Sohnes lange sechs Kilometer auf dem klapprigen Leiterwagen nach Hause zog, ist sie nicht zusammengebrochen, sondern eisern ihren Weg gegangen, bis ans Ziel. Auf diese Weise hat sie ihrem Sohn mit bewundernswerter Würde die letzte Ehre erwiesen. Diese Haltung und diese Würde sind mir mein Leben lang Vorbild gewesen.

1939
Was ist wichtiger – Funk oder Kunstflug?

Normalerweise hätte ich nach diesen Begräbnissen einige Tage Urlaub bekommen, denn sie hatten meine Verfassung, mein Gemüt sehr mitgenommen. Aber während meiner Abwesenheit war ein neuer Befehl eingetroffen: Unsere gesamte Gruppe I/433 würde von Manching nach Böblingen verlegt, ganz in die Nähe meiner Geburtsstadt Stuttgart. Für mich war dies eine gute Nachricht. Von Böblingen nach Heutingsheim zu meinen Eltern waren es gerade einmal 35 Kilometer.

Böblingen war gleichzeitig der Verkehrsflughafen von Stuttgart. Für uns bedeutete die Versetzung die Rückkehr aus der Isolation eines reinen Militärflughafens in die Zivilisation. Fortan würden wir unsere Jagdfliegerei mit der Lufthansa koordinieren müssen. Das war besonders für mich, den Nachrichtenoffizier, wichtig. Ich wurde zum Vorkommando ernannt und hatte die gesamten Telefonverbindungen und -vermittlungen auf die kommende Verlegung vorzubereiten. Dafür standen mir inzwischen die nötigen Fachleute zur Seite. Für die Übergangszeit würde ich also einer der maßgeblichen Verantwortlichen sein. In Manching wurde derweil gepackt und der Umzug der Gruppe vorbereitet.

Aber zunächst wartete der Nachrichtenkurs in Halle auf mich. Das erfüllte mich mit einer gewissen Besorgnis. Zwar war die Sudetenkrise im Herbst 1938 bereinigt worden, aber jetzt stellte sich heraus, daß Hitler mehr gewollt hatte. Im März sollte das »Reichsprotektorat Böhmen und Mähren« geschaffen und das Memelland mit dem Deutschen Reich vereinigt werden. Hitler verlangte ferner die Rückführung Danzigs in das Deutsche Reich und den Bau einer exterritorialen Straßen- und Eisenbahnverbindung durch den Polnischen Korridor. Obwohl er beteuert hatte, daß mit der Abtretung des Sudetenlandes seine letzte Forderung erfüllt sei, stellte er ständig neue. Wie lange konnte das noch gutge-

Abfahrbereit: die Nachrichtentruppe mit dem Sendewagen. Am Heck des Fahrzeugs ist der Hilfsmast befestigt, der am Zielort ausgefahren und dann verspannt wurde.

hen? Als sich kurzfristig nichts tat, flog ich schließlich mit der mir zugeteilten Me 109 »Dora« nach Halle. Zum ersten Mal kam ich mir wirklich wie ein Jagdflieger vor, vor allem weil ich ohne jegliche Navigationshilfe den Flugplatz sofort fand. In Halle stellte sich heraus, daß dort kein Mechaniker aufzutreiben war, der je eine Me 109 gesehen hatte. Glücklicherweise konnte die Jagdgruppe in Merseburg aushelfen, die uns auf Anforderung Personal zur Verfügung stellte, das die Maschine und deren Funk warten konnte.

Wir waren wohl 25 Kursteilnehmer, aber nur sechs hatten eine Me 109 mitgebracht, von denen – das war typisch für den »Nachrichtenzustand« der damaligen Jagdfliegerei – nur drei mit einem Funkgerät ausgestattet waren. Da es auf dem Flugplatz kein Bodenfunkgerät gab, das mit uns in der Luft verkehren konnte, blieben unsere praktischen Funksprechversuche beschränkt. Trotzdem war die Stimmung unter den Teilnehmern gut, weil hier eine Schulung angeboten wurde, die wir bitter nötig hatten.

Im Einsatz: im Hindergrund der Mastwagen, von dem in diesem Falle der Mast abgekuppelt wurde. Der Sendewagen im Vordegrund ist durch Kabel mit dem freistehenden Mast verbunden.

Zu Beginn des Kurses erschien der Kommandeur der Nachrichtenschule Halle, Oberst Kühne, in unserem Klassenzimmer, hieß uns willkommen und fragte bei dieser Gelegenheit, ob einer der »Herren« eine Me 109 »besitze« und willens und in der Lage sei, einen Brief, eine geheime Kommandosache, als Kurier nach München zu fliegen. Ich meldete mich freiwillig – trotz aller schlechten Erfahrungen. Viel Konkurrenz gab es ohnehin nicht, denn die Gruppenkommandeure der Heimathäfen hatten inzwischen die drei Maschinen ohne Funkgerät aus Halle abgezogen, da keine Nachrüstung der Maschinen mit Funk zu erwarten war.

Da ich München einigermaßen kannte, fragte ich Oberst Kühne, wo ich dort landen solle. Am liebsten sei mir München-Riem, aber der Flugplatz sei vorwiegend für zivile Flugzeuge vorgesehen. Ich wisse nicht, ob dort auch Jagdflugzeuge landen dürfen. Oberst Kühne beruhigte mich, dafür würde er sorgen, ich solle ruhig nach Riem fliegen, um die Landeerlaubnis würde er sich kümmern.

Ich machte mich sogleich auf den Weg zu meiner 109 und startete schon um 11 Uhr. Ich fand die Autobahn, stellte Propeller und Gashebel auf Reise und folgte einfach dem grauen Band unter mir. Nach kaum 50 Minuten landete ich in Riem. Schon auf dem Vorfeld erwartete mich ein Luftwaffenunteroffizier mit Fahrer und großem, offenen Stabswagen. Ich wurde aufgefordert, im Fond Platz zu nehmen. Das ganze Gehabe beeindruckte mich sehr. Alle in der Luftwaffe waren zu jener Zeit gespannt, wie es mit der Tschechoslowakei ausgehen würde, und ich kam mir mit meinem versiegelten Umschlag sehr wichtig vor. Meinen großen Auftritt hatte ich dann um 14 Uhr. Als Oberst Kühne um diese Zeit wieder in Halle vor die Klasse trat, meldete ich mich zurück. Er war so verblüfft, daß er nachfragte, ob ich den Umschlag wirklich in München abgeliefert hätte.

Zweimal habe ich den Kurs in Halle unterbrochen: einmal, um den Gefreiten Huber vor Gericht zu verteidigen, ein zweites Mal, um mich in Böblingen zu vergewissern, daß ich nicht »den Zug verpaßte«, den Zug, der sich Richtung Böhmen und Mähren bewegte. Uns schien es in Halle so, als ob sich alles auf einen Krieg vorbereitete. Ich selbst war der festen Überzeugung, daß das versiegelte Kuvert, das ich nach München geflogen hatte, mit den Kriegsvorbereitungen zu tun hatte. Wir jungen Offiziere konnten es kaum erwarten, unseren Mut unter Beweis zu stellen und uns die ersten Sporen zu verdienen. Die Älteren, meist die Lehrer, waren zurückhaltend und warnten uns. Sollte es tatsächlich zum Krieg kommen, würden wir bald unsere Meinung ändern und froh sein, daß wir rechtzeitig in Halle zum Nachrichtenoffizier ausgebildet worden waren.

Halle war inzwischen Sitz der zentralen Luftnachrichtenschule geworden. Die junge Luftwaffe ganz Deutschlands, ob Jäger, Bomber oder Aufklärer, ob Boden oder Bord, schickte ihre Funker zur Ausbildung nach Halle. Die kleine Stadt an der Saale hatte Mühe, schnell genug mitzuwachsen, das merkte man im Verkehr, in den Restaurants, überhaupt im öffentlichen Leben.

Da der Kurs in Halle umfassend und gut geplant war, stürzten wir uns auf die angebotenen Fächer. Es wurde alles vermittelt, was wir als Nachrichtenoffiziere in der vielseitigen Praxis der Jagdgruppen gebrauchen konnten. Aber wir fanden auch die Tanzcafés, wo die jungen Damen verkehrten. Da unsere Unterkünfte außerhalb des Kasernengeländes lagen, luden wir sie bisweilen dorthin ein, wo dann bis spät in die Nacht getrunken und gefeiert wurde. In Halle zeigte sich, daß Benehmen und Disziplin, überhaupt die Sitten in den Standorten sehr voneinander abwichen. Manche Kursteilnehmer prahlten damit, daß sie »Saufen« gelernt hätten, andere gingen leichtfertig mit ihrer Walther PPK, der Offizierspistole, um. Nachts wurden die Bogenlampen, die das Gelände beleuchteten, zu Zielscheiben. Ich war erstaunt, daß am nächsten Morgen die zerschossenen Lampen stillschweigend ersetzt wurden und keine disziplinarischen Maßnahmen folgten. Mir wurde bedeutet, daß solch ein Benehmen bei manchen Staffeln normal sei.

Ein Zwischenfall ging allerdings über das Normale hinaus: Mein Nachbar bewirtete eines Abends eine junge Dame, als ein Kollege, der die Dame auch kannte, dazukam. Ich wurde durch die Wand unfreiwilliger Zeuge einer Eifersuchtsszene. Als dann zwei Pistolenschüsse knallten und die Kugeln durch die Trennwand in meinen Raum flogen, schritt ich ein. Ich ergriff meine Pistole und bedrohte den Schießwütigen. Wenn er mir nicht sofort seine Pistole aushändige, würde ich auf ihn schießen! Zum Glück nahm er Vernunft an. Am nächsten Tag gab ich ihm seine Waffe zurück, und damit war der Fall erledigt.

Am 13. April 1939 wurde die Jagdfliegergruppe I/433 mit einer Parade offiziell in der Stadt Böblingen aufgenommen. Beim Aufmarsch mit großer Militärkapelle trugen wir Stahlhelm. Ich führte die Stabskompanie mit gezogenem Schwert im Parademarsch vor der Tribüne vorbei. Über uns flogen die Staffeln in enger Formation, unten jubelte die Menge. Der Kreisleiter der NSDAP und unser Kommandeur hielten eine Rede. Wir wurden umbenannt und hießen von nun an I/JG 52.

Nachdem die I. Gruppe in Böblingen eingezogen war, bildete sich ein gutes Verhältnis zur Lufthansa aus, die wie wir auf dem traditionsreichen Flugplatz von Stuttgart startete und landete. Zu jener Zeit war der Flugplatz in Echterdingen noch im Bau. Dorthin würde die Lufthansa umziehen und unter anderem eine betonierte Rampe und Startbahn vorfinden. Noch bestand die Luftflotte aus der Ju 52 und einigen Heinkel Blitz (72). Trockenes

Offizieller Einmarsch der I/JG 52 in Böblingen: Der Gruppenkommandeur Hauptmann Graf von Pfeil und Klein Ellguth schreitet die Parade der angetretenen Truppe ab.

Gras war für diese Flugzeuge kein Problem, aber im Frühling und Herbst, wenn das Flugfeld schwammig wurde, hatten schwerere Transportmaschinen ihre Schwierigkeiten. Im Frühjahr 1939 mußten sich in Europa sogar die internationalen Flughäfen noch mit Grasfeldern begnügen.

Insgesamt hatte sich durch die Verlegung nach Böblingen in unserer Kommandostruktur nicht viel verändert. Die Oberleutnante Galland und Ewald führten die 1. und 2. Staffel. Die Situation der 3. Staffel blieb nach dem Tod Oberleutnant Kleins beim Absturz der Ju 52 weiterhin unklar. Im April wurde uns dann Oberleutnant Helmut Kühle, der auch in der Legion Condor gedient hatte, als Kapitän der 3. Staffel vorgestellt. Unter Kühle bin ich bis zum Schluß geflogen.

Bereits im Mai waren fast alle Piloten, ob Unteroffiziere oder Offiziere, von der »Dora« auf die neue, stärkere Me 109 E, die

»Emil«, umgeschult. Ich sage fast, denn für mich galt das nicht. Galland übersah mich bewußt oder hatte mich einfach vergessen. Es schien, als solle ich immer mehr in die Nachrichtentechnik eingebunden werden. Das Fliegen kam dabei viel zu kurz, was mich ziemlich verdroß. Inzwischen hatte ich nicht nur den Nachrichtenzug der Gruppe am Hals, sondern war auch noch für die Fliegerhorst-Nachrichtenkompanie Böblingen abgestellt. Dort war ich Major (E) Nußbaum (E für Ersatz, weil er als Reserveoffizier einberufen worden war) unterstellt.

Major Nußbaum war, soweit ich das als junger Offizier beurteilen konnte, von aufrechtem Charakter. Seine Nachrichtenkenntnisse hatte er bereits im Ersten Weltkrieg erworben. Er kam aus der Gegend und war überall angesehen. Er sorgte für den guten Kontakt zum zivilen Teil des Flugplatzes, also zur Lufthansa, und half mit seiner Horstkompanie, wo immer die Jagdflieger Hilfe benötigten. Der Major trug nicht nur die Verantwortung für alle Nachrichteneinrichtungen des neuen militärischen Teils des Flugplatzes, er hatte auch den Auf- und Ausbau der Ausweich- und Feldflugplätze in der Umgebung voranzutreiben und sicherzustellen, damit sie für den Kriegsfall vorbereitet waren. Obendrein sollte er innerhalb von drei Monaten 60 Reserve-Nachrichtensoldaten ausbilden. Die Zusammenarbeit mit ihm, seine menschliche Art konnten meiner persönlichen Entwicklung nur förderlich sein. Zu meinem Kummer geriet ich fliegerisch aber weiter ins Hintertreffen.

Ich lernte nun eine völlig neue und sehr vielseitige Truppe kennen. Die meisten der Reserve-Nachrichtensoldaten, zu deren Ausbildung man mich eingeteilt hatte, waren zehn bis fünfzehn Jahre älter als ich, unter ihnen viele Rechtsanwälte und andere Akademiker. Das sollte mir schon beim ersten Unterricht beinahe zum Verhängnis werden. Das Thema lautete »Festnahme und Waffengebrauch« und sollte ungefähr in einer Stunde abgehandelt werden, samt Rechten und Pflichten eines Soldaten in Uniform, der ausging oder sich im Urlaub befand. Die Rechtsanwälte schienen ihren Spaß daran zu haben, mir alle möglichen Gesetze und Paragraphen an den Kopf zu werfen, und brachten mich fast zur Verzweiflung, bis mir ein rettender Einfall kam: Ich bat einen von ihnen, den Unterricht zu übernehmen. Dieser »Fachmann« hatte

Der E-Zug übt Ausgang bei einem Ausflug zur Reichsgartenschau auf dem Stuttgarter Killesberg. Vorne mit der weißen Mütze Leutnant Steinhilper, daneben ein Fremdenführer und der »Spieß«, der Oberfeldwebel der Fliegerhorstkompanie, mit seiner Frau.

es auf dem Podium dann auch gar nicht leicht vor der buntzusammengesetzten Gruppe. Mir gab diese Erfahrung Selbstvertrauen, und ich beschloß, in Zukunft bei ähnlichen Schwierigkeiten wieder so zu verfahren.

Diese Truppe war wirklich toll, und was die Nachrichtentechnik anging, waren alle wißbegierig und lernten schnell. Der Militärdienst war für sie eine Abwechslung zum Berufsalltag, und sie sahen einen Sinn darin, dem Vaterland auf diese Weise zu dienen. Sollte es zu einem Krieg kommen, wollten sie nicht zurückstehen. Den Abschluß des Kurses feierten wir dann zünftig im Böblinger »Bären«. Es gab eine dicke illustrierte Bierzeitung (die sogar geistreich war), in der auch Leutnant Steinhilper nicht ungeschoren davonkam:

Der E-Zug war eine höchst patente Truppe von Reservisten; sie waren aufgeweckt, engagiert und steckten voll guter Ideen. Zum Abschluß der Ausbildung stellten sie eine dicke Zeitung zusammen. Den Abschied feierten wir zünftig und laut – und auch ein wenig wehmütig.

»Schlank der Wuchs und elegant:
Das ist unser Leutenant.
Im Benehmen sehr adrett
Fanden wir ihn wirklich nett.
Doch er hat auch seine Mucken,
Die nur schlecht zu unterdrucken.
Spindzustand und Bettenbau
Kontrolliert er sehr genau.

Weit nach Mitternacht ließ ich nach reichlich konsumierten »Viertele« alle 60 Mann einschließlich des ausbildenden Unteroffizierskorps vor dem Gasthaus antreten und mit dem Kommando »Ein Lied« laut singend in die Kaserne marschieren. Gegen zwei Uhr trafen wir dort ein und hatten nur wenige »Verluste« zu beklagen. Ich schlief wie ein Murmeltier. Am nächsten Morgen beschwerte sich der Bürgermeister bei Graf von Pfeil über die nächtliche Ruhestörung. Der ließ mich zwar kommen, aber die Standpauke erfolgte mit einem Schmunzeln. Darüber war ich froh, denn meine Personalakte hätte zu diesem Zeitpunkt einen weiteren Eintrag schlecht verdaut.

Ich hatte nämlich erst kurz zuvor in der Mittagszeit, als die Offiziere im Kasino waren, die Halle der 1. Staffel mit der fabrikneuen 109 E aufgesucht, die noch niemandem zugeteilt war. Dem Wart, einem Unteroffizier, befahl ich, mir einen Fallschirm zu holen und die Maschine startklar zu machen. Da die in der Gruppe herrschende Disziplin einem Unteroffizier nicht erlaubte, den Befehl eines Offiziers in Frage zu stellen, tat er dies. Ich legte meinen Fallschirm an, stieg ein und fragte ganz beiläufig den Mechaniker, ob bei der »Emil« etwas Besonderes zu beachten sei. (In der »E« war der Jumo Motor mit seinen 630 PS durch den neuen DB 601 mit phänomenalen 1100 PS ersetzt worden, das Motorgewicht betrug 600 statt 440 Kilogramm, und die dreiflügelige Latte – Luftschraube – anstelle der zweiflügeligen veränderte die Start- und Landeeigenschaften.) Der Mechaniker antwortete genauso beiläufig, er habe gehört, die »Emil« sollte bei der Landung etwa zehn bis 15 Kilometer schneller geflogen werden. Ich fragte nicht weiter, denn er bestätigte nur, was ich von den Kollegen schon wußte.

Leicht nervös verschloß ich die Haube der nagelneuen 109 von innen. Alles roch neu. Der Wart beobachtete, wie ich die Instrumente kontrollierte und die Maschine vorschriftsmäßig abbremste. Schon beim »Abbremsen« (dem Vollgastest bei getretenen Radbremsen) fühlte man, mit welchen PS-Stärken der neue Motor ausgerüstet war. Ich zeigte mit dem Daumen nach oben und »Bremsklötze weg!«. Kaum lockerte ich mit den Füßen die Bremsen, da rollte die Maschine schon. Sie brauchte nur wenig Gas, um in Fahrt zu kommen. Kein Mensch, keine Maschine waren auf dem Flugfeld. Ich gab Vollgas, und die Maschine beschleunigte, wie ich es nie zuvor erlebt hatte. Das Schwänzchen meiner 109 hob sich, und ich hatte nur noch die Schnauze vor mir, als ich schon in der Luft schwebte und alles wie normal aussah.

Richtig wohl fühlte ich mich allerdings nicht. Ich hatte mich dem Mechaniker gegenüber nicht korrekt benommen. Wenn bloß alles gut ging! Der Start war geglückt, auch in der Luft verhielt sich die Maschine vertraut, aber die erste Landung stand mir noch bevor. Als ich dann zum Einschweben das Gas wegnahm, spürte ich das höhere Gewicht; die Maschine sackte nach unten weg, und ich mußte mit leichtem Gas nachhelfen. Meine erste Landung wäre nicht so schlecht gewesen, aber ausgerechnet an diesem Tag blies der Wind so, daß meine Landebahn in schrägem Winkel einen Kiesweg, der über den Platz führte, kreuzte. Ich flog drei Platzrunden, die so lala verliefen. Beim vierten Mal versuchte ich es mit einer etwas höheren Anfluggeschwindigkeit. Das schien es zu sein! Die Maschine setzte weich auf und war fast schon im Rollen, als mich der Kiesweg plötzlich in die Luft warf. Ich hatte keine Zeit zum Überlegen und tat das, was bei der »Dora« half: Ich gab einen Schuß Gas. Da hatte ich mich schwer getäuscht! Anstatt die Nase hoch und gerade zu nehmen, drehte sich die »Emil« nach links und streifte mit der linken Fläche den Boden. Ich reagierte nochmals und kickte das Seitenruder mit aller Kraft scharf nach rechts, um die Maschine wieder gerade zu richten. Die Fläche kam leicht hoch, aber ich hatte noch so viel Fahrt, daß sie sich drehte – und schon brach das rechte Federbein ab, anscheinend gab auch das linke nach, ich sackte tiefer. Der Motor lief immer noch, die dreiblättrige Luftschraube wühlte sich in den Boden und verbog dabei sämtliche Propellerspitzen.

So plötzlich wie das Bersten, Krachen und der spritzende Dreck über mich gekommen waren, so plötzlich war es totenstill, als der Motor vom mahlenden Propeller gestoppt wurde. Da saß ich nun mit meinem Fallschirm unterm Hintern. Ich öffnete die Klappe und stieg aus. Jetzt setzte das Aufheulen der Alarmsirene ein. Während die Last- und Sanitätswagen sich in meine Richtung in Bewegung setzten, hatte ich noch Zeit, den Schaden näher zu inspizieren. Es sah nicht zu schlecht aus: Die linke Fläche, die den Boden berührt hatte, war kaum angekratzt. Das konnte man leicht reparieren. Die andere war völlig heil, die Maschine hatte sich zum Schluß ganz sanft auf diese Seite geneigt. Ein Federbein war an der Sollbruchstelle abgeknickt, auch nicht schlimm. Das andere sah nur schlecht aus, war aber unversehrt. Die verbogene Luftschraube konnte ich abschreiben. Hier stellte sich die bange

Da ich mich ständig meinen Aufgaben als Nachrichtenoffizier widmen mußte und nur wenig Zeit zum Fliegen fand, schnappte ich mir unerlaubt eine nagelneue Me 109 »Emil« und legte damit prompt eine Bruchlandung hin. Mein Staffelkapitän Oberleutnant Galland ließ mich zur Strafe 20 höchst gefährliche und schwierige Landemanöver auf einer Heinkel 70 fliegen.

Frage, ob die Kurbelwelle im Motor etwas abbekommen hatte, denn dann mußte die gesamte Maschine in die Generalüberholung und würde für längere Zeit ausfallen. Und dann sah es nicht gut für mich aus.

Inzwischen hatte sich der ganze Troß um mich versammelt. Als die Sanitäter feststellten, daß mir nichts passiert war, entfernten sie sich wieder. Die Abschleppwagen konnten die Maschine auch ohne mich an den Haken nehmen und zur Halle zurückbringen. Ich ging zu Fuß zum Flughafengebäude, um noch ein wenig Zeit zum Nachdenken zu haben. Dort hatte mein »Empfangskomitee«, allen voran von Pfeil und Galland, inzwischen den Mechaniker befragt und erfahren, daß ich eigenmächtig gehandelt hatte. Zwar gab ich zu, auf eigene Faust geflogen zu sein, führte aber entschuldigend ins Feld, daß ich mich benachteiligt fühlte. Hauptmann von Pfeil hörte sich das an, entschied aber, daß Galland über meine Strafe zu befinden habe, da er mein fliegerischer Vorgesetzter sei.

Galland wies noch einmal darauf hin, daß ich eine fast neue Maschine – sie hatte erst drei Stunden Flugzeit auf dem Buckel – stark beschädigt hatte. Er brauche Zeit zum Nachdenken, er würde mich seine Entscheidung wissen lassen. Meine Kollegen tippten auf mindestens sieben Tage Stubenarrest (reine Offiziersstrafe), und die würden natürlich in meine Personalakte eingetragen.

Es stellte sich heraus, daß der Motor, das heißt die Kurbelwelle, keinen Schaden genommen hatte, der Propeller war auf Lager und wurde ersetzt. Bei der Reparatur des Federbeins handelte es sich um eine Routineangelegenheit. Nach drei Tagen war die Maschine wieder einsatzbereit. Galland ließ mich genau diese drei Tage zappeln, bestellte mich dann, um die Strafe zu verkünden: »Ich werde Ihnen beibringen, wie man landet«, empfing er mich, »Sie werden 20 Platzrunden mit der Heinkel 70 (Blitz) fliegen, allein, ohne den üblichen Mechaniker. Sie werden das Fahrgestell bei jeder Runde selbst ein- und ausfahren, immer nur fünf Platzrunden hintereinander und nur dann, wenn mir die Landerichtung paßt!« Die Strafe schien mir angemessen, beinahe milde, denn sie würde mir auf einem anderen Flugzeugtyp neue Erfahrungen vermitteln und vor allem: Diese disziplinarische Maßnahme würde nicht in meine Personalakte eingetragen.

Ich war aber keineswegs glimpflich davongekommen. Die Landerichtung paßte Galland nur, wenn der Anflug an einem hohen Fabrikschornstein vorbeiführte (der später aus Sicherheitsgründen entfernt wurde) und man anschließend das Dach einer Halle der Klemm-Flugzeugwerke in etwa einem Meter Höhe passieren mußte, um die schnelle Maschine sicher zu Boden zu bringen. Ich schwitzte Blut und Wasser, nicht nur, weil ich nach jedem Start das Fahrgestell manuell (die He hatte noch keine Automatik) herein- und nach wenigen Minuten wieder herauspumpen mußte, bis die grüne Lampe leuchtete, sondern auch, weil ich alle Hände voll zu tun hatte beim Bedienen der Landeklappen, Gashebel und der ungewohnten Doppelsteuerung. Natürlich wußte ich um das Risiko. Es mußte gelingen, das Dach der Halle, die am Platzrand

Sommer 1939: Seit meine Einheit nach Böblingen verlegt worden war, hatte ich oft Gelegenheit, meine Familie in Heutingsheim zu besuchen. Besonders die kleine Schwester Helga (vor mir) schien das zu genießen (links hinter mir mein Vater, ganz links meine Mutter).

stand, in möglichst geringer Höhe zu passieren. Ein Durchstarten, allein, ohne Copilot oder Mechaniker, wäre mit dem schweren BMW VI trotz der 750 PS in dieser Richtung immer ein Risiko gewesen. Ich landete zwanzigmal, ohne ein einziges Mal durchzustarten.

Auch von Pfeil zog Konsequenzen aus dem Vorfall. Da es zwischen mir und Galland Reibungspunkte gab, teilte er mich fliegerisch der 3. Staffel zu. Dort fühlte ich mich von Anfang an wohl und gut aufgehoben. Schließlich war mein guter Freund Hinnerk Waller dort Technischer Offizier, und der Staffelkapitän, Oberleutnant Helmut Kühle, war ein ganz anderer Typ als Ewald und Galland. Er war uns, ob Offizier, Feldwebel oder Unteroffizier, menschlich näher, man konnte mit ihm reden. Kurze Zeit später

Und auch das war der Sommer 1939: Wochenendaufenthalte auf der Schwäbischen Alb im Ferienhaus der Familie Stephan. An einem schönen Sommertag hatten die übermütigen Mädchen über das Heck des Mercedes Kabriolet ein sehr vielsagendes Plakat geklebt.

kam noch ein »Spanier« zu uns: Oberleutnant Horst Tietzen. Er hatte in Spanien sieben Abschüsse erzielt, war aber trotz seiner Erfolge bescheiden geblieben. Wir mochten ihn, obwohl er ein »Spanier« war. Während meiner ganzen militärischen Laufbahn habe ich selten einen Menschen getroffen, der zu jedermann so freundlich sein konnte, ohne dabei seine militärische Autorität aufs Spiel zu setzen. Wäre es zum Schwur gekommen, wen ich als Staffelkapitän bevorzugen würde, Kühle oder Horst Tietzen, die Wahl wäre sicher auf Horst gefallen. Als uns Tietzen verließ, um in der II. Gruppe des JG 51 die 6. Staffel zu führen, waren wir alle ein bißchen enttäuscht. Kühle war in Ordnung, aber Tietzen wäre uns noch lieber gewesen. Er ist am 18. August 1940 in der »Battle of Britain« gefallen.

Während sich über Europa dunkle Wolken zusammenzogen, genoß ich den letzten Friedenssommer. Links neben mir Gretl Stephan, in die ich mich verliebt hatte.

Für mich besteht kein Zweifel, daß unser Kommandeur in Tietzen den besten Berater, auch gegenüber den anderen »Legionären«, gehabt hätte, aber es sollte nicht sein. Mit Tietzen hätten wir auf allen Gebieten schnelle Fortschritte gemacht. Er war aufgeschlossen und hörte sich alle Vorschläge an. Kühle unterstützte meine Arbeit als N.O., aber nur Tietzen begriff die Wichtigkeit guter Funkverbindungen wirklich. Er war einer der wenigen »Spanier«, der gute Verbindungen zum Boden und in der Luft für besser hielt als die übliche Einweisung per Telefon vor dem Start und das Signalisieren per »Wackeln« mit den Flächen.

Meine Wochenenden verbrachte ich in dieser Zeit zuweilen im Ferienhaus der Familie Stephan auf der »Rauhen Alb« auf dem Hornberg. Die Stephans hatte ich über meinen Kameraden Heinz Deuschle kennengelernt. Seine Schwestern Hilde und Liesl waren mit Gretl und Marianne Stephan befreundet. Mit Gretl, die ein Jahr jünger war als ich und gerade Abitur machte, verband mich bald eine enge Freundschaft. Wir trafen uns, spielten Tennis und unternahmen Spaziergänge. Damals fand in Stuttgart die Reichsgartenschau statt, der ganze Killesberg, der heute als Messegelände dient, wurde hergerichtet und präsentierte sich mit Blumen und blühenden Bäumen in voller Pracht. Die Landschaft war wie verwandelt. Die ehemalige Müllhalde hatte sich in ein Paradies verwandelt. Es gab eine »ländliche Gaststätte«, Weinberge wurden angelegt, sogar eine Miniatur-Eisenbahn verkehrte. Gretl und ich tanzten hier gern zum »Fünf-Uhr-Tee« in einem Café mit guter Musik.

Eines Tages gewahrte ich dort am Nebentisch Galland und Ewald, die Staffelkapitäne der 1. und 2. Staffel. Aus Höflichkeit ging ich zu ihnen hinüber und begrüßte sie. Sie wollten wissen, wer denn meine hübsche Begleiterin sei, und ich antwortete aus Übermut, das sei meine Schwester. Auch Gretl hielt das für einen netten Scherz. Aber dann forderten die beiden Gretl abwechselnd zum Tanz auf, und sie nahm an, da sie kein Spaßverderber sein wollte. Ich selbst wurde also das Opfer meiner Ausgelassenheit, indem ich sitzenblieb.

Wenig später baten sie mich, meine »Schwester« zu einer offiziellen Tanzveranstaltung im Böblinger Kasino einzuladen. Gretl war dafür, die Tarnung fortzuführen. Als sie mich dann aber auf dem Flugplatz besuchte, erkannten wir, daß es besser war, die beiden Staffelkapitäne aufzuklären. Da das Wetter schön war, hatten wir uns an die Tische gesetzt, die zwischen der Halle und dem Lufthansa-Restaurant standen. Dort wurden wir unfreiwillig Gäste einer privaten Air-Show, die Galland und Ewald mit ihren Me 109 für meine »Schwester« gaben. Die beiden wollten das Ganze dann aber keineswegs als Spaß verstehen und ließen mich von nun an links liegen.

In dem gemütlichen Häuschen auf der Alb vergaß ich das alles. Wenn das Wetter es zuließ, spielten wir dort Fußball mit den Damen, sogar die ältere Frau Stephan spielte mit, oder wir faulenzten, indem wir uns einfach in die Sonne legten. Das waren schöne, glückliche und verliebte Tage.

Über meinem Alltag hingen indes graue Wolken. Meine Aufgabe brachte mir kein Vorwärtskommen, sie war auch keineswegs mein persönliches Hobby. In die Technik des Funks mußte ich mich mühevoll einarbeiten, aber Anerkennung erntete ich dafür nicht. Der Aufbau des Nachrichtenwesens in der Jagdgruppe I/JG 52 war wahrlich kein Zuckerschlecken.

Und auch die politische Großwetterlage war unerfreulich. In den Zeitungen und im Radio hatte Goebbels mit hysterischen Reden einen neuen Sturm entfacht, das »Säbelrasseln« gegen den Versailler Vertrag ging weiter. Jetzt empfand ich, daß von allen Seiten schwarze Wolken am Himmel aufzogen. Wir hatten uns darauf einzustellen.

Sommer 1939
Was kommt auf uns zu?

Bei meinem Nachrichtenzug war inzwischen alles Gerät an Bord, und die Ausbildung der Männer machte gute Fortschritte. Unteroffizier Krehe, der einzige Fachmann, den mir General Martini zur Seite stellen konnte, geriet zunehmend in die Rolle meines Adjutanten und mußte sich auf allen Gebieten auskennen, obwohl ihm die Jagdfliegerei völlig neu war. Aber er machte seine Sache gut, und ich bemühte mich um seine schnelle Beförderung zum Feldwebel.

Um die praktische Funkausbildung voranzutreiben, fuhren wir ins Gelände, wir mußten uns außerhalb der Reichweite des Böblinger zivilen Senders bewegen, um nicht den Funkverkehr der Lufthansa zu stören. Unsere 1,5-kW-Sender waren so stark, daß sie auch bei anderen Frequenzen durchschlugen, sie manchmal komplett überlagerten. Also war es nicht nur eine willkommene Ausrede, sondern notwendig, daß wir im herrlichen Sommer 1939 mit unseren schweren Lastwagen in die schöne Umgebung Stuttgarts fuhren. Das war eine verdiente Abwechslung für den gesamten Zug. Alle hatten bisher innerhalb der Kaserne und auf den Flugplätzen fleißig gelernt und geübt. Jetzt konnten sie in der Praxis zeigen, was sie theoretisch wußten.

Zur Strategie gehörte es, daß der abgebende Flugplatz noch betriebsbereit war, während das empfangende Feld schon auf Landungen vorbereitet war. Wir bauten Böblingen zum abgebenden Flughafen um und den Segelflugplatz in Nabern (heute Wolf Hirth) bei Kirchheim/Teck zum empfangenden Feld, zum Jagdflugplatz. Nachdem man telefonisch durchgegeben hatte, daß die Funkstation in Nabern aufgebaut sei, startete ich mit einer Me 109 D, natürlich mit eingebautem Funksprechgerät. Die 30 Kilometer nach Kirchheim waren bald zurückgelegt, und ich wurde perfekt von der eigenen Station mit dem in Betrieb gesetzten

Übung macht den Meister: Die Soldaten der Nachrichtentruppe mußten darauf trainiert werden, innerhalb kürzester Zeit aufzubauen, Verbindungen herzustellen und das Gerät zu tarnen.

Mastwagen angesprochen. Leider konnte ich nicht landen; die geschulte Bodentruppe hatte nämlich den Landepfad erkundet und warnte mich, der Boden sei zu naß und die 109 würde einsinken, also einen Kopfstand machen. Trotzdem konnten wir verschiedenes ausprobieren. Ich flog mehrmals über die Alb und die nähere Umgebung, stieg und sank dabei, wobei wir feststellten, daß die Reichweite und die Sprachqualität stark wechselten. Offensichtlich hatten Wolken, Flughöhe und andere Umstände großen Einfluß. Da mußte noch einiges verbessert werden, wenn wir die Staffelkapitäne so zufrieden stellen wollten, wie ich versprochen hatte.

Die Übung in Nabern wäre eigentlich ein ungetrübter Erfolg gewesen, wenn ich nicht am nächsten Tag von Unteroffizier Krehe erfahren hätte, daß die Heimfahrt ein ziemliches Risiko war. Die Bauern seien von der Übung so begeistert gewesen, daß sie nicht nur für gute Verpflegung gesorgt hatten, sondern beim Ab-

Übung im Schloß Monrepos: Die Soldaten wirken locker , und die Kinder freuen sich, mit auf das Foto zu kommen. Auf der Rückfahrt von diesem gelungenen Manöver ereignete sich dann ein tödlicher Unfall.

bau der Funkstation den »Fliegersoldaten« und auch den Fahrern guten schwäbischen Most, der mitunter sehr stark sein kann, einschenkten. Ich ermahnte die Beteiligten daher, sie müßten sich diszipliniert verhalten, wenn wir weiterhin solche Manöver durchführen wollten. Um für den Ernstfall, den Wechsel von einem Flugfeld auf ein neues, vorbereitet zu sein, waren schließlich noch weitere Übungen notwendig.

Bei der nächsten Übung wollten wir einen neuen Feldflugplatz komplett ausbauen. In der Umgebung von Böblingen fand sich aber kein Feld, das sich für ein so großes Manöver eignete. Mit Hilfe meines Vaters gelang es uns schließlich, das Gelände des Schloßparks von Monrepos in der Nähe von Ludwigsburg für eine solche Übung zugesprochen zu bekommen. Das war sehr großzügig, denn wir würden zwischen den alten Bäumen und den Wiesen unser ganzes Arsenal aufbauen: Telefonleitungen, simulierte Staffelliegeplätze, Vermittlung, eine schwere Funkstation samt

Mastwagen, der weithin sichtbar sein würde. Aber mein Vater, der den Verwalter und die amtlichen Stellen gut kannte, konnte die Genehmigung erwirken.

Die Übung sollte einen vollen Tag dauern. Wir fuhren daher am Morgen schon vor dem Wecken ab, denn wir wollten noch am selben Tag abbauen. Zu diesem Manöver mußten wir mit allem ausrücken, was wir hatten: zwei Motorräder mit Seitenwagen, zwei Kübelwagen, zwei BMW-Kabrios, ein 3,5-t-Lastwagen, die zwei geländegängigen Funkwagen und der Mastwagen, beinahe eine kleine Armee. Da wir ähnliche Übungen im Gelände schon abgehalten hatten, waren wir mit dem Auf- und Abbau gegen 5 Uhr am Nachmittag fertig. Auch hier galt: »Übung macht den Meister!«

Nach dem Abbau wurde ich vom Gefreiten Meier in einem der neuen, mit Allradlenkung ausgerüsteten Geländewagen zurückgefahren. Es war ungefähr 18 Uhr und nicht mehr weit zum Fliegerhorst, als vor uns auf der breiten Straße ein Motorrad auftauchte. Wir näherten uns dem Fahrzeug schnell, aber Meier machte keinerlei Anstalten, zum Überholen anzusetzen. Als ich mich zu ihm wandte, wirkte er wie entrückt. Seine Augen waren starr in die Ferne gerichtet, den Motorradfahrer sah er überhaupt nicht! Ich schrie, griff in die Handbremse, der Kübel schwankte – aber es war zu spät. Wir rammten das Motorrad von hinten, trafen es mit dem Vorderteil zwischen Kühler und rechtem Kotflügel und schoben es vor uns her. Der Fahrer hatte keine Chance. Er geriet zwischen den Kübelwagen aus dickem Blech und einen Kilometerstein aus Beton. Der Stein kippte nach hinten, das Motorrad mit dem Fahrer, der Kilometerstein und wir beide samt Wagen flogen eine steile Böschung hinunter in eine Hecke.

Als ich mich aufgerappelt hatte, schaute ich nach Meier. Er starrte mich wie entgeistert an. Er war geschockt und hatte keine Ahnung, was passiert war! Ich zog ihn zu dem Mann im Graben. Der Schwerverletzte stöhnte laut, als wir ihn auf die Straße trugen. Ich hielt einen Personenwagen an, dessen Fahrer sofort bereit war, den Mann ins Böblinger Kreiskrankenhaus zu bringen. Dort versuchte man alles, um sein Leben zu retten. Aber es half nichts. Der Vater von sieben Kindern starb.

In den anschließenden Untersuchungen tauchte sogleich wieder die Frage auf, ob solch große Übungen überhaupt notwendig seien. Ein Triumph für den Nachrichtenzug war das nicht. Als ich jedoch die geistige Abwesenheit des Fahrers vor dem Unfall beschrieb, wurde entschieden, Meier zur Beobachtung in eine Nervenheilanstalt zu schicken. Dort stellte man fest, daß er infolge seiner schweren Kindheit und Erziehung in traumartige Zustände verfiel, die ihm frühere Erlebnisse vor Augen führten und in solchen Momenten die Gegenwart verlieren ließen. Der Richter erkannte in der Verhandlung das ärztliche Gutachten an und entschied, von einer Bestrafung abzusehen, nur als Fahrer könne Meier nicht mehr eingesetzt werden.

Nach dem Unfall setzten wir unsere Funkversuche ungeachtet aller Störmanöver fort. Trotz aller Übung im Auf- und Abbau der Sendeanlagen litt das Ganze aber unter Schwerfälligkeit. Stets mußte unsere komplette 1,5-kW-Station, also die beiden schweren Geländelaster und der Mastwagen, aufgebaut werden. Wir konnten nur senden, wenn der Mast voll ausgefahren war, wobei es uns überlassen blieb, ob wir diesen auf dem Wagen oder an einer anderen Stelle aufbauten. Beim Sendewagen mußte dann stets der Motoranhänger, der den richtigen Strom lieferte, in Betrieb sein. Das war das Hauptproblem: der Strom aus dem Anhänger. Wir versuchten Strom aus dem Stromnetz umzuformen und zu verwenden, aber schon beim ersten Versuch ging der Sender entzwei, und zwar so gründlich, daß er samt Wagen ins Siemenswerk zur Reparatur gefahren werden mußte. Danach unterließen wir weitere Versuche dieser Art und sendeten nur noch mit Strom aus dem vorgesehenen Generator vom Anhänger.

Die Probleme, die wir zu bewältigen hatten, waren vielfältig, und sie verschwanden nicht von selbst. Am Boden mußte ständig in Kleinarbeit die Station abgestimmt und verbessert werden, und im Flugzeug war die Abstimmung des quarzgesteuerten Funkgeräts nur mit Hilfe der Funkwarte aus der 3. Staffel möglich. Der wechselseitige Wille zum Erfolg kam nicht von allein, er mußte geschaffen und vorangetrieben werden. Aus den anderen Staffeln war dabei keine Hilfe zu erwarten. Die Funkwarte hofften vergeblich auf Unterstützung von ihren Staffelkapitänen oder deren Werkmeister. Diese schienen sich eher über Mißerfolge zu freuen. Wenn das Funkgerät nicht funktionierte, stellte man es ins Regal und wartete, daß »die« es reparierten.

Typisch waren die Schwierigkeiten, die bei der Installation der Geräte in den Flugzeugen auftraten. In der Me 109 gab es zwischen Kabine und dem Hohlraum im Flugzeugende einen Rahmen, der mit Seilen und elektrischen Anschlüssen versehen war. Dort führte man uns vor, daß die Stecker für »Dora« und »Emil« sich unterschieden. Die Größe der Funkgeräte variierte ebenfalls, so daß ein Gerät, das in die »D« paßte, in der »E« nicht untergebracht werden konnte. Die mechanische Aufhängung paßte in dem einen Fall, im anderen wieder nicht. Daß man sich mit wenig Aufwand durch ein paar Änderungen selbst half, wie wir es in der 3. Staffel machten, kam nicht in Frage, denn – und das muß zugegeben werden – die »Abstimmung« der Funkgeräte in den Maschinen wollte gelernt und beherrscht sein. Die Abstimmung der Kristalle verlangte Feinstarbeit und führte zur Ermüdung der Flugzeugbatterie, und so lernten wir zur Abstimmung mit Ersatzbatterien zu arbeiten. Letztlich war es kein Wunder, daß uns von vielen Seiten bedeutet wurde, die Finger von den Maschinen zu lassen: Die Flugzeuge hatten in erster Linie einsatzbereit zu sein – mit oder ohne Funkgerät! Manchmal hätte ich am liebsten aufgegeben und um meine Ablösung als Nachrichtenoffizier zu bitten.

Zur Einsatzbereitschaft zählte natürlich auch, daß die Bordwaffen intakt waren und wir mit ihnen umgehen konnten. Da Böblingen keinen eigenen Luftschießplatz hatte, mußten wir zum Üben nach Schleißheim oder später nach Schwäbisch Hall fliegen. In Schleißheim hatte man die Übungstafeln, auf die wir zu schießen hatten, schräg vor einem Bunker im Boden eingelassen. Die Seitenlänge der weißen Pappscheiben betrug drei Meter. Unsere Me 109 schossen durch den Propeller. Für die Waffenwarte war es leichter, die MG für die zweiblättrigen Propeller der »D« zu justieren als für die Propeller der »E«, die drei Blätter hatten. Obwohl es möglich gewesen wäre, in der »Emil« in jedem MG 1000 Schuß zu gurten, in der »Dora« 500, wurden nur 50 Schuß gegurtet, denn beim Übungsschießen waren nur fünf Anflüge erlaubt. Die Feuerstöße sollten entsprechend kurz, dafür aber genau sein. Bei den Schießübungen flogen wir nur »Doras«. Bei fünf Anflügen gab man im Idealfall pro Feuerstoß zehn Schuß ab. Danach wurden die Treffer auf der Scheibe gezählt und die Scheibe gewechselt. Die Anflüge mußten in 200 Metern Höhe beginnen und in 50 Metern Höhe vor der Scheibe abgebrochen werden. Das war Vorschrift, weil schon Maschinen samt ehrgeizigen Führern in die Scheibe gerast waren.

Damit die Piloten die Abbruchhöhe einhielten, postierte man in dem Bunker neben der Scheibe einen Offizier, der dem Staffelkapitän jedes Vergehen zu melden hatte. Bei unserer Staffel wechselten Hinnerk und ich uns in dieser Aufgabe ab. Die Waffenwarte machten uns darauf aufmerksam, daß die MG der »D« am besten, das heißt stotterfrei, schossen, wenn die Drehzahl im Anflug bei etwa 1800 Umdrehungen pro Minute gehalten wurde. Dazu verstellte man den Propeller, was über zwei Knöpfe am Gashebel geschah. Es war also beim Schießen viel zu beachten: Man flog mit Gas in 200 Metern Höhe an, verstellte die Schraube auf steiler, ging in den Gleitflug und schoß, sobald man die Zielscheibe im Reflexvisier hatte. Natürlich wurde die Zielscheibe um so größer, je tiefer man ging, und die Trefferwahrscheinlichkeit größer, je später man schoß. Aber genau da lag die Gefahr: Wer zu spät abfing, raste in die Scheibe, in den Boden – mit gut 450 Kilometern pro Stunde.

Vielleicht wollte ich beweisen, daß auch der Nachrichtenoffizier nicht nur fliegen, sondern auch gut treffen konnte, vielleicht war ich zu ehrgeizig. Auf jeden Fall flog ich so tief wie nur möglich. Bei meinen fünf Anflügen und den 100 Schuß erzielte ich 97 Treffer! Hinnerk meldete, daß alle Anflüge in Ordnung gewesen seien. Kühle zeigte sich allerdings nicht beeindruckt von dem telefonisch durchgegebenen Ergebnis. Er bezweifelte, daß ich die Abfanghöhe eingehalten hatte. Daraufhin bat ich, mit Hinnerk im Bunker Rücksprache zu halten. Der bestätigte, daß alles ordnungsgemäß verlaufen sei. Mein kleiner Triumph währte jedoch nicht lange, denn der Mechaniker meldete, daß meine Maschine Kühlflüssigkeit verliere. Die »Dora« hatte im Gegensatz zur »Emil« nur einen Kühler, der entsprechend größer war und sich direkt unter der Motorhaube befand. Die Verkleidung und die Kühlrippen, aus denen das Kühlmittel tropfte, waren von feinem Kies beschädigt. Da halfen weder Hinnerks Beteuerungen noch meine Aussage, rechtzeitig abgefangen zu haben. Selbst gröbster Kies spritzt nicht 50 Meter hoch! Jeder wußte, daß hinter der Zielscheibe ein Erdwall aus Kies als Kugelfänger aufgehäuft war.

Es blieb Kühle gar nichts anderes übrig, als Hinnerk und mich auf der Stelle gewaltig zu verdonnern. Über unsere Bestrafung wollte er noch nachdenken. Für mich war das besonders hart, aber auch Hinnerk hatte sich über meinen Erfolg gefreut, den er als Freund nicht zunichte machen wollte. Die Beschädigung meiner Maschine war nicht schlimm, die Kühlflüssigkeit wurde nachgefüllt, und es tropfte so wenig aus, daß ich ohne Risiko nach Böblingen zurückfliegen konnte. Dort wurde die Verkleidung neu gespritzt und der Kühler gelötet. Kühle ließ uns lange warten, es kursierten sogar Gerüchte, daß uns das Kriegsgericht drohe. Doch dann endete alles in »Gnade vor Recht«. Der Fall wurde einfach vergessen. Uns wunderte das, denn Kühle hielt sich sonst streng an die Vorschriften und verlangte das auch von seinen Untergebenen.

Inzwischen hatte der Nachrichtenzug eigene Experten hervorgebracht, die die weitere Ausbildung vorantreiben konnten. Mir wuchsen dafür neue Aufgaben zu. Die Notlandungen von zivilen und militärischen Flugzeugen häuften sich. Wer war da zuständig, die Lufthansa, die Fliegerhorstkompanie oder die Jagdgruppe? Die Antwort war schnell gefunden: Der »Hans Dampf in allen Gassen«, der Koordinator zwischen Lufthansa und Militär, der Nachrichtenoffizier der Jagdgruppe, Leutnant Steinhilper, sollte es machen. So wurde ich auch noch Flugleitungsoffizier. Da es für diese Stelle noch keine Stellenbeschreibung gab, übernahm ich diese Aufgabe umfassend! Ich wurde zuständig für Notlandungen innerhalb des Einzugsgebietes rund um Stuttgart. Für die Zusammenarbeit mit der Lufthansa in den Bereichen Funk und Technik war ich es ohnehin schon. Aber ganz »dringend« sollte ich einen neuen Luftschießplatz für die Jagdflieger in der Umgebung erkunden. Die letzte Aufgabe wurde mir von Graf von Pfeil als besonders wichtig ans Herz gelegt. Er hatte es satt, für jede Schießübung nach Schleißheim zu verlegen.

Die Suche nach dem Schießplatz übernahm ich gern. Wann immer ich einen geeigneten gefunden zu haben glaubte, mußte ich ausprobieren, ob der Anflug Straßen oder umliegende Gemeinden gefährdete. In der Praxis hieß das, daß ich Tiefflüge machen konnte, wo immer ich wollte. Wer beim Fliegen die Faszination der Geschwindigkeit erleben will, der kann dies im Tiefflug – erst recht mit einer Me 109 – besonders eindrucksvoll. Wenn ich auf der Schwäbischen Alb wandere, erinnere ich mich noch heute daran, wie ich vor vielen Jahren in voller Fahrt über die Hochfläche raste, um dann unvermittelt über den Steilabfall in den freien Himmel zu schießen. Das gab es nur zu Zeiten schneller Propellermaschinen.

Für diese Art Fliegerei stand natürlich nur eine Me 109 D zur Verfügung, die neuen »Emils« mit dem 1150 PS starken DB 601 wurden geschont, so gut es ging. Man benutzte sie gerade einmal zur Umschulung, sonst wurde jede Stunde Motorzeit gespart, denn der Motor war schon nach 100 Stunden überholungsbedürftig. Da ständig von Kriegsgefahr gesprochen wurde, achtete man sehr darauf, daß diese Maschinen einsatzbereit waren.

Zunächst aber ging es ins Manöver. Die gesamte Jagdgruppe einschließlich der fliegenden Staffeln sollte auf den Feldflugplatz Wengerohr bei Wittlich in der Eifel verlegt werden. Das war der erste wirkliche Test – auch für den Nachrichtenzug. Wir mußten den dortigen Feldflugplatz für die fliegenden Einheiten komplett vorbereiten mit Funk, Fernsprechern, Vermittlung, mit allem, was wir zu bieten hatten. Deshalb konnte ich nach Wengerohr nicht vorausfliegen, sondern fuhr mit der Hälfte meines Zuges über Autobahn und Landstraßen dorthin. Diese Verlegung sollte »wie im Ernstfall« ablaufen! Das wollte ich persönlich leiten, dafür hatten wir geübt.

In Wengerohr angekommen, bauten wir unsere 1,5-kW-Station samt Mastwagen, die Telefonverbindungen und eine eigene Vermittlung unverzüglich auf. Auch der Anschluß an das öffentliche Fernsprechnetz wurde hergestellt, weil wir die Verbindung nach Böblingen sofort benötigten. Aber wir kamen trotzdem zu spät: Alle Maschinen, auch die »Emils«, waren schon unterwegs. Bei der Ankunft in Wengerohr hatte ich bei der Inspektion des Landefeldes festgestellt, daß es zu sumpfig, zu naß war, nur am Rande (es handelte sich um eine größere Wiese) fand ich trockene Flecken. Wir legten dort mit weißen Bettüchern sofort ein provisorisches Landekreuz aus. Außerdem wollte ich zur Vorsicht nach Böblingen durchgeben, daß die Maschinen auf keinen Fall in der Mitte der grünen Wiese landen sollten. Zwar war unsere Funkstation sendefähig auf einer Frequenz, die allen Staffeln in Böblingen zur Abstimmung bekannt war, aber die 1. und 2. Staffel hatte keine Funkgeräte installiert und konnte unterwegs nicht mehr erreicht werden, nur die 3. Staffel war komplett damit ausgerüstet und flog abgestimmt.

Im offiziellen Bericht der Stabskompanie zur Landung der Staffeln hieß es später: »Die schlechten Platzverhältnisse führten zu mehreren Brüchen, verursacht vor allen Dingen von jungen, unerfahrenen Flugzeugführern – Gott sei Dank ohne Personenschäden. Besonders gefordert wurde dabei der Werftzug der Stabskompanie, der mit völlig unzureichenden Mitteln die Bergung der Brüche und deren Verladung auf Reichsbahnwaggons durchzuführen hatte. Außer einem Dreibein mit Kettenzug hatte man nur die eigenen Kräfte!« Nichts steht in dem Bericht der Stabskompanie, zu der auch der Nachrichtenzug gehörte, von einem ausgelegten Landekreuz, nichts davon, daß wir die gesamte 3. Staffel heil »heruntersprechen« konnten. Es war kein geringer Triumph, daß wir fast alle Flugzeugführer, die mit abgestimmtem Funkgerät flogen, vor dem feuchten Platz warnen konnten und empfahlen, beim Landekreuz aufzusetzen. So waren in den Staffeln die »Brüche« nicht allzu zahlreich, und in Wengerohr konnte wenigstens teilweise geflogen werden. Beim Rückflug nach Böblingen waren dann weitaus mehr Funkgeräte abgestimmt und eingeschaltet.

Die nächste Übung, ein wirkliches Schießen aus der Luft, fand über der Nordsee, vor der Insel Wangerooge, statt. Der Flugplatz Wangerooge war dafür entsprechend eingerichtet, daher mußte der Nachrichtenzug nicht verlegt werden. Die schwarzen Männer, die Mechaniker der Staffeln, wurden dennoch mit unserer Tante Ju nach Wangerooge geflogen, da die Bodenorganisation dort nicht auf ein Manöver eingerichtet war. Die gesamte Gruppe sollte insgesamt zwei Wochen auf Wangerooge bleiben, nur zwei Offiziere vom Stab, der Adjutant Leutnant Fermer und ich, der N.O., blieben für die dringendsten Aufgaben zurück. Wir sollten uns bei Halbzeit ablösen.

Die erste Woche hatte ich als »Hans Dampf in allen Gassen« gemeistert und dabei den tiefen Blick in meine Personalakte getan. Nun durfte ich – darauf hatte ich mich schon die ganze Zeit gefreut – mit unserer wunderbaren, noch immer zivilblauen, viersitzigen Me 108 nach Wangerooge fliegen. Auf diesen Flug freute ich mich besonders, weil es nach langer Zeit wieder einmal eine richtige Strecke zu bewältigen galt, und dazu noch in einer so komfortablen Maschine. Es schien aber wie verhext. Ausgerechnet an dem Tag, an dem ich nach Wangerooge fliegen wollte, herrschte schlechtes Wetter. Erst als ich der Wetterwarte Stuttgart versprach, daß ich nur bis Baden-Baden oder Karlsruhe fliegen wollte, um dann abzuwarten, ob es entlang des Rheins besser würde, bekam ich für die erste kurze Strecke Freigabe. Also flog ich los, hatte aber den Ehrgeiz, es unbedingt nach Wangerooge zu schaffen.

Bis nach Karlsruhe, bis zum Rhein, schaffte ich es, aber dann trat das ein, was die Wetterfrösche vorhergesagt hatten. Schon bei Frankfurt hingen die Wolken so tief, daß ich hätte umdrehen oder landen müssen. Aber das kam für mich nicht in Frage, ich hatte ja angegeben, daß ich durchfliegen würde, wenn es überraschend aufklaren sollte. Ein Verbot zum Blindflug bestand für mich nicht, also würde ich es versuchen: über die Wolken ziehen, dann in etwa einer Stunde – die 108 flog etwa 260 Kilometer pro Stunde – nach unten in die Norddeutsche Tiefebene durchstoßen und mit Sicht weiterfliegen. So wollte ich noch am selben Tag Wangerooge erreichen.

Mit diesem Vorsatz tauchte ich in die sich auftürmende Wetterfront ein. Zuerst war alles in Ordnung, ich konnte den künstlichen Horizont waagerecht und den Pinsel (so nannten wir den Wendezeiger) sowie die Quecksilberkugel schön in der Mitte halten. Schließlich hatte ich auf der Flugschule gute acht Stunden Instrumentenflug geübt. Aber dann kamen die Turbulenzen. Wenn es bei ruhigem Wetter in einer einmotorigen Maschine wie der Me 108 schon nicht leicht war in der Waagerechten zu bleiben, dann war es in der Wetterfront erst recht schwer. Ich wurde hin und hergeworfen, war ein Spielball von Wolken, Wind und Höhe. Das Fliegen wurde zum Kampf, aufgeben wollte ich nicht, umdrehen konnte ich nicht, also half sich die Maschine selbst. Einmal zeigte mein Fahrtmesser 400 Kilometer pro Stunde, dann wieder nur noch 100, und ich drückte den Knüppel nach vorn. So ging es für geraume Zeit hin und her, dann kam ich ins Trudeln und fiel nach unten aus den Wolken. Es grenzte an ein Wunder, daß ich nicht in einen Wald oder Berg gefallen bin. Ich fand sogar schnell meine Orientierung wieder: Unter mir breitete sich das Siebengebirge bei Bonn aus. Was für ein Glück, daß ich jetzt schon Sicht nach unten, auf den Rhein hatte! Die Wetterfront lag hinter mir, und ich konnte in niedriger Höhe weiterfliegen. So erreichte ich die Norddeutsche Tiefebene, fand die Küste der Nordsee und den Flugplatz auf der Insel Wangerooge. Daß dabei viel Angstschweiß geflossen war, erzählte ich nur Hinnerk.

Die Woche in Wangerooge war eine wunderbare Zeit, für die Piloten wie für das Bodenpersonal, die schwarzen Männer. Urlaub hätte nicht schöner sein können. Wir flogen pro Tag etwa zwei Stunden, die übrige Zeit des Tages hatten wir zur freien Verfügung. Schon damals gehörten die Friesischen Inseln zu den deutschen Urlaubsparadiesen, und das wußten wir zu genießen. Es war Sommer, und wir hatten herrliches Wetter während unseres Aufenthalts. Tagsüber badeten wir im Meer oder sonnten uns im Sand der Dünen, und abends gingen wir tanzen.

Über der Nordsee konnten wir mit scharfer Munition schießen. Dabei war viel zu beachten und zu lernen: Wenn man im simulierten Kurvenkampf auf den Schatten des anderen Flugzeugs auf dem Wasser schoß, merkte man schon, wie wichtig es war, die richtige Drehzahl des Propellers zu erwischen, sonst »stotterten« die Maschinengewehre ganz gewaltig. Dabei hatten wir das Glück, daß die Sonne hell genug schien und sich der Schatten des »Gegners« gut im Meer abhob. Natürlich war niemand da, der die Treffer im Wasser zählen konnte, aber wir konnten anhand der aufspritzenden Gischt gut erkennen, wie unsere Garben lagen. Wenn wir verfehlten, hielten wir beim nächsten Anflug mehr vor oder umgekehrt.

Die zweite Schießübung, die wir absolvierten, war für das Schleppflugzeug gefährlich. Von einer Junkers F 13 (der Typ mit dem Köhl, Fitzmaurice und von Hünefeld erstmalig den Atlantik von Ost nach West überflogen) wurde ein Schleppsegel gezogen, damit wir den Querangriff üben konnten. Auch da wurde mit scharfer Munition geschossen. Auf gleicher Höhe flog man seitlich an, und wenn das weiße Segel ins Reflexvisier geriet, zog der Pilot am Steuerknüppel ab – und die Kugeln flogen. Wehe, wenn sich der Jagdflieger beim seitlichen Anflug verschätzte, gar das

Im Sommer 1939 wurden wir abkommandiert zum Luftschießen nach Wangerooge. Über dem Meer konnten wir mit scharfer Munition einige – wenn auch leider nicht die wichtigsten – Schießmanöver üben. Bei herrlichem Sommerwetter genossen wir die freie Zeit am Meer.

Schleppflugzeug statt des Schleppsegels ins Visier nahm! Das soll vorgekommen sein. Einfach war die Übung weiß Gott nicht. Man sah das Schleppflugzeug kommen, näherte sich von der Seite mit höherer Geschwindigkeit und durfte weder Schleppflugzeug noch dessen Schleppseil, sondern nur das weiße Tuch ins Visier bekommen. Da waren viele Anflüge nötig, bis alles, auch die Drehzahl des Propellers, stimmte! Nicht selten blieb das Schleppsegel unversehrt, aber das war immer noch besser als Treffer auf das Schleppflugzeug. Obwohl die Piloten im Schleppflugzeug gut bezahlt wurden, war diese Aufgabe nicht gerade beliebt. Den Angriff von vorn, der später in der Praxis eine Rolle spielen sollte, übten wir nicht. Wie sollte man auch die Schatten im Meer aufeinandertreffen lassen und dabei noch das Schießen mit scharfer Munition üben?

In diesen Tagen an der Nordsee bedauerte ich, keine Schmalfilmkamera zu besitzen. Ich beschloß, Herrn Rose von Zeiss Ikon, den ich Silvester im Hotel Traifelberg kennengelernt hatte, zu fragen, welche Kamera er mir empfehlen könne. Er riet mir zu einem Modell mit guter Optik und aufziehbarem Uhrwerk. Diesen Kauf habe ich nie bereut. Später brachte ich meine besten Filme, auch Luftaufnahmen im engen Verbandsflug mit Kühle, in unser Schmalfilm-Gruppen-Kriegstagebuch ein, das aber leider in Rußland verlorenging. Doch bis dahin führte ich die Filme oft vor und bereitete damit vielen Menschen Freude. Heute besitze ich nur noch kurze Abschnitte, die schon mehrfach im Fernsehen gezeigt wurden und ein lebendiges Zeugnis der Männer und Maschinen der 3. Staffel im JG 52 darstellen.

Das Schöne an meiner Rolle als Flugleitungsoffizier war, daß ich nach Herzenslust fliegen konnte. Aber ich war eben auch für Unfälle und Notlandungen zuständig. In Böblingen waren die Klemm-Flugzeugwerke ansässig. Der Chefpilot und Einflieger Helmuth Kalkstein war ein überaus fähiger Pilot und im Kasino ein beliebter Reserveoffizier. Wir hatten uns daran gewöhnt, ihn oft bei seinen Testflügen in der Umgebung und über dem Flugplatz zu sehen. Eines Tages lenkte das ungewöhnliche Aufheulen eines Motors unsere Blicke in die Höhe. Im glitzernden Sonnenlicht erkannten wir, daß dort oben ein Flugzeug ins Trudeln geraten war – eine Klemm! Der Motorenlärm wurde so laut, daß die Menschen angstvoll ins Freie rannten. Da sahen wir, wie das Flugzeug herabstürzte und auf den Boden aufschlug. Dann war alles unheimlich still. Es war meine Pflicht, sofort zum Unfallort zu fahren. Als ich eintraf, hatte sich schon eine Menschenmenge vor dem Trichter mit den Trümmern gebildet. Es gab keinen Zweifel, Kalkstein lag inmitten der Trümmer, er war nicht herausgekommen. Wieder blickte ich auf eine weiße Wirbelsäule.

Um meine Aufgaben war ich nicht zu beneiden, auch weil noch immer, wenn man niemanden fand, galt: Der Jüngste macht es. Als der Frau Gräfin von Pfeil zum Geburtstag vom gesamten Offizierskorps ein prächtiges Blumenbouquet überreicht werden sollte, war das auch meine Aufgabe. Leutnant Fermer, der Adjutant, hatte alles vorbereitet und die wunderbar zusammengestellten Blumen gekauft, die ich überbringen sollte. Mir wurde befohlen, die Galauniform anzulegen, also Schirmmütze, weiße Handschuhe, Stiefel und den silbernen Gürtel, an dem das lange Fliegerschwert hing. So meldete ich mich bei Fermer, der für

11 Uhr ein Taxi bestellt hatte – das sei eine gute Zeit, Besuche zu machen. Fermer gab Anweisung, zu welcher Adresse der Fahrer mich zu fahren hatte. Der schaute zwar etwas verwundert drein, aber wir fuhren los. An der angegebenen Adresse fand ich einen leeren Platz vor. Vom nächsten Telefonhäuschen aus rief ich Fermer an. Der entschuldigte sich: »Ach ja«, sagte er, »die Straße ist nach einem anderen großen Mann benannt! Sie heißt Hermann-Göring-Straße, aber die Nummer stimmt!« Aber dorthin müsse ich zu Fuß gehen, Taxigeld sei nicht mehr vorhanden. Der Fahrer erklärte mir den Weg – in einen entfernten Stadtteil.

Daß ich mir bei diesem Marsch durch Böblingen reichlich blöd vorkam, ist noch milde ausgedrückt. Da marschierte ich in voller Luftwaffenuniform, weißen Handschuhen und Schwert am silbernem Gürtel am hellen Vormittag durch die Kleinstadt Böblingen. Vergeblich suchte ich mich hinter dem riesigen Blumenbouquet zu verstecken. Gegen 11.30 Uhr stand ich endlich vor dem richtigen Haus. Auf der Klingel des dritten Stocks stand der Name von Pfeil. Erleichtert erklomm ich die Treppen. Vor der Glastür im dritten Geschoß wischte eine Frau, auf den Knien rutschend, den Fußboden. Ich beugte mich zu ihr hinab, berührte sie an der Schulter und bat darum, der Gräfin von Pfeil und Klein Ellguth gemeldet zu werden. Sie stand auf, trocknete die Hände an der Schürze und schaute mir mit schalkhaft blitzenden Augen ins Gesicht: »Das bin ich, bitte kommen Sie herein!« Sie war eine großartige, humorvolle Frau. Nachdem ich meine Blumen losgeworden war, unterhielten wir uns gut und lange. Diese auf ungewöhnliche Art geschlossene Bekanntschaft sollte dauerhaft sein. Wir korrespondierten noch lange miteinander, selbst noch im Herbst 1940, als ich während der »Battle of Britain« gegen England flog. An den englischen Kanal schickte sie per Feldpost manchmal sogar ein kleines Päckchen, in dem sich ein Buch oder etwas ähnliches befand.

Das zweite Manöver, das wir vor Kriegsausbruch absolvierten, war wohl das größte, das die Luftwaffe bis dahin jemals durchgeführt hatte. Es wurde von Stuttgart aus, von General Sperrle, der in Spanien 1936/37 die Legion Condor geführt hatte, geleitet. Die wichtige Stuttgarter Industrie, Daimler Benz, Bosch und viele andere Firmen, sollte gegen Bombenangriffe verteidigt werden.

Eine für damalige Verhältnisse riesige Bomberarmada, bestehend aus He 111, Do 17, einigen Ju 86 und natürlich Stukas vom Typ Ju 87, stellte die Angreifer dar. Verteidigt wurde Stuttgart natürlich von uns, der I/JG 52, verstärkt durch ein paar Me 109 aus Mannheim und Bad Aibling. Den über 300 Bombern standen wir mit etwa 40 Jägern gegenüber, die alle in Böblingen versammelt waren. Um die ungleichen Kräfte einigermaßen auszugleichen, lautete die Manöverannahme, daß ein Jäger einer ganzen Jagdstaffel entspreche.

Meine Rolle als Nachrichtenoffizier wurde mir vorgeschrieben, ich durfte nicht fliegen, sondern sollte vom Boden aus die gesamte Abwehr organisieren. Damit hatte ich die Entscheidung zu fällen, wann die Bevölkerung Stuttgarts, damals eine halbe Million Menschen, in die Luftschutzkeller zu gehen hatte. Gleichzeitig wurde mir die Rolle zuteil, am Telefon den verteidigenden Jägern den Startbefehl zu geben und sie später in der Luft, mit Hilfe der 1,5-kW-Station, über Funk, der neben der festen Flugleitung aufgebaut war, zu dirigieren. Inzwischen hatten wir erreicht, daß in alle Me 109, die an der Übung teilnahmen, Funkgeräte eingebaut waren. Die von mir – nach Beratung mit den Funkwarten – durchgegebene Frequenz sollte für gute Reichweite sorgen. Auch die Jäger aus Mannheim und Bad Aibling wurden auf diese Frequenz abgestimmt. Der gesamte Nachrichtenzug hegte keinen Zweifel, daß wir gut vorbereitet waren. Vielleicht wußten wir besser als viele »Allerweltsgescheite«, was wir in einem halben Jahr auf die Beine gestellt hatten. Dabei waren wir auf viel Widerstand und wenig Hilfe gestoßen. Wir hatten den Bordfunk zusammen mit den Funkwarten in den Staffeln so weit entwickelt, daß wir mit einer Reichweite von 40 bis 100 Kilometern rechnen konnten, wobei das Wetter und sonstige atmosphärische Einflüsse immer noch eine große Rolle spielten. Aber am Manövertag sollte es heiter und sonnenklar sein. Alles sah vielversprechend aus, und sogar einzelne Staffelkapitäne wünschten uns Erfolg.

Schon am frühen Morgen wurde ich im großen, offenen Kommandeurswagen nach Stuttgart gefahren, wo ich mich bei den jungen Damen der Deutschen Reichspost zeigen sollte. Die große Telefonvermittlung, in der die Fäden zusammenliefen, befand sich unter dem Königsbau im Zentrum der Stadt. Die Damen der zivilen Vermittlung machten zum ersten Mal bei einer solchen militärischen Übung mit. Sie waren entsprechend eingewiesen worden und wußten, daß sie dazu beitragen mußten, die Bomber rechtzeitig zu melden. Als ich in weißer Sommerjacke, komplett mit Flugzeugführerabzeichen, vor dem Königsbau erschien, wurde ich von den Mädchen mit Applaus begrüßt. Zuerst war ich mir komisch vorgekommen, jetzt aber verstand ich, warum Major Nußbaum, der die Kontakte pflegte, auf diesem Auftritt bestanden hatte. Mir wurde klar, wie wichtig es war, daß sich wenigstens ein »Flieger« bei den unentbehrlichen zivilen Manöverhelfern sehen ließ.

Auf dem Boden nahmen an dieser Übung rund 1200 Leute teil. Die Luftmeldekompanien der Reserve, die über das öffentliche Netz (die soeben besichtigte Vermittlung) berichteten, wurden verstärkt durch eine aktive Flugmeldekompanie, die über Funk meldete, deren Netz jedoch weiter verstreut war. Diese Beobachter konnten bei guter Sicht und sonnigem Wetter sehr schnell an unseren Nachrichtenzug melden, der den Morsefunk direkt abhörte. Und weil nicht nur viele, sondern viele, die gut zusammenarbeiteten, an diesem Unternehmen beteiligt waren, konnten wir die anfliegenden Bombereinheiten frühzeitig erfassen, ihre Flugroute erkennen, unsere wenigen Jäger zeitig starten und in der Luft durch gezielten Funk an die Bomber heranführen.

Die H 111, Ju 86 und Do 17, die Bombereinheiten, kamen aus drei Richtungen: aus Frankfurt, Würzburg und Nürnberg. Wir starteten unsere Jäger zur Verteidigung so rechtzeitig, daß die Bomber schon 80 bis 100 Kilometer vor Erreichen des Ziels – Stuttgart – gestellt wurden. Da einige 109-Jäger Kameras trugen, konnten wir nachher auswerten, daß sie mit gutem Erfolg angegriffen und den Bombern im Luftkampf Verluste beigebracht hatten. Nur die Ju 87, die Sturzkampfbomber, flogen sehr tief und wurden nicht erfaßt, erst in letzter Minute, als sie schon im Anflug auf Stuttgart waren, konnte ich einige Jäger per Funk gegen sie umdirigieren. Später erzählten mir die Familien Deuschle und Stephan, die von ihrem Haus aus auf die Daimler-Benz-Werke hinabblickten, wie spektakulär die Angriffe der Stukas auf die Fabrik und die Neckarbrücken ausgesehen hätten.

Nach dem Luftmanöver kehrten die fliegenden Einheiten in ihre Heimathäfen zurück, nur Staffelkapitäne, Kommandeure und Geschwaderkommodore nahmen an der Schlußbesprechung teil.

Das Kasino war bei dieser Besprechung bis auf den letzten Platz besetzt. Einige der hohen Herren mußten sogar stehen. Wir hatten mit Engagement eine Lautsprecheranlage aufgestellt und viel Mühe darauf verwandt, jegliches Klirren und Pfeifen zu beseitigen. Nun konnte das Resümee von General Sperrle bis in den letzten Winkel dringen. Der General äußerte sich anerkennend zur erfolgreichen Verteidigung von Stuttgart und seiner Industrie. Die Bomberbesatzungen wurden gelobt. Sie hatten pünktlich und nach Uhrzeit gesammelt, waren exakt und auf direktem Kurs zu ihren Zielen in Stuttgart geflogen. Auch die Jagdflieger lobte er, weil sie die Bomber so schnell gefunden und vor Erreichen der Ziele angegriffen hatten. Aber niemand verlor auch nur ein Sterbenswörtchen über die Bodenorganisation, über die guten Nachrichten- und Funkverbindungen, die doch der Schlüssel zu allem Erfolg gewesen waren. Zuerst waren es die Beobachter, die den »Feind« ausmachten und durch Funk und Telefon durchgaben, welchen Kurs sie flogen. Alle diese Verbindungen hatten vorbildlich funktioniert. Nur den guten Beobachtern und der guten Bodenorganisation war es zu verdanken gewesen, daß wir die Jäger rechtzeitig hatten starten können. Nur im Team war eine so perfekte Verteidigung möglich: eine Bodenorganisation, die meldete, eine Nachrichtenverbindung, die funktionierte, und ein »Leitoffizier«, der die Jäger rechtzeitig startete und dann per Funk an den Feind führte! Das war doch für jedermann geradezu eine Lektion, wie in Zukunft der Luftkrieg verlaufen würde!

Selbst wenn ein General das Wort führte, das konnte ich so nicht durchgehen lassen. Ich nahm allen Mut zusammen und fragte: »Herr General Sperrle, was können Sie über die Beobachter am Boden und die Weisungen vom Boden aus sagen?« Aber er bekam keine Gelegenheit zu antworten, Galland trat vor und übernahm die Initiative: »Gut, Steinhilper, daß Sie fragen. Das hat mich rechtzeitig erinnert, was ich immer schon sagen wollte. Sie haben zu viel am Funk geredet, Sie haben uns nur dauernd gestört! Wie ich Ihnen immer schon sagte, es wäre besser, diese verdammten Funkgeräte hinauszuwerfen. Wir brauchen sie nicht, wir brauchten sie nicht in Spanien. Wenn wir sie los wären, könnten wir höher und schneller fliegen!«* In mir kochte es! Wie hart und lange hatten wir geübt, dazugelernt, immer und immer wieder verbessert. Meine Stimmung und die des gesamten Nachrichtenzuges erhielt einen schweren Schlag. Diese Äußerung Gallands war, wie sich im Krieg zeigen sollte, im höchsten Maße verantwortungslos.

Als Mitte Juli ein Fernschreiben aus Berlin eintraf mit der Anweisung, daß Oberleutnant Galland eine Schlachtfliegerstaffel, bestehend aus dem Doppeldecker Henschel 123 übernehmen sollte, stimmte mich das verständlicherweise froh. Aber Galland lehnte ab, da er in Spanien mit der He 51 über 300 Tiefangriffe geflogen und dafür nur das Spanienkreuz in »Gold mit Schwertern« bekommen habe, wogegen die Jagdflieger schon bei sieben Luftsiegen das Kreuz »Gold mit Brillanten« erhielten. Er halte das für ungerecht und ziehe es vor, Staffelkapitän einer Jagdgruppe zu bleiben. Die Antwort aus Berlin kam prompt: Galland habe sich im Reichsluftfahrtministerium in Berlin zu melden. Unterzeichnet war das Fernschreiben von Göring höchstpersönlich. Da dachte ich, daß es mit Galland ein schnelles Ende nehmen würde. Doch als Galland aus Berlin zurückkam, erzählte er jedem, daß er mit dem Spanienkreuz in «Gold mit Brillanten« ausgezeichnet worden sei. Er habe sich daher entschlossen, die Henschel-Staffel zu übernehmen.** Galland wurde ich also los, aber ich hatte

---

* Das Benehmen von Galland angesichts von General Sperrle versteht man besser, wenn man weiß, daß in Spanien gemeinsame »Fraternisationen« mit der Weiblichkeit üblich waren und Unwillige durch Alkohol gefügig gemacht und hineingezogen wurden.

** Galland, »dem Erfolgreichen«, wurden immer die neuesten Motoren, Waffen und Flugzeugmodelle »zur Erprobung« anvertraut. Wohl kein anderer deutscher Offizier wurde so oft wie er von Göring zur Jagd nach Karinhall (dem für Göring speziell reservierten luxuriösen Jagd- und Staatsgebiet) eingeladen. Es wird behauptet, daß Galland Göring in der »Battle« um eine Staffel Spitfire gebeten habe. Bei aller Tapferkeit hat Adolf Galland nie versäumt, für sich selbst zu sorgen. Etwa 1970 bin ich ihm noch einmal auf der Messe in Hannover begegnet. Er erzählte, daß er amerikanische Rüstungsunternehmen vertrete und gut an die deutsche Luftwaffe verkaufe.

lange daran zu kauen, daß ein Oberleutnant der Luftwaffe so Handel treiben konnte.

Oberleutnant Adolf Galland verließ I/JG 52 Ende Juli 1939, er wurde durch Oberleutnant Wilhelm Keidel ersetzt, ein weiteres ehemaliges Mitglied der Legion Condor.

Der Krieg beginnt
Wir bleiben an der Westfront

Vielleicht war es gut, daß ich im Juli und August des Jahres 1939 keine Zeit hatte, weitere »Dummheiten« zu begehen. Noch im Juni war ich versucht, zu protestieren. Zu diesem Zeitpunkt wurde nämlich die Rückkehr der Legion Condor aus Spanien geradezu wie ein Sieg gefeiert. In Berlin gab es einen Vorbeimarsch vor Hitler, und in Stuttgart wurde ein »Siegesmarsch« mit sämtlichen Militärkapellen, die man auftreiben konnte, vom Hauptbahnhof bis zum Königsbau geführt. Dagegen wäre nichts einzuwenden gewesen, wenn die Spanienkämpfer selbst marschiert wären, aber die zogen es vor, in Böblingen zu bleiben, während wir, die Spanien noch nie gesehen hatten, diesen Vorbeimarsch bestreiten mußten. Was Goebbels bezweckt hatte, wurde dennoch erreicht: Die Bevölkerung bejubelte die Rückkehr der siegreichen und bald legendären Legion Condor aus Spanien.

Für meine Personalakte war es gut, daß mich die Aufgabe des Flugleitoffiziers so beschäftigte und mir keine Zeit blieb, mich in Proteste zu verwickeln. Ein Heinkel Kadett (unsere Schulmaschine) war auf der im Bau befindlichen Autobahn bei Marbach am Neckar notgelandet. Der Flugzeugführer, ein Hauptmann, der für seinen A2-Flugzeugführerschein Überlandkilometer sammelte, hatte sich verflogen und wegen Benzinmangels auf der halbfertigen Fahrbahn aufgesetzt. Der Hauptmann hatte sich nur das Bein gebrochen, das Flugzeug aber war bei der Notlandung in die Böschung geraten und so sehr beschädigt, daß es abmontiert, verladen und abtranportiert werden mußte. Bei anderer Gelegenheit mußte, ebenfalls aus Spritmangel, eine Me 108 auf der Alb notlanden. Dem Piloten war in diesem Fall eine erstklassige Landung auf einem ebenen Feldweg geglückt. Das Flugzeug blieb unversehrt. Als wir dort mit unseren Benzinkanistern eintrafen, wirkte der notgelandete Pilot gefaßt, so daß ich entschied, ihn wie-

Als Flugleitoffizier war ich zuständig für Notlandungen. Diese Me 108 war wegen Benzinmangels auf einem Feld der Schäbischen Alb niedergegangen. Der umsichtige Pilot ist nach dem Auftanken von dort auch wieder gestartet. Nur selten verliefen Notlandungen so glimpflich, manchmal fanden wir nur noch Schrott vor.

der starten zu lassen. Die Verantwortung nahm ich nicht leicht, aber sie erfüllte mich auch, während der solchen Vorfällen folgende Papierkrieg nur lästig war.

Eine mir höchst willkommene Abwechslung war die Einladung aller Piloten an die Universität Freiburg im Breisgau. Dort gab es damals eine kleine Abteilung, die sich auf flugtechnische Medizin spezialisiert hatte. Wir sollten uns einer Simulation des Fliegens in großer Höhe unterziehen. Man wollte unsere Fitneß untersuchen und testen, wie man Experimente in Druckkammern gestalten könne. Flüge über 10 000 Metern Höhe erschienen damals möglich, die Me 109 beispielsweise war oberhalb von 10 000 Metern noch flugfähig, aber man wußte noch wenig über das menschliche Verhalten in dieser Höhe. Heute fliegt jeder Passagier im Linienverkehr höher.

Damals wurde die Entwicklung von Kabinen ohne Druckausgleich angestrebt. Dazu war die Zufuhr von Sauerstoff notwendig, was mittels Gummischlauch und pfeifenähnlichen Mundstücken

In der Universität Freiburg nahmen wir an einer »Höhenuntersuchung« teil und reisten dazu in unseren Privatwagen an: vorn der Adler Triumph Junior von Oberleutnant Horst Tietzen (am Steuer), dahinter der Triumph von Oberleutnant Helmut Kühle (beide Fahrzeuge mit spezieller Gläser-Karosserie) und zum Schluß mein kleiner DKW.

geschah. Das zum Atmen notwendige Gemisch aus Luft und Sauerstoff wurde in einem Mixer hergestellt und dann über einen harmonika-ähnlichen Gummischlauch in eine Pfeife geführt, die mit den Zähnen festgehalten werden mußte. Erst spätere Modelle führten etwa im März 1940 zu der Sauerstoffmaske. Kein Wunder, daß wir uns in Freiburg wie Versuchskaninchen vorkamen, die dazu beitragen sollten, die Technik bis an ihre Grenzen voranzutreiben.

Man setzte uns zunächst in eine Art Faß, eine Druckkammer, immer vier Personen zugleich. Dann wurde die Kammer abgedichtet und Luft entzogen. So »stiegen« wir allmählich bis auf eine Höhe von 8000 Metern. Während des gesamten Vorgangs überwachte man unsere Organe – Herz, Lunge und so weiter – ständig mit Fühlern überwacht. Dabei wurde kein zusätzlicher Sauerstoff verwendet, da die Luft- oder auch Sauerstoffmischung den am Boden herrschenden Verhältnissen entsprach. Erst viel später, als man erkannt hatte, daß der Sauerstoffentzug großen Einfluß auf das Verhalten ausübt, wurde unter anderen Bedingungen getestet. Aber da waren schon die ersten Piloten wegen Mangels an Sauerstoff zu Tode gestürzt. Man vermutet, daß sie die Pfeife verloren oder zu viel Nebenluft bekommen hatten. Wie es wirklich zu diesen Abstürzen kam, haben wir nie erfahren.

Etwa acht Monate später fand ein weiterer Test in einer Baracke in Laachen-Speyerdorf statt. Wir mußten uns gegenseitig beobachten, was in Jagdflugzeugen ja möglich ist. Wir sollten herausfinden, durch welche Anzeichen sich Sauerstoffmangel in großer Höhe ankündigt. Unsere Liegeplatzbaracke war für den Test präpariert. Wir – alle Flugzeugführer der 3. Staffel – saßen möglichst nahe beieinander, damit jeder sehen konnte, wie der andere – ob Offizier, Feldwebel oder Unteroffizier – sich verhielt und wie sich dieses Verhalten bei zunehmender Höhe veränderte. Dem jeweiligen Probanden wurde eine Höhenmaske verpaßt. Neben ihm saß ein Fliegerarzt, der in kleinen Abständen den Puls prüfte. Während die Luft immer dünner wurde – diesmal führte der Arzt eine Sauerstoffmischung zu –, hatten wir Aufgaben zu lösen. Wir sollten zum Beispiel die Zahlen von 1 bis 100 vorwärts und dann rückwärts auf einen Block schreiben. Für jedes Kind ist das einfach, aber in der Höhe – wir wurden bis auf 7000 Meter gebracht – waren wir durch den zunehmenden Sauerstoffmangel in unserer Konzentrationsfähigkeit beeinträchtigt. Bei 7000 Metern blieb die Mischung gleich. Der Versuch lief dann so lange weiter, bis wir den Daumen nach unten richteten oder dies vergaßen und weitermachten, bis wir bewußtlos wurden. Wenn man den Daumen nach unten richtete, war das richtig, denn in der Praxis hätte das bedeutet, Höhe verlassen, Flugzeug nach unten drücken. Wenn man es vergaß, gab der Arzt das Signal, die Maske zu entfernen. Der Kandidat hatte dann seinen »Ausstieg« verpaßt. Die Aufgabe des beobachtenden Kameraden bestand darin, den Vergeßlichen per Funk anzusprechen, »wach« zu rütteln, auf die Gefahr aufmerksam zu machen.

Sobald der Proband mit dem Daumen nach unten zeigte und damit zu erkennen gab, daß er nicht mehr weiterfliegen könne, übernahm der Arzt das Kommando. Von diesem Zeitpunkt an wurde der Puls konstant gemessen. Kurz bevor die Testperson das

Bewußtsein verlor – oder auch erst danach –, erhöhte er die Sauerstoffmischung wieder, und wir kamen wieder zu uns.

Es war interessant, die Prüflinge zu beobachten. Mir schien der Mangel an Sauerstoff ähnliche Wirkungen hervorzurufen wie zuviel Alkohol. Jeder Flugzeugführer, ob Offizier oder Unteroffizier, wußte ziemlich genau, wie sich der andere benahm, wenn er viel Alkohol getrunken hatte. Manche wurden immer zahmer und liebenswürdiger, hätten am liebsten alle umarmt, andere – wie ich – wurden aggressiv und eher feindselig.

Hinnerk zum Beispiel fing an zu lachen und zu kichern, als der Sauerstoff knapp wurde. Bald darauf fiel ihm das Rechnen und schließlich auch das Zählen schwer. Er ging dazu über, auf den vor ihm liegenden Notizblick große Kreise und Kringel zu zeichnen. Darüber vergaß er, mit dem Daumen nach unten zu zeigen. Ich dagegen konzentrierte mich auf die Zahlen und kämpfte gegen die hereinbrechende Unfähigkeit. Ich wollte nicht aufgeben und zerbrach vor lauter Anstrengung meinen Bleistift. Aber es gelang mir, die Anzeichen richtig zu deuten, denn ich vergaß nicht, meinen Daumen nach unten zu halten. Kurz bevor ich ohnmächtig wurde, holte mich der Arzt zurück. Als ich nachher mein Notizblatt studierte, staunte ich nicht schlecht, was ich da alles verkehrt aufgeschrieben hatte. Der Test offenbarte uns, welche Gefahr der Flug in großer Höhe bedeuten konnte. Wenn mit Maske geflogen wurde, passierte wenig, dennoch sollten wir uns in großer Höhe gegenseitig beobachten. Im Trubel des Luftkampfes wurde das aber oft vergessen.

Zurück in Böblingen war ich wieder ein beschäftigter Mann. Die Freizeit, die ich mit Gretl verbringen konnte, wurde knapp, und mein Fliegen litt noch mehr. Dabei hing mein Herz daran, und das noch mehr, seit ich mit der Filmkamera unterwegs war. Einmal gelangen mir aus einer Focke-Wulf Stösser recht gute Aufnahmen von Stephans Anwesen in Bad Cannstatt und dem Heim eines Stuttgarter Skivereins im Lenninger Tal. Stephans ließen von der Aufnahme Vergrößerungen anfertigen, und der Skiklub benutzte die Aufnahme als Vorlage für Postkasten. Luftaufnahmen waren zwar verboten, aber es wurde auch nicht viel gefragt. Für mich war das eine kleine Bestätigung für meine Zukunftspläne: in die Welt zu fliegen und vom Fotografieren zu leben.

Die Aufnahme vom Heim eines Stuttgarter Skivereins im Lenninger Tal, aufgenommen aus einer Focke-Wulf Stösser, war für damalige Verhältnisse ein ungewöhnliches – und offiziell verbotenes – Motiv für eine Ansichtskarte.

Die politische Situation schien uns klar. Ob man im Offizierskasino diskutierte, die politischen Reden im Radio hörte oder die Zeitungen las: Ein Tenor beherrschte alles, und das war der vom Reichspropagandaministerium vorgegebene. Der Reim, den ich mir darauf machte, lautete: Früher oder später werden wir Soldaten im Krieg sein. Für mich stand fest, daß es eine »militärische Lösung« geben würde. Man sprach über die Rückkehr von Danzig, auch über eine »neutrale« Autobahn vom Reich nach Ostpreußen, aber in den politischen Verhandlungen kam es zu keiner Einigung – ganz im Gegenteil. Berichte darüber, wie die Polen die deutsche Minderheit im Land mißhandelten, mehrten sich. Im Radio hörte man das unablässig, und im Kino sahen wir Wochenschauen, die voll waren von solchen Nachrichten. Für mich und viele andere gab es damals keinen Zweifel, daß diese Berichte den Tatsachen entsprachen.

Wenn ich Gelegenheit hatte, über diese Dinge mit meinen Eltern oder Gretls Vater zu sprechen, war ich meist ungeduldig:

»Wäre eine militärische Lösung nicht besser als dieses alberne Verhandeln mit Italien, England, Frankreich und sogar mit dem bolschewistischen Rußland?« Mein Vater warnte: Es sei leicht, einen Krieg zu beginnen, aber schwierig, ihn zu beenden. Herr Stephan, der als Bauunternehmer am Ausbau des Westwalls beteiligt war, reagierte ebenfalls vorsichtig. Da er mit Regierungsstellen in Verbindung stand, waren seine Aussagen von Gewicht. Er warnte: Wir würden den Krieg verlieren, schon bevor wir ihn richtig begonnen hätten, und zwischen Anfang und Ende gäbe es nur Tod und Zerstörung. Obwohl Gretls Vater nur wenig sagen durfte, war seinen Worten doch zu entnehmen, daß sich etwas anbahnte. Man konnte das auch daran erkennen, daß er immer öfter zu Besprechungen nach Berlin gerufen wurde. Er schien unter enormem Druck zu stehen, die Projekte im Westen zu einem bestimmten Zeitpunkt fertigzustellen.

Für mich als Flieger war enttäuschend, daß Herr Stephan stets mit dem Nachtschnellzug nach Berlin fuhr. Dabei hätte er auch mit dem täglichen Lufthansaflug nach Berlin gelangen können. Aber nach der Zugfahrt im Schlafwagen erschien er ausgeruht zu seinen Verhandlungen. Der Flug bedeutete, zweieinhalb Stunden lang Lärm und Wetter ausgesetzt zu sein, ganz abgesehen von den Ängsten, die man beim Fliegen zu überstehen hatte. Damals war das Reisen mit dem Flugzeug noch nicht die bessere Wahl, aber stets das bessere Abenteuer.

Am 23. August 1939 schlossen Hitler und Stalin den Nichtangriffspakt, und es sah wieder nach Frieden aus. Für uns war das nicht wenig verwirrend. Widersprach das nicht komplett Hitlers Politik? Bis zu diesem Vertrag hatten wir gedacht, daß der wahre Feind Deutschlands die Bolschewiken seien. Hatten nach dem Ersten Weltkrieg nicht die Kommunisten die Macht gehabt? Meinen Vater hatten sie fast zu Tode geprügelt – und jetzt das? Hitler hat dann Weihnachten 1939 vor unserer Jagdgruppe an der Westfront geäußert, daß er sich zum Wohle des deutschen Volkes »selbst mit dem Teufel verbünden« würde. Wir Soldaten hielten das für einen politischer Winkelzug, den wir nicht verstanden. Das war auch nicht unsere Aufgabe. Soldaten hatten ihre Aufgabe in der Pflichterfüllung zu sehen.

Wir wurden jetzt stiller und nachdenklicher, denn uns schwante langsam, welch mörderisches Unterfangen ein Krieg war. Am 15. August hatte sich in Neuhammer, einem Truppenübungsplatz nahe der polnischen Grenze, eine Katastrophe ereignet. Das Regime hatte wohl die Bereitschaft und Stärke der Luftwaffen unter Beweisen stellen wollen, was zu einem schrecklichen Unglück geführt hatte, über das im Radio und in der Wochenschau nicht berichtet wurde. Zu uns sickerte das wahre Geschehen dennoch durch. Die I. Gruppe des Sturzkampfgeschwaders 76 war von Cottbus, südlich Berlin, zum Manöver nach Neuhammer geflogen. Die Wetterberichte am Morgen sprachen von einer Wolkenschicht 2000 bis 900 Meter über dem Boden. Die Staffeln konnten sich also über den Wolken sammeln, durch diese hindurchstürzen, dann bei Bodensicht ihren Zielanflug korrigieren und nach dem Wurf rechtzeitig abfangen.

Früh am Morgen hob der Gruppenkommandeur Hauptmann Sigel ab. Er wurde zur Linken begleitet von seinem Adjutanten, Oberleutnant Eppen, auf der rechten Seite flog der Technische Offizier Oberleutnant Müller. Es waren drei Staffeln mit mehr als 30 Flugzeugen, fast alles neue Ju 87. Vorne flog die 2. Staffel, dann folgte die 3., und die 1. Staffel bildete den Abschluß. Im Verband drehten die führenden Flugzeuge unter Hauptmann Sigel eine halbe Rolle und gingen in den Sturzflug über. Hauptmann Sigel beobachtete sorgfältig seinen Höhenmesser, als die Zeiger sich drehten und immer weniger Höhe anzeigten. Erst 100 Meter über dem Boden bekam er die erste Bodensicht in einer Art Waldschneise. Er konnte gerade noch abfangen. Eppen stürzte in die Bäume, und Müllers Maschine explodierte beim Aufprall auf dem Boden. Sigel rief seinem Heckschützen/Funker zu, die anderen zu warnen, aber für viele war es schon zu spät. Die 2. Staffel hörte die Warnung entweder überhaupt nicht, oder sie waren schon im Sturzflug, die gesamte Staffel stürzte aus den Wolken direkt in den Boden. Die meisten Piloten der 3. Staffel hörten die Warnung und konnten noch abfangen. Oberleutnant Dietrich Peltz, den Führer der 1. Staffel, erreichte die Meldung noch rechtzeitig. Er konnte seine gesamte Staffel warnen und wieder nach oben durch die Wolken durchziehen. In wenigen Augenblicken hatten 13 Besatzungen, 26 junge Menschen, bei dieser Flugkatastrophe ihr Leben verloren.

Die folgende Untersuchung leitete General Sperrle, der keinen wirklich Schuldigen ermittelte. Die dezimierte Stukagruppe füllte man schnell mit neuem Personal und neuen Maschinen auf. Vertraulichkeit wurde gewahrt. Die Begräbnisse fanden in aller Stille statt – was für ein Gegensatz zur Rückkehr der Legion Condor!

In diesen Tagen liefen die ersten wirklichen Kriegsvorbereitungen an. Die Mobilisierung kam in Gang, aber die Reserve-Soldaten erschienen so zahlreich, daß niemand wußte, wie man sie alle sinnvoll einsetzen sollte. Ein Teil wurde daher wieder nach Hause geschickt. Wir bereiteten uns auf das vor, wofür wir so lange geübt hatten. Alle Me 109 »Emil« wurden mit scharfer Munition beladen, betankt, aus den Hallen geholt und rings um das Flugfeld auf Liegeplätze verteilt, Staffel für Staffel. Der Nachrichtenzug installierte eine Telefonvermittlung und Feldtelefone zu den Liegeplätzen. Der Sendemast und der Sendewagen mit dem Anhänger für die Elektroversorgung wurden aufgestellt und alle Staffeln auf die tägliche Frequenz abgestimmt. Der zivile Luftverkehr lief nach wie vor, während man am Platzrand Schützengräben aushob und Maschinengewehre und leichte Flak in Stellung brachte. Es wurde harte Arbeit von den Staffeln verlangt. Da alles auf dem offenen Flugfeld vor sich ging, lockte das Neugierige aus der Umgebung an. Am Zaun des Flugplatzes sammelten sich viele Zuschauer, die sich auf diese Weise wohl zu vergewissern suchten, ob der Krieg tatsächlich bald ausbrechen würde.

Aus heiterem Himmel erreichte mich dann der Befehl, daß ich als Vorausoffizier nach Bonn-Hangelar zu fahren hätte, wohin die I/JG 52 verlegt werden sollte. Bei diesem Kommando war mir mein Bursche – »Putzer« nannte man diesen wertvollen Mann damals – Hans Steeger eine große Hilfe. Ich belud meinen kleinen DKW mit meinem gesamten privaten Eigentum, das ich im Ernstfall im Schulhaus in Heutingsheim aufbewahren wollte. Alles, also Radio, Filmkamera, Wäsche, Ausgehuniformen, wurde in das Auto gepackt und nach Heutingsheim gefahren. Ich war auf den Krieg vorbereitet, und entsprechend sparsam, geradezu spartanisch war die Ausrüstung, die ich mir noch zugestand.

Am nächsten Tag machten Hans Steeger und ich uns auf den Weg nach Bonn. Zunächst ging es über die Autobahn nach Norden Richtung Frankfurt. Ab Heidelberg war die Strecke neu für mich, aber der Fahrer kannte den Weg. In der Nähe von Langen hielt er an, um mir den Stein zum Gedenken an Bernd Rosemeyer zu zeigen, der dort 1938 beim Versuch, den Weltrekord für Straßenfahrzeuge zu brechen, in einem Rennwagen der Auto-Union ums Leben gekommen war. Die uns umgebende Landschaft war in voller Sommerblüte, und dieser wunderbare Anblick machte es schwer zu glauben, daß wir auf dem Weg in den Krieg sein sollten.

Kaum in Hangelar angekommen, wurden wir wieder zurückgerufen. Leutnant Geller war kurz angebunden, alles hätte sich geändert, wir würden nicht verlegt, ich solle zurückkommen. Der Befehl von oben sei eben geändert worden, ich solle mir keine Gedanken machen. Es gab Gerüchte – Gerüchte gab es immer viele –, Italien habe interveniert. Ich fuhr also den weiten Weg zurück, etwas langsamer und mit Umweg über Heutingsheim. Die Reise hatte mich gelehrt, daß meine Ausrüstung doch zu spartanisch war. Als Soldat, der in den Krieg zieht, hatte ich mich verabschiedet, jetzt kehrte ich ziemlich geläutert zurück und holte mir ein paar Sachen wieder ab. Für mich war das ein ziemliches Rückzugsgefecht, ich schämte mich.

Kaum war ich nach Böblingen zurückgekehrt, wurde der Befehl nochmals widerrufen. Wir würden jetzt doch nach Hangelar verlegt. Diesmal schien es ernst zu sein, denn es sollte gleich der gesamte Nachrichtenzug verlegt und der Flugplatz Hangelar für die Verlegung der gesamten Gruppe vorbereitet werden. Also war unser »Aufklärungsflug« nicht ganz umsonst gewesen. Wir hatten bei dieser ersten Fahrt alle Engpässe kennengelernt und konnten nun schlechte Straßen vermeiden. Insgesamt verlief diese Reise etwas gemächlicher, sogar den Halt am Rosemeyer-Gedenkstein hatte ich eingeplant. Nicht wenige meiner Nachrichtensoldaten, soweit sie den Krieg überlebten, erinnern sich noch heute an die Rast bei diesem Denkmal.

Alles traf sicher in Hangelar ein. Dort bauten wir zunächst einmal einen requirierten Kleinbus zum Gruppengefechtsstand um und aus. Wir waren mit der Verbindung zum öffentlichen Telefonnetz, dem Verlegen der Leitungen zu den Liegeplätzen der Staffeln, der Installation einer Vermittlung im benachbarten Kloster und unserer schweren Funkstation samt Mastwagen so be-

Unser Gruppengefechtsstand in Bonn-Hangelar: ein requirierter Kleinbus, den der Nachrichtenzug mit Telefon, Kartenmaterial und Mikrofonen ausrüstete.

Der Gefechtsstand im Einsatz: Der Kommandeur Graf von Pfeil beugt sich über das Kartenmaterial.

schäftigt, daß wir die Generalmobilmachung gar nicht mitbekamen. Der Einmarsch in Polen war längst erfolgt, als wir nach drei Tagen wachgerüttelt wurden durch die Nachricht, daß Frankreich, England, Australien und Neuseeland uns offiziell den Krieg erklärt hatten. Der große Krieg hatte einfach ohne uns begonnen. In den Herzen vor allem der älteren Jahrgänge kamen nun Zweifel und Ängste auf, aber ich begrüßte diese Entwicklung. Endlich, so fand ich, hatten diese scheinheiligen Erklärungen und Winkelzüge der Politik ein Ende. Jetzt gab es nur noch Siegen oder Sterben. Ich stand wenige Tage vor meinem 21. Geburtstag und wußte wohl noch gar nicht, was Leben bedeutet.

Insgesamt herrschte in Deutschland durchaus die Meinung, daß die Fesseln des Versailler Vertrages abgestreift werden müßten. Es sei auch höchste Zeit, daß wir der deutschen Minderheit in Polen, die ständig mißhandelt werde, zur Hilfe eilten. Und war es nicht auch gerecht, wenn wir forderten, daß der Zugang nach Danzig, einer urdeutschen Stadt, wieder geöffnet wurde? Seit langer Zeit war mir klar, daß es zu einer kriegerischen Auseinandersetzung mit Polen und vielleicht auch mit Frankreich kommen würde. Bei England dachte ich weniger an Krieg, aber gut, wenn die Engländer meinten, auf dem Festland mitreden zu müssen, würden wir auch mit England fertig werden.

England war tatsächlich mein einziger großer Kummer. Das lag an Studienrat Wöbbelmann, der es verstanden hatte, mich für dieses Land und seine Menschen zu begeistern. Ich hätte England zu gerne einmal besucht. Die Engländer hatten doch stets als unsere Vettern gegolten – und nun hatten sie uns den Krieg erklärt. Das mußte ich erst einmal verdauen. Daß ich kaum ein Jahr später in England landen würde, auf ganz andere Art, als ich es mir jemals erträumt hätte, konnte ich ja nicht ahnen.

Unsere Jagdgruppe fühlte sich vom Geschehen ausgeschlossen. Die Nachrichten meldeten aus Polen Sieg um Sieg, und wir bewachten das Ruhrgebiet. Trotzdem waren wir stolz darauf, welch entscheidenden Anteil die Luftwaffe am Vormarsch hatte. Wir vernahmen mit Genugtuung, daß die Stukas wie bewegliche Artillerien die vorrückenden Truppen unterstützten. Nicht wir selbst, unsere Gegner bezeichneten das als »Blitz«. In vertraulichen Berichten erfuhren wir, daß die polnischen fliegenden Besatzungen

Zu meinem 21. Geburtstag am 14. September 1939 überreichte mir Unteroffizier Krehe, mein Fachmann im Nachrichtenzug, einen Blumenstrauß.

nicht alle am Boden überrascht worden waren, sondern mit aller Verbissenheit und Tapferkeit gekämpft hatten. Aber ihre Maschinen waren veraltet, und sie waren zahlenmäßig derart unterlegen, daß die Luftwaffe von ihrer Gegenwehr kaum beeindruckt war. Viele dieser erfahrenen Piloten entkamen über Rumänien. Das wußten wir damals aber nicht.

Eigentlich hatte ich nie etwas übrig gehabt für all den verwaltungstechnischen und militärischen Kram, der uns auf der Kriegs-

Getarnte Me 109 am Platzrand von Bonn-Hangelar. Im Vordergrund Gruppenarzt Dr. Lenz, Leutnant Christof Geller, der mit Hauptmann Graf von Pfeil schon wenig später über Frankreich abgeschossen wurde, und ich.

schule eingetrichtert worden war. Aber als mich ein einfallsreicher und intelligenter Funkbastler, der Abiturient Gefreiter Treplin, auf den Gedanken brachte, das altmodische Feldtelefon, durch das die Staffeln an ihren Liegeplätzen alarmiert wurden, durch Lautsprecher zu ersetzen, erwies sich dieser Kram doch als brauchbar. Mir leuchtete Treplins Idee sofort ein, aber das kostete viel Geld. Auf der Kriegsschule war gelehrt worden, daß im Falle der Mobilmachung besondere Gelder zum Zukauf wichtiger Güter aus dem zivilen Sektor zur Verfügung standen. Das fiel mir jetzt wieder ein. Ich setzte mich mit dem Geräteverwalter, einem Luftwaffeninspektor des Fliegerhorstes, zusammen, und wir fanden heraus, daß 30 000 Reichsmark, eine Menge Geld, für solche Zwecke zur Verfügung standen.

Als wir Hauptmann von Pfeil von dieser Summe und dem Zweck, für den wir das Geld vorgesehen hatten, vortrugen, war er skeptisch, unterschrieb den Antrag dennoch und wünschte uns viel Glück. Zuerst hatte ich viele Leute in den verschiedenen Amtsstuben zu überzeugen, daß dieser Geldbetrag für Notfälle

Warten auf den Einsatz: In Bonn-Hangelar kämpften wir mit flotter Musik, die über Lautsprecher zu den Liegeplatzen gelangte, gegen diesen nervenaufreibenden Zustand der Ruhe vor dem Sturm.

tatsächlich zur Verfügung stand. Dann mußte ich herumreisen, bis ich die nötigen Kaufanträge signiert bekam, und dann war es nicht einfach, das gesamte Gerät, das zu einem solchen System gehörte, in der Bonner Umgebung aufzustöbern. Zum Zentrum des Systems gehörte ein enormer Verstärker, der über vielfältige Steckdosen zum Ein- und Ausgang verfügen mußte. Wir fanden ihn, aber das Meisterstück war der Aufkauf von Kilometern schwerer Kupferkabel, denn unsere Telefonkabel waren zu schwach, um Verstärker und Lautsprecher zu verbinden. Ein Großhändler meinte, daß wir den Nachschub für die gesamte nähere Umgebung aufgekauft hätten. Wir fanden auch noch die Glockenlautsprecher und die dazugehörenden Masten und konnten endlich ans Werk gehen. Als zum Schluß etwas Geld übrigblieb, hatte der »Planer« des gesamten Systems die Idee, einen Plattenspieler samt Platten zu erstehen, um die Staffeln mit Musik unterhalten zu können.

Wir brauchten etwa eine Woche, um die Anlage zu installieren. Lautsprecher hingen jetzt an allen wichtigen Punkten des Platzes:

an allen Staffelliegeplätzen, vor den Flugzeughallen und sogar in der Nähe unseres Omnibusgefechtsstandes. So konnten alle mithören, welche Alarmstufe oder welchen Start wir oder der Kommandeur ausgeben würden. Die Idee erntete viel Beifall. Vieles ging jetzt leichter. Wenn jemand dringend gesucht wurde, bedurfte es nur der Lautsprecheransage, daß er eine bestimmte Nummer zurückrufen solle. Es gab kein endloses Suchen mehr auf den Liegeplätzen oder in den Flugzeughallen. Wenn die Staffeln mit Alarmstart abhoben, konnten die Staffelkapitäne mithören und mußten sich nicht mehr telefonisch erkundigen, was los war. Die Krönung war aber unsere Schallplattenmusik, die von Zeit zu Zeit durch aktuelle Nachrichten – auch das Radio konnten wir anhängen – unterbrochen wurde. Das schätzten alle Piloten, die gerade in dieser ersten Zeit in ihren Liegestühlen herumlungerten, sehr. Aber nicht immer trafen wir mit unserer Musik alle Geschmäcker, und so konnte das »Wunschkonzert« auch zur Qual werden.

Hangelar war zwar nicht Böblingen, aber wir hatten eine Kantine, die gutes Essen kochte, mehr von der einfacheren Sorte, doch reichlich. Auch eine Art Offizierskasino existierte, und in einer Unteroffiziersmesse wurden Getränke serviert. Die Schlafplätze waren in einer Arbeitsdienstbaracke untergebracht. Unser Omnibusgefechtsstand lag in einer Ecke des Platzes und war unter Tarnnetzen und Birkenbäumen gut versteckt. Von diesem Omnibus waren es keine 300 Meter bis zum Hintereingang des Klosters Sankt Augustin. Die Mönche zeigten sich an unserer Arbeit sehr interessiert und luden uns ein, auch einmal das Kloster zu besichtigen. So kam es, daß ich das Innenleben eines Klosters, einschließlich Zellen, kennenlernte. Von der spartanischen Lebensweise dieser Mönche war ich sehr beeindruckt. Da dachten wir, unter Kriegsbedingungen ein karges Leben zu führen; im Vergleich zu diesen hartgesottenen Mönchen lebten wir in reinem Luxus.

Kaum hatten wir uns etwas eingelebt, da wurde eine weitere Einheit zu uns verlegt: die 10. Staffel des JG 26. Sie nannten sich »Nachtjäger« und waren mit dem älteren Muster der 109, der »Dora« mit dem 650-PS-Jumo-Motor, ausgerüstet. Dieses Modell war im Vergleich zur »Emil« leichter zu starten und zu landen. Mit dem schwächeren und damit auch leichteren Motor war die »Dora« einfach stabiler. Der Staffelkapitän dieser Einheit, Oberleutnant Johannes Steinhoff,* war wohl mit unserem Staffelkapitän Kühle befreundet, obwohl Steinhoff nicht in Spanien gewesen war. Steinhoff hatte die Idee gehabt, mit der Me 109 nachts zu fliegen und so die Nachtjägerei »erfunden«. Wir alle hielten diese Idee für verrückt und waren froh, daß nur eine Nachtjägerstaffel für Versuchszwecke aufgestellt wurde. Kühle sprach von Steinhoff nur voll Bedauern. Damals dachte noch kaum jemand daran, daß sich der gesamte Luftkrieg auf die Nacht verlagern könnte – ein weiteres Bespiel für die Kurzsichtigkeit mancher Überlegungen.

Die Nachtjäger hatten zu jener Zeit mehr Alarmstarts zu verzeichnen als wir, die normalen »Tagjäger«. Welcher Stellenwert ihnen beigemessen wurde, konnte man am besten daran erkennen, daß für sie noch nicht einmal die Platzbeleuchtung eingeschaltet wurde. Bei Start und Landung stellten sie daher einfach zwei ihrer eigenen Kraftwagen auf den Platz und landeten auch mit dieser Notbeleuchtung. Es war verwunderlich und sprach für ihre Flugkunst, daß dabei nicht mehr Unfälle passierten. Sie hatten wohl eine gewisse Absprache mit den riesigen Flakscheinwerfern, die bei Alarm den Himmel absuchten, aber Abschüsse wurden in der ganzen Zeit nicht erzielt. Ich versuchte zu ergründen, ob sie nicht über eine Art Peilung verfügten, aber auch da wurde ich enttäuscht. Später, nachdem wir Hangelar verlassen hatten, wurde die Idee »Nachtjagd mit der Me 109« aufgegeben.

In der Diskussion mit den Fachleuten meines Nachrichtenzuges, vor allem mit Unteroffizier Krehe, schenkten wir der Peilung von Jagdflugzeugen große Aufmerksamkeit. Wir dachten dabei nicht nur an das Fliegen bei Nacht, sondern auch an Peilungen bei schlechtem Wetter oder beim Heimweg nach dem Luftkampf. So besprachen wir uns mit dem ortsansässigen Peiler, der in einem kleinen Häuschen am Platzrand saß, und unternahmen unsere eigenen Versuche. Ursprünglich herrschte die Ansicht, daß

---

* Johannes Steinhoff wurde nach dem Kriege zum General und Inspekteur der Flieger ernannt. Damals habe ich mit ihm nur wenige Sätze wechseln können. Eine gemeinsame Entwicklung des Funks, der auch für die Nachtjäger so wichtig gewesen wäre, kam nicht zustande.

die Kurzwellen, die wir für den Funksprechverkehr benutzten, für Peilungen ungeeignet seien.

Aber die Funkbastler wollten so schnell nicht aufgeben. Die Flugversuche wurden dann von mir mit von Pfeils Erlaubnis durchgeführt. Wenn man beim Funken eine Art Rückkopplung, einen Pfeifton, auslöste, konnte der vom Boden aus angepeilt werden. Natürlich machten wir die ersten Versuche bei gutem Wetter, bei guter Sicht, nur dazu hatte Graf von Pfeil die Erlaubnis gegeben. Das Verfahren war kompliziert, aber es funktionierte. Beim Anflug auf Hangelar, in etwa 2000 Metern Höhe, produzierte ich den Pfeifton, der dann vom Peilgerät auf dem Boden ermittelt wurde. Unteroffizier Krehe saß neben dem Mann am Bodenpeilgerät und gab per Telefon an den Mann am Mikrofon unseres Bodensenders den Kurs durch, den ich zu fliegen hatte, um den Platz zu erreichen. Dieser sprach mir den Kurs zu, und wenn ich über dem Platz angelangt war, hörte er mich, konnte mir dies über Funk durchgeben, und ich konnte abschwingen. Als wir sicherer wurden, mehr Übung auch am Telefon hatten, unternahmen wir weitere Versuche bei Wolkenhöhen von 1000 Metern. Aber da befahl von Pfeil eines Tages, die Versuche einzustellen. Unser »involvierter« Funkverkehr hatte die Nachbarjäger wohl gestört. Es tat ihm leid, aber der Befehl kam von »oben«, wir mußten also aufhören.

Als sich später einmal unsere gesamte 1. Staffel auf dem Rückflug von Dünkirchen verfranzte, mußte ich oft an diese Versuche denken. Nachträglich muß man einfach feststellen, daß ein gesundes Maß an Voraussicht, an durchaus möglicher Vorausplanung, in der jungen Luftwaffe damals gefehlt hat. Es gab Köpfe, die weit im voraus dachten, aber es gab auch rückwärtsgerichtete Offiziere wie Galland und beinahe technikfeindliche Kreise in der Luftwaffe.

Als wir Hangelar verließen, wurde uns befohlen, alles so zurückzulassen, wie wir es installiert hatten. Jeder Jagdfliegerhorst in der Heimat sollte in Zukunft mit einem – sogar noch besseren – Lautsprechersystem ausgestattet werden. Einige Plätze hat man tatsächlich ausgerüstet, aber dann reichte das Geld oder die Produktionskapazität nicht mehr. Wir wurden nie mehr auf einen Platz verlegt, der eine Lautsprecheranlage hatte.

Erste Abschüsse über dem Ruhrgebiet

Die Briefe, die ich nach Hause schrieb, sind wohl die wertvollsten Dokumente, die für meinen Bericht zur Verfügung stehen. Meine Eltern haben sie während des Zweiten Weltkriegs sorgfältig verwahrt. An den Vater, aber mehr noch an die Mutter habe ich geschrieben. Meist wählte ich die Anrede »Meine Lieben!« Die nachfolgenden Ausschnitte sind originalgetreu übertragen und vermitteln, von welcher Euphorie wir jungen Leute damals getragen wurden.

4. September 1939 (an die Mutter)
... lange habe ich Dich warten lassen, aber Du weißt ja, Unkraut verdirbt nicht, und Du hast Dich hoffentlich nicht um mich gesorgt.

Wir sind hier zum Schutz des Ruhrgebiets, aber bis jetzt ist noch gar nichts los, u. ich glaube immer noch, daß die Engländer und Franzosen wieder einen Rückzieher machen u. daß wir wieder leer ausgehen.

Zeit habe ich sehr, sehr wenig. Morgens um 4 Uhr muß ich aufstehen u. abends um 20 Uhr hört unsere Bereitschaft auf u. ich komm kaum vor 10 Uhr ins Bett ... Das macht ganz schön müde ...

Wo treibt sich Vater rum? – Kannst Du mir nicht seine Feldpostnummer mitteilen? Kann mein Auto in der Pfarrscheuer stehen bleiben?

Sollte der Krieg länger dauern, dann laß ihn aufbocken, damit die Federn entlastet werden. Außerdem könnt Ihr vielleicht Benzin etc. ablassen ...

Wenn Du jetzt auch allein bist, mache Dir keine Sorgen um mich, ich werde mich schon gut halten ...

Meine erste »eigene« Me 109. Die »gelbe 16« war eine reine MG-Maschine. Als Waffen trug sie zwei Maschinengewehre am Rumpf, die durch den Propeller schossen, und zwei an den Flächen. Gelb war die Farbe der 3. Staffel, Weiß die der 1. und Rot die der 2. Staffel.

9. September 1939
... offensichtlich klappt hier die Feldpost nicht. Jeden Tag fliegt eine Junkers W 34 von Hangelar nach Böblingen und zurück, also schreibt vorläufig auf diesem Weg (alte Adresse). Auf diesem Weg schicke ich auch meine schmutzige Wäsche.

... Seit 5.00 sind wir hier in Bereitschaft ... es ist nichts los ... es sieht auch nicht so aus, als ob es zu etwas kommen könnte.

Da Vater in der Nähe von Karlsruhe ist, ist er näher an der Front, denn soeben kommen Meldungen durch, daß es in der Nähe von Baden-Baden und Karlsruhe Flakfeuer gibt ... Wie die Lage aussieht, ist der Krieg in Polen in etwa 14 Tagen zu Ende. Bin gespannt, ob er dann endgültig zu Ende ist, oder ob wir dann drankommen.

24. September 1939
... hier ist verdammt wenig los ... Seit wir hier sind, hat unsere gesamte Gruppe noch keine Feindberührung gehabt. In Wiesbaden u. Mannheim ist es da weit besser, die haben bis jetzt fast alle Abschüsse, Böblingen und Eutingen haben immerhin je einen ...

Ich habe den verantwortungsvollsten Posten: Ich habe den gesamten Gefechtsstand der Gruppe zu betreuen. Allerdings haben wir seit 8 Tagen einen Reserveoffizier, der meinen Posten übernimmt, wenn die ganze Gruppe in der Luft ist. Ich habe nun im Stab auch meine eigene Maschine, die ich mir selbst in Erding (München) abgeholt habe ... dabei zweimal in Böblingen ..., einmal war die Alb zu, ... das zweite Mal kam ich kurz vor Dunkelheit aus Erding in Böblingen an u. konnte erst am anderen Tage weiter. Beide Male konnte ich mit einem Wagen nach Stuttgart gelangen u. habe bei Deuschles übernachtet. Gretl habe ich dabei jedesmal getroffen. Also mit dem Liebeskummer ist es gar nicht so schlimm ...

Vielen Dank für Deine Päckchen. Ich konnte alles notwendig gebrauchen. Tagsüber kommt man ja kaum in die Stadt und kann etwas kaufen ...

Unser Los ist sonst sehr traurig ... von meinem Geburtstag habe ich wenig gemerkt, aber das ist in Kriegszeiten auch wurscht ... Über Deinen Brief habe ich mich sehr gefreut ... Morgen muß ich um 4.30 wieder raus!

In dem Brief vom 25. September erwähne ich eher beiläufig, daß ich München nicht erreichen konnte, weil die Wolken auf der Schwäbischen Alb auflagen. In Wirklichkeit war das eine ganz gefährliche, leichtsinnige Fliegerei von mir, aus der ich glücklich herauskam und aus der ich viel lernen sollte. Mit einem Unteroffizier, dem Flugzeugführer der Junkers W 34 der Stabskompanie, sollte ich nach Erding, dem zuständigen Nachschublager, fliegen. Er mußte dort neue Fallschirme abholen und ich meine eigene Maschine, eine neue Messerschmitt 109 »Emil«. Wir hatten gemeinsame Interessen, er wollte Verwandte in der Nähe Stuttgarts besuchen, und ich wollte einen Stop in Böblingen einlegen.

Auf dem Hinflug mit der W 34 hatten wir nur Flugerlaubnis bis Böblingen, dort sollten wir eine neue Wetterberatung einholen. Diese war nicht gerade erfreulich, sie lautete: Am Steilabfall der Schwäbischen Alb seien aufliegende Wolken zu erwarten, aber es bestünde Hoffnung, daß wir nach Überqueren der Alb, nahe der Donau bei Ulm, ein Wolkenloch finden könnten, das den Weiterflug nach Sicht erlaubte.

Wir waren voller Ungeduld, und das spürten unsere alten Freunde von der Böblinger Wetterwarte. Sie gaben uns den Wetterstempel. Also starteten wir, und da wir niedrige Wolken erwarteten, folgten wir gleich der Autobahn bis zum Albaufstieg (dieser führte zu jener Zeit – einspurig – in den Drachensteiner Hang hinein). Wir hielten uns beim Anstieg links von der Autobahn, die in eine enge Felsenschlucht hineinführte. Beim Steigflug merkten wir, daß unsere schwerfällige W 34 mit ihrem – bei diesen Verhältnissen – schwachen Sternmotor Mühe hatte, der Steigung zu folgen. Am Ende der Schlucht waren wir dann plötzlich allseits von Nebel umgeben. Aber jetzt war es zu spät zum Umkehren, wir mußten durch! Die W 34 war kein Jagdflugzeug wie die Me 109, mit der man auch in einer solchen Situation noch eine Kehre fliegen konnte. Bei mir war es lange her, daß ich eine so schwerfällige Maschine geflogen hatte, und auch der Unteroffizier war kein erfahrener Blindflieger.

Obwohl wir uns vorgenommen hatten, beim Instrumentenflug Gelassenheit zu demonstrieren, die Steuerräder (die W 34 hatte auf Piloten- und Copilotenseite halbrunde, große Halbräder) nur langsam und weich zu bewegen, wurden wir in den Wolken wie in einem Gewittersturm hin- und hergeworfen. Der künstliche Horizont, der uns helfen sollte, kam in Schräglage und erholte sich nicht mehr. Der Kilometerzeiger sank plötzlich auf 120 Kilometer pro Stunde, und als wir Vollgas gaben, stieg er schnell auf 300, viel zu schnell für eine alte, wellblecherne Junkers Maschine. Obwohl wir uns abzustimmen suchten, behinderten wir uns. Gas rein – Gas raus – Seitenruder links, das traf auf den anderen, der nach rechts drückte. Je mehr wir kurbelten, um so größer wurde das Chaos. Wir waren für eine solche Notsituation nicht eingespielt. Und während man im Auto bremsen, anhalten und warten kann, bis die Gefahr vorbei ist, ist im Flugzeug Fahrt das halbe Leben. So paßten wir vorwiegend auf den Kilometerzeiger auf und gaben immer rechtzeitig Gas. Eines wußten wir bestimmt: Panik und »Durchdrehen« bedeutete den Absturz, den sicheren Tod.

Wie wir es trotzdem schafften, weiß ich bis heute nicht. Anscheinend haben wir noch rechtzeitig eine Kehrtkurve eingeleitet. Als wir in einer steilen Kurve aus den Wolken fielen, war tiefes Land unter uns. Erleichtert legten wir gerade und fanden uns in guter Höhe wieder. Da ich aus dieser Gegend stammte, fand ich bald die Orientierung. Wir kreisten in sicherer Höhe über Kirchheim unter Teck, fanden die Autobahn und flogen an Echterdingen vorbei zurück nach Böblingen. Dort berichteten wir dann der Wetterwarte, daß wir das »Loch« nicht gefunden hätten. Die Gefährlichkeit und der wahre Leichtsinn der Situation blieb ein Geheimnis zwischen dem Unteroffizier und mir. Am nächsten Tag herrschte tatsächlich besseres Flugwetter und wir schafften es nach Erding.

Erstaunlich ist, daß ich in meinen Briefen das Bombardement von Warschau nicht erwähne. Ich bin mir sicher, daß das nicht wegen der Zensur geschah, denn was unsere Einheit betraf, habe ich immer freimütig berichtet. Deutlich erinnere ich mich, daß Rußland Polen am 17. September den Krieg erklärte und einmarschierte. Ich fand es ungerecht, daß den Bolschewiken plötzlich die Hälfte von Polen gehören sollte. Sie hatten doch nicht wirklich um den Sieg gekämpft, aber nun tauchten sie unvermittelt auf und teilten sich die Beute mit Deutschland. Von Jugend auf war ich antikommunistisch erzogen worden. Wieso waren wir nur plötzlich mit Rußland verbündet?

5. Oktober 1939

... zuerst muß ich mich bei Euch entschuldigen, weil ich die schmutzige Wäsche ohne ein Wort geschickt habe. Aber das hat mein Bursche getan, und ehe ich dazu kam, war es zu spät! ... Seit gestern habe ich eine Art Grippe, so daß alle Taschentücher restlos verbraucht sind ...

Neulich bekam ich zum Geburtstag eine ganze Menge Päckchen, ich war direkt platt! ...

An kriegerischen Ereignissen ist bei unserer Gruppe überhaupt nichts los. Wir fliegen fast den ganzen Tag lang, meist bis an die Grenze, und suchen den Horizont ab, aber bis jetzt hat die ganze Gruppe noch keinen Abschuß.

Aber ich glaube, die Warterei wird nun nicht mehr lange dauern. Morgen spricht Hitler, und danach wird sich die Sache so oder so wenden. Ich glaube kaum, daß sich England zum Frieden herbeiläßt, es wird jetzt sicher erst richtig losgehen ... Um mich braucht ihr Euch nicht zu sorgen. Wenn hier tatsächlich mal etwas los ist, kriegt ihr sofort Nachricht von mir.

7. Oktober 1939
Lieber Vater!
... nun habe ich endlich Grund zu schreiben. Sicher hast Du in den Nachrichten gehört, daß unsere Gruppe gestern 2 französische Flugzeuge abgeschossen hat ...

Gestern saßen wir hier auf dem Gefechtsstand und hörten die Führerrede. Plötzlich kamen von Trier einige Flukomeldungen*, aber da das außerhalb unseres Bereiches ist, gab ich keinen Befehl zum Starten. Wir hörten ruhig weiter. Da glaubte ich, Motorengeräusch zu hören. Allerdings fuhr gerade eine motorisierte Kolonne vorbei, aber ich meinte doch im Süden des Platzes Flugzeugmotoren zu hören. Meldungen lagen allerdings kaum vor. Trotzdem ließ ich eine Leuchtkugel schießen, und im Nu waren zwei Me 109 in der Luft.

Da aber mehrere Wolkenschichten vorhanden waren, konnte man nichts sehen. Wir kriegten Funkmeldungen von Siegburg und Godesberg, und ich schickte mehrere Maschinen los, insgesamt hatten wir 11 Maschinen in der Luft. Da sahen wir auch schon eine Potez 63, und mit Hilfe von Funksprech dirigierte ich die 109s, so gut es ging. Die Flak schoß nun auch, traf nicht, zeigte aber mit ihren schwarzen Sprengpunkten den Weg der feindl. Maschine, die von einer Wolkenschicht in die andere drückte. Aber wir hatten zwischen jeder Schicht eigene Maschinen. Ein franz. Aufklärer

---

* Flukomeldungen gaben für feindliche Anflüge die Flugmeldequadrate an, in die die Landkarten eingeteilt waren.

Am 7. Oktober, nur einen Tag, nachdem Leutnant Hans Berthel einen französischen Aufklärer abgeschossen hatte, erhielten wir »offiziellen« Besuch, der diesen ersten Luftsieg mit uns feiern wollte: Graf von Pfeil (im Ledermantel) erklärt das Geschehen, dahinter ein höherer SA-Offizier, ein Heeresoffizier und ein Zivilverwalter.

wurde in 4000 m Höhe von einem Oberfeldwebel abgeschossen, die Besatzung sprang mit Fallschirm ab. Die andere wollte im Tiefflug entkommen, wurde dabei von Ltn. Berthel (Ihr kennt ihn) geschnappt und in etwa 10 m Höhe abgeschossen. Sie schlitterte dann auf dem Bauch dahin, und die Besatzung war nur durch die M.G. Schüsse verwundet und wurde gefangen genommen. Das Ganze war in 20 Min. erledigt ... Der Bann ist gebrochen!

Du machst mir Vorwürfe, daß ich so wenig schreibe. Vater, was soll ich denn, wenn überhaupt nichts los ist? Eben kommt unser Kommandeur zurück, er war 2 Tage weg, er wird sich freuen, wenn er hört, daß wir nun 2 Abschüsse haben ...

Verleihung des ersten EK II der Gruppe an Leutnant Berthel; von rechts in der vorderen Reihe: die Leutnante Steinhilper, Spenner und Geller, dann Leutnant Fermer mit der Adjutantenschnur, daneben Leutnant Berthel mit dem EK auf der Brust. Zur Linken des Ausgezeichneten sein Staffelkapitän Ewald, der in Spanien nur »Pequeno« (der Kleine) genannt wurde, und ein weiterer Offizier.

10. Oktober 1939

... nun werdet Ihr ja über den Radio über unsere beiden Abschüsse schon Näheres erfahren haben. Aber da man hier so ein tolles Theater um die Abschüsse macht, will ich einen Zeitungsabschnitt beilegen. Ich muß nur lachen, der Kommandeur war an dem Tag zufällig in Berlin, und ich habe den ganzen Gefechtsstand gemacht. Aber innerlich buche ich es doch zum Teil als meinen Erfolg, denn ich habe den Startbefehl gegeben und mit Funksprech richtig dirigieren können. Was mich jetzt am meisten freut ist, daß ich nun in der 3. Staffel mitfliege; der Kommandeur hat endlich meinen sehnlichsten Wunsch erfüllt. Die Auswertung und alles drum und dran habe ich an einen sehr vernünftigen Reserve-Oberleutnant übergeben, der von mir nun schon bald

14 Tage eingewiesen wurde. Meinen Nachrichtenzug muß ich eben so zwischendurch in Schwung halten ... Jetzt bin ich wieder an der Stelle, wo ich mich einsetzen kann ...

Mit Stolz erzähle ich, daß von unserer Familie nun 4 Mitglieder dem Vaterlande dienen. Mutter in der Schule, Trude als Fernschreiberin, Vater und Sohn als Soldaten ... Hoffentlich, Mutter, verkraftest Du das auch alles! ...

16. Oktober 1939

... Gleich habe ich Bereitschaft. Heute Nacht war ich Offizier vom Dienst. Am letzten Freitag hatte Ltn. Kirchner von uns einen Abschuß. Ich war mit meinem Staffelkapitän auch gestartet, aber wir waren zu spät dran ...

... Ein paar Stückchen Seife konnte ich mir beschaffen, aber es fällt auch hier nicht leicht ... Nun gehe ich zum Platz und mache Bereitschaft ...

Seife war knapp. Die brauchte meine Mutter aber dringend, um meine Wäsche zu waschen, die dann listig über Böblingen (Flugverkehr intern) oder direkt postlagernd nach Bonn-Hangelar geschickt wurde.

9. November 1939

... nun hoffe ich, daß es nicht mehr lange dauern wird, bis ich ab und zu schreiben werde ... Heute Nacht das Attentat auf Hitler wird seinen Teil für neue Taten herbeiführen.

Ich hatte heute wieder mal Offz. v. Dienst. Wie mir der O.v.D. vom Geschwader heute Nacht am Telefon mitteilte »Attentat auf den Führer«, geriet mir fast der Atem stecken. Was war ich froh, daß es gut abgegangen ist ... Aber ich bin mir fast sicher, daß England dahintersteckt.

... Mutter, Du frägst mich nach Urlaub, aber bei uns steht es vorläufig damit schlecht. Ich möchte auch gar nicht nach Hause, bevor ich nicht wirklich etwas erlebt habe, ich käme mir sonst komisch vor ... Vor 8 Tagen habe ich einen Brief von Vater erhalten. Er scheint sich als Soldat wieder eingelebt zu haben. Anscheinend hat er in seinem Weltkrieg schon das Warten gelernt und ist nicht so ungeduldig wie ich.

Neulich war Heini Deuschle bei mir, die sind jetzt auch nicht mehr an der Nordsee. Er ist jetzt im gleichen Geschwader. Er hat Glück gehabt und an der Nordseeküste einen engl. Aufklärer abgeschossen. Mit Stolz trägt er nun das EK II. Aber ich bin allmählich auch ruhiger geworden. In diesem Krieg wird keiner von uns zu kurz kommen …

PS. Vielen Dank für Eure Nüsse, ich habe sie mit meinen Fernsprechern geknackt.

Studienrat Wöbbelmann hatte immer gesagt, der englische Geheimdienst sei der Beste in der Welt. Für mich stand daher fest, daß dieser Secret Service hinter dem Attentat auf Hitler steckte.

12. November 1939

… Wirklich zur rechten Zeit werden wir verlegt. Ich habe nämlich gerade heute mein Wäschepaket – am Sonntag – mit viel Mühe – in Bonn auf dem Güterbahnhof … bekommen. Mutter, schicke mir doch bitte meine Pakete per Post … Auf der Post kann ich jeweils meine postlagernde Adresse angeben … Meine neue Adresse wird voraussichtlich lauten: Herrn Uli Steinhilper, Laachen bei Neustadt an der Hardt, postlagernd. Leutnant bitte weglassen.

Ich glaube, mein neuer Platz wird höchstens 50 km entfernt von Vaters Bunker (am Westwall) sein. Ist es nicht prima, daß ich nun näher bei Euch bin …, auch wird in dieser Gegend bestimmt was los sein …, aber Du darfst Dir auch dann um mich keine Sorgen machen …, auch wenn meine Schreibfaulheit mal sehr groß ist …

16. November 1939

… Nun sind wir hier, also in Frontnähe, leider ist das Wetter so, daß bis jetzt auch hier nichts los ist. Aber wenigstens sind wir hier.

Unsere Unterkünfte liegen in einer von den Franzosen gebauten Kaserne (nach dem 1. Weltkrieg). Wir haben alle Einzelzimmer …, halt so eine Art Zuhause. Unser Zigeunerleben ist schlimm, man ist völlig entwurzelt. Ich verzichte gerne auf Privatquartiere, wenn man sein Zimmer nur zum

Schlafen hat. Wenn man auf dem Horst wohnt, kann man wenigstens tagsüber manchmal auf sein Zimmer gehen.

... Wo hat Vater eigentlich seinen Bunker? Vielleicht kann ich ihn von hier aus einmal besuchen.

Wenn man mir hier unter postlagernd schreibt, dann bitte Dienstgrad weglassen, nur an Herrn U. Steinhilper schreiben. Man kann ja nie wissen. Am besten erzählt Ihr auch niemand, wo ich liege. Daraus können dumme Sachen entstehen ... Meine Wäsche schicke ich später.

Am 21. November feierte Hauptmann Graf von Pfeil seinen 32. Geburtstag. In unserem improvisierten Kasino überreichten ihm die Offiziere seiner I. Gruppe auf einem hübschen Holzteller einen gravierten Satz kleiner Silberbecher. Um sie gleich einzuweihen, tranken wir daraus einige Runden »Klaren«, auch von Pfeil, der selten Alkohol genoß, trank mit.

Als diese Feier vorüber war, entschied von Pfeil, daß er mit seiner Stabsrotte, also er und sein Adjutant, einen Frontüberwachungsflug fliegen wolle. Der Adjutant war inzwischen Leutnant Geller, denn Leutnant Fermer war zum Staffelkapitän der 7. Staffel der II. Gruppe JG 52 ernannt worden. Gesagt, getan. Es dauerte nicht lange, bis von Pfeil und Geller starteten, denn die Stabsrotte war so nahe an der Front immer startbereit, ihre Hochleistungsmotoren stets warm.

Sie waren noch nicht lange in der Luft, da vernahmen wir ihre aufgeregten Stimmen, aber wir konnten nicht verstehen, was sie sagten. Bald danach läutete das Feldtelefon. Wir wurden benachrichtigt, daß beide abgeschossen worden waren, Gott sei Dank auf unserer Seite. Später erfuhren wir, daß französische Morane-Jäger sie überraschend angegriffen und abgeschossen hatten. Leutnant Geller gelang eine Bauchlandung bei Edenkoben, etwa zehn Kilometer südlich unseres Flugplatzes, seine Maschine konnte geborgen und repariert werden. Von Pfeil mußte mit dem Fallschirm abspringen und wurde mit schweren Verbrennungen – vor allem im Gesicht – in das Hospital in Heidelberg eingeliefert. Wir hörten nur, daß er gesundheitlich schwer mitgenommen sei – und das alles an seinem Geburtstag.

Wir erlebten zum ersten Mal hautnah, was Krieg, was Luftkrieg bedeutete. Bisher wußten wir zwar, daß wir an der Front lagen, aber jetzt bekamen wir zu spüren, wie überraschend wir einbezogen werden konnten. Wir malten uns aus, wie auf einem französische Flugplatz französische Piloten ihre Abschüsse – wohl mit Champagner – feierten, wie sie die Glückwünsche ihrer Mechaniker entgegennahmen, die mit Begeisterung Eiserne Kreuze an die siegreichen Maschinen malten – wie wir es damals getan hatten, als Leutnant Berthel den »Bann gebrochen« und eine französische Maschine abgeschossen hatte. Nun hatte Leutnant Geller einen Schock und von Pfeil war schrecklich versengt. Wir hatten ein Flugzeug verloren, aber auch etwas von unserer Naivität: So sah also der wirkliche Krieg aus.

Auch die folgenden Tage waren wenig erfreulich. Im Polenfeldzug wurde selten in großer Höhe geflogen, deswegen war dort die Sauerstoffversorgung kein großes Problem. Das war hier im Westen anders. Schon im Spätherbst 1939 gab es vertrauliche Berichte über die »Höhenkrankheit«. Sie beschrieben, daß Mannschaften von Bombern und Aufklärern bei Höhenflügen den plötzlichen Zusammenbruch ihrer Besatzungen verzeichneten. Meist verliefen diese Fälle glimpflich, da noch reaktionsfähige Besatzungsmitglieder schnell ein neues Mundstück in Ansatz bringen oder einen neuen Sauerstoffbehälter anschließen konnten und somit die Wiederbelebung fast immer gelang. Dauernde Gesundheitsschäden schien das nicht zur Folge zu haben. Bei Jagdfliegern bedeutete solch ein Ausfall aber unweigerlich Absturz und Tod. So war es wohl auch bei Unteroffizier Hellwig. Bei einer Patrouille über französischem Gebiet in etwa 9000 Metern Höhe stürzte er, ohne eine Meldung über Funk abzugeben, senkrecht in die Tiefe und bohrte sich in französischen Boden. Wir fanden keine andere Erklärung als Sauerstoffmangel. Nach dem Krieg wurde bekannt, daß er von den Franzosen mit allen militärischen Ehren beerdigt worden war.

Zwei Flugzeuge hatten wir nun schon verloren, eines war stark beschädigt, ein Flugzeugführer tot, einer schwer verbrannt – und ich hätte es beinahe am 25. November geschafft, auch auf diese Liste zu kommen.

Unsere Staffel hatte unter Führung von Kühle Begleitschutz für eine Heinkel He 111, einen Fernaufklärer, zu fliegen. Wir waren in Laachen-Speyerdorf gestartet, das südlich von Neustadt an der Weinstraße und ungefähr im Norden von Karlsruhe liegt, also ganz in der Nähe der Grenze zu Frankreich. Wir wußten, daß die »Maginot-Linie« in etwa 30 Kilometern Entfernung verlief. Auf dem Rückflug gewahrte ich plötzlich in großer Höhe über uns eine französische Breguet, wahrscheinlich auch ein Aufklärer, der natürlich in Gegenrichtung unterwegs war. Ich meldete dies per Funk an Kühle, aber er erhielt meine Meldung nicht und reagierte also auch nicht. Die Abstimmung unserer kristallgesteuerten Funkgeräte war am Boden erfolgt. War die Verbindung am Boden gut, konnte sie in der Luft schlecht sein, manchmal fiel sie auch ganz aus. Selbst bei guter Abstimmung kamen wir über eine Reichweite von 40 Kilometern nicht hinaus.

Ich entschied mich schließlich, auf eigene Faust zu handeln. Ich zog aus dem Verband weg, gab Vollgas und stieg dem Franzosen nach. Zuerst folgte mein Rottenhund, als ich jedoch steil und steiler zog, fiel er nach unten weg. Ich war allein, auf mich selbst gestellt. Um so besser, dachte ich. Das französische Flugzeug mußte nach meiner Schätzung in etwa 10 000 Metern Höhe fliegen, also an der oberen Grenze, die ich bisher meiner Me 109 zugemutet hatte. Ich blieb weiterhin auf Vollgas und vergaß auch nicht, meine Sauerstoffpfeife in den Mund zu schieben und das Atemgerät einzuschalten. Das war an der Westfront nichts Besonderes.

Ich erreichte den Franzosen fast und war beinahe nahe genug dran, um auf die MG-Knöpfe zu drücken, da fiel ich nach unten weg. Ich hatte zum Schießen die Nase zu hoch gezogen, überzogen! Aber ich fing meine 109 schnell ab und stieg ihm wieder nach, wobei ich mit dem Verstellpropeller alles probierte, um möglichst viel Drehzahl und Pferdekräfte aus dem Motor zu holen. Als er wieder in Reichweite meiner Schüsse kam, richtete ich zum Schuß die Nase auf und sah an der Leuchtspur, daß ich im Bogen unter ihm durchschoß. Schon fiel ich wieder nach unten weg. Wie gerne hätte ich die Rechnung für unsere Staffel ausgeglichen! Diesmal war ich der französischen Maschine so nahe gekommen, daß ich schräg über mir den französischen Piloten sitzen sah.

Ich gab nicht auf und flog ein drittes Mal, aber als ich auf die

Knöpfe drückte, kam kein Schuß aus den MGs: Das Fett meiner Maschinengewehre war eingefroren! Ich konnte drücken, wie ich wollte, es löste sich nichts mehr. Kein Wunder, daß ich wütend wurde und laut vor mich hin schimpfte. Das muß ich so nachhaltig getan haben, daß ich ohnmächtig wurde. Wahrscheinlich habe ich beim Schimpfen das Mundstück verloren. Ich wachte erst wieder auf, als ich in einer weiten, aber weichen Kurve nach unten schwebte. Noch ganz verwirrt schaute ich auf den Höhenmesser: Er zeigte 3000 Meter an, und die Kurve ging immer noch abwärts. Fast schon wieder bei Sinnen, legte ich die Maschine eben und suchte Orientierung zu finden. Die Gegend war mir unbekannt, und der Kompaß war immer noch nicht zur Ruhe gekommen. Aber da erinnerte ich mich an alte Zeiten und nahm die Sonne, die klar über mir schien, zu Hilfe. Wir hatten Vormittag, ich mußte also ostwärts fliegen, um den Rhein zu finden.

Den Fluß fand ich schnell. Nun mußte ich mich in nördlicher Richtung halten bis zu einem großen Wald und dann links halten. Der Wald tauchte auf, ich bog nach links, und schon sah ich unseren Flugplatz. Da das Benzin knapp sein mußte, fackelte ich nicht lange: Landeklappen raus, Fahrgestell ausgefahren, einschweben. Aber was war denn das? Unsere Halle war nicht mehr da! Auch die anderen Gebäude waren mir fremd. Mir rutschte das Herz in die Hose, dennoch reagierte ich schnell, gab Vollgas, korrigierte die Luftschraubenverstellung, fuhr das Fahrgestell und die Landeklappen ein und vollführte in Bodennähe eine Steilkurve in rückwärtiger Richtung. In nur etwa 500 Metern Höhe ging es in ostwärtiger Richtung zurück zum Rhein. Dabei begegnete ich zwei tieffliegenden Eindeckern, die sofort in eine Steilkurve gingen, als sie mich sahen. Das waren wohl Artilleriebeobachter, denn im Vorbeifliegen erkannte ich, daß vorn in den offenen Flugzeugen jeweils ein Beobachter saß.

Als ich den Rhein erreichte, sah ich zu meinem Schrecken eine gesprengte Brücke. Also befand ich mich noch in der Region, wo der Rhein die Grenze bildete, und damit viel südlicher, als ich angenommen hatte. Jetzt wurde ich mir meines gefährlichen Irrtums bewußt: Ich war entlang dem Hagenauer Forst geflogen und beinahe auf dem französischen Flugplatz Haguenau (Hagenau)* gelandet. Die zwei Flugzeuge, die ich kurz zuvor gesehen hatte, waren also französische Aufklärer. Wenn ich das gewußt hätte! Kein Wunder, daß sie so eine schnelle Kurve geflogen waren.

Meine rote Lampe leuchtete auf und zeigte an, daß ich nur noch für zehn Minuten Benzin hatte. Also wieder nach Norden, am silbrigen Rhein entlang, bis ich den richtigen Wald erwischte. Aber diesmal ging ich auf Nummer Sicher, überflog den Flugplatz und stellte fest, daß Gebäude und Hallen am richtigen Platz standen. Ich fühlte mich müde und abgespannt, als ich zum Liegeplatz rollte. Als ich die Fliegermütze abnahm und die Kombination auszog, merkte ich erst, daß ich ganz verschwitzt war. Mein Erster Wart zeigte mir in der Fläche ein Loch, einen Treffer, wohl von einer kleinkalibrigen Flugabwehrkanone. Ich zuckte mit den Achseln, wo und wie ich diesen Treffer erhalten hatte, wußte ich nicht. Ich hatte verdammtes Glück gehabt.

Kühle war von meiner Eigeninitiative überhaupt nicht begeistert. Er wies mich vor allen anderen Flugzeugführern zurecht. Alle meine Erklärungen über schlechten Funk tat er als Ausreden ab. Ich hatte die Staffel ohne Auftrag verlassen. Ohne seinen Befehl sei das nicht gestattet! Ich wußte diese Vorwürfe zu ertragen. Es sollte nicht das letzte Mal sein, daß ich mit Kühle Auseinandersetzungen hatte über die richtige Taktik des Jagdfliegens. Für ihn galt immer noch seine spanische Erfahrung: Ein Jagdflieger durfte erst angreifen, wenn er sich seines Erfolges sicher war und sich selbst nicht gefährdete. So vermied er unnötiges Risiko, gewann aber Erfahrung, was ihn von Mal zu Mal erfolgreicher wer-

---

* Erst nach dem Krieg erfuhr ich, daß meine »Beinahe«-Landung auf dem französischen Flugplatz Haguenau kein Einzelfall war. Die Flugplätze – vor allem die Militärflugplätze – waren beiderseits der Front (die Grenze kann man von oben nicht erkennen) so ähnlich, daß dies vielfach zu Irrtümern führte. So landete zum Beispiel am 24. September 1939 eine Me 109 der II/51 in Straßburg-Neuhof. Da sie voll flugtauglich war, konnte die französische Luftwaffe viele Versuchsflüge damit durchführen. Am 28. November wurde die Maschine jedoch bei einem Zusammenstoß in der Luft vollständig zerstört. Bereits am 22. November war eine weitere Me 109, eine E 3, nahe Wörth auf einem französischen Flugplatz gelandet. Der Flugzeugführer, ein erfahrener Oberfeldwebel, war überzeugt, auf die deutsche Seite zurückgekehrt zu sein. Diese Maschine wurde zuerst gründlich von den Franzosen geflogen und dann nach England überstellt, wo man sie in Farnborough gegen die Hurricanes und Spitfires testete.

den ließ. Ich teilte diese Meinung nicht, aber das spielte keine Rolle, denn schließlich war er der Vorgesetzte. Sicher hätte alles anders ausgesehen, wenn ich Erfolg gehabt hätte, wenn ich den französischen Aufklärer erwischt hätte. Ich war mutig gewesen, aber auch dumm. Nur mit Glück hatte ich meine Fehler überlebt, also hieß es, Schnauze halten.

6. Dezember 1939
Heute läuft das Leben wieder seinen normalen Diensttrott ... Gestern holten mich mein Bursche und mein Fahrer mit dem Wagen ab. Unser Doktor, ein Böblinger, war mit demselben Zug gekommen, so konnten wir beide den gleichen Wagen benutzen ... Leider blieb uns auf halbem Wege der Wagen stehen, das Benzin war alle.

Hier ist nichts Neues zu berichten ... Unserem Kommandeur, den ich im Lazarett besuchte, geht es etwas besser, sein Fieber hat nachgelassen. Man hofft, daß er über den Berg ist ... Man fragte mich außerdem, ob ich Weihnachten oder Neujahr Urlaub nehmen würde. Ich habe mich für Neujahr entschieden. Es soll 11 Tage geben. Die werde ich zum geringsten Teil bei Euch verbringen. Trotz Krieg werde ich sie zum Skifahren nutzen. Ich habe wieder Riezlern (kleines Walsertal) im Auge.

16. Dezember 1939
... Mein Urlaub wird nun auf den 28. oder 29. fallen. – Mein Plan bleibt bestehen: Ich werde mit Berthel nach Riezlern fahren ... Habe den Adjutanten für 10 Tage vertreten ... Unserem Kommandeur geht es jetzt wesentlich besser, er macht bereits die ersten Gehversuche. Wir freuen uns alle sehr darüber. Weihnachtsgeschenke habe ich schon für Euch alle eingekauft. Ich schicke sie nicht, sondern werde den verspäteten Weihnachtsmann spielen.

19. Dezember 1939
Gestern war für mich Weihnachten. Ich habe es auch gefeiert mit 4 kleinen Lichtern auf einem Adventskranz und dazu alles ausgepackt ... Es kamen noch Bert Göbel und Fermer

Die Angehörigen der 3. Staffel, die gerade keinen Dienst haben, feierten 1939 in der Liegeplatzbaracke unter einem kleinen Bäumchen auf einem Benzinkanister Weihnachten »im Felde«.

zu mir, und bei einem Schnäpslein und Weihnachtsgebäck verplauderten wir den Abend bis in die Nacht ... Am Heiligen Abend, wenn ich Offz. v. Dienst habe, werde ich in Gedanken bei Eurem Fest zu Hause sein ..., nachdem ich danach einen Abend bei Euch sein werde, verbringe ich meinen Urlaub mit körperlicher Ertüchtigung. Was könnte es dazu schöneres geben als Skifahren. Ich habe mich bereits für den 30. 12. in Riezlern angesagt, beim Onkel meines Burschen, der dort eine Autowerkstatt hat ... Geflogen bin ich 14 Tage nicht mehr. Das Wetter will nicht! ... Wenn man da von den abgeschossenen 34 Engländern (bei der Helgoländer Bucht) liest! ... Das wird hier auch noch kommen ..., hier werden wir es schwerer haben, denn hier gibt es feindliche Jäger!

Überraschend erhielten wir um Weihnachten Besuch von Hitler. Er wollte das Fest bei »seiner Truppe«, der Infanterie an der Front, verbringen. Mit dem Sonderzug kam er nach Neustadt an der

Überraschend hatten wir in den Weihnachtstagen Adolf Hitler zum Mittagessen zu Gast. Im Kasino des Flugplatzes Laachen-Speyerdorf hält er eine Ansprache, die in mir erste Zweifel am »Führer« aufkommen läßt.

Der Gefreite Artur Fischer überreicht Hitler bei diesem Anlaß ein selbstgebasteltes Modell einer Me 109. Der gelernte Feinmechaniker baute und verkaufte nach dem Krieg zunächst Feuerzeuge. Bekannt geworden ist er später als Hersteller der Fischer-Dübel. Professor Dr. Fischer ist Inhaber zahlreicher Patente.

Weinstraße und fuhr von dort mit seiner feldgrauen Wagenkolonne weiter an die Westfront, die nördlich am französischen Weißenburg vorbeiführte. Nach dem Besuch der Postenlinie dort erschien er bei uns. Wir waren die nächsten Jagdflieger – nicht nur auf seinem Weg, sondern auch zur Grenze.

Er verbrachte etwa zwei Stunden bei uns, aß zu Mittag aus unserer »Feldküche« und hielt anschließend in unserem provisorischen Kasino eine kurze Tischrede. Ich saß ihm am Tisch gegenüber, als er sagte, er werde sich »selbst mit dem Teufel verbünden«, wenn es Deutschland nütze. Mir kamen da zum ersten Mal Zweifel, ob dieser Mann für Deutschland wirklich ein Segen war.

11. Januar 1940
… nur ganz kurz. Heute bin ich doch mit dem Fronturlauberzug zurückgefahren. Es war ein schöner Abschluß meines Urlaubs. Um 1/2 10 Uhr bin ich hier angekommen und um

½ 12 Uhr schon zur Begleitung eines Aufklärers gestartet. Es war herrlich, 17 Maschinen 50 Minuten über franz. Raum, fast ungestört. Feindliche Jäger zeigten sich nicht, nur die Flak schoß ganz ordentlich. Morgen verlegen wir vielleicht, aber ich glaube kaum, daß es etwas Besonderes gibt. Schickt aber bitte nur noch unter Feldpostnummer.

Am 22. Januar schickte ich sowohl ein Telegramm als auch einen Brief an meine Eltern, denn jetzt brauchte ich wirklich dringend und schnell eine Skiausrüstung. Es war eine wirkliche Überraschung für mich, daß wir – diesmal die gesamte Staffel – zum Skifahren abkommandiert wurden, und zwar ins Kleine Walsertal, wo ich gerade hergekommen war. Der Besuch Hitlers über Weihnachten hatte uns nicht nur in der Presse, sondern wohl auch sonst ins Rampenlicht gerückt. Dieses Kommando war ein Geschenk des Himmels. Die »Höhenanpassung«, wie sich das Programm offiziell nannte, war zwar, wie unser Gruppenarzt Dr. Lenz erklärte, in einer Höhe von 1100 bis 1400 Metern kaum zu erreichen, aber das war uns egal. Schon in Laachen-Speyerdorf sorgte ich für eine gewisse Vorbereitung. Die Heereseinheit, die in unserer Nähe stationiert war, versorgte uns mit Skiern und Stöcken, das Training konnte beginnen. Unser Flugplatz war mit leichtem Schnee bedeckt, und ich ließ den Geländekübelwagen über die ebene Fläche des Platzes fegen, im Schlepptau die Anfänger, die so üben konnten.

Um uns herum ging der Krieg natürlich weiter. Die Piloten und Mechaniker lernten allmählich, mit der 109 auch bei niedrigen Temperaturen umzugehen. 1939/40 war einer der kältesten Winter in Europa.

22. Januar 1940

... Ja, es geht schon wieder zum Skifahren, diesmal als 8tägiges Kommando zur »seelischen und geistigen Erholung« der Flugzeugführer ... Vielleicht kann es doch nicht sein, wer weiß, was uns die nächsten Tage bringen. Andernfalls fahren wir am 29., und zwar nach Hirschegg, 2 km weiter als Riezlern. Meine Anschrift würde dort lauten: Ltn. Steinhilper, Darmstädter Hütte, Hirschegg bei Oberstdorf. Das hätte ich

Übung für den Ernstfall: Die Flugzeugführer der 3. Staffel wurden im Januar 1940 zum Skilaufen in das Kleine Walsertal abkommandiert. Zur Vorbereitung übten wir uns auf dem Flugfeld durch eine Art »Skijöring«. Als Zugwagen diente das Mercedes Kabriolet von Staffelkapitän Helmut Kühle.

mir nicht träumen lassen ... Ihr werdet jetzt sicher auch herrlichen Schnee und unheimliche Kälte haben. Kälte und schönes Wetter ist uns lieber als warm und wolkig! ... Ich bewundere unsere brave »Me 109«, die trotz Kälte und Schnee kaum Mucken hat.

27. Januar 1940
... Hoffentlich kommt meine Wäsche noch rechtzeitig zu Euch ... Vorgestern habe ich mich zu sehr aufgeregt ..., beinahe hätte ich einen Abschuß erzielt! Aber an mir hat es diesmal nicht gelegen.

Wir wollten aus Frankreich in 7000 m Höhe einen Aufklärer abholen. Wir hatten ihn noch nicht getroffen, da erschienen über uns, etwa 1000 m höher, 1 feindl. Aufklärer mit einem Schutz von 14 Jägern, wir waren 8. Ich glaubte, wir würden angreifen, und zog mit meinem Rottenhund los, was mir nachher einen Mordsanpfiff brachte. Kühle glaubte immer noch, den eigenen Aufklärer zu finden, den er schützen wollte. Wie sich nachher rausstellte, hatte der sich schon vorher verdrückt. Gott sei Dank paßten die feindlichen Jäger nicht auf ihren Aufklärer auf, sondern waren ganz Auge auf unsere anderen 6 Maschinen, griffen aber nicht an, obwohl wir weit in ihrem Gebiet waren. Daß ich mit meinem Rottenhund hinter dem Aufklärer herzog, sahen sie auf jeden Fall nicht, ich bemerkte sie auch nicht weiter. Wir stiegen hinterher, der Franzose, eine 2motorige Maschine, die recht gut aussah, haute nach Südwesten ab und stieg dabei prima. Es dauerte ewig, bis ich rankam, mein Rottenhund rutschte in 9600 m weg und haute ab. Ich war also ganz allein jenseits der Vogesen. Etwas Fracksausen hatte ich ja, als ich dann ohne Rücksicht auf den Motor mit Übertouren flog, um ihn zu übersteigen. Einmal wollte ich die Schnauze hoch zücken, um zu schießen, aber gleich rutschte ich weg. Er flog stur geradeaus und stieg immer noch. Ich war platt, aber ich schaffte es, bei etwa 9800 m war ich etwa 10 m höher und wollte aus der Sonne auf ihn einbiegen, aber da kippte er nach links weg, gleich wollte ich hinterher, kam aber wieder ins Rutschen. Er fing sich gleich wieder, ich erst 200 m tiefer. Dabei fiel ich so nah an ihm vorbei, daß ich den Kopf des Flugzeugführers sah. Nochmals stieg ich hinterher und fing dann aus 500 m an zu schießen, aber nach 220 Schuß flog er immer noch, und ich kriegte vermutlich infolge der Kälte (etwa –60°C) keinen Schuß mehr raus.

Blutenden Herzens machte ich kehrt und kam auch ungeschoren nach Hause. Eine Genugtuung habe ich: Der Franzmann hat sich sicher gewundert, daß er in der Gegend von Épinal von einem deutschen Jäger angegriffen wurde. Ich aber werde alles versuchen, um meine Maschine höher zu bringen. Ich habe vor Wut laut geflucht. Das Üble war dann noch, daß man mir Vorwürfe machte, weil ich allein abgehauen war, aber mir war richtig der Gaul durchgegangen, und ich glaube, wenn ich ihn abgeschossen hätte, wäre alles gut gewesen, nur ein Grund, um sich doppelt zu ärgern. Vorläufig freue ich mich aufs Skifahren. Wir fahren morgen früh ...

Nachdem ich aus der Gegend von Épinal zurückgekommen war, wurde ich wieder von Kühle vergattert. Er machte wirklich nur »Dienst nach Vorschrift«. Nach meiner Ansicht war das falsch. Der eigene Aufklärer war zu spät dran; an seiner Stelle hatte sich ein attraktives, ein seltenes Ziel gezeigt, und doch hatte Kühle einfach nicht angreifen wollen. Er hatte als Staffelkapitän dafür zu sorgen, daß Disziplin gehalten und Befehle ausgeführt wurden. Heute weiß ich, daß ich leichtsinnig gewesen bin, aber ich war eben unerfahren und wollte mich im Kampf beweisen.

Bald danach kam unsere Abordnung zum Skifahren. Wir wurden sehr komfortabel in der Darmstädter Hütte untergebracht, in der wir einen gesamten Seitenflügel zur Verfügung hatten. In unserer Schicht waren wir vier Offiziere, Dr. Lenz und acht Unteroffiziere. Außer uns befanden sich noch weitere 50 zivile Gäste im Haus. Die Hütte war eine typische Wintersportunterkunft. Die Mahlzeiten waren im Preis inbegriffen, Getränke hatten wir selbst zu bezahlen. Zu dieser Winterzeit hatte das benachbarte Riezlern etwa 300 Wintersportler und Mittelberg etwa 200 Gäste.

Kühle blieb gar keine andere Wahl, als mich zum Skilehrer zu ernennen. Er gab mir jedoch zugleich die Anweisung: »Keine Verletzten!« Dafür sei unsere Aufgabe als Jagdflieger, der Schutz der Heimat, zu wichtig. Ich sei also verantwortlich für jede Art von Unfall. Gerne übernahm ich die Aufgabe des »Skilehrers«, aber diese zusätzliche Verantwortung gefiel mir nicht. Vor allem verhinderte sie eigene Touren, die ich gerne gewagt hätte.

Tagsüber übten wir. Das war für die Anfänger – aber auch für mich – anstrengend genug. Nach dem Nachtessen wanderten wir dann die zwei Kilometer ins benachbarte Riezlern, wo wir im Post-Hotel ein paar »Drinks« nahmen. Als wir dort zu Stammgästen avancierten, wurde ein schöner Tisch in einem runden Raum unser Dauerplatz. Er war etwas seitlich gelegen, so daß wir vor den neugierigen Blicken der anderen Gäste geschützt waren. Oberleutnant Kühle hatte angeordnet, daß wir uns mit Vornamen anreden sollten, die Offiziere waren jedoch anzusprechen mit Herr Kühle, Herr Steinhilper, Herr Waller und Herr Büsgen.

Zu unserer Unterhaltung spielten wir ein Nummernspiel, das mit der Menge des genossenen Alkohols an Tempo und Lautstärke zunahm. Das Spiel war einfach: Rund um den Tisch wurde

Auf Skitour zum Hahnenköpfle oberhalb von Riezlern, angeführt von Oberleutnant Kühle, dahinter Feldwebel Rüttger und Feldwebel Schieverhöfer, der es bei der Abfahrt auf weit über 100 Stürze brachte.

gezählt, man rief dem Nachbarn die Nummer zu, die gerade dran war. Jede Zahl, die durch 3 teilbar war, mußte durch ein »Hopp« ersetzt werden. Bei jedem Fehler wurde dem Rufer ein Streichholz zugeteilt. Am Ende des Spiels hatte jeder seine Hölzer zu zählen und zu bezahlen. Ein Streichholz kostete zwanzig Pfennige (damals war der Pfennig noch etwas wert). Wenn wir das zu gut konnten, kam noch die Zahl 7 hinzu, also 1, 2,»hopp«, 4, 5, »hopp«, »hopp«, 8, »hopp«, 10 und so weiter. Da kam schon Geld zusammen, und das wurde anschließend in Schnaps umgesetzt.

Gegen 22 Uhr wechselten wir gewöhnlich in die dem Post-Hotel schräg gegenübergelegene »Stern-Bar«, wo eine kleine Kapelle zum Tanz aufspielte.

Eines Abends nahm beim Nummernspiel eine Dame zwischen Hinnerk und mir Platz. Kühle saß uns an dem runden Tisch genau gegenüber. Es war ein besonderer Abend, denn Kühle und Hinnerk wollten ausprobieren, wer mehr Obstler vertragen könne. Hedda, die junge Frau, bemerkte, daß Kühle schummelte, und beschloß, Hinnerk zu helfen. Sie kippte von nun an seine Schnäpse geschickt in ihr Cocktailglas und ersetzte sie durch Mineralwasser aus einer Flasche in ihrer Handtasche. Kühle zeigte nach etwa 20 Obstlern immer noch keine Wirkung, sondern erwies sich wie gewohnt als Herr der Lage. Hedda ging nun um den Tisch herum, nahm Kühles Glas und trank es leer. Dann kam sie zurück, setzte sich wieder zwischen uns und sagte: »Der trinkt auch Wasser!« Helmut Kühle hatte die Kellnerin bestochen.

Zum Abschluß bedankte Hedda sich für den netten Abend, indem sie Kühle einen Drink spendierte. Sie schob ihm dabei ihr mit Obstler gefülltes Cocktailglas zu, das er ex leeren sollte. Es dauerte nicht lange, bis er umfiel.

Gegen Ende der Ferien unternahmen wir eine größere Tour zum Hahnenköpfle. Das bedeutete einen Anmarsch in einem flachen Tal, später einen Anstieg auf 1900 Meter. Der etwa einstündige seichte Anmarsch zur Auenhütte war gutes Aufwärmtraining. Dort mußten die Skier geschultert werden, die wir über einen Trampelpfad zur Ifenhütte hinaufschleppten. Wir aßen zu Mittag und stiegen anschließend in gebahnter Spur mit untergeschnallten Skiern zum Hahnenköpfle hinauf. Als wir nach harten zwei Stunden dort ankamen, waren wir ziemlich ausgepumpt. Aber es hatte sich gelohnt: Wir erlebten einen herrlichen Tag. Die Luft war kalt und trocken, aber klar. Die Sonne schien und verpaßte uns eine gesunde Bräune. Ich genoß den Ausblick voller Vorfreude auf die vor uns liegende Abfahrt.

Zu meiner Verwunderung sahen die »Flachländer«, als wir aufbrechen wollten, immer noch ziemlich erschöpft aus. Ich mahnte noch einmal zur Vorsicht. Wir hätten viel Zeit, sie sollten langsam fahren, kein Risiko eingehen. Auf alle Fälle würde ich den Abschluß bilden und bei Stürzen zu Hilfe kommen. Aber auch wenn der Wille da war, sie konnten meinen Rat nicht befolgen. Sie waren einfach zu müde und wollten nach unten, so schnell es nur ging. Es dauere nicht lange, und sie fielen und purzelten in alle

Richtungen, jegliche Disziplin schien vergessen. Unterhalb der Ifenhütte fuhr ich dann voraus, um vor einer Kurve zu warnen. Es dauerte aber nicht lange, da wurde ich von Schieverhöfer mit hoher Geschwindigkeit überholt – und schon stürzte er in den aufstäubenden Pulverschnee. Er stand auf, schüttelte den Schnee von seiner Kleidung und sagte »122«. Was er denn zählen würde, wollte ich wissen. Ganz ruhig erklärte er, daß sie untereinander eine Wette abgeschlossen hätten, und der gewonnen habe, der bei der Abfahrt am häufigsten stürze. Er sei gerade auf 122 Stürze gekommen.

Die Hunde der Flieger

Für jeden von uns war es ein schönes Gefühl, einen lebendigen »Kameraden« an seiner Seite zu wissen, der einen begleitete, wenn man flog, am Flugzeug entlangrannte, wenn man landete, oder einfach mit dem Schwanz wedelte, wenn man zur Halle oder zum Liegeplatz zurückkehrte. Nicht wenige Piloten legten sich einen solchen treuen Kameraden, einen Hund, zu und nahmen ihn mit, wie und wo immer es ging.

Ich hatte – nacheinander – zwei Hunde, deren Schicksal in dieses Buch gehört. Beide sind mir zugelaufen. Zunächst Seddy, ein Foxterrier, der sich mir in Böblingen anschloß. Ich wohnte dort in einer neuen Fliegerkaserne im Erdgeschoß, in der Nähe des Haupteingangs. Meine Leutnantswohnung teilte ich mit Leutnant

Mein kleiner Begleiter Seddy. Obwohl er das Fliegen nicht gut vertrug, zog er es noch allemal dem Alleinsein vor.

Leutnant Herbert Fermer, der ehemalige Adjutant von Hauptmann Graf von Pfeil, mit seinem Pudel. Fermer wurde als Staffelkapitän der 7. Staffel in der III/52 schon am 24. Juni 1940 über dem Kanal abgeschossen.

Robert Göbel. Die Wohnung bestand aus zwei Zimmern. Vom Eingangsflur ging es geradeaus in das Badezimmer mit einer großen Badewanne, rechts lag das Zimmer von Bert, links meines.

Im Mai 1939 wachte ich eines Nachts auf, denn in meinem Zimmer schnarchte jemand so laut. Als ich nach der Ursache forschte, fand ich unter meinem Bett einen kleinen Hund, einen Foxterrier. Am Morgen übergab ich meinem Burschen den kleinen Fox und bat ihn herauszufinden, wem der Hund gehöre. Zu Mittag meldete er, daß der Foxterrier dem österreichischen Oberleutnant Karl gehöre, der den »Foxie«, namens Seddy, seinem Burschen zur Pflege dagelassen habe. In dessen Obhut habe er Seddy gegeben.

In der folgenden Nacht fand ich Seddy wieder unter meinem Bett. Da ich schon eine gewisse Zuneigung zu dem putzigen Tier gefaßt hatte, sollte Seddy so lange bei mir im Zimmer bleiben, bis Karl aus Nordafrika zurückkehrte. Nach zwei Wochen übergaben wir das Tier dann seinem wahren Herrchen. Ohne Erfolg, denn

Mein kleiner Foxterrier Seddy und ich. Seddy hatte sich mir in Böblingen angeschlossen und bis nach Frankreich meinen Weg begleitet. Dort wurde er allerdings ein Opfer des Krieges.

schon am Abend kam Seddy wieder. Daraufhin schenkte Oberleutnant Karl ihn mir. Das wollte und konnte ich nicht ablehnen. So kam es, daß ich plötzlich einen eigenen Hund hatte.

Mein kleiner Fox war ein begeisterter Flieger. Immer wollte er mitkommen. In der Me 109 hatte er auch einen guten Platz. Hinter meinem Kopf, wo später die Panzerplatte eingebaut werden sollte, war in der Kabine eine kleine Fläche, auf die sich Seddy setzen konnte, ohne mich im geringsten zu stören. Allerdings wurde mein »Fliegerhund« manchmal »seekrank« und erbrach sich direkt in meinen hinteren Halskragen. Da das selten geschah, ertrug ich es. Natürlich nahm ich ihn nie auf Feindflüge mit, aber wenn wir verlegten, wurde Seddy immer geflogen. Feldwebel Voss, mein Rottenhund, und mein Bursche Hans Steeger liebten und pflegten den Kleinen so sehr, als ob er ihnen gehörte. Der lustige Fox war eigentlich in der ganzen Staffel bekannt und beliebt. Als er in Laon von einem Heereslastwagen überrollt und getötet wurde, war das für alle ein großer Verlust.

Später, zu Beginn der »Battle of Britain«, als wir uns in Coquelles eingerichtet hatten, kam ich wieder zu einem vierbeinigen Begleiter. Wir – die Offiziere Oberleutnant Kühle, Leutnant Waller und ich – zogen es vor, in Beutezelten zu wohnen. Die Zelte hatten die Briten bei ihrer Flucht aus Dünkirchen am Strand des Kanals in großer Zahl hinterlassen. Sie waren achteckig und maßen gut fünf Meter im Durchmesser. Wir hatten also reichlich Platz für unsere drei Betten und einige Möbel, die wir aus zerstörten Häusern in Calais besorgten. Es war sauber und behaglich, und auch unsere Habe und die Uniformen konnten wir bequem unterbringen. Aus Sicherheitsgründen ließen wir den Boden etwa einen Meter tief ausheben, stützten die Seitenwände mit Brettern ab und waren so gut vor Bombenwürfen geschützt. Splitter würden über unsere Köpfe hinweggehen.

Neben den üblichen Gebrauchsmöbeln befand sich in unserem Zelt gleich neben dem Eingang ein Gewehrständer mit vier wunderbaren Jagdwaffen. Auf Befehl der deutschen Kommandantur in Calais hatte die Bevölkerung alle Waffen abgeben müssen, auch Jagdwaffen samt Munition. Da wir auf unserem »Feldflugplatz« Hasen und Rebhühnern quasi Gute Nacht sagten, holten wir ein paar solcher Gewehre aus der Heereskommandantur, mußten dafür aber mit Angabe der Einheit unterschreiben. Den Besitzern wurde versichert, daß ihnen nach Beendigung der Feindseligkeiten die wertvollen Gewehre wieder ausgehändigt würden. So konnten wir auf die Jagd gehen, hatten Bewegung und sorgten für eine erstklassige Verpflegung. Vor allem die körperliche Betätigung war nötig und tat uns allen gut.

Eines Tages saß neben diesem Gewehrständer ein schwarzweißer Hund. Es handelte sich zweifellos um einen Mischling, vorn ähnelte er einem Spaniel, hinten wedelte er mit einem buschigen Schwanz. Zuerst versuchte ich ihn zu verjagen, aber er kam immer wieder zurück. Auch als später Kühle und Waller erschienen und wir unser Abendessen im Zelt einnahmen, wich er nicht von meiner Seite. Die beiden hatten nichts dagegen, der Hund konnte bei uns übernachten.

Am nächsten Tag meldete sich ein Bauer bei mir. Er habe gehört – soviel Französisch verstand ich –, daß sein Hund bei mir sei. Damit hatte ich kein Problem: »Bitte nehmen Sie ihn mit auf

Ihren Bauernhof!« Zwei Tage später war der Hund aber wieder da, und wieder erschien der Bauer und holte seinen Mischling ab. Nachdem der Hund jedoch ein drittes Mal ausgebüchst war, wollte er ihn nicht mehr haben. Ob ich wenigstens für den Hund bezahlen würde? Darauf ging ich gerne ein und fragte nach seinem Namen. Aber wenn ich – mit einem fremden Akzent – diesen Namen rief, hörte »mein Hund« überhaupt nicht und gehorchte keinem meiner Befehle, ob deutsch oder französisch. Nach kurzer Zeit taufte ich ihn einfach »Terry«, was so ähnlich klang wie Seddy und mir und der Staffel vertraut war. Unter diesem neuen Namen gehorchte der Hund sehr bald, soweit man bei ihm überhaupt von Gehorsam sprechen konnte.

Terry war wie verrückt, wenn ein Schuß fiel. Auf seine Jagdlust machte er auf besondere Weise aufmerksam: Wann immer wir im Zelt waren, ging er zuerst zu den Jagdgewehren, dann stieß er mit seiner Nase an meine Beine, als ob er sagen wollte: »Verdammt noch mal, warum benutzt du diese Geräte nicht?« Er war so beharrlich, daß ich ihm zuliebe auf die Jagd ging. Auf lebende Tiere schießen – das mochte ich eigentlich nicht. Aber dann erlegte ich doch manchen Hasen und manches Rebhuhn. Unser Kasinokoch, der in Friedenszeiten im besten Hotel Stuttgarts, dem Hotel Marquardt, Küchenchef gewesen war, konnte Wildbret ausgezeichnet zubereiten, und so hatten wir alle etwas davon.

Aber Terry und ich waren Stümper. Natürlich schoß ich die Rebhühner nur im Flug. Manchmal traf ich mit meinem Schrot mehrere Vögel, die dann in die grünen Kartoffeläcker fielen. Nun zeigte sich, daß Terry kein abgerichteter Jagdhund war. Er half zwar, so gut er konnte, aber meist fand ich mehr als er. Da kauerten die armen Viecher tarnfarben in den Ackerfurchen und blickten mit Angst in den Augen zu mir auf. Ich mußte nun den Kopf der traurigen Kreaturen zwischen Zeige- und Mittelfinger nehmen und mit einer schnellen Drehung ihren Hals brechen. Das stand ich nicht lange durch – die angsterfüllten Vogelaugen verfolgten mich noch im Schlaf.

Um Terry einen Gefallen zu tun, jagte ich weiterhin, aber nur noch Hasen. Eines Tages kam es dabei zu einem Zwischenfall. Ich marschierte mit meinem Hund durchs Gelände und wäre die anderen Jäger gar nicht gewahr geworden, wenn aus einem Kartoffelfeld nicht ab und zu Schüsse an mein Ohr gedrungen wären. Eine Jagdgruppe, die in Gegenrichtung das noch grüne Feld durchtrieb, näherte sich. Wieder fielen Schüsse. Wie üblich war Terry nicht zu halten. Er rannte in Richtung der Schüsse, durchquerte das Kartoffelfeld und scheuchte alle Hühner auf – und das waren nicht wenige. Ich rannte ihm nach und kam gerade dazu, als der Pionierhauptmann auf Terry anlegte. Er schoß einmal, zweimal, dreimal und fluchte dabei über meinen Hund. Mir blieb fast das Herz stehen!

Der Schütze war der einzige Mann, der ein Gewehr trug, die anderen waren einfache Soldaten, die die Rolle der »Treiber« übernommen hatten. Als wir uns gegenüberstanden, schrien wir uns gegenseitig an: »Können Sie, verdammt noch mal, nicht sehen, daß der Hund immer dahin läuft, wo geschossen wird? Können Sie nicht sehen, daß er beim Einschlag nach Beute sucht?« brüllte ich, und er wollte nicht weniger aufgebracht wissen: »Haben Sie überhaupt einen Jagdschein? Wie können Sie einen so ungehorsamen Hund, der nicht auf Hühner abgerichtet ist, auf die Jagd mitnehmen? Wissen Sie nicht, daß die Jagd auf Rebhühner ohne abgerichteten Hund grausam sein kann?« Wenn uns die Soldaten nicht zurückgehalten hätten, wäre es wahrscheinlich zum Schußwechsel gekommen!

Ich beendete den Streit wohl, weil Terry am Hinterlauf stark blutete. Ich ließ mich zu dem Bauern fahren, dem Terry ursprünglich gehört hatte, und bat ihn um Hilfe. Der schaute sich den Streifschuß genau an und beruhigte mich. Terry war nicht schwer verletzt. Der Bauer verstand etwas von Tieren. Es zeigte sich, daß der Schütze ein geübter Jäger gewesen sein muß, der nicht direkt draufhielt, sondern ein wenig seitwärts zielte, denn Terry hatte tatsächlich nur einen Streifschuß abbekommen, der inzwischen nicht mehr blutete. Zwar hatten der Pionier und ich Visitenkarten ausgetauscht, aber keiner von uns beiden sollte sich jemals wieder melden. Das war sicher besser so.

Terrys Sucht nach Schüssen war ein großes Problem. Nicht weit von unseren Zelten entfernt hatten die Waffenwarte nämlich einen Schießstand aufgebaut, wo sie – zum Teil mit laufenden Motoren – die MG und Kanonen, die Waffen unserer Me, justierten, damit schossen und den Vorhaltewinkel zum Propeller ausprobierten. Wenn ich versäumt hatte, Terry anzubinden, war er schon beim ersten Schuß weg. Schnurstracks rannte er die 300 Meter zu den Strohballen, wo die Geschosse aus den Gewehren oder Kanonen der dort aufgebockten 109er einschlugen. Oft konnten die Waffenwarte nur noch in letzter Sekunde den Abzug loslassen. Da Terry diese schlechte Eigenschaft nicht abzugewöhnen war, mußte ich ihn anbinden, dann bellte er zwar, aber er konnte nicht weglaufen.

Wann immer ich startete, rannte Terry neben meiner Maschine her, bis das Flugzeug ihm zu schnell wurde und abhob. Das war noch zu verstehen, aber wie er unter mehr als 30 Maschinen, die nacheinander landeten, diejenige heraushörte, in der ich saß, bleibt mir bis heute ein Rätsel! Wenn ich nach der Landung nach links aus dem Fenster der 109 blickte, dann rannte dort mein kleiner Mischling mit dem großen Metallvogel um die Wette.

Am 30. September 1940, es war schon beinahe Abend, führte ich den Rest der Staffel, weil Kühle wegen Schmerzen in der Eustachischen Röhre nicht fliegen konnte. Wir begleiteten einen Bomberverband, der im Blindflug sein Ziel verfehlte, so daß wir zu viel Benzin verbrauchten und daher nicht nach Coquelles zurückkehren konnten. Ringsum in den Feldern von Coquelles legten an diesem Abend zahlreiche fremde 109er aus Spritmangel Notlandungen hin. Die 1. und 2. Staffel, die nach uns gestartet war, war bereits mit viel Risiko gelandet. Jetzt saßen sie alle um Terry herum und warteten voller Sorge auf uns. Alle hofften, daß der Hund aufspringen möge, weil er den Klang meines Motors hörte.

Wir schafften es mit unserem Sprit nur bis Boulogne, von wo ich sofort in Coquelles anrief und mitteilte, daß wir wohlbehalten gelandet seien, daß wir auftanken und noch am Abend eintreffen würden. Bis zu diesem erlösenden Anruf waren alle Augen voller Spannung und Sorge auf Terry gerichtet.

Nach dem 27. Oktober, meinem Abschußtag, brachte die Staffel Terry zu meiner Mutter nach Heutingsheim. Aber die war als Lehrerin inzwischen so stark in Anspruch genommen, daß sie sich nicht so um ihn kümmern konnte, wie sie es für nötig hielt. Sie bat die Staffel daher im Frühjahr 1941, Terry wieder zurückzuholen. Diese kam dem Wunsch nach. So machte Terry auch noch den Feldzug nach Rußland mit. Dort ist er verschollen.

Der wahre Krieg beginnt

An der Westfront

Es war Vorschrift, daß ein Flugzeug nach einer technischen Überprüfung durch die Werft (Teil der Stabskompanie) erst dann wieder flugtauglich geschrieben wurde, wenn ein Werkstattflug mit entsprechender Prüfung und Signatur durch den Flugzeugführer erfolgt war. Unser Technischer Offizier, Oberleutnant Kirchner, hatte die Pflicht, diese »Werkstattflüge« selbst durchzuführen. Da sich dieses Verfahren nicht bewährte, wurde bei uns mit Zustimmung des Kommandeurs – so beweglich war damals die Luftwaffe – entschieden, daß jeder Flugzeugführer seine Maschine selbst »einfliegen« sollte. Das war eine gute Entscheidung, denn jeder trimmte sein Flugzeug, ob an den Flächen, dem Seiten- oder Höhenruder, anders. So konnte die Sauerstoffzufuhr der Maske angepaßt werden, auch den Sitz des Halsmikrofons konnte der Pilot durch gewisse Änderungen seinen Bedürfnissen anpassen. Nicht zuletzt – und darauf kam es dem Bodenpersonal an – konnten die Maschinen so poliert werden, wie die Piloten es vorschlugen oder wünschten. All das hatte Einfluß auf Höchstleistung, selbständige waagerechte Haltung im Blindflug, gewünschte Geschwindigkeit, Propellerverstellung oder Gashebelstellung. Die »persönliche Note« der eigenen Me 109 erhöhte die Zufriedenheit aller Piloten, aber auf das Wetter hatten wir keinen Einfluß, und das blieb in diesen Februartagen des Jahres 1940 schlecht.

März 1940
... Vater gratuliere ich recht herzlich zu seiner Beförderung zum Hauptmann, nun muß ich ja wieder vor ihm stillstehen! ... Sagt den Heutingsheimern Dank für die mir zugesandten Päckchen ... Wie Mutter schon gesagt hat, sollen sie es lieber anderen Soldaten zukommen lassen, die es mehr nötig haben als ich.

8. März 1940
... Sicher habt Ihr in den letzten Tagen an mich gedacht, wenn von Luftkämpfen an der Westfront berichtet wurde. Aber ohne Grund, in unserem Abschnitt ist überhaupt nichts los ... Wenn es doch endlich losginge, der Boden ist gut, das Wetter ist gut, auf was warten wir eigentlich noch? So fragt man sich täglich!

21. März 1940
... Bei uns ist der Platz wieder halb ersoffen, aber wir fliegen! – Wenn eine Maschine startet, sieht man nur eine Wasserfontaine über den Platz jagen, aber es geht. Habt Ihr die beiden Rehfelle bekommen? Gebt sie zum Gerben u. laßt Wildleder daraus machen. Ich habe noch ein Wildschweinfell bekommen, das mir jetzt als Bettvorleger dient. Es stammt alles von einem netten Mann, der Jäger ist und sich mit den anderen »Jägern« verbunden fühlt. Die Wildsau paßt, denn unser neues Gruppenabzeichen ist ein springender Eber! ... Der Dienst ist anstrengend, wir haben Bereitschaft von 5.45 bis 19.00. Da kann man nur sagen: Frohe Ostern!

April 1940
... Vater kommt nun auch weg (Nähe Prag), da wird es Mutter ganz schön ruhig haben ... Wenn Ihr von Luftkämpfen hört ..., wir sind dagegen »immun«. Zwar sind wir an den schönen Tagen allerhand geflogen, aber ... Eine zweite Schmalfilmkamera habe ich schon, Preis 145 RM. Die ersten 10 m Film habe ich schon gedreht, bin gespannt, was das wird ... Meine Lederweste habe ich jetzt auch, fabelhaft praktisch, schade nur, daß sie Stoffärmel hat. Teuer genug war sie ja, alles in allem kostet sie nun genau 100 RM. Aber sie ist wirklich prächtig.

11. April 1940
... Daß Vater schon weg ist (Tschechoslowakei, Nähe Pardubitz), hat mich überrascht, hoffentlich findet er eine befriedigende Aufgabe ... Daß er in der Nähe von Trude (der Schwester, die bei der Wehrmacht im Fernschreibdienst arbeitete) ist,

Mein Vater, Wilhelm Steinhilper, wird 1940 zum Hauptmann einer berittenen Maschinengewehrkompanie ernannt.

finde ich prima, ich kann es mir richtig vorstellen, es muß nett gewesen sein, wie sich die zwei getroffen haben ... Heute haben wir herrliches Wetter, und heute mittag ist Bereitschaft, hoffentlich ist da auch etwas los!

Ich wollte in diesem Krieg nichts versäumen. Aber nicht nur die »Lage«, auch das Wetter (auf beiden Seiten) spielte gegen uns. Die grasbewachsenen Startbahnen waren naß oder zugeschneit, Bedingungen, unter denen nicht gestartet oder gelandet werden konnte. In England nannte man diese Phase den »Phoney War«, den »Schwindelkrieg« – und genau so empfanden wir es auch. Es sollte aber nicht mehr lange dauern, bis alles, alles anders wurde.

Im April wurde das Flugwetter besser, und Kühle nutzte diese guten Bedingungen, um unsere Ausbildung in Staffelstärke voranzutreiben. Der kurze Luftkrieg über Frankreich hatte neue Erkenntnisse gebracht. Wir flogen in Staffelstärke: 12 Me 109 in drei

Schwärmen, je aus zwei Rotten bestehend. Die Rotte flog nach Spanienerfahrung in etwa 150 Metern horizontaler Entfernung, so daß man den Rottenhund – vor allem seinen Rücken – beobachten konnte und im Falle eines feindlichen Angriffs (daher die 150 Meter Entfernung) hinter ihn einkurven und hinter sein Heck schießen konnte. Die Jäger konnten ja nur vorwärts schießen und zielten mit der ganzen Maschine. Die Schwärme flogen in gestaffelter Höhe, wobei der Abstand in der Höhe jeweils etwa 200 Meter betrug. Eine so gegliederte Staffel war ein großes und kompliziertes Gebilde.

Kühle flog den untersten Schwarm, Oberfeldwebel Große (auch ein Condor-Veteran) führte den mittleren und Hinnerk Waller und ich abwechselnd den oberen. Die Taktik, die von Werner Mölders in Spanien erdacht und erprobt worden war, sollte folgendermaßen funktionieren: Jedes feindliche Flugzeug, das diese Formation angriff, würde selbst in eine schwierige Situation geraten. Die Theorie war einfach: Sollte der untere Schwarm angegriffen werden, würde er zum Sturzflug übergehen, und auch der mittlere würde zum Sturz übergehen und so dem Feind folgen. Würde der mittlere Schwarm angegriffen, so würde er mit erhöhter Fahrt vor die Schnauzen des unteren Schwarms geraten, so daß der Feind von den unteren und den obersten Jägern angegriffen werden konnte. Der oberste Schwarm würde genau die gleiche Taktik fliegen und im Falle eines Angriffs mit erhöhter Geschwindigkeit den Angreifer vor die Gewehre des mittleren oder unteren Schwarms führen. Diese Theorie hört sich einfach an, aber in der Praxis war das alles ganz anders, denn ein so komplizierte Gebilde wollte auch geflogen sein. Allein die Schwarmbreite betrug etwa 300 bis 400 Meter, die Staffelung 600 bis 700 Meter – schon eine Kurve von 90 Grad war schwierig, eine Kehrtkurve um 180 Grad glich anfänglich fast einer Katastrophe.

Es gab nur einen Weg zum Erfolg: üben, üben und nochmals üben! Eine der schwierigsten Aufgaben bestand darin, als Schwarmführer zu fliegen. Bei jeder Kurve um 90 Grad, aber erst recht bei einer Kehrtkurve um 180 Grad mußte der Schwarmführer rechtzeitig Gas herausnehmen, damit der Rottenhund und die Rotten, die größere Kurven zu fliegen hatten, schnell wieder nach vorne kommen konnten. Der jeweilige »Hund« mußte mit Vollgas

Diese Aufnahme zeigt mich mit speziellen Sonnengläsern der Firma Zeiss, die gegen das grelle Sonnenlicht in großer Höhe schützen sollten.

den Rottenführer steil unterfliegen und dann auf der anderen Seite gleich wieder nach oben ziehen. Dieses Manöver war notwendig, damit auch in der Kurve der Rücken der Rotte geschützt war und notfalls hinter das Leitwerk des Kameraden geschossen werden konnte. Gerade an dieser Schwachstelle der Formation – der Kehrtkurve – wurden wir später über London angegriffen.

An einem schönen, fast wolkenlosen Übungstag führte ich den obersten Schwarm mit Feldwebel Siegfried Voss als Rottenhund. Wir flogen in Höhen zwischen 3000 und 5000 Metern, gerade an der oberen Grenze, wo es noch ohne Sauerstoffmaske ging. An so einem klaren Tag scheint die Sonne in der Höhe stark und blendet, sobald man gegen sie blicken muß. Genau das mußte der oberste Schwarm. Plötzlich machte Kühle, weit unter mir, eine komplette Kehrtkurve, der ich, so schnell ich konnte, folgen wollte. Ich nahm also Gas heraus, aber als ich nach der Kurve wieder Gas geben wollte, verspürte ich keinerlei Reaktion. Alle meine Bewegungen gingen ins Leere! Beim Blick nach unten gewahrte ich, daß meine 109 keinen Boden mehr hatte! Wo vorher Blech gewesen war, gähnte ein Loch, strömte Luft herein. Auch der Steuerknüppel zeigte keine Reaktion. Er klapperte nur noch. Ich versuchte Vollgas herauszunehmen, aber auch das ging nicht mehr – der Hebel war locker. Und schon ging die Maschine mit Vollgas in eine Abwärtskurve. Die Instrumente zeigten an, daß ich bereits mit einer Geschwindigkeit von 550 Kilometern pro Stunde dahinraste.

Gott sei Dank verließen mich meine Sinne nicht. Zum Denken hatte ich keine Zeit, nur eines ging durch meinen Kopf: »Raus!« Also zog ich den Notabwurfhebel. Die Kabine flog weg, Kehlkopfmikrofon weg, Flugkappe runter, Radiokabel raus, Gurtverschluß auf und raus, nichts wie raus! Aber das ging auf einmal schneller, als ich gedacht hätte. Wenn man bei mehr als 600 Kilometern pro Stunde von einem Luftwirbelstrom aus der Kabine gesaugt wird, dann ist man nicht mehr Herr der Lage. Wie ich da hinausflog, weiß ich nicht mehr, aber denken konnte ich: »Fallschirm ziehen, Fallschirm ziehen.« Das hatte ich im Gedächtnis, nicht aber, daß es jetzt Zeit gewesen wäre, langsam zu zählen: »Einundzwanzig ... zweiundzwanzig ... dreiundzwanzig« (am besten auch noch vierundzwanzig), um die Fallgeschwindigkeit zu reduzieren. Nein, ich dachte nur: »Fallschirm auf!« Dazu mußte ich auf meiner linken Brustseite den Metallgriff ziehen. Obwohl ich haltlos durch die Luft wirbelte, fand ich den Griff und zog. Nichts passierte, eine Ewigkeit – nichts. Ich wollte schon unter den Po zu meinem Notfallschirm greifen, da tat es einen Ruck – und was für einen!

Alles hatte ich richtig gemacht, aber ich hatte viel zu früh gezogen. Gurte und Fallschirm ertrugen den Druck, aber mein Körper nicht. Noch in der Luft spürte ich Schmerzen, aber das sollte mir erst einmal egal sein. Innerhalb von Sekunden hatten sich alle mich umgebenden Geräusche beruhigt, und ich schwebte in absoluter Ruhe – nur ein leichtes Surren in der Luft über mir – am Fallschirm nach unten. In der Ferne war das Motorengeräusch der Staffel zu vernehmen, die mich im großen Bogen umflog. Weit unter mir konnte ich sehen, wie meine 109 in den Boden einschlug. Ein kurzer Blitz, dann Staub und Rauch, und dann stieg eine bläuliche Wolke auf. Es dauerte, bis ich den Aufschlag hörte.

In dieser Höhe war es kalt, aber in meiner Fliegerkombination spürte ich das kaum. Die Höhe war so groß und sicher, um mich war alles ruhig. Ich hatte sogar Zeit, auf meine Armbanduhr zu schauen. Es war genau 15.49 Uhr. Von Berechnungen über Fallgeschwindigkeit wußte ich, daß es etwa zehn Minuten dauern würde, bis ich unten war – etwas langsamer ging es als bei meiner unglücklichen 109.

Als ich so nach unten schwebte, kam die Staffel näher und umkreiste mich in steilen Kurven. Das Motorengeräusch klang gut, so hatte ich es vorher nie vernommen, der Lärm der eigenen Maschine hatte diese Geräusche immer übertönt. Überhaupt war es wunderbar, an diesem herrlichen Frühlingstag von zehn Maschinen umkreist zu werden, ein Anblick, den ich nie vergessen werde. Kühle kam zum Abschied nahe heran, winkte, und ich winkte zurück. Dann flog die Staffel nach Laachen-Speyerdorf zur Landung.

Ich schwebte weiter ganz friedfertig nach unten. Der leichte Wind trug mich über ein kleineres Dorf, und ich konnte sehen, wie die Kinder umherrannten und nach oben schauten, sogar ihre Stimmen konnte ich hören: »Da oben! Schaut, da oben hängt er!« Langsam zog ich über das Dorf, und erst jetzt merkte ich, daß es doch schnell nach unten ging. Ich landete in einem ebenen Weingarten mitten unter den Rebstöcken und hatte das Glück, von dem Weingärtner mit offenen Armen aufgefangen zu werden. Als ob er es gelernt hätte, rannte er mit mir in den Fallschirm und trat ihn zu Boden. Meine Maschine war ganz in der Nähe eingeschlagen, so daß ich den rauchenden Krater sehen konnte. Da wurde mir nochmals vor Augen geführt, wie nahe ich an der Katastrophe vorbeigeschrammt war.

Ich hatte immer noch keine Erklärung für das Geschehen. War ich von der eigenen Flak getroffen oder gar von einem feindlichen Jäger überrascht worden? Bald sollte ich aufgeklärt werden: Mein Rottenhund, Feldwebel Voss, war nicht bis zum Platz zurückgekommen. Er hatte auf einem Feld aufgesetzt, war dann in ein Bauernhaus gerast und dort zum Stillstand gekommen.

WL-118800

Vor dem Gruppengefechtsstand in Laachen-Speyerdorf. Linke Seite: Bereit zur Ausfahrt mit Oberleutnant Kühles Staffel-Pkw. Oben: Besuch von Geschwaderkommodore JG 52 Major von Merhart (sitzend); links neben dem Kommodore Hauptmann von Eschwege, der Nachfolger des verunglückten Hauptmanns Graf von Pfeil, hinter von Merhart Oberleutnant Ewald, mit Stock Leutnant Geller und ganz rechts Oberleutnant Kühle.

Auch ihm stand das Glück zur Seite, denn weder er selbst noch die Bauernfamilie trugen Verletzungen davon.

Voss hatte den Übungsflug abgebrochen, nachdem er über Funk gemeldet hatte, daß bei einem Zusammenstoß in der Luft seine Luftschraube stark beschädigt worden sei, sein Motor könne nur noch mit Überdrehzahl geflogen werden. Um überhaupt noch Sog nach vorn zu erzeugen, müsse er mit sehr steiler Propellerstellung fliegen. Darauf wurde ihm vom Boden geraten, eine Bauchlandung zu machen, aber er glaubte wohl, seine Maschine mit ausgefahrenem Fahrgestell noch heil landen zu können. Kaum hatte er das Fahrgestell ausgefahren, gaben die Propellerstummel nicht mehr genügend Fahrt her, so daß er das

Flugfeld nicht erreichte. Es blieb ihm keine andere Wahl, als die Maschine im freien Feld, kurz vor dem Bauernhaus, aufzusetzen. Seine Maschine wurde schwer beschädigt, konnte aber repariert werden.

Jetzt erst konnte ich mir zusammenreimen, was geschehen war. Im Flug gegen die Sonne hatte Voss bei der schnellen Kehrtkurve Sichtprobleme. Als er unter mir durchtauchen wollte, war er mir zu nahe gekommen, und sein Propeller hatte den Bauch meiner Me aufgeschlitzt, wobei er meine Kontrollhebel und alle Kabel erwischte – so entstand unter mir das Loch.

Wie es bei den Fliegern Tradition ist, feierten wir am Abend entsprechend. Wir, die Offiziere, im Kasino und Voss mit Unteroffizieren in deren Messe. Sicher wurde er auch deswegen besonders gefeiert, weil er auf diese Weise seinen ersten »Abschuß« erzielte. Als ich dann – etwas später als sonst – in meine Unterkunft kam und mich auszog, zeigten mir rote und blaue Male deutlich an, wo und wie die Fallschirmgurte mich aufgefangen hatten. An den nächsten Tagen konnte ich den Fallschirm nur mit Mühe anlegen und ertragen.

Der Alkohol zeigte Wirkung. Ich schlief schnell ein und war ganz verwirrt, als mein Telefon mich wieder aus dem Schlaf riß. Am anderen Ende meldete sich ein verärgerter Oberleutnant Ewald: »Was soll das, Steinhilper«, schimpfte er, »sind Sie verrückt??!! Einer Ihrer Nachrichtenleute ruft mich alle Stunde in meinem Zimmer an, wenn ich dann antworte, sagt er nur: ›Danke – alles in Ordnung – Leitungsprobe!‹« Ewald war wirklich zu Recht wütend, ich hörte es beinahe bis in mein Zimmer, wie er das Telefon hinschmiß!

Ich zog mich schnell an und lief zu der Baracke, in der sich die Vermittlung des Nachrichtenzuges befand. Dort stieß ich auf den Schuldigen, der über alle Backen grinste. Es war der Gefreite Hatz, Pfarrersohn und Abiturient, der sich als niederbayerischer »Komiker« im ganzen Nachrichtenzug besonderer Beliebtheit erfreute. »Was zum Teufel treiben Sie da, Hatz?«, pfiff ich den Mann an, der seelenruhig weiterstöpselte. »Ich führe nur Befehle aus, Herr Leutnant«, antwortete er in aller Gelassenheit und hielt mir einen schriftlichen, von mir am selben Morgen unterzeichneten Befehl entgegen. Es stimmte: Alle strategischen Leitungen, besonders die der Staffelkapitäne, des Gruppenkommandeurs und aller wichtigen Angehörigen des Stabes sollten stündlich überprüft werden. Dieser Befehl war von mir ausgegeben worden, weil ein Staffelkapitän auf seinem Liegeplatz während eines wichtigen Telefonats unterbrochen worden war. Ich hatte die stündliche Prüfung der Leitungen veranlaßt, aber vergessen darauf hinzuweisen, daß dieser Befehl bei Nacht nicht gelten solle. Hatz amüsierte sich ganz offensichtlich, tadeln konnte ich ihn allerdings nicht.

Ich revidierte meinen Befehl und ging danach beruhigt zu Bett. Die Stimmung am nächsten Morgen im Kasino war mäßig. Fast alle Anwesenden waren »wichtig« und hatten bis nach Mitternacht die aufmerksame Behandlung erfahren! Glück hatte ich, daß von Eschwege, der neue Kommandeur, in dieser Nacht nicht auf dem Flugplatz schlief.

Daß wir uns, während wir auf unseren Einsatz warteten, hin und wieder auch mit Späßen die Zeit vertrieben, kann man sich denken. Wetten waren beliebt, etwa: »Wetten wir um drei Flaschen Wein, daß ich die Knöpfe an Ihrer Uniform in zwei Minuten abschneide und wieder annähe?« – »Unmöglich!« Schnell waren alle Knöpfe abgeschnitten und dem Wettpartner überreicht. Der hatte nicht lange Freude an der gewonnenen Wette. Die drei Flaschen Wein wurden bezahlt, das Annähen der Knöpfe aber unterblieb. Solche Spiele mögen kindisch erscheinen, aber auf solche Kindereien verfiel man eben, wenn man mehr oder weniger von morgens bis abends an den Platz gebunden war. Zwar hatten wir ein umfangreiches Schallplattenreservoir, aber immer Musik hören? Vielleicht offenbaren diese Wetten auch, wie die dumme und ungestüme Jugend die Nerven beruhigte in Erwartung gefährlicher Kriegseinsätze.

3. Mai 1940 (an die Mutter)

... Dein Sohn, der Deinen Geburtstag vergißt! Ich weiß auch gar nichts zu meiner Entschuldigung vorzubringen! ... Einförmig ist unser Leben ..., man kommt sich vor wie in einem auferlegten Schlaf ... Habe mit Gretl in Stuttgart einen sehr netten Abend im Restaurant Graf Zeppelin verbracht. Der Abschied war nicht gerade leicht ... Stell Dir meine Überraschung vor, als ich zurückkehrte und vernahm, daß unsere 2. Staffel am Vortag Luftkampf mit 8 Me gegen 22 Curtiss hatte. Sie kamen alle über die Grenze zurück, was die Curtiss abbekamen, weiß man nicht, weil es sich über franz. Gebiet abspielte ... Erfreulich ..., solange Kühle auf Urlaub war, führte ich die Staffel ... Heute mittag machte ich mit meiner Rotte wieder mal einen Alarmstart, aber als wir die angeblich feindliche Maschine einholten, war es ein eigenes Flugzeug!

PS. Schickt mir bei Gelegenheit mein Tennis-Zeug, vielleicht komme ich hier zum spielen.

9. Mai 1940
... wie nie zuvor hoffe ich, daß es morgen losgeht. Hoffentlich erfüllt sich diesmal dieser Wunsch. Noch nie zuvor habe ich mich geistig und körperlich so auf der Höhe gefühlt ... Spätestens morgen früh werden wir es sicher wissen und auch aneinander denken ... Jetzt gehe ich ins Bett, denn morgen will ich so ausgeschlafen wie möglich sein!

11. Mai 1940 (Postkarte)
Es ist nun doch so weit, und ich bin einigermaßen zufrieden!

10. Mai 1940
Einmarsch in Frankreich

Die Warterei war zu Ende. Als wir an diesem Morgen unseren Dienst auf dem Flugplatz antraten, war der blaue Himmel voller Flugzeuge: Bomber, Stukas, Me 109. Sie flogen gegen Frankreich, manche kehrten sogar schon wieder zurück. Wir waren wieder einmal strategische Reserve. Aber von Sonnenaufgang an flogen auch wir. Als oberste Deckung erhielten wir jedoch keinerlei Erlaubnis zu Tiefangriffen. Bald sickerte durch, daß die Alliierten überrascht worden waren. Die meisten ihrer Flugzeuge seien durch Bomben- oder Tiefangriffe schon am Boden erwischt und zerstört worden. Obwohl wir in den ersten Tagen dieses Feldzuges ständig in der Luft waren, wurden wir nicht in Kämpfe verwickelt. Wir sicherten die vollständige Luftüberlegenheit und hielten unseren Kollegen den Rücken frei, die ihre Angriffe immer weiter nach Frankreich hineintrugen.

Am 15. Mai verlegte ein Teil der Gruppe nach Hoppstädten, nördlich von Laachen. Dadurch wurden die Staffeln zum Teil getrennt. Für mich, den Führer des Nachrichtenzuges der Gruppe, hing eine Entscheidung zur Verlegung lange in der Luft. So mußte ich fast täglich zwischen Hoppstädten und Laachen hin- und herfliegen, um für alle Fälle gewappnet zu sein.

Die Befehlslage war alles andere als klar. Zuerst führte ich das auf die allgemeine Kriegslage zurück, bald stellte sich aber heraus, daß unser neuer Gruppenkommandeur, Hauptmann von Eschwege, von französischen Jägern abgeschossen worden war. Dabei erwischte es auch einen guten Freund, den Österreicher Oberleutnant Kurt Kirchner. Kirchner geriet in französische Gefangenschaft, während von Eschwege mehr Glück hatte, er konnte sich fliegend in eine deutsche Artilleriestellung retten, kam aber erst nach drei Tagen zurück. Wir erfuhren davon nichts, was die Verwirrung erklärte. Nachdem Frankreich den Waffenstill-

Am 10. Mai 1940 hatte die Luftwaffe einen Überraschungsangriff geflogen und fast alle französischen Flugzeuge zerstört. Viele waren gar nicht mehr in die Luft gekommen, sondern wurden am Boden zerstört (oben), auch die Tarnung im Wald hatte in vielen Fällen nichts genutzt (unten).

stand unterzeichnet hatte, kehrte auch Kirchner zur Gruppe zurück.

Das Schlachtenglück war nicht auf unserer Seite – wir befanden uns immer am falschen Platz und hatten immer die undankbarsten Aufgaben. Wir mußten den obersten Schutz fliegen, während sich die wichtigen Ereignisse unten, näher am Boden abspielten. Bei dieser Höhenfliegerei mit Sauerstoff mußte ich wieder einmal eine Erfahrung durchstehen, die starke Nerven verlangte. Beim Anflug auf Frankreich hatten wir gerade Luxemburg in 8600 Metern Höhe passiert, als sich auf einmal, wie von Geisterhand geführt, die Zeiger an meiner Uhr für die Propellerstellung drehten. Deren Verstellung wurde von einem Instrument ähnlich einer Uhr angezeigt, mit großem und kleinem Zeiger. Beim Start wählte man die flachste Stellung, das war 12.00 Uhr, also beide Zeiger senkrecht nach oben. Bei Reiseflug stellte man auf etwa 10.30 Uhr ein, und sollte ein Notfall eintreten, zum Beispiel der Motor stehen, konnte man mit der steilsten Stellung, nämlich 6.00 Uhr, »segeln«. Ich bemerkte die Verstellung erst, als sich die ganze Maschine schüttelte. Sofort überflog ich alle Instrumente und entdeckte, daß die Propelleruhr auf 9.00 Uhr stand. Die Propellerverstellung wurde durch einen Kippschalter, der auf dem dicken runden Gashebel lag, mit dem Daumen betätigt. Drückte man oben, dann wurde die Verstellung steiler, drückte man unten, wurde sie flacher. In der Mitte, wo der Hebel jetzt stand, blieb sie normalerweise in der Position, die man eingestellt hatte. Ich drückte unten, wollte also auf flach stellen. Wenigstens stoppten die Zeiger, die Verstellung lief nicht selbständig weiter, aber sie reagierte nicht Richtung flach, Richtung 9.30 oder gar 10.00 Uhr. Es blieb mir nichts anderes übrig, als Kühle von diesem Schaden zu unterrichten. Gleichzeitig gab ich durch, daß ich versuchen würde, zurückzufliegen, um Laachen-Speyerdorf zu erreichen.

Also zog ich von der Einheit weg und nahm Kurs Richtung Heimathafen. Schnell überschlug ich: Wir waren schon etwa 120 Kilometer geflogen, ich hatte jedoch viel Höhe! Erste Überlegungen gaben mir gute Chancen: Der Gleitwinkel, den ich in der Praxis nie ausprobiert hatte, war theoretisch mit 1:12 angegeben, also bei einem Kilometer Höhendifferenz würde ich 12 Kilometer Distanz zurücklegen können. Wenn meine Luftschraube bei Einstellung 9.00 Uhr noch etwas zog, würde ich die Strecke nach Laachen gut schaffen. Ich mußte meinen Daumen auf dem Kipphebel lassen, denn sobald ich losließ, marschierten die Zeiger unerbittlich in Richtung Segelstellung. Jede Bewegung erforderte jetzt sehr viel Gefühl. Ich wählte eine Gashebelstellung, in der der »Gleitflug« so flach wie möglich, gerade noch gehalten werden konnte. Gab ich mehr Gas, fingen die 1100 PS des Motors sofort an, die Maschine zu erschüttern. Bei der sanften Gashebelstellung verlor ich Höhe, aber sehr langsam.

Wie konnte ich die automatische Bewegung der Verstellluftschraube nur stoppen? Soviel ich wußte, geschah die Verstellung elektrisch, durch einen Elektromotor. Also schaltete ich versuchsweise den elektrischen Hauptschalter auf der linken Seite des Armaturenbretts aus: Gott sei Dank – der Motor lief weiter. Er lief deswegen weiter, weil die Magnetzündung auch ohne Batterie arbeitet und jeder Flugzeugmotor aus Sicherheitsgründen zwei Magnet-Zündungssysteme besitzt. Die Lösung zeigte nur einen großen Nachteil: Ich hatte auch die Funksprechverbindung mit Laachen ausgeschaltet. Dabei mußte ich denen doch sagen, daß ich auf dem Rückflug war – und warum! Meine Ein- und Ausschaltversuche brachten die Verstellung schon in die Nähe von 6.00 Uhr, da fand ich eine Lösung: Wenn ich sprechen wollte, mußte ich den Steuerknüppel zwischen beide Knie nehmen. Mit der linken Hand drückte ich dann am Gashebel den Kippschalter nach unten und mit der rechten griff ich zum Hauptschalter rüber nach links. Sobald der Strom in meinem Funkgerät angeschaltet war, konnte ich mit dem kleinen Finger der rechten Hand, die jetzt wieder frei war, den Steuerknüppel erfassen, die Mikrofontaste, die sich am Steuerknüppel befand, drücken und mit Laachen-Speyerdorf sprechen.

Ich erreichte Förster schließlich, konnte ihm sagen, was mit meinem »Vogel« passiert war und daß ich zurückfliegen würde. Er wünschte mir dazu Glück und riet zu einer Bauchlandung. Danach schaltete ich den Hauptschalter wieder ab und versuchte wiederum Gas zu geben, vergeblich: Jede Erhöhung der Motorleistung führte zu einem Rütteln der gesamten Maschine, als führe ich auf einer Straße mit vielen Schlaglöchern.

Als ich endlich in Platznähe kam, hatte ich noch 2000 Meter Höhe. Nun hatte ich eine weitere Entscheidung zu fällen: Sollte ich eine Bauchlandung machen oder versuchen, mit ausgefahrenem Fahrgestell zu landen? Die Bauchlandung war für mich, den Piloten, sicher, aber ich würde die Landeklappen und den Rumpf beschädigen, mit Sicherheit die Luftschraube verbiegen, beim Motor vielleicht der Unwucht in der Kurbelwelle zusetzen – also viel Schaden anrichten! Förster riet zur Bauchlandung, denn für ihn hatte immer der Mensch Vorrang. Was konnte mir passieren? Wenn ich das Fahrgestell ausfuhr, riskierte ich ein Überschlagen beim starken Bremsen, Durchstarten war bei dieser Schraubenverstellung nicht möglich. Auch wenn ich zu »kurz kam«, also zu früh zur Landung ansetzte, riskierte ich einen Überschlag, entweder im weichen Feld davor oder am Zaun zum Platz. Gelang jedoch die Landung, blieben Pilot und Maschine unversehrt.

Ich erinnerte mich an meine Flugausbildung, an die Ziellandungen ohne Motorleistung, wo jedes »Schnirpsen« verboten war, und traf meine Entscheidung: Ich würde schon hoch über dem Platz das Fahrgestell ausfahren und so lange steile Kurven fliegen, bis ich nahe genug am Boden war. Dann würde ich steil hineinslippen. Ich informierte Förster von meiner Entscheidung und bat ihn, den Platz von jedem anderen Verkehr freizuhalten. Er bestätigte – gab mir noch die Windrichtung durch und wünschte guten Erfolg.

Hoch über dem Platz fuhr ich nun das Fahrgestell aus, und als ich die Kurven drehte, stellte ich die Landeklappen steil und steiler bis in die Stellung zur Landung. Gegen den Wind, jedoch viel zu hoch, flog ich den Platz an und »slippte« die 109 so steil nach unten, wie ich es vorher nie gewagt hätte. Die brave Maschine folgte, ich konnte sie rechtzeitig abfangen und setzte etwas härter als sonst, aber unversehrt auf. Schon Mitte des Platzes kam ich zum Stillstand. Fast gewohnheitsmäßig wollte ich zur Halle zurückrollen, gab Gas, der Motor brüllte auf, aber die Maschine bewegte sich keinen Zentimeter nach vorn. Ich stellte ab, öffnete die Haube und atmete erst einmal tief durch.

Ich hatte die Nerven behalten, hatte ein wertvolles Flugzeug heil zu Boden gebracht, aber nun mußte ich mich erst einmal von dem Schrecken erholen. Die Ursache des Schadens war bald gefunden: Kurzschluß im Schalter. Das Ganze hätte auch anders ausgehen können.

15. Mai 1940
Mir geht es prima. Nur noch keinen Franzosen vor die Gewehre bekommen. Aber wir machen eben solange weiter, bis es bei uns auch klappt. Nur schlafen müßte man manchmal etwas mehr können, gerade jetzt, wo ich in einem Privatquartier ein so gutes Bett habe.

16. Mai 1940
Nur ganz kurz: Bis jetzt immer noch keine Feindberührung. Wir fliegen zwar sehr viel, aber nach wie vor ohne Erfolg. Metz, Longwy, Sedan haben wir uns mehrmals angesehen und auch Kampfverbände begleitet, aber wo andere vorher Mordsluftkämpfe hatten, ist bei uns alles ruhig, aber es wird schon noch kommen. Jetzt haben wir verlegt, liegen in Gegend Trier.

17. Mai 1940
... wieder ganz kurz: Auch am Muttertag weiß ich nicht viel zu erzählen ... Bin sehr enttäuscht ... Wir begleiten zwar Kampfverbände nach Verdun ..., aber ich bin noch nicht zum Schuß gekommen ... An mir liegt es nicht ... Nur eine Befriedigung hat man, wir fliegen wenigstens.

21. Mai 1940
... heute kommt der Verlegungsbefehl nach Charleville. Nun sind wir alle wieder voller Zuversicht ... Mein Bursche packt eben meinen Koffer, der vieles Entbehrliche enthält, hoffentlich hält er diesen Transport noch aus ..., es gibt viel zu tun!

22. Mai 1940
Noch immer sind wir hier, aber heute mittag habe ich zum ersten Male franz. Boden betreten. Kühle und ich waren in Sedan, um dort verschiedene Verbindungen aufzunehmen.

Dort hat man anständig Schießen gehört (Artillerie). Nachher haben wir uns Sedan im Tiefflug angesehen. Ich kann nur sagen, wir können froh sein, daß wir den Krieg nicht im eigenen Land haben. Anschließend kamen wir infolge schlechten Wetters nicht mehr nach Charleville durch. Heute abend flog ich nochmals als Wettererkunder bis zur Maas, weiter kam ich nicht, weil Wolken auflagen. Nun müssen wir eben den morgigen Tag abwarten. Lange kann zu dieser Jahreszeit so eine Wetterlage nicht andauern.

An Mutter habe ich eine Bitte: Schick mir, was Du nur bekommst an Filmen oder Farbfilmen für meine 8-mm-Kamera.

Am 23. Mai verlegten alle drei Staffeln der Gruppe nach Charleville. Ich flog mit meiner 109, während der Nachrichtenzug mit allen Fahrzeugen auf der Straße folgte. Jetzt sollte sich zeigen, daß unsere Übungen im letzten Sommer nicht umsonst gewesen waren. Die Praxis konnte der Theorie folgen! Der Nachrichtenzug I/JG 52 war so geübt, daß innerhalb eines Tages von Laachen-Speyerdorf nach Charleville verlegt werden konnte und am neuen Platz sogleich Telefonate vermittelt wurden. Auch unsere Funkverbindungen Boden–Bord und Boden–Boden waren betriebsbereit. Fast über Nacht war die Vermittlung eingerichtet, waren die Leitungen zu den Staffelliegeplätzen aufgebaut worden, auch die Verbindung in das öffentliche (teilweise noch französische) Netz wurde hergestellt, sogar nach Deutschland und damit zu den höheren Stäben konnten wir telefonieren. Daß es der fahrenden Kolonne des Nachrichtenzuges, die immerhin aus acht schweren Lastwagen (Funk- und Fernsprechwagen) bestand, gelang, die gut 400 Straßenkilometer (es gab damals noch keine Autobahn in Frankreich) von Landau nach Charleville in so kurzer Zeit zurückzulegen, war nur der guten Führung durch die Unteroffiziere und der Kunst der Fahrer von Motorrädern, Personenwagen und Lastwagen zu verdanken. Dabei waren die Straßen voll von zurückflutenden französischen Truppen, die, obwohl sie kriegsgefangen waren, kaum bewacht in deutsche Gefangenschaft marschierten.

Als Hauptproblem für die Stabskompanie, zu der auch wir gehörten, erwies sich der Nachschub von Flugbenzin. Die Trans-

Am 23. Mai 1940 rückten deutsche Truppen in Frankreich ein. Auf der Straße nach Charleville kamen uns viele französische Kriegsgefangene entgegen, die ungewöhnlich niedergeschlagen wirkten und kaum beaufsichtigt wurden.

portmaschinen flogen zwar pausenlos Benzinfässer ein, aber die wurden sofort auf Lkw umgeladen und an die Front zur Versorgung der Panzerverbände gebracht. Das mußten wir einsehen, die Panzermotoren liefen nicht mit Luft allein, und bei dem Tempo des Vormarsches zeigten wir trotz allen Bedauerns für deren Vorrang auch Einsicht. Zwar hatte die französische Luftwaffe in der Eile des Rückzugs in großen, unterirdischen Tanks viel Flugbenzin hinterlassen, aber das durften wir erst nicht benutzen, da der Verdacht bestand, daß die Franzosen diesen Kraftstoff »verseucht« hatten, um unsere Motoren zu ruinieren.

Unsere Mechaniker hatten in der Hinterlassenschaft der französischen Armee einen Munitionscarrier aufgetrieben, der wie ein kleiner Panzer aussah. Damit stellten wir unsere eigenen Versuche an: Der Panzermotor lief mit dem Flugbenzin ausgezeich-

Auf dem Flugplatz in Charleville fanden wir allerhand französisches Kriegsgerät vor, unter anderem diesen kleinen Panzer, mit dem wir Benzintests durchführten, bis einer der »Testfahrer« damit einen Wehrmachtslastwagen zu Schrott fuhr.

net. Natürlich durften wir Piloten, Offizier oder Unteroffizier, damit auch unsere Runden drehen. Wie bei einem richtigen Panzer mußte man lenken, indem man die Ketten rechts oder links bremste oder sperrte. Unsere Testversuche fanden ein Ende, als ein Fahrer das Gefährt auf die Straße lenkte, wo er mit einem Heereslastwagen zusammenstieß. Dem kleinen Panzer geschah nichts, aber der Lkw war nicht mehr zu reparieren. Nach zwei Tagen traf das amtliche Testergebnis ein: Wir durften das Flugbenzin benutzen.

Über vieles, was die Franzosen zurückgelassen hatten, freuten wir uns. Die armen Kühe auf der Weide indes waren ein Bild des Jammers. Die, die noch stehen konnten, hatten geschwollene Euter, manche Euter waren schon schwarz angelaufen, viele Tiere bereits verendet. Die aufgequollenen Körper auf den Wiesen streckten die Füße ganz bizarr in den Himmel. Nachts konnte man kaum schlafen, denn die armen Tiere brüllten vor Schmerzen. Die Bauern unter den Soldaten halfen, wo sie nur konnten. Sie molken die verdorbene Milch auf den Boden, manchmal mußten sie das vor Schmerzen brüllende Vieh aber auch erschießen. Es war wie eine Erlösung, als schließlich eine riesige viermotorige Junkers G 38 einflog, der eine »Melkkompanie« entströmte. Sie nahm sofort die Arbeit auf. Mehrmals wurden Melker eingeflogen und Verwundete zurücktransportiert. Dennoch konnte vielen Tieren nicht mehr geholfen werden.

Die größte Gefahr für uns war nicht der Einsatz im Kampfgebiet, sondern unsere Furcht vor Partisanen. Eines Nachts begann völlig unvermittelt eine Schießerei. Einige unserer Wachen sahen irgendwelche Silhouetten und fingen in ihrer Nervosität sofort an zu schießen. Das Feuer wurde erwidert. Ein ernsthafter Kampf schien bevorzustehen. Auch ich zog meine Pistole, da rief plötzlich jemand auf Deutsch: »Hört mit dieser Schießerei auf ..., hört auf mit dem Blödsinn! ... Aufhören!« Sofort war es still, selbst die Partisanen schienen das deutsche Kommando verstanden zu haben. Dann stellte sich heraus, daß zwei Streifen sich begegnet waren. Gut nur, daß die »Schlipssoldaten« so schlechte Schützen waren! Niemand wurde getroffen, niemand verwundet. Am nächsten Morgen fand sich keiner unter den Wachhabenden, der seine Unterschrift für den hohen Verbrauch an scharfer Munition hergeben wollte.

Am 23. Mai besuchten wir die Stadt Charleville. Es berührte mich eigenartig, eine Stadt zu betreten, die vom Kampfgeschehen überrascht worden war. Bei Charleville handelte es sich um eine mittlere Kleinstadt mit einem malerischen Platz im Zentrum, der umgeben war von vielen Läden. Die Stadt wirkte leer, verlassen, aber die Schaufenster, die Läden boten alles. Kühle, Hinnerk Waller und ich waren besonders angetan von dem Angebot der Schuhgeschäfte. Aber auch sonst fehlte es an nichts: Textilien, Haushaltswaren, Pelzmäntel, Stolas, alles war da und ausgestellt. Alles lag ohne Aufsicht herum, war unberührt – nur Menschen fehlten.

Die Kämpfe hatten in dieser Stadt wenig Spuren hinterlassen, hier und da ein paar Streifen von Schüssen an den Wänden,

Ganz ungewöhnlich und für uns unverständlich war, daß die französischen Bauern die Flucht vor den deutschen Truppen antraten und ihre Tiere zurückließen. So wurde jeder, der etwas vom Melken verstand, in den ersten Tagen nach dem Einmarsch zum Melkdienst eingeteilt.

manchmal Löcher in den Schaufenstern. Die Feldgendarmerie hatte bereits an Wänden und Pfosten Schilder angebracht mit der Aufschrift: »NICHT PLÜNDERN! PLÜNDERN WIRD MIT DEM TODE BESTRAFT!«

Ich fühlte mich nicht sehr wohl, als Kühle einen Schuhladen betrat, um die Arbeit der Franzosen mit unserem Handwerk zu vergleichen. Sofort eilte ein Heeressoldat herbei: Auch wenn wir Offiziere seien, die Plakate würden für jedermann gelten! Er warnte uns, daß zwei Soldaten dabei ertappt worden seien, wie sie Schuhe und Pelze stahlen. Sie seien innerhalb weniger Stunden vor ein Kriegsgericht gestellt und erschossen worden. Kühle wollte nicht stehlen, nur vergleichen, aber ich war froh, als wir wieder auf dem Flugplatz eintrafen.

Am nächsten Tag flogen wir zum ersten Mal über Dünkirchen, am darauffolgenden, dem 25. Mai, wurden wir noch dreimal über diesem Evakuierungshafen eingesetzt. Bei all diesen Einsätzen war die Sicht jedoch von schlechtem Flugwetter getrübt. Da wir aus Charleville (etwa 220 Kilometer entfernt) kamen, konnten wir

Quälendes Warten auf dem Flugplatz Charleville, noch haben wir keinen Einsatz geflogen. Meine Haltung (ganz links) läßt die Enttäuschung erkennen, die mit jedem Tag zunahm. Man beachte aber die schönen Stühle!

nur wenig Zeit über dem Zielgebiet verbringen, wenn uns nicht auf dem Rückflug das Benzin ausgehen sollte. Aus den Flugbüchern von Leutnant Büsgen (1. Staffel) und Rüttger geht hervor, daß wir bei diesen Einsätzen jeweils 70 bis 80 Minuten flogen. Beim An- und Rückflug konnte man sparen, aber über dem Ziel mußte man meist mit viel Gas fliegen. So verblieben uns über der Gegend Calais und Dünkirchen nur jeweils etwa 15 Minuten.

Wir waren gewarnt worden, die englischen Maschinen, die Hurricanes und Spitfires, seien bessere Maschinen mit ihrem Rolls-Royce-Motor, aber vor allem die britischen Piloten seien von besonderem Kaliber. So war es auch: Als wir die ersten Angriffe der Hurricanes und Spitfires auf unsere Stukas erlebten, wurde jedem sofort klar, daß hier ein Gegner kämpfte, der ernst zu nehmen war. Urplötzlich wurde offenbar, daß der Stuka fast wehrlos war, wenn er von mutigen, erfahrenen Piloten angegriffen wurde. Zu jener Zeit konnte man nur ahnen, daß die RAF (Royal Air Force), obwohl sie über den Kanal fliegen mußte, der Luftwaffe

Am 25. Mai wurden wir zum ersten Mal über Dünkirchen eingesetzt. Bis dahin erlebten wir Einsätze nur als Zuhörer an meinem Blaupunkt-Kofferradio.

viele Verluste zufügen würde. Das wurde zur Gewißheit, als die Luftwaffe versuchte, die Engländer in Dünkirchen zu vernichten, die Evakuierung zu verhindern – was Göring Hitler großspurig versprochen hatte.

Das ausgezeichnete englische Expeditionskorps hatte auch noch großes Wetterglück. Wann immer wir fliegen konnten, kamen wir wegen der tiefhängenden Wolken in 800 Metern Höhe an und fanden den ganzen Strand von Calais und Dünkirchen in Rauch und Nebel eingehüllt. Wir suchten nach den englischen Jägern, die unsere Stukas und Bomber abschießen wollten, und fanden bei der schlechten Sicht wenig oder überhaupt nichts. Immer noch wollte Kühle nur angreifen, wenn wir unserer Sache sicher sein konnten. Wir debattierten mit ihm, aber er war der Chef und bestand darauf: Nur wenn alle Chancen gut stünden und das Risiko gering sei, würde er angreifen oder einen Angriff erlauben! Für ihn, den Legion-Condor-Veteranen, war das wohl die richtige Philosophie, aber wir, die Jungen, dachten anders. Wir waren risikobereit, wir wollten uns in die Luftschlacht stürzen, Abschüsse erzielen. Jetzt sei dazu Gelegenheit. War unsere Geduld nicht schon überstrapaziert? Aber er bestand auf seiner Taktik. Immerhin ging er zum Tiefangriff auf Marschkolonnen über, wenn sich eine günstige Gelegenheit bot, oder er ließ uns auf Eisenbahnzüge schießen, die auf den Gleisen der Häfen von Calais und Dünkirchen standen. Das brachte eine gewisse Erleichterung, hatte militärischen Wert und sollte wohl zum »Dampfablassen« dienen. Wenn wir die finsteren Wolken, die Dünkirchen einhüllten, umflogen, warnte er jedoch: Jederzeit könne daraus die Hölle losbrechen! Überraschungen zu erleben sei nicht sein Fall.

Von unseren Feindflügen kehrten wir ohne Verlust zurück, wenigstens das war zu feiern. Unsere 2. Staffel erzielte einen Abschuß, und das führte zu einer kleineren Trinkerei im provisorischen Kasino. Am 26. Mai verschlechterte sich das Wetter. Wir versuchten es zwar ein paarmal, aber wir kamen nicht bis Dünkirchen durch. Spät am Abend schien das Wetter besser zu werden. Oberleutnant Lommel, ein weiterer Veteran der Legion, versuchte es mit seiner 1. Staffel und startete noch um 18.50 Uhr. Aber er hatte Pech: Kaum war er gestartet, trat eine Wetterverschlechterung ein, die die Tür hinter ihm zuschlug. Die Wettervorhersage steckte noch in den Kinderschuhen und konnte nicht einmal so eine plötzliche Verschlechterung prophezeien. Der Nachrichtenzug hörte mit, wie die Kollegen miteinander sprachen und vergeblich, schließlich verzweifelt versuchten, den Rückweg nach Charleville zu finden. Sie mußten einer nach dem anderen eine Bauchlandung in Belgien oder Holland hinlegen. Oberleutnant Büsgens Flugbuch trägt als Eintrag: »Landung um 20.40 (110 Minuten).« Notlandung wegen Brennstoffmangels in Neerbeck/Holland. Mir kamen die untersagten Peilversuche in Bonn-Hangelar in den Sinn. In dieser Situation hätten wir bestimmt Hilfe anbieten können, hätte man uns nur ein bißchen weiter experimentieren lassen.

Am 27. Mai kamen wir wieder über Dünkirchen zum Einsatz, flogen aber nicht nach Charleville zurück, sondern landeten in Cambrai (etwa 120 Kilometer von Dünkirchen entfernt), also fast auf halbem Weg. Cambrai war zwar schon belegt, hatte aber noch Benzin für uns, wir tanken auf und erschienen am selben Tag nochmals über Dünkirchen. Wir beteiligten uns am massiven Einsatz gegen die vielen kleinen Schiffe, die sich inzwischen an der Rettung des britischen Expeditionskorps beteiligten. Unsere Bomber und Sturzbomber flogen, was das Zeug hielt, aber auch die RAF-Jäger kämpften unermüdlich. Die Hurricanes und Spitfires erschienen immer zahlreicher und fügten unseren Bombern beträchtliche Verlust zu. Die englischen und französischen Soldaten, die an den Küsten von Calais und Dünkirchen lange auf ihre Evakuierung warten mußten, haben die RAF später schwer beschuldigt. Sie hätte zu wenig gegen die Stukas und die Bomber gekämpft, wäre kaum in Erscheinung getreten. Ich dagegen konnte feststellen, daß die englischen Jäger nicht nur zahlreich vertreten waren, sondern mit dem Mut der Verzweiflung gekämpft und der deutschen Luftwaffe schwere Verluste zugefügt haben. Allein das II. englische Air Corps verlor an diesem 27. Mai 23 Flugzeuge und 64 Besatzungsmitglieder.

Kurz bevor wir Charleville endgültig verlassen sollten, wurde ich Zeuge eines schrecklichen Unfalls, eines Zusammenstoßes bei Start und Landung zwischen Bomber und Jäger. Solche Unfälle ereigneten sich, weil es in dieser Kriegsphase auf keinem feindlichen Platz eine ordnende Flugaufsicht oder irgendeine Leitung oder Kontrolle gab.

Ich wartete auf den nächsten Start und stand zwischen unseren abgestellten Me im Gras des Flugplatzes, als meine Aufmerksamkeit auf das gedrosselte Motorengeräusch einer landenden Do 17 gelenkt wurde. Sie hatte das Fahrgestell ausgefahren und befand sich schon sehr tief, kurz vor der Landung. Da kam urplötzlich Motorenlärm aus der entgegengesetzten Richtung – eine Me 109 startete mit Vollgas genau gegen die Landerichtung der aufsetzenden zweimotorigen Dornier. In der Me 109 war beim Start die Sicht nach vorn durch den Motor verdeckt. Ich konnte nur hoffen – aber vergeblich! Es kam zu einem furchtbaren Zusammenstoß, gar nicht laut, denn der Daimler Motor der 109 erstarb beim Überschlag in der Luft, aber die Trümmer flogen nach allen Seiten. Die Glaskanzel der Do 17 wurde komplett weggerissen, die Besatzung der Dornier vom Propeller der 109 buchstäblich in Stücke gehackt. Auch dem Führer der 109 gab ich keine Chance, aber er überlebte schwer verletzt.

Ich rannte zur Unglücksstelle, um zu retten, was zu retten war.

Auf den Flugplätzen im Feld gab es keine Flugleitung, man flog auf Sicht, aber nicht immer konnte man alles sehen. Bei der Me 109 etwa versperrte der Motor dem Piloten beim Start die Sicht. Darauf war wohl auch dieser schwere Unfall einer landenden Do 17 mit einer startenden Me 109 in Charleville zurückzuführen.

Das waren die Reste der Me 109. Der Oberleutnant, der die Maschine geflogen hatte, überlebte schwer verletzt, die vierköpfige Besatzung der Do 17 kam ums Leben – ein Kriegsverlust ohne Feindeinwirkung

Aber es war nichts zu retten. Bis heute ist mir unerklärlich, warum ich damals in Charleville den Auslöser meines Fotoapparates drückte. Zwei Bilder machte ich, dann verließ ich die Szene.

28. Mai 1940
Nun sind wir schon ein paar Tage hier in Charleville. Unsere Staffel hatte immer noch keinen Luftkampf. Nur die 2. Staffel hat sich zweimal mit Curtissen rumgehauen und dabei einen sicher abgeschossen ..., wir können weiterhin nur hoffen. Jedoch seit gestern weiß ich, daß es manchmal schwerer ist, Einsätze ohne sichtbaren Erfolg zu fliegen, als wenn man dauernd Abschüsse angeboten bekommt ... Gestern machten wir eine Zwischenlandung in Cambrai und flogen von dort einen Einsatz nach Boulogne, Calais, Dünkirchen und ein bißchen auf den Kanal raus. Dort auf dem Platz liegt eine Gruppe mit 70 Abschüssen. Ja, wenn man hört, wie die ihre Abschüsse machten, dann kann man nur sagen, es ist wie beim Würfeln um die »6«. Aber einmal muß auch bei uns die ausgleichende Gerechtigkeit kommen, denn wir tun zumindest unsere Pflicht.

Zur Zeit sind wir schon wieder mit einem Fuß in Laon – allerdings sollen wir vorerst noch ein paarmal an den Kanal fliegen. Dort oben hatte eine Gruppe von Zerstörern (Me 110), eine Stunde vor uns Luftkampf mit 14 Hurricanes, und 3/4 Stdn. nach uns trafen sie auf 50 Hurricanes und Spitfires. Als wir dort waren, war nichts da, wir sahen zwar bei herrlicher Sicht, konnten die gesamte Südküste von England, einschließlich der Themsemündung sehen – im Kanal sogar einen Geleitzug –, aber in der Luft absolut nichts. Ob das nun Pech ist oder nicht – für uns Flugzeugführer ist es eine verdammte Belastung ... Hier (Charleville) wohnen wir in einem netten Landhaus. Bevölkerung ist keine mehr da, wir haben eigene Kühe, Pferde, Enten, Kaninchen, alles. Sogar einen franz. Tank haben wir jetzt in der Staffel. Essen ist also reichlich!

PS: Bitte schickt Filme, auch für meinen Photo 6 × 9 mit Metallspule.

Dieses Hinweisschild an der R 43 (Route Nationale 43) stand direkt am Rande des Flugplatzes von Charleville. Die R 43 führte zur N 51 in Rocroi. Gleich »nebenan« in Tournes wohnten die Flugzeugführer der 3. Staffel in einem zauberhaften Landhaus (unten), das die Bewohner fluchtartig unter Zurücklassung des gesamten Inventars verlassen hatten. Wir sind sehr behutsam mit den wertvollen Sachen umgegangen. Es wurde nichts geplündert.

Bald nach dem Unfall entdeckte die höhere Führung, daß es etwas weiter nördlich einen Flugplatz in Laon gab. Schon am 29. Mai sollten wir dorthin verlegen. Ich flog als Vorauskommando und fand einen völlig intakten französischen Militärflugplatz. Unter Tarnnetzen standen immer noch einige französische Militärflugzeuge, und es sollte jede Menge Flugbenzin geben – wie mir gesagt wurde. Ich war auch deswegen Vorauskommando, weil ich die Unterbringung in privaten Häusern in der kleinen Stadt vorbereiten sollte.

Alle Männer waren geflohen, sie wollten wohl jeglicher Gefangennahme entgehen. Anders die weibliche Bevölkerung: Viele Frauen waren zurückgeblieben, um Haus und Hof und Eigentum zu schützen. Die militärische Ortskommandantur schlug mir mehrere Übernachtungsmöglichkeiten vor. Ich entschied mich für ein Haus, in dem drei Frauen wohnten. Eine ältere Frau und zwei junge, hübsche. Als ich meine Unterkunft besichtigte, amüsierte mich, daß die jüngeren Damen wohl ihre ältesten und schäbigsten Kleider angezogen hatten, um ja nicht »ansehnlich« zu erscheinen. Um meine »Wünsche« gleich in die richtige Richtung zu lenken, zeigten sie mir den gut ausgestatteten Weinkeller. Als ich zur Probe nach einer vom Hausherrn selbst abgefüllten Sektflasche griff, explodierte diese zum Schrecken aller. Damit hatte ich genug, ich verließ den Keller, ging wieder nach oben und kroch bald in das gute Bett. In Laon schlief ich ausgezeichnet – leider nur eine Nacht.

Es ist verständlich, daß die Franzosen Angst vor uns, den Eindringlingen, hatten, aber nach meiner Erfahrung benahmen die Soldaten sich gut. Plündern wurde mit Kriegsgericht und auch mit dem Tod bestraft, aber das schreckte nicht alle ab. So kam Kühle zu Ohren, daß unser Spieß, der Oberfeldwebel der Staffel, der für alles verantwortlich war, sich bereicherte. Kühle hatte erfahren, daß mit den Lkw, die immer noch zwischen unserem Standort und der Kaserne in Böblingen verkehrten, eine »besondere« Kiste an die Adresse der Frau des Feldwebels verladen werden sollte. Als die Lastwagen abfahrbereit waren, bat Kühle mich, ihn als Zeuge zu begleiten. Der Tipp bestätigte sich. Kühle ließ den Oberfeldwebel herbeirufen, und der mußte zusehen, wie die Kiste an seine Frau geöffnet wurde. Alle Farbe wich aus dem Gesicht des Mannes, als feinste Pelzmäntel, kostbare Chinavasen und wertvolles Glas zum Vorschein kamen. Vor einem Kriegsgericht hätte dieser Oberfeldwebel sicher in Gewehrmündungen geschaut, aber Kühle nahm die Sache selbst in die Hand und degradierte ihn auf der Stelle vom Oberfeldwebel zum einfachen Fliegersoldaten. Wahrlich ein demütigendes Erlebnis für einen Langgedienten, doch allemal besser als der Tod durch Erschießen.

Zurück aus Frankreich
Wir schützen Mitteldeutschland

Am 31. Mai/1. Juni wurde das Wetter etwas besser, und wir konnten einige Einsätze über Dünkirchen und dem Kanal fliegen. Wir waren voller Hoffnung, endlich auf den Feind zu treffen, da schlug aus heiterem Himmel der Blitz ein: sofortige Rückverlegung aus Frankreich zum Schutz der Leuna-Werke und der Junkers-Werke in Dessau!

Wir waren grenzenlos enttäuscht, ja mehr als das. Nachdem uns schlechte Wetterlagen behindert und wir auch sonst keinen Feindkontakt in der Luft erlebt hatten, glaubten wir, daß wir geradezu auserwählt seien, die Invasion – die Überquerung des Kanals – vorzubereiten. Und jetzt dieser Befehl zum Rückzug! Die Stimmung in der Staffel erreichte ihren Tiefpunkt. Aber Befehl ist Be-

Die letzte Aufnahme von Charleville und Seddy: Unteroffizier Ürlings und die Feldwebel Schieverhöfer, Rüttger und Voss bringen unsere Habe zum Flugplatz. Auf dem Weg dorthin wurde Seddy von einem Lastwagen überrollt.

fehl. Wir blieben in Charleville, solange es nur ging, schließlich steckte die Militärmaschinerie voller Irrtümer, und es konnte ja sein, daß das Ganze sich als Fehler herausstellte. Aber dem war nicht so, wir hatten nach Mitteldeutschland heimzukehren!

Der Befehl zur Verlegung war wohl auf die Notlandung der gesamten 1. Staffel unter Oberleutnant Lommel am 26. Mai zurückzuführen. Obwohl bei der Bauchlandung keines der Flugzeuge so schwer beschädigt worden war, daß es nicht repariert werden konnte, erlaubte die damalige Nachschublage nicht, die 1. Staffel mit neuen Me auszurüsten. Alle Maschinen mußten instand gesetzt werden. Das kostete Zeit. Zuerst mußte eingesammelt werden, dann – je nach Schaden – in der eigenen Werft oder in einem Werk repariert werden. Das hieß, daß die Gruppe I/JG 52, auf zwei Drittel reduziert, nicht voll einsatzfähig war. Ob wir es einsehen wollten oder nicht, wir wurden aus dem Kampfgebiet herausgezogen, um in der Heimat wieder aufzurüsten. Ein herber Schlag, aber wir mußten Einsicht üben und hatten dabei keine geringe Wut auf den Kapitän der 1. Staffel. Wir gingen vom »Blitzkrieg« zurück in den »Sitzkrieg«!

Da die Entfernung von Charleville nach Zerbst (bei Magdeburg), unserem neuen Standort, beträchtlich und genügend Eisenbahnkapazität vorhanden war, verlegte fast die gesamte Bodenorganisation per Bahntransport. Nur der Nachrichtenzug wurde in Zerbst zum Aufbau der Verteidigung dringend und schnell gebraucht und verlegte daher per Luft in den eigenen Transportflugzeugen. Natürlich wollten und durften die fliegenden Einheiten, die 2. und 3. Staffel, den Weg in der Luft zurücklegen. Als die 2. Staffel auf ihrem Rückflug in Trier zwischenlandete, wurde sie mit einem Alarmstart gleich wieder in die Luft gejagt. Bei diesem wilden Start raste ein junger Flugzeugführer, ein Gefreiter, in die Me 109 des Feldwebels Munz. Der überschlug sich, wobei seine Maschine glücklicherweise nicht in Brand geriet, aber Munz wurde schwer verletzt und kam in Trier ins Lazarett. Wieder ein Verlust ohne Feindeinwirkung!

Zerbst, den 7. Juni 1940.
So, nun sind wir schon 2 Tage hier. Kurz vor der großen Luftschlacht bei Paris wurden wir herausgezogen und sind weit

in der Heimat. Unsere Enttäuschung war maßlos. Dort absolut im Schwerpunkt und nun tiefster Frieden. Es ging rasch: Laon, Sedan, Frankfurt, Zerbst.

Es ist alles noch wie im Traum ..., wir hoffen trotz allem. Heute bekam ich die erste Post von Euch, eine Unmenge Päckchen. Herzlichen Dank! – Bloß gut, daß ich geradezu einen Haufen Arbeit vor mir habe. Ich würde sonst verzweifeln ..., man tut als Soldat eben, was befohlen wird.

Zerbst war ein neuer Flugplatz der Luftwaffe mit einer höchst zweckmäßigen Anlage: große Flugzeughallen, die jetzt fast alle leer standen; die Unterkünfte für Offiziere und Mannschaften waren nagelneu mit sanitären Einrichtungen, wie wir sie nur von Böblingen kannten; das Kasino konnte sich mit dem von Schwäbisch Hall messen. Aber das tröstete uns nicht. Wir hatten uns doch nach Einsatz gesehnt, waren bereit für jeden Kampf. Und hier war überhaupt nichts los. Eine Ruhepause wäre ja in Ordnung gewesen, wenn wir in Frankreich tatsächlich zum Einsatz gekommen wären, wenn unsere Flugzeuge, unser Fuhrpark der Überholung bedurft hätten, aber so? Als uns die Bevölkerung trotzdem feierte, fühlten wir uns fast wie Schwindler, denn wir kamen uns nicht wie Helden vor.

In den ersten Päckchen, die ich öffnete, kamen gelungene 8-mm-Filme zum Vorschein, die ich gedreht hatte und die nun entwickelt worden waren. Ich arrangierte daraufhin eine Filmvorführung im Kasino. Hauptmann Ewald schlug mir vor, daß wir parallel zu dem schriftlichen Kriegstagebuch, das offiziell zu führen war, ein Film-Tagebuch anlegten. Es war leicht, mich für diese Idee zu gewinnen. Mein gesamtes persönliches Filmmaterial brachte ich in dieses neuartige Filmkriegstagebuch ein. Alle von mir bis dahin aufgenommenen 8-mm-Filme klebte ich zusammen. Die Arbeit ging mir leicht von der Hand, denn ich glaubte, für die gesamte Luftwaffe ein Vorbild zu setzen.

Ich hatte viele gute Filme aufgenommen. Anfänglich waren meine Szenen zu kurz, ich sparte Film am falschen Ende, aber ich lernte schnell. Besonders schön – in Farbe – waren die Aufnahmen, die ich mit Kühle an einem klaren, blauen Sonnentag drehte. An diesem Tag, an dem wir in höhere Schichten flogen, schwammen in der Sonne auch einige strahlend weiße Kumulus-Wolken. Da ich meine Filmkamera in den Händen hielt, flog Kühle, mein Staffelkapitän, extra für diesen Film in engem Verband mit mir als mein Rottenhund. Wir stiegen auf etwa 4000 Meter Höhe, um bei allen folgenden Manövern sicher zu sein. Ich nahm den Knüppel meiner Me 109 zwischen die Knie und ließ dann meine Maschine machen, was sie wollte. Sie neigte sich in einer sanften Kurve nach rechts – Kühle in meiner Kamera –, eine Mischung von blauem Himmel und weißer Wolke, bis wir dann langsam in Sturzflug übergingen. Auf dem Film sollten wir sehen, wie die Sonne von dem Tarngrün von Kühles Me 109 zu der hellblauen Farbe auf der Unterseite wechselte. Es war herrlich anzusehen, auch beim Fliegen. Diese wunderbaren Aufnahmen brachte ich ebenfalls in das Gruppenarchiv ein, das später in Rußland verlorenging.

Nach der Vorführung des Films im Kasino fiel es nicht schwer, eine Geldsammlung anzuregen. Wir sammelten für eine eigene Filmkamera der Gruppe! Ein Händler in Stuttgart sagte mir eine Kamera für 400 Reichsmark zu. Das war ganz außergewöhnlich, denn im Krieg galt eine Kamera als unerreichbarer Luxus. Unser Geld reichte aber nicht nur für die Kamera, sondern auch für eine Leinwand samt Vorführgerät. Die hatte der Händler nicht vorrätig, aber er versprach, dies alles zu beschaffen.

Die Idee eines Filmkriegstagebuches war neu. Ewald hielt es für besser, die ganze Angelegenheit vertraulich abzuwickeln. Ich wurde daher beauftragt, das Geschäft mit dem Händler in Stuttgart persönlich zu Ende zu führen. Das traf sich gut mit einem anderen Vorhaben: Feldwebel Munz, der im Lazarett in Trier lag, hatte uns wissen lassen, daß er verzweifle. Er flehte förmlich darum, zur Behandlung nach Hause entlassen zu werden. Er kam aus Göppingen, und so bot es sich geradezu an, daß Hauptmann Ewald, Staffelkapitän von Munz, mir für diese Mission die Me 108 (die viersitzige Taifun) der Gruppe, die noch immer die friedensmäßige blaue Farbe trug, zur Verfügung stellte. Ich hatte diese Maschine ja schon einmal nach Wengerohr zum Luftschießen geflogen, und Ewald traute mir. Es bliebe meinem Geschick überlassen, Munz loszueisen, ihn von Trier nach Göppingen zu fliegen und anschließend mit der Kamera nach Zerbst zurückzukehren.

Zu meinem ganz persönlichen Glück wollten die Stephans am 19. Juni nach Trier kommen, so daß ich Grete nach langer Zeit einmal wiedersehen konnte. Sie kümmerte sich um meine Unterbringung in Trier, und so wohnte ich zum ersten Mal in meinem Leben in einem der vornehmsten Hotels Deutschlands, dem »Porta Nigra« in Trier. Das war wirklich ein Erlebnis! Nach einem opulenten Nachtessen – arrangiert von der Familie Stephan für ihren Frontsoldaten Steinhilper – verabschiedete ich mich am nächsten Morgen nach dem Frühstück.

Was mich nun erwartete, war grauenvoll. Ich fand Munz auf dem Dachboden des Feldlazaretts in einem elenden und erbärmlichen Zustand. Das war das andere Gesicht des Krieges! Hierhin hatte man sie abgeschoben, die vielen verletzten Infanteristen, Pioniere, Artilleristen, ein wahlloses Durcheinander von Uniformen und Nachthemden. Auf diesem provisorisch hergerichteten Dachboden eines ehemaligen Klosters lagen sie auf Strohmatratzen auf dem Boden, mitten unter ihnen Munz. Einige waren schwer verwundet, bluteten, andere waren ohnmächtig und schienen keine Hilfe mehr von dieser Welt zu erwarten. Der Anblick dieses Elends traf mich tief. Die, die wach waren, zeigten mir ihren Haß und ihre Enttäuschung: »Hol Sie der Teufel, Herr Leutnant ... Sie und alle Offiziere soll der Teufel holen! ... Jetzt, wo wir verwundet, hilflos sind, kümmert sich kein Mensch mehr um uns! ... Hier werden wir behandelt wie ein Haufen Dreck! ... Keine Ärzte, keine Offiziere, keine Pflege!« Wie ein Schlag traf es mich. Da hatten sie für ihr Land gekämpft, und jetzt? Manche waren nur zum Sterben hierher gebracht worden. Die Sanitäter bemühten sich nach Kräften, aber es waren zu wenige. Manche dieser tapferen Soldaten mußten nur sterben, weil sie nicht versorgt wurden. Es war ein schreckliches Erlebnis.

Mit der Hilfe einer Schwester hatte ich Munz auf dem Dachboden gefunden. Kaum hatte er mich erkannt, flehte er: »Holen Sie mich hier heraus, unter allen Umständen, ... die haben hier nicht genug Chirurgen, nicht genug Pflegepersonal ..., um mich herum sterben fortwährend Leute!« Ich ging also mit der Schwester ins Büro des Sanitätsfeldwebels, der mir viele Fragen stellte: »Was für ein Flugzeug haben Sie? Ist Ihnen bewußt, wie schwer die Verletzungen von Munz sind? Warum soll er ausgeflogen werden?

Wäre es nicht besser, wenn er in einem Sanitätswagen nach Göppingen gebracht würde?« Ich log das Blaue vom Himmel herunter. Ich sagte, daß wir in unserer viersitzigen Taifun jederzeit die Sitze ausbauen könnten, um den Verwundeten bequem zu transportieren. Schließlich konnte ich ihn überzeugen. Er begleitete mich auf den Dachboden, wobei er weiterhin unablässig Fragen stellte. Die Augen von Munz unterstützten jede Lüge, jede meiner Antworten war von einem Leuchten seiner Augen begleitet. Ich spürte, daß er sterben würde, wenn ich ihn hier nicht herausholte, und so überwand ich alle Hürden. Als Begleitung zum Flughafen kam eine Schwester mit, die glücklicherweise Kissen und Federbetten in den Sanka geladen hatte. Als das Sanitätspersonal dann die enge Kabine der Taifun sah und feststellte, daß die Sitze nicht ausgebaut werden konnten, ergriff die Schwester resolut die Initiative. Mit Hilfe der Kissen und Betten baute sie eine ordentliche, fast ebene Liege, auf die Munz gebettet werden konnte. Er biß die Zähne zusammen, und ich war über alle Maßen froh, als ich die Kabine meiner Taifun schließen durfte und den Gashebel nach vorn schieben konnte.

Bald stiegen wir in den Himmel Richtung Göppingen. Das Elend, das ich hinter mir gelassen hatte, sollte mich lange bedrücken. Munz flog mit mir Richtung Heimat, aber wie viele junge Männer hatten wir hilflos zurückgelassen? Nicht wenig von meiner noch jugendlichen Begeisterung für diesen Krieg habe ich an diesem Tag eingebüßt.

Von Trier nach Göppingen war es ein kurzer Flug, einschließlich Start und Landung brauchten wir nur 90 Minuten. Am Ziel wartete bereits ein LW-Krankenwagen. In Göppingen kam Munz in ein gutes Krankenhaus, wurde operiert und von seiner Frau so gut gepflegt, daß er bereits im Dezember 1940 wieder zu seiner geliebten 2. Staffel zurückkehren konnte. Damit hatte er, was zu diesem Zeitpunkt keiner wußte, die »Battle of Britain« überstanden.

Ich holte die Kamera in Stuttgart ab und flog zurück nach Zerbst. Die Eindrücke aus dem Kriegslazarett im Kloster von Trier waren noch frisch, und mir war nicht danach zumute, mich in Zerbst von der Bevölkerung feiern zu lassen. Aber uns blieb gar keine Wahl. Der Krieg in Frankreich war siegreich beendet worden, wir hatten die Sieger zu vertreten, ob wir wollten oder nicht. Nicht schlecht vorgesorgt hatte unser Kantinier: Alles, was die französische und englische Armee in reichlich gefüllten Depots zurückgelassen hatte, war vom deutschen Heer übernommen worden, und unser Verpflegungsbeamter hatte vor unserer Rückkehr reichlich und preiswert eingekauft. In unserer Kantine gab es alles: viele Sorten von Schokolade und Süßigkeiten, an Getränken, was das Herz begehrte, vom echten schottischen Whiskey bis zum besten Champagner, es gab französischen Cognac und Wein – einfach alles. Bald sprach sich in der Stadt herum, daß wir großzügig mit unseren Waren umgingen. Kühle und ich nutzten die Gelegenheit, unsere Zähne richten zu lassen. Zur Behandlung brachten wir entsprechende Geschenke mit.

Die Festivitäten, an denen wir teilnahmen, beschränkten sich nicht auf unseren Flugplatz und Zerbst, wir wurden auch auf umliegende Plätze eingeladen. Ich denke besonders an ein festliches Abendessen, das auf einem benachbarten Flugplatz stattfand. Wir Offiziere wurden dort vielen Partei- und Regierungsgrößen vorgestellt. Zu der Gesellschaft gehörten auch Damen, die mit Offizieren eines Jagdverbandes verheiratet waren, der vorher dort gelegen hatte und jetzt im Einsatz in Frankreich oder über dem Kanal war. Eine dieser jungen Damen trug ein kleines Baby auf dem Arm, das so neugeboren war, daß der Vater es noch nicht gesehen hatte.

Nach dem Essen vertrieben wir uns die Zeit auf dem Rasen vor dem Kasino. Da läutete plötzlich das Telefon. Eine Mitteilung wurde durchgegeben, die die junge Mutter und eine zweite Dame betraf. Ein älterer Offizier bat die beiden zur Seite und teilte ihnen mit, daß ihre Ehegatten bei einem Einsatz ums Leben gekommen waren. Es wurde Rückfrage gehalten, ob vielleicht ein Fehler vorliege, ob es nicht »vermißt« heißen sollte. »Tot, nicht vermißt«, lautete die Antwort. Die Stimmung erstarb. Die Feier wurde abgebrochen. Wie ein Gewitter war es über uns hereingebrochen. Jeder Versuch, die Frauen zu trösten, war vergeblich. Wieder einmal hatte der Krieg seine Fratze gezeigt, und es gab kein Entrinnen. Von nun an schrieb ich Gretl nicht mehr.

In der 3. Staffel trösteten wir uns mit einem neuen Spielzeug: Als Zugmaschine wurde uns ein schwerer, nagelneuer Hanomag-

Schlepper geliefert, der erst noch eingefahren werden mußte. Ohne Anhänger sah er aus wie ein schwerer Lastwagen ohne Ladefläche. Da Hinnerk und ich den Führerschein für schwere Lastwagen erworben hatten, überließ Kühle uns diese Aufgabe. Wir sollten die entsprechenden Kilometer so schnell wie möglich absolvieren. Das war ein Vergnügen, mit dem schweren Schlepper in die Stadt zu fahren! Magdeburg war schon damals eine Großstadt. Die Cafés und Restaurants dort kamen uns »Landpomeranzen« luxuriös und extravagant vor. Ob wir die Magdeburger Bürger allerdings besonders beeindruckten, wenn wir unseren dicken Luftwaffenschlepper, der deutlich mit WL (Wehrmacht Luft) kenntlich gemacht und in luftwaffenblau gehalten war, vor den Tanzcafés und Restaurants parkten, wage ich zu bezweifeln. Aber gab es eine bessere Art, so ein Fahrzeug einzufahren?

17. Juni 1940
Liebe Mutter,
So ein Blödsinn! Was haben Dir diese Leute 2 Tage verdorben, dabei würdest Du staunen, wenn Du sehen könntest, wie gut wir es haben und wie wir hier leben. Gesundheitlich bin ich auf der Höhe wie selten. Wir treiben sehr viel Sport, sogar einen Tennisplatz haben wir im Horst. Ich habe mir einfach einen neuen Schläger gekauft und schon wieder gespielt. Es fehlen nur Tennisschuhe und Bälle, die kriegt man nirgends. Da es so aussieht, als ob wir längere Zeit hierbleiben, schick mir diese einfach als Eilpaket an Adresse Fliegerhorst Zerbst bei Magdeburg.

Deine Briefe vom 6. an habe ich bekommen, auch die Päckchen, alles andere vorher fährt noch irgendwie durch Deutschland oder Frankreich. Alles wird schon hier eintreffen. Die Enttäuschung habe ich so allmählich hinter mich gebracht, als Soldat kann man nicht mehr als gehorchen und seine Pflicht tun ..., also kein Vorwurf an mich selbst. Etwas voraussagen, was man mit uns vorhat, ist völlig unmöglich ... Von mir aus kann jetzt kommen, was will; eine größere Enttäuschung als die vergangene ist bei mir nicht möglich.

Liebe Mutter, mach Dir bitte nicht nochmal solche Sorgen ..., wenn ich irgendwie ins Kriegsgeschehen verwickelt bin, schreibe ich immer ..., wenn Du mal ein paar Tage warten mußt, dann mach Dir keine Sorgen. Wenn mir etwas zustoßen sollte, bekommst Du sofort von meinem Kommandeur Nachricht. Alles andere sind Gerüchte.

So, und nun freut Euch – genau wie wir – an den herrlichen Siegen. Wer hätte je sowas zu denken gewagt!

Übrigens, seit ein paar Tagen habe ich das EK II.

Die Auszeichnung mit dem Eisernen Kreuz zweiter Klasse*, damals noch ein Ereignis, erwähne ich ganz abgebrüht erst im Nachsatz. So sah ich die soldatische, die Offizierspflicht. Dieser Krieg bedeutete für mich »Dienst am Vaterland«, ich war nicht ausgezogen, um persönlich dekoriert zu werden. Bisher hatte ich nichts getan, was reif für eine persönliche Belohnung, eine Auszeichnung, war.

Völlig unvermittelt hatte ich selbst wieder großes Glück, ich durfte erneut mit unserer Messerschmitt-Taifun über Land fliegen. Diesmal sollte es eine große Reise werden, und zwar von Zerbst nach Liegnitz (etwa 340 Kilometer), dann nach Prag (rund 210 Kilometer), nach Böblingen (420 Kilometer), von Stuttgart nach Mannheim (nur 120 Kilometer) und wieder nach Zerbst (nochmals 370 Kilometer), also insgesamt gute 1460 Kilometer, wenn ich guten Kurs fliegen würde.

Mein Plan war, am ersten Tag die Tschechoslowakei zu überfliegen und anschließend in Stuttgart zu übernachten. Deswegen startete ich an einem Freitagmogen recht frühzeitig in Zerbst und landete schon um 10 Uhr in Liegnitz. Dort wurde ich vom Luftwaffenpersonal bereits erwartet, denn meine Ankunft war telefonisch angekündigt worden. Ich nahm einen Schrankkoffer der Familie von Pfeil in Empfang, die in der Nähe ihr Gut hatte. Die Maschine wurde aufgetankt, und ich hätte sogleich weiterfliegen können, doch die Wetterwarte hatte Bedenken. Um auf direktem Weg Prag zu erreichen, hatte ich das Riesengebirge zu überqueren. Alles, was ich über diesen Bergzug wußte, stammte aus Sagen.

---

* Das EK II wurde Soldaten auf Vorschlag ihrer Vorgesetzten für allgemeine Tapferkeit verliehen.

Danach war dieses Gebirge die Heimat von Zwergen und Kobolden. »Rübezahl«, ein Berggeist des Riesengebirges, durfte nicht geärgert werden, denn er konnte vielleicht auch Fliegern zum Verhängnis werden. Immerhin reichten die Spitzen der dortigen Berge bis in Höhen von 1600 Metern. Die örtliche Wetterwarte warnte: Außer den häufig tiefliegenden Wolken gäbe es auch in den Tälern gefährliche Auf- und Abwinde mit einem dem Föhnwind ähnlichen Effekt.

Die Wetterstation erlaubte einen Versuch, vielleicht konnte es gelingen, durch ein Tal zu kommen, aber sie gab den Rat, wenn die Wolken aufliegen sollten, außenherum zu fliegen, das hieß zurück über Dresden, Leipzig und dann durch das Fichtelgebirge Richtung Stuttgart. Das bedeutete, daß eine Zwischenlandung zum Auftanken eingeplant werden mußte. Die wankelmütige Vorhersage wurde damit begründet, daß die Wettermeldungen aus der Tschechoslowakei noch nicht auf dem Standard seien, der genauere Vorhersagen gestatte.

Ich wollte den direkten Flug wagen und gab über Fluko der Flugleitung Liegnitz einen entsprechenden Flugplan ein. Sie akzeptierten ihn, rieten mir aber, eine Flughöhe von 500 Metern über Grund einzuhalten, damit die Bodenbeobachtung (das Flugmeldesystem) mein Kennzeichen mit dem großen WL (Wehrmacht Luft) gut erkennen könne. Daran hielt ich mich anfänglich recht genau, denn meine Taifun trug noch immer die wunderschöne tiefblaue Friedensfarbe, und ich wollte weder einer abschußhungrigen Me 109 noch der eigenen Flak zum Opfer fallen.

Noch vor Mittag klarte es auf, und ich konnte im Sonnenschein Richtung Riesengebirge starten. Das Flugwetter war genau das Gegenteil von der Voraussage, ich hatte herrliche Sicht und konnte den Ausblick auf die umgebenden Täler und Berge genießen. Zu meinem großen Bedauern hatte ich vergessen, meine Kameras mitzunehmen. Bereits nach einer Dreiviertelstunde erreichte ich Prag, das ich als Großstadt schon von weitem ausmachen konnte. Die Sicht war so gut, daß ich sofort die berühmte Karlsbrücke sowie den Hradschin, die Burg im Zentrum, erkannte. Da half alle Selbstdisziplin nichts, jetzt kam der Weltenbummler in mir durch: Das mußte ich mir genau ansehen! Ich flog eine Runde rings um die Stadt. Da zu jener Zeit keinerlei Funkkontakt üblich war, sorgte ich mich schon, was die Leute, die Beobachter da unten, wohl darüber dachten, daß ihre Stadt mitten im Krieg von einem kleinen blauen Flugzeug umrundet wurde. Aber es regte sich nichts. Nachdem ich Prag in meinen Touristenkatalog einsortiert hatte, flog ich weiter, Kurs Richtung Böhmerwald, und nach weiteren zwei Stunden erreichte ich die mir bekannte Umgebung Stuttgarts und landete friedlich in Böblingen.

Der Flugtag hatte über eine große Distanz geführt, zum Teil über Länder, die mir völlig neu waren, sogar unbekanntes Ausland war dabei, und alles hatte ich ohne Schwierigkeiten und mit Besonnenheit gemeistert. Auf den Ausgang des Krieges war ich nicht mehr angewiesen, ich würde in alle Welt fliegen, würde über die Linsen meiner Kameras Fotos und Filme in die Wohnzimmer der Menschen bringen und so ihren Gesichtskreis erweitern. Sicher würde es, besonders nach einem gewonnenen Krieg, Flugzeuge wie meine brave Taifun geben.

Dann brach ich auf zu meinen Besorgungen in Stuttgart. Bei Photo Binder in der Königstraße erstand ich das versprochene Vorführgerät und die Leinwand. Über Nacht blieb ich in Heutingsheim. Am nächsten Morgen waren die kleineren Päckchen schnell im Gepäckabteil der Taifun verstaut, und schon ging es weiter nach Mannheim. Dort mußte ich meinen Plan ändern, weil meine Fracht nicht am Flughafen war. Mir war es egal, ob ich an diesem oder am folgenden Tag weiterflog, erst recht, als mir die Ortskommandantur mitteilen ließ, daß ich auf ihre Kosten im besten Hotel der Stadt, nämlich dem Palast-Hotel, übernachten könne.

Ich genoß den Aufenthalt in vollen Zügen und ging nach dem Essen hinunter in die »Holzkistl-Bar«, die zum Hotel gehörte. Dort herrschte überhaupt keine Kriegsstimmung, vielmehr eine gepflegte Baratmosphäre, und es wurde getanzt. Das änderte sich, als plötzlich die Luftschutzsirenen heulten. Daß hier Sirenen tönten, war keine Überraschung, denn auf der anderen Seite des Rheins lagen die BASF-Werke, die für jeden Bombenangriff ein wichtiges Ziel sein mußten. Von einem Stimmungsumschwung konnte jedoch keine Rede sein, im Gegenteil: Das Ganze wurde geradezu stimmungsvoll und zum besonderen Ereignis. Die »Holzkistl-Bar« im Keller galt ganz offiziell als Luftschutzkeller, und so kamen die Gäste in Schlafanzug oder Bademantel aus ihren Zimmern herab. Das Gewölbe füllte sich zusehends, niemand war ängstlich, obwohl oben die schweren Flakgeschütze ganz schön donnerten. Auch als das Donnern längere Zeit anhielt und niemand wußte, ob die Explosionen nicht von Bomben stammten, blieb die Lage entspannt. Der Barkeeper hatte in dieser Nacht gute Einnahmen zu verzeichnen. Selbst als die Sirenen das Ende des Fliegeralarms anzeigten, war in der Bar noch lange nicht Schluß.

Wohl aus Sicherheitsgründen wurde unsere Staffel am 18. Juli nach Neuruppin verlegt, wo wir bis zum 23. blieben. Danach verlegten wir nach Bayreuth. Erst dort waren wir als Gruppe I/JG 52 wieder komplett. Nach Bayreuth hatte man uns anläßlich der Wagner-Festspiele kommandiert. Zwar sahen wir keine Vorstellung, aber wir fuhren in die Stadt, wo die »siegreiche Luftwaffe« in den Restaurants und Bars eingeladen wurde. Dort trafen wir viele interessante Leute aus dem gesamten Reich. Wir fühlten uns wichtig und ich mich auch ein bißchen als Hochstapler.

Als Nachrichtenoffizier der Gruppe war ich immer noch verantwortlich für alle Verbindungen. Wenn ich beobachtete, was sich funktechnisch alles abspielte, gab es für technische oder organisatorische Verbesserungen kaum Grenzen, aber nachdem wir in Polen und Frankreich so schnell gesiegt hatten, schlich sich eine gewisse Trägheit ein. Die Befehle der höheren Stäbe kamen anstandslos durch das Telefon, sie waren einfach. Sie erreichten entweder den Gruppenkommandeur oder den Staffelkapitän, der ihn vertrat, und lauteten meist: »Starten Sie sobald wie möglich! Fliegen Sie nach Sedan« (oder Charleville oder später nach Dünkirchen)! »Suchen Sie den Feind am Himmel, bekämpfen Sie ihn, zwingen Sie ihn zur Landung, oder schießen Sie ihn ab!« Nach dem Start konnte Förster am Mikrofon per Funk manchmal noch eine zusätzliche Information oder Korrektur durchgeben, aber dann waren wir schon außer Reichweite, verkehrten per Funk nur noch miteinander.

Vielleicht hatte Galland doch recht: »Schmeißt die verdammten Funkgeräte raus, damit wir höher und schneller fliegen können!« Wenn man Frankreich als Maßstab nahm, dann hatte er recht. Zu jener Zeit galt »sein Maßstab«, und das blieb so für die höheren Jagdführer. Dieser Irrtum sollte sich später schwer rächen. Der Feind setzte seine eigenen Maßstäbe. Vor allem die Engländer lernten aus ihren bitteren Erfahrungen in Frankreich. Wir dagegen, wir wurden selbstzufrieden.

Gerade in dieser Zeit trieben die Engländer die Entwicklung des Radargeräts voran. Wie sie dafür spezielle Türme bauten, wie sie die unter der Erde liegenden betonierten Jägerleitstellen mit großen Kartentafeln versahen und wie sie unter der Führung des fliegerisch vorausdenkenden Lord Dowding die gesamte Befehlsstruktur darauf abstimmten, verdient allen Respekt. Die Luftwaffe dagegen genoß den Erfolg von Polen und Frankreich und ruhte sich auf diesen Siegen aus.

Was die Reichweite unseres Gerätes betraf, sollte es eine gewisse Verbesserung geben. Zerbst lag in der Nähe von Halle, meiner Nachrichtenschule, und vor allem war Köthen nicht weit, wo die neuesten Entwicklungen in der Luftwaffentechnik erprobt wurden. Nachdem entsprechende Verbindungen hergestellt waren, konnten wir wenigstens für alle Flugzeuge unserer Gruppe die neuesten Kristalle erwerben und in unsere Funkgeräte einbauen, was die Reichweite der Boden–Bord-Verbindung erheblich verbesserte. Bei einem Besuch in Köthen wurde auch darüber gesprochen, daß neue Ortungsgeräte wie »Freya« und »Würzburg« bei der Truppe zur Erprobung seien, aber ich als N.O. einer Jagdgruppe erfuhr nichts Neues.

In Frankreich hatte sich herausgestellt, daß in der Luft die Reichweite für den Funk kein Problem darstellte, aber das unnötige Gequassel war es. Solange es keine Feindberührung gab, herrschte, selbst wenn mehrere Geschwader auf der gleichen Frequenz lagen, meist Funkstille, aber dann begann es: »Achtung, Achtung in drei hoch … Himmelhunde (Deckname für feindliche Jäger) … im Auge behalten!« Folgte dann Feindberührung, dann war das Durcheinander im Kopfhörer so groß, daß nur noch Pfeifen oder Geschrei zu hören war. Viel zu viele Flugzeugführer hatten etwas zu berichten, drückten ihren Mikrofonknopf am Steuerknüppel, und dann war nichts, aber auch gar nichts zu verstehen. Die Lösung war nicht die Beschränkung der Zahl der Flugzeugführer, die auf dieselbe Frequenz abzustimmen waren, sondern »Funkdisziplin«:

Wenigstens das übten wir in Zerbst und lernten für spätere Zeiten. In der »Battle« passierte es dann einmal, daß wir mit JG 26, dem damals von Adolf Galland geführten Geschwader, auf derselben Frequenz waren. Wir befanden uns im Luftkampf. Zuerst herrschte das übliche Durcheinander im Funksprechverkehr, so daß nur Pfeifen zu hören war. Da, plötzlich laut und verständlich ein Hilferuf: »Spitfire hinter mir! Spitfire hinter mir!« Keine Antwort. Verständlich, daß niemand den Knopf drückte. Eine Weile herrschte Stille in den Kopfhörern, dann war da wieder die Stimme: »Spitfire hinter mir! Spitfire immer noch hinter mir! Was soll ich tun?« Und da kam die klare Antwort, alle erkannten Gallands Stimme: »Aussteigen, Sie Bettnässer!« Nach der Landung bekannte sich keiner dazu, seine Angst ins Mikrofon gebrüllt zu haben. Wer bis dahin Funkdisziplin noch nicht gelernt hatte, der tat es jetzt.

Die Luftwaffe machte keine Anstalten, aus den Erfahrungen des Frankreichfeldzuges zu lernen. Dabei gab es nicht nur die Schwierigkeiten mit der Frequenz. Ein viel größeres Problem war, daß wir im Sprechverkehr funkten, während die anderen meist im Morse-Code verkehrten. Stukas und Zerstörer bildeten da eine gewisse Ausnahme, aber das hatte sich weder in Polen noch in Frankreich als Problem erwiesen. Nur das Treffen mit den Bombern stellte ein – in beiden Feldzügen allerdings beherrschbares – Problem dar. Später, über England, wo Reichweite eine entscheidende Rolle spielte, trug es uns aber hohe Verluste ein. Einer der findigen Radiobastler meines Nachrichtenzuges hatte damals schon eine Idee, wie dieses Problem zu lösen sei. Alle Bombertypen, ob Ju 88, Do 17 oder He 111, hatten zwölf Volt an Bord und Antennen. Es wäre einfach gewesen, wenigstens in die Führermaschine des Gruppenkommandeurs der Bomber ein Jägerfunkgerät einzubauen und vor jedem Flug entsprechend abzustimmen. Dann hätten wenigstens die Führer der Bomber und der Begleitjäger miteinander sprechen können. Damals hieß es allerdings: »Bevor wir solche Änderungen einführen, haben wir den Krieg gewonnen!« Geradezu tragisch war, daß zwischen dem Rettungsdienst, ob Seenotflugzeugen oder Schnellbooten, keinerlei Funksprechverbindung bestand. Bei den vielen verlustreichen Einsätzen über dem Kanal kam es oft vor, daß Bomber-, Jäger- und

Stukabesatzungen ins Wasser gingen, und ihre Kameraden konnten aus Benzinmangel nicht so lange über ihnen kreisen, bis Hilfe eintraf. Alles, was wir tun konnten, war Förster auf unserer Bodenstation in Coquelles zu informieren und ihm eine genaue Position durchzugeben. Er seinerseits benachrichtigte unverzüglich sowohl die Marine als auch den Seenotrettungsdienst – manchmal mit Erfolg, manchmal ohne.

Noch waren wir allerdings in Zerbst und nutzten das gute Wetter, indem wir schöne 8-mm-Filme aufnahmen. Natürlich wurden diese Flüge offiziell als Ausbildungsflüge deklariert. Die Entwicklung aller meiner Filme erfolgte inzwischen durch das Fotogeschäft Binder. Herr Binder bat mich eines Tages um die Erlaubnis, Kopien der Filme anzufertigen, denn sie seien so gelungen, daß er diese einmaligen Aufnahmen aus der Luft auch gerne privat vorführen würde. Dagegen hatte ich nichts einzuwenden. Herr Binder war höchst interessiert daran, mehr darüber zu erfahren, wie wir diese Bilder aufnahmen. Er hatte viele Fragen, und ich versicherte ihm, daß diese Art zu fliegen auch für uns ein besonderes Erlebnis sei. Die einmotorige Me 109 ging bei den Aufnahmen, die ich mit Kühle im Verband drehte, ganz von allein in eine Rolle, später in eine Kurve nach unten, schließlich in den Sturzflug. So waren die Wiesen, Flüsse und Wälder unter uns nicht nur schön anzusehen, sondern kamen auch immer schneller auf uns zu und wurden entsprechend schnell größer. Wir begannen mit dem Filmen in großer Höhe und waren beim Drehen dringend auf gutes Wetter angewiesen. Herr Binder war so angetan von unserem Material, daß er die Filme, soweit es ihm möglich war, unentgeltlich entwickelte.

17. Juli 1940
... bin wieder mal arg schreibfaul, nur wenn ich was brauche, schicke ich ganz schnell ein Telegramm ... Ihr habt alles fabelhaft schnell erledigt. Wir machen hier in der Gruppe eine Filmvorführung, da brauchte ich die Filme. Sie sind nicht die schlechtesten gewesen. Das Leben ist furchtbar eintönig, es ereignet sich absolut nichts Wissenswertes. Wir machen Bereitschaft und warten, was die Zukunft bringen wird ... Es ist manchmal schon recht schwer ...

Vater wird sicher auch enttäuscht sein, aber ihm wird es nicht so schwer fallen wie mir. Bei ihm ist Kampf ja nicht Berufserfüllung, aber für mich als Flugzeugführer und aktiven Offizier ist es bestimmt kein falscher Ehrgeiz!

Daß Du ab und zu nette Gesellschaft hast, freut mich ..., schön wirst Du ja das dauernde Alleinsein nicht finden ... Warte bitte nicht zu sehr auf Post von mir. Wenn tatsächlich Anzeichen da sind, daß was los ist, werde ich sicher mehr schreiben.

28. Juli 1940
Nun scheint es doch so, als sollten wir wegkommen. Stell Dir vor, wenn das wahr wird – Calais, der beste Platz, den man sich denken kann. Obwohl schon eine fliegende Staffel weg ist, bin ich noch immer ungläubig – künstlich gleichgültig, man ist eben schon zu oft enttäuscht worden ... Wenn es wahr wird, dann bekommst Du schon rechtzeitig Nachricht von mir. Ich lege noch die jetzt fertig gewordenen Bilder bei, sie sind aus Frankreich, und ich schreibe jedesmal drauf, was sie zu bedeuten haben. Also halt noch den Daumen, daß es vollends klappt. Stell Dir vor, London wäre dann unser Jagdraum.

29. Juli 1940
Also, man hat uns wieder mal enttäuscht. Obwohl schon eine Staffel von uns in Calais liegt, hat sich wieder mal ein Geschwader mit einem besseren Namen vorgedrängt und nimmt den für uns vorgesehenen Platz ein. Wir dagegen ziehen nun wieder in die Nähe von Krefeld zum Schutz des Ruhrgebiets. Dort können wir wieder mal allein durch unsere Anwesenheit wirken ... Übermittle Vater die herzlichsten Geburtstagswünsche. Ich weiß nämlich nicht, wohin ich schreiben soll ... Eigentlich sollte man sich bemühen, jedem Ding seine schöne Seite abzugewinnen, aber bei unserer Gruppe gehört da verdammt viel Beherrschung dazu. So schlimm wie von Laon nach Zerbst ist es diesmal nicht, schlimmer kann es auch nicht kommen.

Auf die Rückseite dieses Briefes schrieb meine Mutter:

Mittwoch, 31. Juli 1940
Lieber Vater! Heute früh kam dieser Brief. Ich kann in der heutigen Zeit keine Papiervergeudung ertragen, deshalb benütze ich die leere Seite. Ich bin immer froh, wenn Uz Heimatschutz ist; er ist ein solch ungestümer Draufgänger. Obwohl ich ihm auch gönnte, daß sein Wunsch, voll eingesetzt zu werden, erfüllt würde, ist mir's doch lieber, wenn er hinten ist. Heut früh kamen Deine Pralinen, vielen Dank, von Trude kamen vor 2 Tagen 2 Schachteln. Nun haben wir wieder Vorrat.

Heut früh hat mir Öhlers Emma einen Riesenstrauß Gladiolen, einen Korb Pflaumen und 1 Stückchen Rauchfleisch gebracht. Wenn die nicht wäre, wär ich verlassen. Mein Radio tut nicht mehr, nun erwart ich Hesser (Elektrogeschäft). Seine Frau war heut früh da und meinte, die Sicherung sei durch; auch mein Kochtopf und meine sämtlichen Kabel sind kaputt. Eben habe ich bei Graf (Bank) nach dem Gehalt gesehen, ist aber noch nicht da …

Letzten Freitag auf Samstag hatten wir Fliegeralarm. Ich hatte den feindlichen Flieger schon gute 5 Min. vorher gehört, und zwar muß er sehr nieder gewesen sein. Dann fiel der 1. Doppelschuß »Bum – bum«. Bis unsere Sirene tat, verstrichen nochmals 10 Min. Es kamen die Sirenen der ganzen Umgebung, und geschossen wurde ganz ordentlich. Ich blieb mit Helga im Bett, die schlief so gut, und achtete immer auf das Fliegergeräusch. Wär's näher gekommen, hätte ich uns die Deckbetten übergezogen.

Nachher bekam ich erzählt, daß Scheinwerfer, Leuchtkugeln und Geschosse das reinste Feuerwerk waren, und ich ärgerte mich, daß ich nichts angesehen hatte. Auch in der Nacht von Samstag auf Sonntag und auf Montag hatten wir wieder kurzen Alarm.

Schick den Brief bitte an Trude weiter.

Vater an Trude:

Hinnerk (auf meinen Schultern) und ich waren über die Nachricht, daß wir doch nicht nach Frankreich verlegt werden sollten, so erbost, daß wir auf dem Fliegerhorst Zerbst ein weißes Bettuch hißten. Auf Befehl des Horstkommandanten mußten wir die »Fahne« unverzüglich persönlich wieder einholen.

Liebe Trude! Wie steht's mit Eurer Verlegung? Wohin? Wann etwa? Wenn Du nicht mehr hierher kommen kannst, dann teile es mir rechtzeitig mit. Wir kommen nach Konstanz. Von dort aus fahre ich in Urlaub. Am 1. August war ich in Prag. Es war sehr schön. Für Deinen Geburtstagsgruß herzlichsten Dank!

Auf dem Fliegerhorst Zerbst waren Hinnerk und ich durch die Nachricht, daß wir zum Sitzkrieg im Ruhrgebiet verurteilt waren, derart aufgebracht und mißgestimmt, daß wir weiße Bettücher am Fahnenmast vor den Offiziersunterkünften aufzogen. Wir wollten damit deutlich machen, daß wir uns dem Schicksal »ergaben«. Viele Angehörige unserer Gruppe fühlten mit uns und lachten über diesen Streich – aber nicht alle. Der Horstkommandant bestand darauf, daß wir die weißen »Fahnen« sofort wieder einholten.

Es geht an den Kanal
Der ernsthafte Luftkrieg beginnt

Kaum hatte ich im letzten Brief nach Hause meiner Enttäuschung Ausdruck verliehen, da erreichten uns völlig neue Befehle. Wir sollten sofort an den Kanal verlegen. Und es kam noch besser: Wir sollten auf einen gänzlich neugeschaffenen Flugplatz auf den Feldern bei Coquelles – einen Feldflugplatz – verlegt werden. Als wir die Karte studierten, stellten wir fest, daß wir damit an der engsten Stelle des Kanals lagen, genau gegenüber von Dover und Folkestone. Wenn wir jetzt nicht bald Feindberührung hatten, Luftkämpfe erleben sollten – wann dann?

Am 30. Juli flogen die 1. und 2. Staffel nach Bönninghardt, nordwestlich von Krefeld. Sie sollten sich dort absprungbereit halten, bis von unserem Vorkommando der Befehl zum Weiterflug nach Coquelles kam. Dieses Vorkommando bestand aus einer Gruppe technischer Spezialisten und Leuten vom Nachrichtenzug. Das ausgewählte Vorkommando wurde, so gut es ging, in unsere eigene Ju 52 verfrachtet, und ab ging es nach Coquelles – die »Tante Ju« konnte auch auf einem Feldflugplatz landen.

Alles mußte schnell gehen. Am Kanal schien die »heiße« Phase anzubrechen. Ein Bahntransport kam gar nicht in Betracht: Alles, auch die Fahrzeuge und die Ausrüstung sollten so rasch wie möglich an den Kanal gelangen. Das gab dem Ganzen einen kriegsmäßigen Anstrich. Wir waren mit Begeisterung bei der Sache. Ich bat meine Fernsprechleute, sich zu melden, sobald der Troß mit dem 1,5-kW-Sender eingetroffen sei, damit ich mit meiner gelben »16« folgen könne. Ich bat sie auch, mir per Rauchsignal anzuzeigen, wo und in welcher Richtung ich landen könne.

Förster fuhr unverzüglich los. Aus unserer ersten Verlegung nach Charleville hatten wir gelernt, daß es nicht zweckmäßig war, wenn die gesamte Gruppe in einem Konvoi fuhr. Uns erschien es besser, wenn sich die Fahrzeuge in kleinere Gruppen aufteilten und diese nach dem jeweils besten Weg suchten. Die Straßen in Holland, Belgien und Frankreich waren ja alle in gutem Zustand. Außerdem konnte man vor Tiefangriffen nie sicher sein, große Fahrzeugkolonnen stellten schließlich ein lohnendes Ziel für Fliegerangriffe dar. Innerhalb weniger Sekunden konnten genau zielende Jagdflieger ganze Kolonnen vernichten. Alles sprach dafür, in kleinen Gruppen zu fahren. Das Ziel war bekannt.

Schon am 1. August meldete mir der Offizier vom Dienst einen Anruf aus Coquelles, sie seien bereit und erwarteten mich. Ich versuchte zurückzurufen, aber das war zu viel verlangt. Das französische Telefonnetz war auf eine solch komplizierte Aufgabe nicht vorbereitet, und letztlich konnte ich gar nicht angeben, wohin genau ich verbunden werden wollte. Als nichts gelang, entschloß ich mich, einfach zu starten. Ohne Tankstop würde es nicht gehen, aber diesen Stop wollte ich ausdrücklich nicht in Bönninghardt einlegen, wo die Gefahr lauerte, daß einem der Staffelkapitäne einfiel, meine Rolle selbst zu übernehmen. Ich wollte selbständig und allein an den Kanal fliegen und mich von niemandem aufhalten lassen. Daher plante ich die Zwischenlandung in Wesel.

Mein Flugplan stimmte, auch das Wetter war gut, und ich konnte bereits nach nur einer Platzrunde in Wesel landen. Kaum hatte ich den Motor abgestellt, da fuhr auch schon der Tankwagen vor, und die Maschine wurde – fast wie das heute in der Formel 1 üblich ist – in Windeseile vollgetankt. Ich ging zur Kommandantur, wo ich erneut einen Anruf nach Coquelles anmeldete. Diesmal klappte es. Am anderen war einer meiner Männer in Coquelles. Er gab mir gute Anweisungen für den Anflug. Ich solle Richtung Calais fliegen, dann der dortigen Küstenstraße folgen bis zu einem kleinen Wäldchen, an dessen südlichem Ende einige Gebäude zu erkennen seien. Das sei ein ehemaliges Kloster. Genau südlich davon liege der Landeplatz, ein abgeerntetes Getreidefeld. Die Ju 52 sei dort gut gelandet, also warum nicht auch ich? Ich konnte nur hoffen, daß der Mann am Telefon das Feld einmal abgeschritten hatte, denn eine leichte Furche wurde von der »dicken Tante Ju« einfach überrollt, nicht aber von einer Me 109, die sich für solche Zumutungen gerne mit einem Überschlag bedankte.

Die einzige Karte, die mir zur Verfügung stand, war im Maßstab

1 : 1 000 000. Ich hatte also schon Glück, wenn ich Calais fand. Aber das konnte mich jetzt nicht mehr abhalten. Ich wolle gegen 15 Uhr eintreffen, beschied ich dem Mann, sie sollten die Augen offen und nach mir Ausschau halten.

Das Wetter war wunderbar, die Sicht ein Traum. Zuerst war der Himmel noch vom Rauch der Schwerindustrie Hollands und Belgiens getrübt, aber je näher ich der Küste kam, um so besser wurde die Fernsicht. An der Küste, wo einst Rauch und Regenwolken Dünkirchen in Nebel gehüllt hatten, war der Himmel klar, soweit das Auge reichte. Ich folgte dem Sandstrand und erkannte an den langen, doppelt und dreifach geparkten Fahrzeugen, daß ich auf dem richtigen Weg war. Hier, auf dem hellen Sand, hob die Tarnfarbe das Militärgerät deutlich hervor. Wie sollte eine Armee, die soviel verloren hatte, immer noch eine Macht darstellen? Konnte England sich überhaupt noch behaupten, wenn wir über den Kanal kamen? Aber der Küstenstreifen war in so strahlendes Sonnenlicht getaucht, daß ich meine Gedanken nur schwer auf den Krieg und meine Mission richten konnte.

Lange durfte ich mich diesem Anblick nicht hingeben, ich mußte den Kurs kontrollieren und Calais finden. Von den Feindflügen im Mai/Juni wußte ich, daß Spitfires oder Hurricanes in zehn Minuten hier sein konnten. Daher war ich besonders wachsam, blieb in etwa 500 Metern Höhe und fand auch bald Calais. Rechts glitzerte das blaue Seewasser des Kanals, und ganz rechts am Horizont tauchten sogar die weißen Klippen der englischen Südküste auf. Wie gemalt sah das alles aus in der strahlenden Mittagssonne, und ich genoß den Anblick in vollen Zügen.

Von nun an mußte ich mich aber an meine Fluganweisungen aus Coquelles halten und diesen folgen. Westlich von Calais befand sich eine Küstenstraße, der ich folgte, und bald sah ich das kleine Wäldchen, dann die zerfallenen Gebäude des ehemaligen Klosters. Immer noch betrug meine Geschwindigkeit gut 400 Kilometer pro Stunde. Nun wurde es langsam Zeit, daß ich das Gas herausnahm und mir die Gegend genauer ansah. Ich hielt Ausschau nach meinem Landeplatz und legte meine Maschine in eine leichte Kurve. Sogleich gewahrte ich einige Leute, die auf das Feld liefen und eine Rauchkerze mit langer Fahne zündeten. Jetzt wußte ich endgültig, daß ich am richtigen Platz war. Mit Hilfe der

Rauchfahne konnte ich Stärke und Richtung des Windes abschätzen. Da alles bisher so gut gegangen war, wollte ich in letzter Minute nicht noch einen Fehler begehen. Ich flog daher so tief wie möglich und umrundete den Platz zweimal, wobei ich auf elektrische Leitungen und sonstige Kabel in der Luft achtete. Ich entdeckte in der Anflugschneise sehr gefährliche Drähte, zu denen ich gebührenden Abstand halten mußte.

Langsam nahm ich bei meinem DB 601 noch mehr Gas heraus, verstellte den Propeller zum Landen auf 12 Uhr und fuhr die Landeklappen und als letztes noch das Fahrgestell aus. Während ich die beiden grünen Lampen überwachte, überflog ich die Leitungen, ließ die 109 nach unten gleiten und setzte mit leichtem Bumser auf. Man merkte, daß dies ein Acker war, denn meine Maschine schwänzelte nach allen Seiten. Um sie gerade zu halten, gab ich etwas Gas und verursachte damit einen riesigen Staubwirbel. Aber alles ging glatt. Ich wendete in den gelben Staub und den leichten Wind und erblickte einen Mann, der mich einwinkte. Wenige Minuten später stand meine Maschine gut getarnt unter Bäumen. So nahe der Front war es ratsam, erst einmal auf Nummer Sicher zu gehen.

Als ich mich auf dem Feldflugplatz umsah, entschied ich mich sofort dafür, in einem englischen Beutezelt zu schlafen. Das Vorkommando hatte gute Arbeit geleistet. Sie hatten – noch zwei Monate nach der Flucht des englischen Expeditionskorps – Nachschublager mit englischer Ausrüstung aufgespürt, darunter auch englische Rundzelte, die viel besser waren als unsere eigenen.

Im Hafen von Calais fanden unsere gewieften Soldaten auch schwimmende Weinfässer in den Hafenbecken, die von den fliehenden Engländern zurückgelassen worden waren. Eines der Fässer wurde geborgen, senkrecht und erhöht aufgestellt und an die von der Waschanlage übriggebliebenen Leitungen und Hähne so angeschlossen, daß jeder Staffelangehörige, wenn er einen kleinen Obulus in die Staffelkasse zahlte, französischen Rotwein abzapfen konnte. Der Rotwein war gut, jeder zahlte, und so fuhr der Lkw wieder in den Hafen und fischte soviel Nachschub aus dem Hafenbecken, daß uns – am Kanal – der gute französische Rotwein nie ausging.

Was den fahrbaren Untersatz betraf, so war er geradezu in

Die Hafenanlagen von Calais wurden völlig zerstört. Hier fanden wir im August 1940 reichlich Beute, unter anderem volle Rotweinfässer, die im Hafenbecken schwammen.

Hülle und Fülle vorhanden. Zwar hatten die fliehenden Truppen bei den Fahrzeugen, die sie – meist sogar ordentlich in Reih und Glied geparkt – zurückließen, noch schnell die Verteilerfinger in den Zündkappen entfernt, aber da fanden wir leicht Ersatz in baugleichen Fahrzeugen, die zerbombt oder im Kampf beschädigt worden waren. Später wurden diese Verteilerfinger industriell nachgefertigt. Meine technischen Spezialisten witterten sofort, was sie brauchten. Sie fanden einen britischen Dreiachser, einen geländegängigen Morris Kleinlastwagen, der uns besser erschien als alles, was wir kannten. Er wurde dem Fuhrpark der Staffel angegliedert, ebenso ein Anhänger mit ebener Ladefläche. Beide Fahrzeuge haben die Staffel bis in den Rußlandfeldzug begleitet, was die englischen Erbauer schwerlich beabsichtigt hatten.

Besonderen Bedarf hatte der Werftzug. Für ihn fand sich eine Art Möbelwagen, ein gewölbter, überdachter großer Anhänger, der mühsam aus den sandigen Dünen von Dünkirchen herausgezogen und dann zum fahrbaren Ersatzteillager und Werkzeugwagen umgebaut wurde. Dieser Anhänger sollte dem Werftzug auf Jahre hinaus wertvolle Dienste leisten. Da es keinerlei Vorschriften gab, wie und was zu »requirieren« sei, suchte das Bodenpersonal sich geradezu gegenseitig zu übertreffen. Requiriert wurde nur das Allerbeste!

Rings um Coquelles herrschte nun große Aktivität. In wenigen Tagen sollten die Getreidefelder zu einem gut ausgebauten Feldflugplatz umgebaut werden. Bis die fliegenden Staffeln eintrafen, mußten die Liegeplätze vorbereitet sein. Die Furchen der Stoppelfelder und Kartoffeläcker wurden eingeebnet, damit die Flugzeuge sicher starten und landen konnten. Ringsherum entstanden Unterkünfte, allerdings waren die ausgezeichneten englischen Armeezelte weit mehr gefragt als Quartiere in den umliegenden Bauernhöfen.

Ich war zunächst der einzige Offizier der I/JG 52 in Coquelles und daher für alles verantwortlich, auch für unsere »Tante Ju«. Der Flugzeugführer hatte entdeckt, daß der Anlasser des linken von drei Sternmotoren defekt war. Das notwendige Ersatzteil trieb er in Coquelles nicht auf; er traute sich aber zu, die leere Maschine mit dem laufenden Mittelmotor und einem intakten Seitenmotor unter Vollgas zu starten. Der Flugzeugführer, ein erfahrener Feldwebel, konnte bei geringer Windstärke die längste Startstrecke, die auch noch leicht abschüssig war, auswählen, und so stimmte ich dem Start zu. Die beiden Motoren heulten unter Vollgas auf, die ehrwürdige Junkers holte Geschwindigkeit, wirbelte Staub auf und hob dann fast elegant ab. In einer Platzrunde ging der Pilot gekonnt in steilen Gleitflug, und wir sahen, wie sich der Propeller des linken Motors drehte, dann hörten wir auch schon das Brummen. Noch eine Platzrunde folgte, dann wackelte die Maschine zum Abschied mit den Flächen und nahm Kurs auf Mannheim. Schon am nächsten Tag kehrte sie mit Nachschub zurück. Wenn sie von einem guten und erfahrenen Flugzeugführer gesteuert wurde, war die Ju 52 beinahe unschlagbar!

4. August 1940
Lieber Mutter!
Viel Arbeit hier. Ich muß alles selbst besorgen. Bis jetzt schlafen wir in Zelten, aber die Baracke entsteht. Gestern haben wir im »Atlantischen Ozean« gebadet! Herzlichst! Uz!

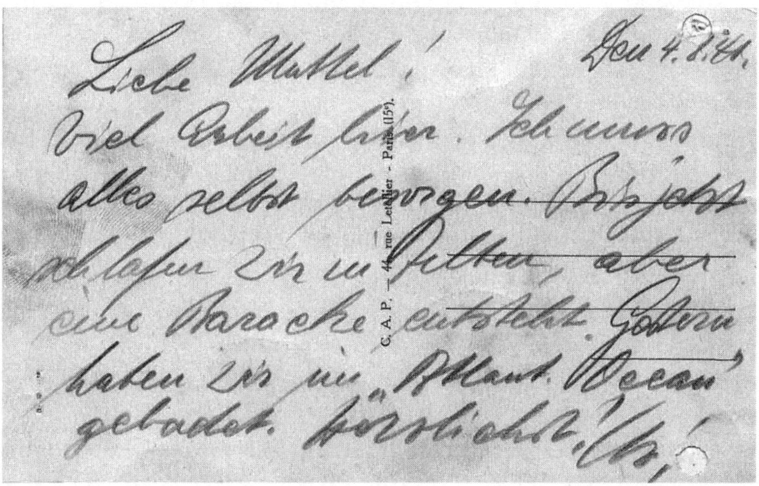
Liebe Muttel! Den 4. 8. 41.
Viel Arbeit hier. Ich muss
alles selbst besorgen. Bis jetzt
schlafen wir in Betten, aber
eine Baracke entsteht. Gestern
haben wir im „Atlant. Ocean"
gebadet. Herzlichst Ihr

Die Postkarte, die ich am 4. August an meine Mutter schrieb, zeigt das Rathaus von Calais. Der prächtige Bau im Renaissancestil überstand den Zweiten Weltkrieg unversehrt.

Gerade hatte ich diese Karte aufgegeben, da trafen weitere Fahrzeuge vom Nachrichtenzug ein. Der Troß mit der 1,5-kW-Station und die Fernsprecher waren bereits da. Es dauerte nur kurze Zeit, bis die Funkstation betriebsbereit und unsere Fernsprechvermittlung an das zivile französische Netz angeschlossen waren. Der gut ausgebildete Nachrichtenzug konnte jetzt in Aktion treten. Bald war die 3. Staffel wieder vollständig betriebsbereit, und ich konnte Hauptmann Förster den Nachrichtenzug überlassen.

Nun kümmerte ich mich um den weiteren Ausbau des Flugplatzes. So etwa hatte ich mir den »Krieg« vorgestellt, romantisch davon geträumt: Wir lebten im »Feindesland«, wohnten in Zelten, die Schreibstube der Staffel lag in einer Baracke, um die herum wir alle Einrichtungen angeordnet hatten, die für den Dienstbetrieb notwendig waren. Wir dachten kaum daran, daß uns der englische Feind beim Aufbau stören könnte.

Wir lebten uns ein. Um ein Gefühl für die Feindnähe zu bekommen, hörte ich auf dem Gefechtsstand in unserem 220-V-Radio den feindlichen Funksprechverkehr mit, nachdem meine Funkfachleute die englischen Jägerfrequenzen entdeckt hatten. Hauptmann Förster setzte mich auf den Verteiler der auf rosa Papier gedruckten »Geheimnachrichten«, und so konnte ich mir einiges zusammenreimen, manches sogar erst verstehen, wenn ich die britischen Frequenzen – die wir so klar empfangen konnten wie unsere eigenen – abhörte. Die englischen Jäger benutzten – genau wie wir – Tarnworte, aber es dauerte nicht lange, bis wir wußten, daß mit »Indians« die feindlichen Jäger – also wir – gemeint waren. Wir fanden heraus, daß einzelne Staffeln mit »Weapon« (Waffe) oder »Dogrose« (Heckenrose) bezeichnet wurden, und genau wie bei uns wechselten diese Tarnnamen des öfteren. Noch bevor wir selber Einsätze flogen, wußten wir, daß der Schlachtruf »Tally-Ho« hieß und gleichzeitig der Befehl zum Angriff war. (Während der gesamten »Battle« habe ich den deutschen Angriffsbefehl »Horridoh«, der heute bei den Traditionstreffen der Jagdflieger so »en vogue« ist, nie benutzt. Angeblich ist der Befehl oft und laut geschrien worden. Ich habe manchmal »Hinein« geschrien und diesen Befehl hin und wieder auch schreien gehört.)

Das Abhören am Boden war aufregend: Meist waren beim Anflug nur leise Töne zu hören, die dann urplötzlich in ein Durcheinander von Stimmen übergehen konnten. Da wurden Befehle gebrüllt, Warnungen kamen durch, nach Hilfe wurde gerufen – und dann endete das Durcheinander genauso abrupt, wie es begonnen hatte, und es wurde wieder still. Nach einiger Zeit hörten wir manchmal auch Rufe nach vermißten Piloten. Die wurden dann in regelmäßigen Abständen und oft für lange Zeit wiederholt.

Wenn man den Funksprechverkehr abhörte, konnte man nicht entnehmen, mit wem oder gegen wen gekämpft wurde. Man informierte uns ja nicht darüber, welche unserer eigenen Verbände gerade in der Luft waren. Die Frequenzen wurden nur den Einheiten selbst durchgegeben und wechselten täglich. Mein Wunsch, selbst in diesem Getümmel dabeizusein, wurde immer stärker. Ich konnte kaum erwarten, eingesetzt zu werden. Die Hauptsorge war: Würde es überhaupt noch zum Kampf kommen, oder würden die Engländer vorher aufgeben?

8. August 1940
Lieber Mutter!
Gestern abend bekam ich Deinen Brief. Ich habe mich sehr darüber gefreut, denn mit der Post wird man hier sehr spärlich versorgt.

Gott sei Dank bin ich jetzt nicht mehr so allein, die andere Staffel ist nachgekommen. Es war schön, so ganz selbständig, mit einem Haufen von 40 Mann eine Zeltstadt vorzubereiten, aber so ist es abwechslungsreicher. Gestern haben wir in der Nähe von Dünkirchen einen englischen Lastwagen aus dem Sumpf gezogen. Außerdem haben wir uns noch einen französischen Personenwagen besorgt. Hier nennt man das »requirieren«. Fliegen tun wir vorläufig nicht, Du kannst also noch völlig unbesorgt sein. Uns stört das auch nicht sehr, denn hier hoffen wir alle, daß wir diesmal drankommen.

Vaters Geburtstag habe ich in Gedanken gefeiert, es fiel mir ein, als wir nach Boulogne fuhren.

Wir haben uns hier herrlich gemütlich eingerichtet. Stell Dir vor: ein Obstgarten mit 7 großen englischen Rundzelten, 2 englischen Wellblechbaracken, alles schläft prima auf guten Matratzen, dazu haben wir Strom, Plattenspieler, also alles wirklich ideal!

PS. Inliegend Bilder aus Zerbst.

11. August 1940
Lieber Mutter,
heute habe ich 4 Einsätze über dem Kanal hinter mir. Dabei haben wir zu dritt eine Bristol Blenheim abgeschossen, die ein Seenotflugzeug angreifen wollte.

13. August 1940
... Ich weiß zwar nicht, wie die Post klappt, aber wenn Du eben dann alle Briefe zusammen bekommst, ist es auch recht. Vorgestern flogen wir unsere ersten Einsätze. Es wurden gleich an einem Tag vier. Beim ersten begleiteten wir ein Seenotflugzeug in der Mitte des Kanals. Wir waren mit dem Benzin schon fast zu Ende, da sah ich in etwa 3500 m Höhe aus Richtung Westen eine einzelne Maschine kommen. Ich meldete sie und erkannte dann gleich, daß es eine Blenheim war. Der Schwarmführer saß nach einer Kurve sofort in Angriffsposition, schoß, und schon flogen die Fetzen, als zweiter schoß der Schwarmflieger, da fing er an zu brennen, aber der Heckschütze schoß immer noch, ich schoß als letzter, bis er etwa mit 550 km/h Geschwindigkeit ins Wasser raste. Eigentlich schaurig, wenn man bedenkt, daß da auch 4 Leute drinnen sitzen, es war sofort alles untergegangen. Das Ganze vom Sehen bis Aufschlagen dauerte keine 2 Minuten. Als wir nach Hause kamen, war die Freude der Staffel groß. Es ist ja auch unser Erster. Unsere 1. Staffel schoß 10 Minuten später 3 Spitfire ab. Dabei hatten wir auch keine Verluste.

Gestern flogen wir drei Einsätze. Einmal freie Jagd zwischen Dungeness und Beachy Head, dabei waren wir das erste Mal über England. Abends begleiteten wir sehr starke Kampfverbände, die Lympne, Folkestone u. Dover angriffen. Dabei war alles schwarz von deutschen Maschinen, es war toll! In einer Stunde geht es nun heute los, vielleicht heute abend sogar nach London!

Zum ersten Mal war in meinem Reflexvisier ein feindliches Flugzeug aufgetaucht, sogar ein zweimotoriges – eine Blenheim. Zum ersten Mal sah ich, nachdem ich den Abzug durchgezogen hatte und meine Maschine unter dem Feuer leicht vibrierte, meine Leuchtspur auf eine feindliche Maschine zurasen. Zum ersten Male erfüllte sich mein Wunsch nach Kampf, für den wir so lange Zeit ausgebildet worden waren. Aber ich dachte auch daran, daß in der Maschine Menschen saßen. Gedämpft wurden meine Schuldgefühle dadurch, daß die Blenheim ein Seenotflugzeug angegriffen hatte, eine unbewaffnete Maschine, weiß mit einem großen roten Kreuz darauf. Da gab es kein Vertun! Wir wunderten uns wirklich über die englischen Piloten, die auf Rettungsflugzeuge, die ja auch englische Besatzungen aus Seenot retteten, schossen. Mit wem hatten wir es da zu tun?

Erst nach dem Krieg sollte ich erfahren, daß die gesamte Besatzung, die damals mit hoher Geschwindigkeit ins Wasser raste, gerettet wurde. Als die He 59, unser Seenotflugzeug, die Besatzung der Blenheim aufnahm, wurde sie von Spitfires angegriffen. Diese Spitfires wurden jedoch von unseren eigenen Jägern erwischt und so der Abschuß der He 59 verhindert. Zwei Spitfires wurden ohne eigene Verluste abgeschossen.

Wir hielten Angriffe auf Rettungsfahrzeuge für klaren Mord. Englische Jagdflugzeuge zielten mit ihren acht Maschinengewehren hin und wieder auf diese hilflosen Rettungsflugzeuge, die lediglich mit einer Leuchtpistole ausgerüstet waren, und beschossen sie erbarmungslos. Noch schlimmer fanden wir, wenn über dem Kanal abgeschossene Flugzeuge, die noch für kurze Zeit an der Oberfläche schwammen, von englischen Jägern beschossen wurden, die dadurch erreichen wollten, daß es keine Überlebenden gab. Auf diese Weise versuchten sie zu verhindern, daß Besatzungen gerettet und erneut gegen England eingesetzt wurden.

Gerüchteweise erfuhren wir, daß Churchill selbst befohlen habe, Seenotflugzeuge abzuschießen, da diese Aufklärung gegen Geleitzüge fliegen würden. Ich fand die Begründung unglaublich, denn wir brauchten keine He 59 – kein Seenotflugzeug –, um Aufklärung zu fliegen. Schon am Kanal hatten wir einige Me 109, die mit festeingebauten Kameras den gesamten Kanal abdeckten. Außerdem konnten wir ganz leicht die englische Südküste überblicken und sehen, was an Geleitzügen unterwegs war. Wie oft waren wir Jäger im August 1940 zur »freien Jagd« über Kent und Hampshire unterwegs, hielten uns aber diszipliniert an unsere Befehle. Wie leicht hätten wir auf Lokomotiven, Züge und Fahrzeuge schießen können. Der Beschuß solcher Ziele war aber verboten, wir durften nur Flugplätze und sonstige militärische Ziele angreifen. Diese Zurückhaltung den Briten gegenüber wurde jedoch spätestens mit der Bombardierung der Altstadt von Coventry am 20. November 1940 aufgegeben. Die Briten ihrerseits, und diesen Zusammenhang sahen wir damals nicht, waren zutiefst betroffen über die Zerstörung Rotterdams durch die deutsche Luftwaffe am 14. Mai und reagierten entsprechend erbarmungslos.

17. August 1940
... Eigentlich habe ich nicht viel Erfreuliches zu berichten ... habe inzwischen 5 Feindflüge gemacht ... habe nämlich mit meiner guten »16« Bruch gemacht, übrigens zusammen mit Bert Göbel. Zuerst sah sie ganz übel aus, aber nun ist sie doch wieder fertig geworden, gestern habe ich sie eingeflogen, sie ist wieder gut, und ich kann ihr weiterhin treu bleiben ... Na ja, nun hatte ich Pech, da muß ja jetzt Glück folgen.

Die Einsätze, die wir flogen, waren nicht gerade leicht, aber ohne Abschüsse. Unsere 2. Staffel hatte gestern Schwein, sie schoß in Manston 6 Blenheim u. 1 Tankwagen im Tiefangriff in Brand. Bin ja gespannt, wie mein Debut mit der »16« wird.

Am Tag meiner Bruchlandung herrschte »Sauwetter«. Der Wetterbericht sagte voraus, daß den ganzen Tag nicht geflogen werden könne. Daher fuhren wir, Hinnerk Waller, ich und Kühle mit Fahrer, mit dem Pkw nach Calais. Wir besuchten ein kleines Café und bestellten jeder einen Kaffee mit Whisky. Kaum hatten wir uns gesetzt, klarte es auf, und wir wurden vom Fahrer gerufen. Er hatte Leuchtkugeln gesehen, die uns zum Platz zurückbefahlen. Kühle und Waller ließen ihren Whisky stehen – und ich stürzte alle drei Whisky hinunter. Kaum saßen wir in der Maschine, kam auch schon der Alarmstart, und alles ging wie üblich drunter und drüber.

Ich gab Vollgas, und schon hob meine gelbe »16« ihr Schwänzchen – aber zu früh. Ich hatte nicht beachtet, daß wir in einen starken Seitenwind starteten und ich erst ins Seitenruder durfte, wenn der Fahrtwind stark genug war, um genügend Druck zu erzeugen. So war der Seitenwind zu stark, meine Maschine gehorchte dem Seitenruder nicht, rutschte seitlich weg und pflügte ins benachbarte Kartoffelfeld. Dabei brach das linke Federbein, und mein Propeller wurde an allen drei Enden verbogen. In aller Eile schaltete ich die Zündung aus und stieg unverletzt aus. Die Maschine hatte jedoch ihr Teil abbekommen. Daß ich mir blöd vorkam, muß ich wohl nicht besonders betonen. Auch mit beduseltem Kopf hatte ich wieder einmal Glück gehabt. Der Propeller war zwar hin, aber solche Teile hatte die Werft auf Lager. Die Kurbelwelle war nicht verbogen, und beim Fahrgestell mußte die Aufhängung ersetzt werden. Ich spendete dem Werftzug eine Kiste Champagner, sie arbeiteten die Nacht durch, und nach 36 Stunden bestieg ich meine Maschine zum Testflug. Sie war wieder einsatzbereit.

19. August 1940
... Gestern war das Debut mit meiner »16«. Zuerst sollten wir Kampfverbände über dem Kanal aufnehmen, wir waren schon gestartet, da erhielten wir durch Funksprech den Befehl, in Manston einen Tiefangriff durchzuführen.

Zuerst hat mir zwar das Herz ein wenig gepumpert, aber als wir dann die Maschinen auf den Kopf stellten und anfingen zu schießen, hatte ich die Ruhe wieder. Wie mir von meinen Nachfolgern bestätigt wurde, habe ich auch gut getroffen. Ich beschoß einen Tankwagen, der gerade eine Spitfire tankte, dann diese Spitfire u. noch eine Spitfire. Der Tankwagen flog in die Luft und steckte alles, was in der Nähe war, in Brand, außerdem brannten meine beiden Spitfire schon von allein. Bei so einem Tiefangriff merkt man erst, welche Macht einem Flugzeugführer mit den 4 MG gegeben ist.

Abends flogen wir dann nochmals freie Jagd bis London, aber es war nichts los, nur auf dem Heimweg beschossen wir ein Vorpostenboot, das dann anfing zu brennen. Im Ganzen bin ich mit dem gestrigen Tag zufrieden.

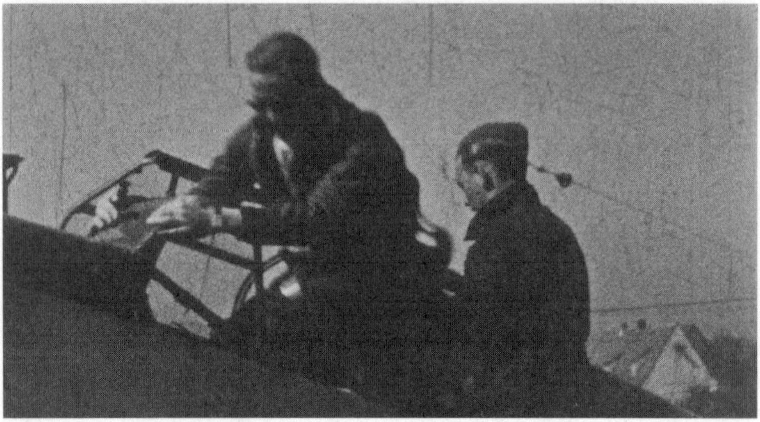

Bis zu meinem Abschuß filmte ich mit der 8-mm-Schmalfilmkamera für unser filmisches Kriegstagebuch. Hier nahm einer der Kameraden mich beim Einstieg zum Feindflug auf.

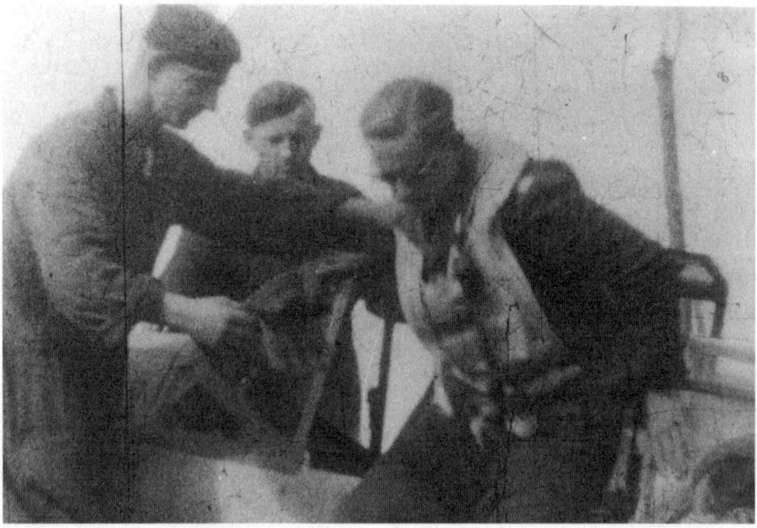

Diese Aufnahme entstand nach der Rückkehr vom Feindflug. Der Seefallschirm blieb auf dem Sitz, angelegt waren Schwimmweste und der Farbbeutel, der im Falle einer Notwasserung einen großen Fleck im Wasser bilden sollte. In der Mitte steht mein Erster Wart Erwin Frey, der später im Rußlandfeldzug Erster Wart von Erich Hartmann (352 Luftsiege) war und mit diesem in russische Kriegsgefangenschaft geriet.

Feldwebel Karl Rüttger (links) und ich bei der »Lehr- und Lernbesprechung«, die Staffelkapitän Kühle nach jedem Feindflug abzuhalten pflegte.

So, nun hoffe ich, daß heute das Wetter auch wieder gut wird, vorerst ist es noch zu schlecht, um einen Auftrag zu bekommen.

Ein Befehl von unten, von der eigenen Bodenstation – im Grunde eine eigenmächtige Änderung des Auftrags – war wirklich eine Ausnahme. Förster hatte diese Eigenmächtigkeit vom 18. August auf seine Kappe genommen. Unsere gewieften Nachrichtenleute hatten auf dem 220-V-Empfänger gehört, daß zahlreiche englische Jäger zum Munitionieren und Auftanken nach Manston befohlen wurden. Das bedeutete, daß unsere zurückkehrenden Bomber, die wir ursprünglich auffangen sollten, nicht mehr von ihnen angegriffen werden konnten. Förster reagierte sofort. Wenn das nur öfter in der »Battle« geschehen wäre! Im Gegensatz zu den Engländern wurden wir nach dem Start nur selten – meist überhaupt nicht – vom eigenen Sender »bedient«. Mit seiner mutigen, eigenmächtigen Änderung hatte Förster unseren Erfolg eingeleitet.

Wir flogen sofort in die Themsemündung hinein, fast alle drei Staffeln auf gleicher Höhe, kurvten dann auf südlichem Kurs und erschienen völlig überraschend über Manston. Vor dem Angriff verteilte Kühle die Rotten – wer auf die Flaktürme und wer auf das Flugfeld schießen sollte. Ich hatte Glück, denn ich durfte mich auf das Flugfeld stürzen. Schon von weitem sah ich, wie meine Leuchtspur auf der Betonfläche vor den Hallen abspritzte und zuerst der Tankwagen und dann die Spitfires in meinem Reflexvisier immer größer wurden. Ich drückte lange auf beide Knöpfe und konnte mit allen vier Maschinengewehren Dauerfeuer geben. Nach der letzten Spitfire drückte ich meine Maschine so flach an den Boden, daß ich mit dem Propeller fast das Gras streifte. Erst als der Flugplatz Manston hinter mir verschwand und ich schon über Wasser war, zog ich hoch und sammelte mit den anderen zum Verband.

Nach diesem erfolgreichen Angriff kamen wieder gemischte Gefühle in mir hoch. Ich hatten meinen Auftrag erfüllt, getan, wofür ich jahrelang ausgebildet worden war, aber ich hatte – und das steht nicht in dem Brief – mit großer Sicherheit einen Mann getötet. Als ich nahe genug am Boden war, sah ich nämlich, daß zwischen dem Tankwagen und einer Spitfire ein Mann stand, der einen Schlauch hielt. Dieser Mann stürzte, offensichtlich weil er getroffen wurde. Erst in diesem Moment begriff ich, daß mein Kampf, mein Schuß auch Menschenleben kostete. Ich hatte tausende Liter von kostbarem Benzin und mindestens zwei Spitfires vernichtet, wahrscheinlich hatte ich damit unserer Seite einen guten Dienst erwiesen, es half aber alles nichts: Ich hatte einen Menschen getötet!

25. August 1940

... Mir geht es gut, gestern flogen wir wieder 3 Einsätze, davon einen nordöstlich von London, fast nur Jäger, etwa 150 Stück, es war eine tolle Kurbelei.

Heute ist vorläufig schlechtes Wetter.

27. August 1940

... Vorgestern bekam ich Deinen Brief, so alle 8 Tage kommt mal Post zu uns. Wenn Du zum Abschuß* gratulierst, dann ist das verkehrt, ich war zwar beteiligt, aber er zählt nicht als mein Abschuß. Ist ja auch gleich, Hauptsache drüben einer weniger!

Gestern Glück und Pech. Wir bekamen plötzlich einen Einsatzbefehl. Kühle war nicht da, also mußte ich die Staffel führen. Wir begleiteten Stukas nach Folkestone, und ausgerechnet, wenn ich die Staffel führe, greifen 6 Spitfire aus den Wolken heraus überraschend an und schießen von unserer Deckungsrotte einen Feldwebel (Adolf Zieger) sofort ab, und der Rottenführer, ein Oberfeldwebel (Spanier), kann gerade noch entwischen. Ich selbst schoß mit meiner Kette auf Sperrballone, leider ohne Erfolg, und wir merkten überhaupt nichts davon. Nur im Funksprech hörte ich, wie Große (der Oberfeldwebel) rief, er habe Motortreffer und müsse sofort nach Hause. Erst bei der Landung erfuhr ich es dann. Dafür schoß unsere 2. Staffel 4 Spitfire bei nur einem eigenen Verlust ab.

Mittags machten wir dann freie Jagd in der Gegend der Themsemündung. Plötzlich wurde unsere 2. Staffel aus der Sonne heraus von mehreren Hurricanes angegriffen, und sofort fielen 3 Me mit Rauchfahnen runter, das sah ich noch, da brausten bei uns auch schon welche dazwischen. Ich konnte gerade eine vom Chef wegdrängen und kurz von vorn beschießen, dann erwischte ihn mein Rottenhund (Karl Rüttger) mit den Kanonen, der Chef bekam auch noch einen vor die Gewehre, dann hauten sie ab, und wir hatten wieder 2 Abschüsse. Ein Ausgleich für den Verlust. Aber so recht freuen kann man sich nicht, es fehlt eben einer ... Weißt Du, in letzter Zeit denke ich oft an Euch zu Hause, wie

* Der Abschuß vom 11. August, den ich in dem Brief an meine Mutter vom 13. August erwähne, zählte nicht für mich, sondern wurde Hauptmann Wiggers von der I/JG 51 zugerechnet. Ich war in diesem Schwarm nur zur Einweisung mitgeflogen und kannte die Regeln noch nicht genau, die besagten: Ein Abschuß wird dem Piloten zugerechnet, der vorwiegend zum Luftsieg beigetragen hat.

Ihr wohl immer auf Nachricht wartet und wie leicht es zur Zeit sein kann, daß man eben drüben bleibt. Da wünsch ich mir manchmal – nun sei nicht böse –, ich wäre ganz ohne Verbindungen zu irgend jemand, der einmal Tage und Stunden qualvoll wartet. Ich schreib Dir das, damit Du mir versprichst, das nie zu tun.

Du darfst auch nicht glauben, wir seien übermütig und leichtsinnig in unserer Fliegerei. Damit könnten wir nicht lange durchhalten. Hier hilft nur eine zähe Pflichterfüllung. Man weiß, was man tun muß, was für unser Vaterland getan werden muß. Ich bin froh, daß ich es darf, und wenn ich durch den Krieg komme, werde ich auch stolz darauf sein.

So liebe Mutter, sei tapfer!

In dieser Zeit begann ich über unsere Lage nachzudenken. Das hatte mit meinen neuen Erfahrungen zu tun. Der Verlust von Feldwebel Zieger* und die Verluste der 2. Staffel hatten mich mitgenommen. Die Wirklichkeit des Krieges war hier ganz anders, als ich sie bisher empfunden und gesehen hatte. Die Ereignisse des 26. August veranlaßten mich, den Briefverkehr mit Freundin Gretl erheblich zu reduzieren. Ich wollte »unabhängig« sein. Ich glaubte aber weiterhin fest daran, daß wir jederzeit in England, in London, einfallen könnten. Darauf war ich vorbereitet. Ich hatte zu meiner Ludwigsburger Tanzstundendame Kontakt aufgenommen, deren Bruder mit einer Engländerin verheiratet war. Diese hatte inzwischen in Deutschland einen gesunden Sohn namens Till zur Welt gebracht, von dem die englische Familie noch nichts wußte. Ich bat um die Adresse der Familie in London, die mir dann auch in einem Brief mitgeteilt wurde. Diesen Brief trug ich immer in der Brusttasche meiner Jacke. Er sollte mir später manche Überraschung bereiten. Erst nach dem Krieg sollte ich erfahren, daß Mr. Pearman, der Vater der jungen Engländerin, ein hoher Einkaufsbeamter der englischen Armee war.

---

* Der am 26. August abgeschossene Feldwebel Zieger wurde von einem englischen Rettungsboot aus dem Kanal gezogen und geriet in englische Gefangenschaft.

Welche Taktik ist die richtige?

An den Abenden dieser langen Sommertage, als die »Luftschlacht gegen England« noch in den Anfängen steckte, debattierten wir manches Thema. Nach dem Abendessen, das in oder rund um unsere Zelte eingenommen wurde – nur die Offiziere aßen manchmal in dem provisorischen Kasino in den Ruinen des ehemaligen Klosters von Coquelles –, saßen wir dann zusammen, und es dauerte nicht lange, bis über den vergangenen Tag gesprochen wurde. Verluste brachten Augenblicke der Besinnung, Erfolge neue Energie und Begeisterung in die Runde.

Zuweilen geriet ich dabei mit unserem Staffelkapitän aneinander, aber er verstand es immer, unsere Unterhaltung offen zu halten. Er sorgte auch dafür, daß wir ohne Ansehen des Ranges zu Wort kamen. Bei ihm gab es bei solchen Diskussionen kein Protokoll. Ich wetterte einige Male gegen unsere »blöde« Taktik. »Haben wir nicht das Ziel«, argumentierte ich immer wieder, »die englische Jagdwaffe auszuschalten? Sollte uns dazu nicht jedes erlaubte Mittel recht sein? Sollte da nicht, um die Luftüberlegenheit zu erreichen, jedem deutschen Jäger seine eigene Taktik erlaubt sein? Sollten wir nicht beim Feindflug jede sich bietende Gelegenheit beherzt beim Schopf packen?« Warum sollte der einzelne deutsche Jagdflieger nicht nach eigenem Gutdünken, nach verbliebenem Benzin, nach verbrauchter Munition, nach taktischer Position entscheiden, wie er dem Feind am meisten schaden könnte?

Diese Art, in die Debatte einzusteigen, entsprach meinem Charakter und meiner Denkweise. Wenn etwas zu erledigen war, dann wollte ich es sofort erledigen. Der Tiefangriff auf Manston war doch eine mustergültige Demonstration gewesen, wie Überraschung und Anpassung an die jeweilige Situation erfolgreich sein konnten. Was brachte dagegen eine Taktik, die sich zwar »freie Jagd« nannte, aber in Wirklichkeit aus lauter festen und unflexiblen Regeln bestand – ganz gleich, wie die jeweilige Situation sich entwickelte.

Es war mir klar, daß meine Taktik zwar Verluste an Leben und Maschinen fordern würde, aber wir würden kurzen Prozeß machen und am Ende erfolgreich sein. Ich prophezeite auch, daß wir, wenn wir weitermachten wie bisher, auf Dauer zu viele Piloten und Maschinen verlieren würden. In dieser Art »Abnutzungskrieg« würden wir auf längere Sicht den kürzeren ziehen.

Aber Kühle blieb hart. Ich sei zu jung und unerfahren, um die volle Reichweite der gewählten Taktik zu überblicken. Er wies mich auch darauf hin, wie geschickt es mein »alter Freund« Galland verstanden habe, sich innerhalb der geltenden Regeln emporzuarbeiten. Kühle kannte meine Gefühle und hatte wohl seine eigenen Bedenken gegen Galland, der offensichtlich auf hohe Abschußzahlen und Orden aus war. Galland hatte sich zu diesem Zeitpunkt bereits wieder sehr klug von seiner erfolgreichen Schlachtgruppe (Henschel 123) in Polen gelöst und war über verschiedene Stabspositionen zu den Jagdfliegern zurückgekehrt. Immer war er darum bemüht, die besten Maschinen, Motoren und Waffen zu erhalten. Es gelang ihm meist auch, an den Brennpunkten des Geschehens eingesetzt zu werden. So schob er sich erfolgreich in den Vordergrund und erhöhte ständig seine Abschußzahl.

Kühle fragte mich, ob ich nicht wahrgenommen hätte, wer in letzter Zeit befördert worden sei, ob ich nicht beobachtet hätte, daß mit der Ernennung der neuen Geschwader- und Gruppenkommandeure das Kommando an die »Abschußkönige« gegangen sei? Major Mölders hatte das JG 51 von Generalmajor Osterkamp übernommen, Galland (jetzt auch Major) das JG 26 von Oberstleutnant Handrick (dem Olympiasieger); Major Lützow führte das JG 3 anstelle von Oberstleutnant Vick; Hauptmann Trautloft das JG 54 anstelle von Major Mettig, und unser eigenes JG 52 war von Major Trübenbach übernommen worden, der Oberstleutnant von Merhart abgelöst hatte.

Zuweilen wurden unsere Auseinandersetzungen sogar giftig, vor allem zu später Stunde, wenn wir viel guten französischen Rotwein getrunken hatten. Dann zeigte sich Kühles Kunst, den Ausgleich herbeizuführen. Nie spielte er seine Position als Staffelka-

Hinnerk Waller war einer der ersten, bei dem sich die »Kanalkrankheit« bemerkbar machte, die Reaktion auf den ständigen tödlichen Streß und die vielen Einsätze, die wir bei schönem Wetter fliegen mußten.

pitän aus. Mit kluger Ausweichtaktik kam er einfach auf ein anderes Thema. Am leichtesten gelang das, wenn er einen von uns auf den »Arm nahm«, und das war oft mein Freund Hinnerk Waller, der Bauernsohn aus Friesland. Kühle verfiel dabei geschickt ins Plattdeutsche, und Hinnerk hatte selten eine passende Antwort oder gar einen Gegenangriff parat. Meist brachte Kühle, der selbst wenig trank, die Lacher auf seine Seite. Und diese Situation nutzte er dann, um die Runde aufzulösen und uns ins Bett zu schicken.

Hinnerk vertrug eine ganze Menge Hänseleien, aber je länger der Einsatz gegen England dauerte, um so mehr ließ seine Kondition nach. Eines Abends, Ende August, wurde es ihm zuviel. Er rannte zu unserem Zelt, holte seine Offizierspistole und entschwand wortlos in das nahegelegene Wäldchen. Wir hatten Angst, er würde sich erschießen, einige wollten ihm folgen, doch Kühle befahl, sitzen zu bleiben und abzuwarten. Es zeigte sich, daß er die Lage richtig eingeschätzt hatte. Wir warteten alle gespannt auf einen Schuß, aber es blieb still. Kühle gestattete uns nicht, nach Hinnerk zu suchen. Er war fest davon überzeugt, daß dieser zurückkehren würde. Wir sollten in Ruhe am nächsten

Morgen darüber sprechen. Er hatte recht. Ein paar Stunden später kehrte Hinnerk wortlos zurück und legte sich ruhig ins Bett, ohne ein weiteres Wort zu verlieren.

Am darauffolgenden Tag besprachen Kühle und ich, ob es nicht besser wäre, den recht nervösen Hinnerk von einem Arzt genauer untersuchen zu lassen, um über seinen Gemütszustand Klarheit zu erhalten. Wir stellten uns wirklich die Frage, ob man Hinnerk weitere Feindflüge zumuten durfte. Aber diese heikle Entscheidung wurde uns abgenommen. Dr. Greiling, der Gruppenarzt, beorderte Hinnerk in das benachbarte Militärhospital zu einer umfassenden Untersuchung einschließlich Röntgenaufnahmen. Hinnerk hatte über Magenbeschwerden geklagt und sich entsprechend beraten lassen. Eine Entscheidung, die unserem Kameraden geschadet hätte, war uns so abgenommen. Wenn Hinnerk diese gründliche Untersuchung durchstehen würde, gab es keinen weiteren Handlungsbedarf. Nachdem er vier Tage im Hospital verbracht hatte, kehrte Hinnerk zu uns zurück mit dem Zertifikat: »Voll flugtauglich«. Die sorgfältige Untersuchung hatte keine Anhaltspunkte ergeben. Hinnerk wurde eine besondere Diät verordnet und der Rat erteilt, möglichst wenig alkoholische Getränke zu sich zu nehmen.

Ohne daß wir es wußten, haben wir damals den ersten Fall von »Kanalkrankheit« erlebt. Die Ärzte beurteilten die Symptome später als »chronischen Streß und akute Erschöpfung«. Zuerst gab es nur einzelne Fälle, aber je länger der Luftkrieg gegen England dauerte, um so häufiger trat diese Art »Seuche« auf. Sie zeigte sich auf vielfältige Weise. Zuerst hielt man das Verhalten der Flugzeugführer für Feigheit, aber dann fügten Magenkrämpfe, Erbrechen, Appetitlosigkeit, Gewichtsverlust und akute Reizbarkeit sich langsam zu einem Krankheitsbild. Typisch für diese Erschöpfungszustände war, daß die »Befallenen« Zuflucht zu Alkohol und Nikotin suchten, was das Problem verstärkte.

Die deutschen Besatzungen flogen anfänglich pausenlos – im Gegensatz zu den britischen Jägern, die auch zu den schwierigsten Zeiten der englischen Luftverteidigung regelmäßig zur Erholung und Auffrischung in den Norden Englands verlegt wurden. Unsere Ärzte durften ursprünglich nichts unternehmen. Man hatte Angst, daß die Verordnung von Ruhepausen einen Dammbruch auslösen könnte, also tat man lieber nichts. In schlimmeren Fällen wurde einfach »Blinddarmentzündung« diagnostiziert. Die darauffolgende – meist harmlose – Operation sorgte automatisch dafür, daß die Betroffenen sich für zwei oder drei Wochen erholen konnten.

Die »Kanalkrankheit« sorgte auch für Irritationen zwischen Bodenpersonal und Piloten. Die Flugzeugführer meldeten, daß die Instrumente falsch anzeigten, der Motor zu heiß werde, der Öldruck nachlasse, der Funk versage oder sie die Waffe nicht durchladen könnten. Dies alles waren Gründe, um den begonnenen Feindflug abzubrechen und zurückzukehren. Das zuverlässige Bodenpersonal suchte nach den gemeldeten Störungen, ohne etwas zu finden. Ein Werkstattflug folgte, und erst dann wurde die Maschine wieder zum Feindflug freigegeben – um wenige Stunden später wieder untauglich gemeldet zu werden. Die Maschinengewehre streikten in der Luft, wieder fielen Instrumente aus. So ging es hin und her, aber meist hielt das Bodenpersonal zu den Flugzeugführern und deckte die Meldungen. Manchmal erhob unsere eigene Werft allerdings Einspruch, und es gab Ärger. Anfänglich endeten einige der Fälle sogar vor dem Kriegsgericht.

Wir alle ertrugen diese Belastung, aber als Mitte August die Posten der Geschwader- und Gruppenkommandeure neu besetzt wurden, kam es in unserer Staffel beinahe zur Meuterei. Unser Gruppenkommandeur, Hauptmann von Eschwege, war nach Cap Griz Nez, zum Oberkommando der Luftflotte 2, befohlen worden und von dort mit dem Eisernen Kreuz erster Klasse zurückgekehrt. Das überraschte uns nicht wenig. Nun ließ er die Staffeln vor ihren Unterkünften antreten, um dort jeweils eine kleine Ansprache zu halten – eine Abschiedsrede. Er müsse sich leider von der Front zurückziehen und seinen »rumorenden« Blinddarm entfernen lassen. Er übernehme deshalb ein neues, ein »Ersatz«-Kommando in Merseburg. Ich wäre bei dieser Erklärung am liebsten davongelaufen. Der scheidende Kommandeur wünschte uns zum Abschied »gute Jagd«, viel Erfolg und viele Luftsiege. Das Ganze endete beinahe in einem Aufruhr der 3. Staffel.

Es war offensichtlich, daß die »oberen Jagdführer« es verstanden, geschickt am richtigen Schalter zu drehen. In der »Battle« verloren wir fast 30 Flugzeugführer-Offiziere, -Unteroffiziere und

-Gefreite. Darunter war kein einziger Staffelkapitän, geschweige denn ein Gruppenkommandeur. Hauptmann Ewald, Staffelkapitän der 2. Staffel, der von Eschwege als Gruppenkommandeur folgte, sollte eine nicht gerade begeisterte Gruppe von Jagdfliegern übernehmen.

Abgesehen von solchem Ärger fühlten wir uns in unserer Zeltstadt ganz wohl. Wir hatten ja einen ausgezeichneten Koch, der es verstand, selbst aus den einfachsten Zutaten gute Gerichte zu zaubern. Eier, sogar Schokolade gab es reichlich, denn diese Kostbarkeiten wurden nach Anzahl der Feindflüge fest zugeteilt, und an geflogenen Einsätzen mangelte es meist nicht. Damit es uns an nichts fehlte, durften wir jede Woche einen Lastwagen nach Reims schicken. Reims war im Frankreichfeldzug zur »offenen Stadt« erklärt worden und blieb damals beim Vormarsch verschont. Es muß wohl das Zentrum des französischen Nachschubs gewesen sein, denn dort gab es alles: beste Schokolade, englische Zigaretten, Pralinen, Rotwein in Flaschen, abgefüllten Weißwein und vor allem besten französischen Champagner wie Pommery, Moët & Chandon oder Veuve Cliquot.

Da der Kurs der Reichsmark gegenüber dem Franc nach dem deutschen Sieg besonders günstig angesetzt wurde, führte das dazu, daß der Lkw aus Reims mit Wein und Sekt und gutem elsässischen Bier kastenweise zurückkehrte. Die gesamte Ausbeute wurde auf die Staffel- und Stabskantinen verteilt und dafür Sorge getragen, daß alle Soldaten, auch die ohne Rang, günstig einkaufen konnten. Wir Flugzeugführer hatten Geld genug für alles, was das Herz begehrte. Doch wir wurden täglich nervöser. Gespräche führten leicht zum Streit, die Ungeduld wuchs, und wir brauchten meist ein paar Gläser schweren französischen Rotweins, bevor wir einschlafen konnten. Die nervliche Belastung der zahlreichen Feindflüge machte sich bemerkbar, aber wir nahmen das kaum zur Kenntnis.

Es wird ernst

Wir lagen nun schon fast vier Wochen am Kanal und hatten zahlreiche Einsätze gegen England geflogen. Obwohl der »Adlertag« (der Angriff aller Kräfte auf England) – durch schlechtes Flugwetter verzögert – schon stattgefunden hatte, zeigte sich bei der englische Luftwaffe, der RAF, noch immer keine Wirkung.

Ungefähr um den 26. August herum wurden uns riesige Mengen gelber Flugzeugfarbe geliefert, die als »geheim« ins Lager gingen, über die aber alle sprachen. Zu einem »von oben« befohlenen Zeitpunkt sollte diese Farbe auf Propellernaben, Ruderflächen und Flächenenden aufgetragen werden. Vermutungen machten die Runde, daß dies den Beginn der Invasion ankündigte. Um so mehr Grund hatte ich, den Brief, der die Londoner Adresse enthielt, immer mit mir zu führen. Man konnte nie wissen! Meine frohe Kunde würde die Pearmans zu glücklichen Großeltern machen.

Der Streichbefehl kam schließlich. Über Nacht wurde die gelbe Farbe aufgetragen. Manche Geschwader weigerten sich allerdings, diesem Befehl nachzukommen, da die grelle Farbe jede Tarnung nutzlos machte. Auch nach wiederholter Aufforderung wurde der Befehl vereinzelt verweigert. Unsere Gruppe gehorchte, und so flogen wir von nun an mit gelber Kriegsbemalung: mit gelben Höhen- und Seitenrudern, gelber Nabe und gelben Flügelspitzen. Mit Hilfe der gelben Farbe sollte besser zu erkennen sein, ob ein Jäger Engländer oder Deutscher war. Ab jetzt würden über England große Mengen von Flugzeugen eingesetzt, und es sei wichtig, bei der Schnelligkeit der Maschinen den Feind vom Freund blitzartig unterscheiden zu können, wurde uns erläutert.

Nun warteten wir noch ungeduldiger auf den Befehl zur Invasion. Auf unseren Feindflügen hatten wir schon beobachten kön-

Ende August hielt ich die »Einsatzbesprechungen« ab, da Kühle wegen Problemen mit der Eustachischen Röhre nicht fliegen konnte. Links neben mir die Feldwebel Voss und Schieferhöfer, zu meiner rechten Oberfeldwebel Große, Unteroffizier Uerlings und Feldwebel Zieger, den wir als ersten verloren.

nen, wie sich entlang der Kanalküste in allen Häfen die Barken sammelten, die normalerweise auf den Binnengewässern verkehrten. Das galt besonders für die Häfen von Boulogne und Dünkirchen. Wir hatten auch ausgemacht, daß besonders stabil gebaute Flußbarken zu Landungsschiffen umgebaut worden waren. Einige dieser Barken, die wohl als Vorhut gedacht waren, trugen auf dem Oberdeck BMW-VI-Fliegermotoren, die mit vierflügligen Propellern den Kahn antreiben und wohl auch am gegnerischen Strand für Vortrieb sorgen sollten. Wir bewunderten solchen Ideenreichtum und waren sicher, daß es bald losgehen würde. Aber wir wurden enttäuscht. Die Invasion wurde nicht befohlen. Statt dessen kursierte das Gerücht, Göring habe Hitler versprochen, es ohne Invasion zu schaffen: Seine Luftwaffe würde England vernichtend schlagen.

Vielleicht wäre das gelungen, wenn die englischen Jäger uns bei unseren Flügen über Südengland angegriffen hätten. Wir hatten »freie Jagd«, aber die RAF reagierte nur, wenn unsere Bomber – in Gruppen- oder Geschwaderstärke – mit starkem Jagdschutz auftauchten. Bald hatten diese Bomber ihren Namen weg: »Lockvogel«-Geschwader wurden sie genannt. Die Bomber griffen Flugplätze südlich der englischen Hauptstadt an, denn dort lagen die Verbände, die London verteidigten. Sie zwangen damit die englischen Hurricanes und Spitfires zur Verteidigung ihrer Flughäfen in die Luft, und wir erhielten auf diese Weise Gelegenheit, so manchen englischen Jäger abzuschießen. Aber dann wurde das Wetter wieder schlechter, und das zwang uns erneut zur Ruhe.

29. August 1940
Lieber Mutter!
Nun haben wir 1 1/2 Tage Ruhe hinter uns, aber wenn das Wetter nicht besser wird, dann haben wir weiterhin Ruhe.

Die Ruhetage nützen wir immer zu Autoausflügen. Vor ein paar Tagen waren wir in Le Touquet. Das ist der Badeort, den die Pariser Bevölkerung Sonnabend/Sonntag besucht. Zwar sind überall die deutschen Uniformen vorherrschend, aber dort reicht es immer zu einem Festessen. Auch vorgestern waren wir wieder dort. Wir waren schon mal in Ostende. Gestern fuhren wir nach Brügge, meine Ortskenntnisse erweitern sich von Tag zu Tag.

Hoffentlich war es nicht falsch, daß ich Dir den letzten Brief geschrieben habe. Ich habe schon hin- und herüberlegt, und mir ist wohler danach. Ich wünsche mir nur eins: Hoffentlich fängt das Heer auch bald an, damit wir wenigstens ein Fleckchen Erde* auf der Insel in unserer Hand wis-

---

* Über dieses »Fleckchen Erde« wurde bei uns viel gesprochen. Wir wußten durch das Rote Kreuz – und hatten es auch selbst gesehen oder im Funk gehört –, daß viele Besatzungen die in England notlanden mußten, unversehrt in Gefangenschaft gerieten. Da für uns Landratten der Kanal ein unüberwindliches Hindernis war, ist der Wunsch nach diesem »Fleckchen Erde« verständlich. Verständlich auch, daß wir den Beginn der Invasion so sehr herbeisehnten, denn auch wenn unsere Flugzeuge nur beschädigt waren, hatten wir keine andere Wahl, als sie notfalls ins »Wasser zu setzen«.

sen. Aber lange kann es nicht mehr dauern, sonst wird es wieder langweilig.

31. August 1940
... 2 arbeitsreiche Tage habe ich wieder mal hinter mir. Gestern 4 Einsätze, heute 3. Heute einen Tiefangriff und 2mal Luftkampf. Unsere Staffel hat 3 abgeschossen, ohne eigenen Verlust. Unsere Gruppe hat heut 10 abgeschossen. So muß es weitergehen, die Kampferfahrung wächst.
Mutter, ich glaube, wir schaffen es!

Karl Rüttger kehrte von einem dieser Feindflüge mit vier Löchern, Durchschüssen, in seiner Maschine, heim.

Auf diesem Brief korrigierte ich den Absender: Ich machte aus dem »Ltn.« einen »Ob. Ltn.«. Am 1. September war ich nämlich befördert worden. Kühle hatte das, ohne daß ich es bemerkte, durch den Hinweis »seit 5 Minuten« handschriftlich ergänzt.

3. September 1940
... In letzter Zeit haben wir hier immer schönes Wetter, also haben wir auch immer etwas zu tun.

Gestern hatten wir wieder 2 Einsätze, wieder mit Luftkampf. Beim zweiten Einsatz führte ich wieder die Staffel, und wie es der Teufel will, wurden wir von 18 Hurricanes aus erhöhter Position angegriffen, wir waren momentan nur 6, aber außer Waller, der 8 Treffer bekam, brachte ich alle heil nach Hause. Unsere Me ist eben doch besser!

6. September 1940
... Vorgestern war Ruhetag, gestern und heute gab es wieder Kampf. Der Engländer ist ein zäher Gegner, aber man merkt, er muß ins Gras beißen.

An unserem Ruhetag waren wir in Lille. Es war schön, und als ich zurückkam, hatte ich von Dir und Vater je einen Brief. Du fragst mich so allerhand, aber nimm es mir nicht übel, ich will heute nur kurz schreiben. Meine »16« ist ausgezeichnet und eine ganz treue Seele. Mutter, wir werden uns durchbeißen.

Der Hafen von Calais im September 1940. Im Wasser tummeln sich schon die Rheinkähne, die bei der Invasion eingesetzt werden sollten. Im Hintergrund der unversehrte Turm des Rathauses.

Am 6. September, kurz vor der Mittagszeit, begleiteten wir eigene Bomber und flogen in großer Höhe ostwärts von Tonbridge, als wir von englischen Jägern angegriffen wurden. Ich war nahe Hinnerk, flog in 100 Metern Abstand parallel zu ihm, als sie ihn überraschend von hinten ins Visier nahmen. Voller Angst mußte ich zusehen, wie die Einschüsse das Blech seiner Flächen durchlöcherten und das Aluminium sich in dünnen Spiralen nach hinten aufrollte. Fast zum Greifen nahe ging Hinnerk in eine Rechtskurve. Ich sah noch, wie er die Kabine abwarf und ausstieg und wie sich sein Fallschirm öffnete. Ich war höchst erleichtert, als ich ihn am offenen Fallschirm in die Tiefe schweben sah.

Das Ganze hatte nur wenige Sekunden gedauert, und ich mußte auf mich selbst aufpassen. Wir hatten viele Maschinen um uns, eigene und feindliche, aber wir entkamen dem Getümmel und kehrten sicher zurück nach Coquelles. Am Boden berichtete ich Kühle niedergeschlagen, daß und wie wir Hinnerk verloren hatten. Wir schauten auf die Uhr und rechneten aus, daß dieser wohl in etwa einer halben Stunde auf englischem Boden landen würde. Ich glaubte fest daran, daß er wohlauf war. Aber schon jetzt vermißten wir unseren Bauernjungen sehr.

8. September 1940
... Hurrah! – Eben kommt ein Anruf, der Reichsmarschall hat kundgetan, daß er dem JG 52 für den gestrigen Einsatz seine höchste Anerkennung ausspricht. Gestern war nämlich der bis jetzt größte Zauber über London. Es wurden während einer halben Stunde über 500 000 kg Bomben über London abgeworfen. Wir begleiteten dabei. Zur Zeit führe ich die Staffel, der Chef ist magenkrank, zwar sind es nur noch 4 klare Maschinen, aber schön ist es doch. Die Verluste von sieben Bomber-Geschwadern waren nur 4 Maschinen, Jäger und Zerstörer (Me 110) etwa 25, dafür wurden aber die Ziele in London »ausradiert«. Hoffentlich wird der Chef bald wieder gesund, er hat eben doch mehr Erfahrung.

Wir hätten zu dieser Zeit noch genügend erfahrene Piloten gehabt, aber unsere Me waren entweder beschädigt oder zur Inspektion, die immer durchgeführt wurde, ob es Zelle oder Motor betraf. Das sollte sich bald grundsätzlich ändern, denn wir erhielten mehr Nachschub an Maschinen, verloren aber zu viele erfahrene Flugzeugführer. Die 3. Staffel hatte am 8. September nur vier Maschinen, das war ein Drittel ihrer Kampfstärke.

An der ersten Angriffswelle dieses späten Nachmittags waren allein auf deutscher Seite etwa 1000 Flugzeuge – Bomber und Jäger – beteiligt. Wir flogen in mehreren Schichten, die etwa über 600 Meter gestaffelt waren. In dieser Formation griffen die Bomber die militärischen Ziele, die Docks von London, an. Als wir uns – JG 52 flog die oberste Deckung in etwa 10 000 Metern Höhe – London näherten, konnten wir schon von weitem die schwarzen Rauchwolken der brennenden Öltanks in den Dockanlagen sehen, die bis zu 7000 Metern in den blauen Himmel hinaufreichten.

Die Dockanlagen waren leicht zu finden, sie lagen ostwärts von London, im U-Bogen der Themse. Die Tanks leuchteten von unten deutlich hellgrau herauf. Natürlich mußten wir bei dem Gewimmel an Flugzeugen höllisch aufpassen, aber hier und da konnten wir einen Blick nach unten riskieren oder auch den Himmel beobachten. Aus unserer Höhe waren die Bombeneinschläge unten nur als kurze helle Blitze zu erkennen, von einer Explosionswelle war nichts zu spüren, deutlich konnten wir aber den öligen Rauch sehen, der immer dichter wurde und sich immer weiter ausbreitete. Dazu kamen die aufblitzenden und dann schwarzen Sprengwolken der schweren englischen Flak, die uns umkreisenden Spitfires, die Sperrballone, die sich losgerissen hatten und nun in dieser Höhe herumschwebten – einer brannte sogar in hellen Flammen. Das ganze Gewimmel war ein schaurig schönes Bild gegen den in dieser Höhe hellen, klaren, blauen Himmel.

Jetzt erst spürten wir die ganze Wucht der RAF. Nach den Informationen, über die das Oberkommando der Luftwaffe verfügte, hätten die englischen Jäger nur noch wenig Widerstand leisten können.* Aber das Gegenteil war der Fall: Sie kamen von allen Seiten. Und wie sie sich auf die Bomber stürzten! Sie griffen von vorn, von der Seite, von hinten, von unten an und scheuten keine eigenen Verluste. Nicht immer konnten wir die Bomber schützen, denn oft hatten wir genug damit zu tun, uns selbst zu verteidigen. Es war ein mörderisches Ringen: Flugzeuge kurvten herum, gingen in Sturzflug über, stiegen steil nach oben und vollführten dabei tolle Kunstflugfiguren. Kein Motor und keine Zelle wurden geschont – wenn die Angst ihn übermannt, kennt der Mensch keine Grenzen. Das Schlimmste waren die schwarzen Rauchfahnen, die nach unten führten und mit dem tödlichem Aufprall auf dem Boden enden mußten. Glücklicherweise schwebten dazwischen – in der dünnen kalten Luft – auch ein paar offene Fallschirme. Ich mußte jedoch zusehen, wie ein halboffener Fall-

* Der deutsche Spionagedienst war zu dieser Zeit völlig falsch informiert. Die englische Jägerproduktion war schon von Juli 1940 an etwa doppelt so hoch wie die deutsche. Zusätzlich führte die englische Zurückhaltung, Jagdflugzeuge in die Luft zu schicken, wenn wir nur mit Jägern unterwegs waren, zu viel weniger Verlusten, als die deutsche Führung annahm.

schirm zuerst nur leicht loderte und wie ihn schließlich die züngelnden Flammen fraßen. Immer kleiner wurde er, und immer schneller ging es in sausender Fahrt in den Tod.

Trotz der gelben Farbe war es schwierig, zwischen Freund und Feind zu unterscheiden. Schräg unter mir sah ich, wie vier weiße Streifen – weißer MG-Rauch – zwei Me 109 verband. Der hintere Pilot hatte den vorderen – einen aus den eigenen Reihen – abgeschossen! Die vordere Maschine fing Feuer und stürzte mit ihrem rauchenden gelben Leitwerk in die Tiefe. Das alles war grausam und doch beinahe schön: der leicht bläulich gefärbte Himmel, der selbst in dieser Höhe von dem aufsteigenden Rauch der Brände eingetrübt war, dazwischen das Gespinst der oft parallelen Kondensstreifen, die sich – wie wir – auf Leben und Tod bekämpften, immer mehr brennende Sperrballone und weiter unten die weißen Fallschirme, die in makelloser Ruhe und Schönheit nach unten schwebten.

Eigentlich hätten wir »stürmischen« Jungen zufrieden sein müssen, hatten wir doch endlich bekommen, worauf wir so sehnsüchtig gewartet hatten: Kampfeinsätze jeden Tag. Es ging jetzt Schlag auf Schlag! Im englischen Funksprechverkehr war immerzu die Rede von dem »Geschwader mit den gelben Nasen« – den »Yellow Nosed Bastards« – ein riesiges Geschwader, das immer und überall auftauchte. Die gelbe Farbe hatte also wenigstens für Verwirrung beim Feind gesorgt.

Schon nach kurzer Zeit mußten wir feststellen, daß Körper und Geist nicht alles mitmachten. Unter dem ständigen Druck fühlten wir die Erschöpfung. Viel zu schnell wurden wir müde. Jedesmal, wenn wir in unsere Flugzeuge stiegen, den Motor anließen, über den Kanal flogen, stieg die Anspannung. Im Kampf selbst sollten wir alles vergessen, aber in den viel zu kurzen Ruhephasen dachten wir darüber nach, wen wir alles schon verloren hatten. Wir verloren unsere Kameraden und Freunde und mußten doch stets bereit sein, in unsere Maschinen zu steigen, den Motor zu starten und in den Himmel jenseits des feindseligen Kanals zu fliegen, wo der Tod lauerte.

Immer, wenn ich niedergeschlagen war – besonders nach dem Verlust von Hinnerk –, schien alles zusammenzukommen, um mich noch trauriger zu stimmen. Zurückgerufen aus Calais sah ich eines Tages eine 109 mit fremdem Zeichen auf unseren Platz zur Landung ansetzen. Die Landung war hart, noch im Ausrollen wurde der Motor abgestellt. Der Pilot öffnete die Haube, dann sackte er zusammen. Schnell lösten unsere Männer die Gurte und hoben den Oberleutnant behutsam aus dem Sitz. Aber sofort war alles voller Blut; der Flugzeugführer starb unter ihren Händen. Seine Kraft hatte noch zur Landung gereicht, dann war es aus. Er hatte Bauchschüsse erlitten und war verblutet; der Fallschirm, den er noch unter sich trug, war ganz vollgesogen. Was für ein Mann! Alle Kraft hatte er zusammengenommen, um sein Flugzeug zu landen, aber weiter sollte es nicht mehr reichen. Solche Erlebnisse, solche Heldentaten waren nicht ermutigend. Wir konnten dankbar sein, daß wir den Anblick toter oder verletzter Kameraden nicht oft erleben mußten, denn sie kamen fast immer in England herunter und blieben auf der anderen Seite des Kanals.

Zu dieser Zeit geschah es noch selten, daß wir auf eigenem Platz von der RAF angegriffen wurden. Doch eines Nachts – wir saßen in unserer Debattierrunde – ertönten die Sirenen, und dann hörten wir auch schon das Motorengeräusch eines englischen Bombers. Kurz darauf schlug eine Bombe ein, die in der Nähe des Werftzeltes explodierte. Das war ein großes Glück, denn dieser Einschlag half uns. Über Jahre hinweg hatte der Lagerverwalter der Werft alle verlorene Ausrüstung durch seine Bücher schleppen müssen: Ersatzteile, Werkzeug, Bekleidung, eben alles, was im Krieg verloren ging. Jetzt endlich fand sich die Gelegenheit, all dieses Zeug für »vernichtet« zu erklären. Der gesamte Verlust konnte abgeschrieben werden, und die Bücher waren bereinigt. Wenn diese Verlustmeldung der Wahrheit entsprochen hätte, wäre das für den englischen Bomber ein großer Erfolg gewesen.

Schon Ende August war eine einzelne Spitfire kühn genug gewesen, sich über dem Kanal von einer größeren Einheit zu lösen und unseren Platz im Tiefflug anzugreifen. Wie es passierte, weiß ich nicht mehr genau, doch wurde der englische Pilot direkt über unserem Feld abgeschossen. Er hatte dabei Glück, geriet nicht in Brand und konnte mit dem Fallschirm aussteigen.*

---

* 1988 wurde in der Nähe von Coquelles ein Rolls-Royce-Merlin-Motor von einem Team englischer »Aviation Researcher« ausgegraben.

Als er unten ankam, stellte sich heraus, daß es ein junger Sergeant war, der so verwegen gewesen war. In unserem provisorischen Kasino wurde er wie ein Held gefeiert. Er bekam zu essen und zu trinken, das Beste war gerade gut genug. Deutlich erinnere ich mich an zwei Dinge: Als wir Bemerkungen über Churchill fallen ließen, wies er uns höflich, aber bestimmt darauf hin, daß wir »Mister Churchill, if you please«, sagen sollten. Und als er mir, da ich bald auf der englischen Seite abgeschossen würde, die Adresse seiner Mutter geben wollte, damit ich ihr mitteilte, daß er gesund in deutscher Gefangenschaft sei, lehnte ich das lachend ab.

13. September 1940

... Herzlichen Dank für Deine Glückwünsche zur Beförderung. Es ist wirklich wahr, selbst komme ich mir zwar etwas komisch vor, aber die anderen sind es auch alle geworden.

In den letzten Tagen hatten wir recht schlechtes Wetter. Zwar haben wir in unserem Zelt schon einen Ofen, aber bei dem vielen Regen ist es nicht gerade angenehm.

Zur Zeit habe ich eine Treulosigkeit vor. Gestern bekamen wir 2 Kanonenmaschinen, davon nehme ich mir nun eine und der Chef auch eine. Meine »16« verlasse ich also mit blutendem Herzen, sie war die treueste Maschine der Staffel, aber Kanone ist Kanone (2 cm Kanone in der Fläche). Nun bekommt meine »16« ein anderer. Meine neue Maschine wird eine »2« sein. Ich hoffe, sie wird mir genau so ein guter Kamerad sein wie meine »16«. Heute wird die »2« überholt, und wenn das Wetter besser wird, dann nehme ich sie morgen am Geburtstag zum ersten Mal für einen Feindflug.

Wollen wir hoffen, daß das Wetter bald besser wird und daß wir England bald endgültig anpacken.

Seltsam, mit wieviel Gefühl ich an meinem Flugzeug hing, schließlich war es doch nur eine Maschine. Wir hatten Probleme miteinander, aber wir waren lange Zeit eine Art Team und hatten gemeinsam viel erlebt. Immer hatten wir es wieder nach Hause, zum Heimatflughafen, geschafft. Mit der »16« hatte ich meine erste

Nachladen der Maschinegewehre meiner gelben »16«, die noch eine reine MG-Maschine war. Im Hintergrund eine der Hütten am Platzrand.

Nach der gelben »16« erhielt ich die gelbe »2«, die Maschine im Vordergrund, an der gerade ein Rad gewechselt wird. Die Flugzeuge standen stets einsatzbereit und getarnt am Rande des Flugfeldes von Coquelles.

Feindberührung, meine ersten Luftkämpfe erlebt. Ich mußte sie oft hart rannehmen, überdrehte – sehr oft – den Motor, aber er hielt. Zusammen mit meinen Mechanikern hatten wir sie nach meinem Geschmack auf Spitzenleistungen getrimmt. Ich hatte schon ein recht persönliches Verhältnis zu dieser Maschine gewonnen in den vielen Flugstunden. Aber die Zeit war reif zum Wechseln, und so verabschiedete ich mich von dem treuen Flugzeug, der gelben »16«, wünschte ihm viel Glück und Erfolg unter einem neuen Flugzeugführer.

Die gelbe »2« war eine Me 109 E 4, die in den Flächen mit der 2-cm-Kanone ausgerüstet war. Bei manchem Luftkampf hatte ich schon gesehen: Wenn die Kanone traf, wenn die Minenmunition beim Gegner einschlug, dann flogen die Fetzen! Ich hoffte darauf, daß meine Treffer auch so erfolgreich sein würden.

Meine neue Maschine kam nicht neu aus einem Flugzeugwerk; sie hatte schon drei Streifen am Schwanz (also drei Luftsiege), als sie in meine Hände gelangte. Sie war also vorher von einem anderen geflogen worden, aber ich fragte wohlweislich nicht nach ihm. Bereits nach dem ersten Probeflug fühlte ich mich gerüstet für den Endkampf gegen England.

17. September 1940
... nun sind schon 2 Tage vorbei, seit ich meinen 22. Geburtstag gefeiert habe. Er war schön, ich habe an diesem Tag 2 Feindflüge gemacht. Einen mit meiner »16« und dann einen mit dem neuen Stern, der »2«. Sie ist ausgezeichnet schnell, und ich muß den Motor nicht so überdrehen, um beim Chef mitzukommen. Allerdings, so sauber abgestimmt wie die 16 war, ist sie noch nicht, aber das wird schon noch werden.

... allmählich ärgere ich mich, daß ich noch keinen Abschuß habe, allmählich bin ich in der Gruppe der einzige Offizier, der noch keinen hat. Unsere Gruppe hat nun 55 »Sichere«, davon ist nicht ein einziger von mir. Es ist betrüblich, aber ich kann nichts dafür. Es sieht beinahe so aus, als solle es nicht sein, aber ich erfülle weiter meine Pflicht. Bert (Göbel) hat 3, Obltn. Leesmann hat jetzt 10, ein neuer Obltn. in seiner Staffel 8. Nur in unserer Staffel geht es nicht vorwärts.

Aber Schluß damit, andere haben auch keinen und wurden selbst abgeschossen. Von unseren Vermißten wissen wir nun, daß sich 4 in Gefangenschaft befinden. Von Waller und Geller wissen wir bis jetzt nichts, aber bei Hinnerk sah ich wenigstens, wie sich sein Fallschirm öffnete.

Gestern war wieder ein Großeinsatz auf London, dabei stellte sich über London eine besonders starke Jagdabwehr. Ich glaube, die Engländer konzentrieren fast alles um ihre Hauptstadt. Es war toll. Schade nur, daß das Wetter so wenig günstig ist, dann hätten wir sie bald klein. Aber irgendwie muß ja das Heer auch mal in Aktion treten. Heute morgen wollten wir wieder mal nach London, aber es wurde wegen Wolken und Vereisung nichts. Wir bitten also wieder mal um gutes Wetter. Noch 8 Tage, dann ist in der Luft bei den Engländern nicht mehr viel zu erben. Also wollen wir das Beste hoffen.

Auf der Rückseite dieses Briefes schrieb meine Mutter an meinen Vater:

Mein Lieber! Deine Karte kam heute Abend an. Schönes Wetter hast Du diesmal nicht. Ich hab Dir gestern und heute schon wieder ein Paar Socken geflickt, ja auch, aber ich wollte schreiben, gestrickt. Wenn Du Zeit hast, kannst Du sie am Sonntag holen. Uzens großer Brief kam gestern; ich hab ihm postwendend geschrieben und den Farbfilm geschickt. Nun mußte ich ihn wieder mal trösten und ihm versichern, daß wir trotz allem sehr stolz auf unseren jungen Ob. Ltn. sind.

22. September 1940
... In den letzten Tagen ist hier wieder ziemlich Ruhe, aber leider nicht so, daß man irgend etwas unternehmen könnte, denn Bereitschaft haben wir immer. Das einzige, was wir zur Zeit unternehmen, ist, daß wir auf Jagd gehen. Mit einigen Rebhühnern und Hasen haben wir unser Abendessen bereichert. Übrigens habe ich es nun auch geschafft, vor einigen Tagen habe ich in der Gegend von Ashford eine Spitfire abgeschossen. Wollen wir hoffen, daß das nur der Anfang war.

Die Engländer fallen uns nachts allmählich auf die Nerven, man kriegt vor lauter Flakschießen kaum noch ein Auge zu. Aber man kann nichts dagegen tun außer schimpfen. Wenn die Burschen doch tagsüber kämen. Bin ja gespannt, ob es in diesem Jahr überhaupt noch richtig losgeht.

Von meinem ersten Luftsieg weiß ich gar nichts mehr. Viele Ereignisse blieben mir minutiös im Gedächtnis, aber dieser erste Abschuß scheint ausradiert. Vielleicht war das Erleben so stark, so neu, daß es einfach aus meinem Hirn verschwunden ist, ich kann das nicht erklären. Alle Umstände, was und wie es geschah, sind verloren.

Mein Hauptanliegen war es nicht, eine möglichst hohe Zahl von Abschüssen selbst zu erzielen und mit den vielen erfolgreichen »Abschußhelden« gleichzuziehen, sondern die Aufgabe der deutschen Luftwaffe zu erfüllen, nämlich die Luftüberlegenheit zu erringen, die RAF zu schlagen und damit den Weg für eine Invasion frei zu machen. Natürlich plagte mich das Gefühl, daß die wenigen Abschüsse ein Zeichen dafür sein könnten, daß ich meine Pflicht nicht erfüllte.

Ich wurde jetzt sehr schnell müde, weil ich bei Nacht nicht schlafen konnte, und es meldeten sich die ersten Zweifel bezüglich der Invasion. Wir waren auf gutes, stabiles Wetter angewiesen, aber je näher der Winter rückte, desto unsicherer wurde die Wetterlage. Ende September ahnten wir, daß wir allein und vergeblich gekämpft hatten, wenn das Heer nicht bald zum Einsatz kam. Wir fühlten uns beinahe verlassen. War alles umsonst?

Zu dieser Zeit hatten wir auf unserem Flugplatz erneut »Feindberührung« – diesmal mit einem englischen Bomberpiloten. Es wurde gerade Nacht, als der leichte Bomber von unserer Flak getroffen wurde und gleich hinter unseren Zelten, kaum 200 Meter entfernt, mit Aufschlagbrand einschlug. An der Absturzstelle fanden wir die brennenden Reste von Motoren, metallenen Stangen und der Hülle, der brennenden Leinwand. Wir konnten den Typ des feindlichen Flugzeugs nicht mehr identifizieren, so beschädigt waren die Trümmer. Zuerst schien es, als sei die ganze Besatzung ums Leben gekommen, aber dann sah jemand, daß sich trotz des Feuers der Pilot immer noch bewegte. Wir wollten ihn bergen, aber er hing in den Trümmern fest. Das rasende Feuer hatte ihn noch nicht erfaßt, und wir versuchten mit aller Macht, ihn herauszuziehen, aber es gelang nicht. Unser Gruppenarzt wies uns an, mit allen erreichbaren Feuerlöschern das Feuer von dem Mann fernzuhalten. Der arme Kerl war noch nicht einmal ohnmächtig, sondern blieb hellwach und hatte nur Angst vor dem Feuer.

Die Rettungsmannschaften waren fieberhaft damit beschäftigt, das Gestrüpp von Metallrohren und Drähten um den Mann herum zu durchtrennen. Für mich wurde das schon wieder zu viel, ich wollte weglaufen, wollte nicht erleben, wie das Feuer ihn schnappte; doch jetzt bat der Bursche ganz ruhig um eine Zigarette, und ich war der einzige, der seine Bitte erfüllen konnte. So reichte ich ihm eine Navy Cut. Mit der Hand, dem einzigen Körperteil, das nicht eingeklemmt war, hielt er die Zigarette, rauchte und fluchte über diesen Flug, der für ihn so desperat geendet hatte. Als Dr. Greiling ihm eine Morphiumspritze verpaßte, wurde er ruhiger. Bald darauf schienen die Schmerzen ihn zu überwältigen, er wurde ohnmächtig. Der Rettungsmannschaft gelang es schließlich doch, ihn zu befreien. Mit dem Sanka transportierte man ihn in ein Hospital, aber dort war alle ärztliche Kunst vergeblich. Wir hörten, daß er nach drei Tagen gestorben war.

Diese Nachtangriffe wurden allmählich zur Regel, dennoch flüchtete niemand in die Splittergräben, die wir ausgehoben hatten. Alle blieben in den Zelten, die wir, da sie einen Meter tief in den Boden eingelassen waren, für sicher hielten. Sollten wirklich Bomben in der Nähe fallen, würden die Splitter über uns hinwegfliegen. Die Wachen hatten Befehl, auch bei Angriffen auf ihren Posten auszuharren und unser Zeltlager zu bewachen.

Da auf anderen Plätzen mehrfach einzelne Wachen mit durchschnittener Kehle gefunden worden waren, gingen nachts zwei Wachen, die sich gegenseitig schützen sollten. Das hätte reibungslos funktioniert, wenn da nicht Alois gewesen wäre. Sobald Alois zum Doppelposten eingeteilt war, beschwerten sich die anderen Posten, daß er bei Fliegeralarm in den nächsten Splittergraben rannte und sie gegen den Befehl allein ließ. Alois war Motorenwart, er stammte aus dem Bayrischen Wald und galt in der Staffel als einfältiger Bursche. Wie er jemals Motorenwart in der Luftwaffe hatte werden können, ist mir bis heute ein Rätsel. Aber er hatte große Freude an der Arbeit in der Nähe der Flugzeuge, und er war stolz darauf, Angehöriger einer Jagdstaffel zu sein.

Wiederholt hatten Kühle und ich Alois darauf aufmerksam gemacht, daß sein Verhalten auf Wache nicht geduldet werden könne, hatten damit aber nichts erreicht. Um Alois den Ernst der Lage vorzuführen, versammelten wir uns ganz offiziell in unserer Nissenhütte, die der Staffel als Schreibstube diente. Auf der einen Seite des Tisches saßen Kühle und ich, nebenan, an seinem Schreibtisch, der Staffelschreiber, Gefreiter Reinke. Das Ganze hatte einen offiziellen Anstrich und konnte böse ausgehen: Bei Feigheit vor dem Feinde drohte das Kriegsgericht.

Alois wurde hereingeführt und war überhaupt nicht betroffen. Wie immer strahlte er, er konnte gar nicht anders. Man merkte ihm an, daß er bereit war, für uns alles, aber auch alles zu tun. Kühle fragte, ob ihm nicht klar sei, daß sein Benehmen nichts anderes als Feigheit sei. Von diesem Anwurf zeigte Alois sich geradezu beleidigt, und er antwortete empört: »Aber, Herr Oberleutnant, das stimmt doch überhaupt nicht, das ist doch bloß wegen meinem ganz neuen Motorradl!« – »Wegen einem Motorrad?« – »Ich will Ihnen das erklären«, fuhr Alois in aller Ernsthaftigkeit fort, »lange bevor dieser Krieg begann, habe ich ein neues Motorrad bestellt. Und genau, als der Krieg anfing, wurde es geliefert, es ist nagelneu! Also habe ich es in der Scheune unter dem Heu versteckt, bevor ich eingezogen wurde!« Dann breitete er seine Arme weit aus und strahlte: »Nach dem Krieg, wenn ich heimkomme, will ich endlich Motorrad fahren. Wenn ich umkomme, wenn ich tot bin, kann ich nicht mehr Motorrad fahren!«

Keiner von uns war auf eine solche Argumentation gefaßt gewesen. Wir brachen in Gelächter aus. Der offizielle Teil war damit vorüber. Kühle winkte Alois hilflos mit der Hand hinaus, und wir berieten uns. Es gab nur eine Lösung: Alois mußte zukünftig nachts nicht mehr Wache schieben, dafür gaben wir ihm tagsüber einen gehörigen Arbeitsanteil. Solange ich bei der Staffel verblieb, hat sich diese Entscheidung bewährt. Ich weiß aber nicht, ob Alois den Krieg überstanden und sein geliebtes Motorrad wiedergesehen hat.

Am 15. September verloren wir Leutnant Hans Berthel. Er hatte uns zu unserem ersten Abschuß verholfen und war zudem ein ausgezeichneter Kunstflieger gewessen. 1939 hatte Berthel bei der deutschen Kunstflugmeisterschaft den fünften Platz errungen. Er war zuletzt im Stabsschwarm geflogen und wurde nicht vom Feind abgeschossen, sondern in einen dummen Zustammenstoß mit einer anderen 109 verwickelt. Im Durcheinander eines Luftkampfes über Tonbridge wurde er von einer eigenen Maschine gerammt und mußte mit dem Fallschirm aussteigen.

Solche Verluste zerrten an den Nerven. Selbst die abendlichen Diskussionsrunden lenkten nicht mehr von dem täglichen Geschehen ab. Es war wohl Kühle zu verdanken, daß wir das »verbotene« Kartenspiel 17-0-4 einführten. Dieses Glücksspiel spielten die Offiziere aber nur unter sich, wobei sie hohe Summen setzten. Oberleutnant Reinbrecht, der einige Zeit in unserer Staffel verbrachte, um im Fliegen weitergebildet zu werden, durfte noch nicht an Feindflügen teilnehmen. Ob es damit zusammenhing, daß er phantastische Beträge setzte und mehrere Monatsgehälter an die Runde verlor?

Kühle schien es geradezu darauf anzulegen, mich zum Risiko zu verleiten, aber es gelang nicht. Vielleicht wollte er mich auch testen, denn inzwischen hatte ich mich eindeutig zum »Ersatzmann« des Staffelkapitäns entwickelt. Rückblickend ist schwer zu urteilen, was besser war: beim Kartenspiel zu verlieren oder sich bei der fortwährenden Debatte aufzuregen. Vielleicht wäre es das beste gewesen, nach einem anstrengenden Tag einfach auszuruhen, aber das brachte keiner fertig. Niemand wollte für längere Zeit allein sein, und so gerieten wir mit unseren gereizten Nerven aneinander. Es war fast immer dasselbe Thema: die Orden- und Ehrenzeichen. Meist stand dabei die Front der Unteroffiziere (einschließlich der Feldwebel) gegen die Offiziere bei der Frage: Warum werden mit dem Ritterkreuz fast immer nur Offiziere, am häufigsten Führer der Jäger bedacht? Warum schossen die »Vorausflieger«, die immer Flugdisziplin forderten, mehr Feinde ab? Lag das nicht daran, daß sie nach hinten von ihren sogenannten Katschmareks, ihren Rottenhunden, geschützt wurden? Sah denn keiner, wie viele Verluste diese Helden hinter sich verursachten? Wurde hier nicht der Falsche belohnt?*

Ein anderes wichtiges Thema war die Qualität der Ersatzpiloten. Mit den Verlusten stieg die Zahl der Neuankömmlinge, die

---

* Die Frage der Verleihung der Auszeichnungen hatte man numerisch gelöst: 20 bestätigte Abschüsse führten zum Ritterkreuz. Dabei wäre für mich eine klare Vorgabe von taktischen Zielen, etwa die Zerstörung eines bestimmten Flugplatzes, eines Kriegshafens, einer Anlage von Tanks etc. viel wichtiger gewesen. Die vorwiegende Ausrichtung auf »Abschüsse« – wie im Ersten Weltkrieg – führte nach meiner Erfahrung zu einer völlig verkehrten Taktik der Jagdwaffe. Abschießen ohne Rücksicht auf Nutzen, womöglich auf Kosten des eigenen begleitenden Schutzes – ob Jäger oder Bomber – schien mir eine unangebrachte Meßlatte. Doch die deutsche Propaganda, Zeitungen wie Wochenschauen, konzentrierte sich auf die führenden »Abschießer«. Diese Lufthelden mit den meisten Abschüssen wurden gefeiert. Auch heute noch wird der verläßlichen Arbeit der Mechaniker am Boden und vor allem der nach hinten sichernden Katschmareks viel zuwenig Lob gezollt. Sie hatten großen Anteil an den erzielten Erfolgen. Es scheint so, als ob die alliierte Seite diese Fehler frühzeitig erkannte und andere Ziele setzte. Nicht immer fehlerfrei – so gab es in der RAF bestimmte Orden, die nur den Offizieren verliehen werden konnten.

Ein Thema, das uns häufig beschäftigte, war die ungerechte Aufteilung von Risiko und Erfolg beim Kampfeinsatz. Die hinten schützenden Katschmareks hatten nur selten Gelegenheit, feindliche Maschinen abzuschießen, wurden aber selbst in großer Zahl getroffen.

unsere Staffel erreichten. Es zeigte sich aber, daß sie nicht die Ausbildung aufzuweisen hatten, die am Kanal gefordert war. Als der Frankreichfeldzug begann, hatten wir in der Gruppe I/52 drei Dutzend erfahrene Piloten, von denen keiner weniger als drei Jahre Flugerfahrung besaß. Jetzt bekamen wir Ersatzpiloten, die direkt von der Jagdfliegerschule kamen und dort lediglich einen Schnellkurs absolviert hatten. Sie brachten den guten Willen mit, die Verluste so schnell wie möglich auszugleichen. Das wollten wir auch, und so versuchten wir, sie an der Front weiter auszubilden, aber es war weitgehend aussichtslos.

Ende September stieß so ein junger Gefreiter, ein ausgebildeter Jagdflieger, zu unserer Staffel. Seine gesamte Flugzeit war minimal, er hatte nur ein paarmal auf Erdscheiben geschossen, war im Umgang mit Sauerstoff überhaupt nicht ausgebildet und hatte vom Funk keine Ahnung. Ein Funkgerät hatte er noch nie benutzt. Bevor wir diesen jungen Mann mitnehmen konnten, mußten wir seine Chancen verbessern. Jede freie Minute nutzten wir, ihn in die Höhe (über 8000 Meter) hinaufzuführen, wo der Gebrauch von Sauerstoff lebensnotwendig war. Dabei sprachen wir mit ihm über Funk und gaben Anweisung, wann und wie er das Sauerstoffgerät einschalten sollte. Vor allem gaben wir Anweisung, wie die Propellerverstellung zu bedienen sei, damit man, erstens, diese Höhe erreichte und, zweitens, im Verband mitkam. Von der Propellerverstellung hatten die Neulinge zumeist noch nie etwas gehört. Wir brachten ihnen bei, daß eine flache Propellerstellung eine höhere Drehzahl des Motors bedeutete, und, noch viel wichtiger, daß sie den Turbo, den Höhenlader, auf Touren bringen und damit die Motorleistung erhöhen mußten. In sauerstoffarmer Höhe brauchte der DB 601 diese zusätzliche Aufladung, damit er Leistung erzielte. Im Sturzflug sollte der Motor dann nicht überdreht werden, weshalb man den Propeller steiler stellte. An der Front wurde mit der Verstellung mehr »gespielt« als mit dem Gashebel. Dieses »Spiel« mußte man einfach beherrschen, um in der Formation mitzukommen.*

Nach etwa zehnstündiger Ausbildung konnten wir über dem Kanal die ersten »Feindflüge« simulieren. Dabei ließen wir die Neulinge ins Seewasser schießen, manchmal flogen wir auch zur englischen Südküste und schossen dort auf den alten Leuchtturm

---

* Das »Spielen« mit der Propellerverstellung führte – wie ich nachträglich erfahren konnte – dazu, daß die englische Bevölkerung zwischen ihren und unseren Flugzeugen unterscheiden konnte. Die Engländer flogen schon frühzeitig mit einer »automatic pitch«-Verstellung; der Ton des Rolls-Royce blieb gleich, während sich bei uns der Motorton auf- und abbewegte. So konnte man selbst vom Boden aus – auch wenn in großer Höhe geflogen wurde – zwischen Freund und Feind unterscheiden.

von Dungeness. Danach war ihre Ungeduld meist nicht mehr zu zügeln, und wir nahmen sie zum ersten wirklichen Feindflug mit.

So war es es auch bei dem jungen Gefreiten. Da ich ihn ausgebildet hatte, flog er als mein Rottenhund. Wie üblich stiegen wir schon unmittelbar nach dem Start. Aber er kam nicht mit, immer wieder bat er darum, wir sollten langsamer werden, langsamer steigen. Es war offensichtlich, daß er mit dem Verstellpropeller noch nicht umgehen und für den Steigflug genügend PS aus seinem Motor holen konnte. Solange wir noch keine Feindberührung hatten, gaben wir ihm per Funk Anweisung, was er tun solle, aber ohne Erfolg. Wir hatten den Kanal etwa zur Hälfte überflogen, etwa 4000 Meter erreicht, als Kühle aufgab und ihn nach Hause schickte.

Das verstand er, offensichtlich war er aber von dem Geschehen so verwirrt, daß er die Orientierung verloren hatte und Richtung Dover flog und nicht nach Coquelles. Kühle befahl mir per Funk, ihn nach Hause zu bringen. Ich bog in der Höhe ab und erreichte ihn gerade noch, bevor er in die Sperrballone von Dover flog. Zuerst forderte ich ihn per Funk auf, mir zu folgen, aber er ging darauf nicht ein. Erst als ich ihn überholte und mit den Tragflächen »wackelte«, erkannte er mich und folgte diesem »Flugbefehl«, den er wohl auf der Jagdschule gelernt hatte. So brachte ich ihn sicher zurück, und wir landeten gemeinsam in Coquelles. Dies war einer von zwei Feindflügen, die ich in der ganzen Zeit, während der ich gegen England flog, versäumte.

Nachdem die Staffel zurückgekehrt war, beratschlagten wir und entschieden, Ersatzpiloten in Zukunft erst dann mitzunehmen, wenn sie viel, viel besser ausgebildet waren. Wir mußten vor allem den Höhenflug mit ihnen üben. Wenn wir das nicht taten, würden wir sowohl das Leben der Neuankömmlinge riskieren als auch die Einsätze der Staffel gefährden. Wenn »die da oben« bloß wüßten, dachte ich, was sie uns als »Ersatz« zumuteten.

Je länger der Kampf gegen England dauerte, desto größer war die Verbitterung, die unter den Unteroffizier-Flugzeugführern herrschte. Das galt nicht nur für unsere Gruppe. Es gärte allenthalben: Wieso bekamen nur die »Abschießer«, die vorausflogen, die Ritterkreuze? Vermehrt wurde auch über die »Kanalkrankheit« diskutiert. Kühles Mitteilung, daß Piloten, die zu häufig wegen ungeklärter technischer Störungen umgekehrt waren, vor das Kriegsgericht gestellt und in Einzelfällen sogar exekutiert worden seien, sorgte für zusätzliche Debatten.

Oberfeldwebel Große pflegte sich zu entfernen, wenn sich eine solche Debatte abzeichnete, denn er war derjenige, der am häufigsten wegen technischer Störungen umdrehen mußte. Große hatte in Spanien in der Legion gedient und dort viele Feindflüge – ohne Abschuß – durchgestanden. Der Oberfeldwebel erbrach sich und hatte wirklich Magenkrämpfe. Vielleicht reagiert der Mensch ähnlich wie eine Maschine. Wenn man einen Motor nicht regelmäßig pflegt und wartet, dann geht er schließlich entzwei. Während die Maschine Ersatzteile benötigt, bedarf der Mensch ganz offensichtlich der Ruhe, um sich zu regenerieren.

Beide Seiten kämpfen verbissen

26. September 1940
Liebe Mutter!
Vorneweg, gestern hatte ich wieder Glück und schoß bei Dover zwei Spitfire ab. Sonst ist wenig los, wir haben Bereitschaft, aber das Wetter läßt kaum Einsätze nach London zu. Soeben habe ich wieder mit meiner Rotte Wettererkundung in die Themsemündung geflogen. Aber das Wetter ist eben nichts, bei 1700 m Wolkenhöhe kann man keine Angriffe auf London fliegen ... Ihr müßt doch allmählich auch recht ungeduldig werden, daß wir England nicht endgültig fassen. Übrigens, in der Berliner (illustrierte Zeitschrift) vom 26.9. sind Bilder von Göring. Er ist etwa 10 km von hier, und wenn wir heimfliegen, zischen wir immer über seinen Gefechtsstand weg. Sonst müssen wir eben geduldig warten, was uns die nahe oder ferne Zukunft bringt.

Die Abschüsse waren sehr wichtig für mich. Diesmal hatten Kühles Anweisungen zum Erfolg geführt. Wir waren im Anflug auf England, als wir vor der Ballonsperre von Dover in nicht allzugroßer Höhe eine Staffel Spitfire sahen. Es war ein klarer Tag, so daß sie sich gut gegen die blaugrüne See abhoben. Für uns flogen sie eine merkwürdige Formation, leicht in Reihe nach hinten gestaffelt, am Ende geschützt, was sie wohl »Weaver« (Weber) nannten. Während die Spitfire-Staffel eine weite Kurve beschrieb, schwirrten die beiden »Weaver« am Ende hin und her. Sie hatten uns nicht bemerkt oder reagierten zumindest nicht. Kühle konnte in Ruhe unseren führenden Schwarm einteilen. Ich sollte den einen »Webvogel« erledigen, während er sich des anderen annehmen wollte. Der Rest der Staffel sollte sich die verbleibenden Ziele selbst aussuchen.

Ich zog weg und hängte mich schon von weitem hinter die Spitfire, das Revi (Reflexionsvisier) war eingeschaltet, MG und Kanonen durchgeladen. Der da vorne merkte nichts, aber auch gar nichts – sein Vogel wurde immer größer in meinem Visier und füllte schließlich meine gelben Projektionsringe voll aus. Ich zog zuerst den Hebel für die Maschinengewehre, und als die im Ziel lagen, drückte ich auf den Knopf der Kanonen. Ich sah, wie die vier Leuchtspuren einschlugen. Die Maschine löste sich in Rauch auf, als sie in schräger Kurve rechts wegbrach. Ich brauchte meinen Kurs nur leicht zu verändern, und schon hatte ich den nächsten im Visier. Wieder drückte ich, wieder rauchte es vor mir, bevor ich nun selbst abfangen mußte.

Kühle hatte weniger Glück, sein Opfer hatte wohl seinen Anflug bemerkt, kurvte weg, bevor er zum Schuß kam. So brachte ich es während dieses Einsatzes zu zwei Erfolgen. Beide Spitfires gehörten zu der 41. Staffel aus Hornchurch. Die Piloten konnten sich mit dem Fallschirm retten und wurden aus dem Kanal gefischt. Beide sind später in der »Battle« gefallen

29. September 1940
Lieber Mutter!
... Dank für Brief und Film ... Also, Ihr glaubt nicht mehr, daß wir es vor Weihnachten schaffen. Ich glaube und hoffe es immer noch, da unsere ganzen Einsätze, die nun schon die englische Jagdabwehr empfindlich getroffen haben, dann umsonst gewesen wären. Bis zum Frühjahr wären diese Verluste zum großen Teil wieder ausgeglichen, und wir könnten nochmal von vorne anfangen. Aber wenn es sein muß – das Wort Pflicht macht einen immer stark.

Kühle hat zur Zeit Ohrenschmerzen und kann nicht fliegen. Vorgestern habe ich die Staffel 3mal geführt, dabei erzielten wir 2 Abschüsse ohne Verluste, und zwar hatten wir es immer mit Spitfires zu tun, die, wenn der richtige Mann drin sitzt, ein beachtlicher Gegner sind. Beim 3. Einsatz fielen unterwegs der Kommandeur und ein anderer Staffelkapitän wegen irgendwelcher Störungen aus, und ich führte die Gruppe. Es waren zwar nur noch 13 Maschinen, aber eine ganz schöne Verantwortung. Zuerst waren noch andere

Gruppen bei uns, aber als es über London zum Luftkampf kam, war ich plötzlich nur noch mit meinen 5 Mes von der Staffel allein und hatte etwa 30 bis 40 Spitfire gegen mich. Wenn ich abgehauen wäre, hätten sie mir bestimmt hinten einen oder zwei abgeschossen, also: »Liga (unser Deckname) greift an, hinein!«

Sie kamen von allen Seiten, unsere Me wurde rangenommen wie noch nie. Ich beschoß 2 Spitfire ganz anständig, die anderen schossen, ein Feldwebel, Rüttger, schoß eine Spitfire in Fetzen, und es war kein feindlicher Jäger mehr über uns. Alle nahmen Schwänzchen hoch und verschwanden nach unten in einem Wolkenbausch.

Wir hatten leider schon 60 Minuten voll und konnten nur einen Abschuß melden. Aber von uns hatte keiner Treffer, wir kamen stolz nach Hause. Hoffentlich haben sich die Londoner diese glorreiche Tat ihrer Royal Air Force mit angesehen.

Gestern probierte Kühle morgens wieder, aber in der Höhe hatte er Schmerzen, und am Mittag hatte ich wieder die Staffel. Aber der Auftrag war wenig schön, wir hatten keine Erfolge, aber auch keine Verluste.

Diese zwei Tage waren für mich sehr befriedigend, und ich glaube für alle Flugzeugführer. Ich glaube, sie freuen sich – wie ich – darauf, wenn ich die Staffel wieder habe. Solche Augenblicke sorgen für Zusammenhalt. Wollen wir hoffen, daß ich weiterhin einen so guten Stern habe!

Herzlichst!

Dein Uz.

Der 27. September war ein Tag, den ich nie vergessen werde. Zum ersten Mal führte ich die Gruppe I/52. Wir starteten etwa um 12.30 Uhr, aber schon über dem Kanal verabschiedete sich ein Staffelkapitän und gleich darauf der Gruppenkommandeur wegen mechanischer Störungen. Infolge hoher Verluste war die gesamte Gruppe mit allen drei Staffeln nur noch 13 Maschinen stark. Von unserer Staffel waren wir zu fünft: An diesem Tage hatte ich zwei Rottenhunde, auf der einen Seite Feldwebel Siggi Voss, ein etwas verschlossener Typ, auf der linken Seite Feldwebel

Lothar Schieverhöfer, ein mehr preußischer Typ, der fast immer lachte, fast immer ein Zwinkern in den Augen hatte.

Ich selbst hatte zu der Zeit dreieinhalb Jahre Flugerfahrung, mehr als 100 Feindflüge gegen England. Ich betrachtete mich durchaus als Mann mit Fronterfahrung. Die andere Rotte in unserer Staffel führte Feldwebel Karl Rüttger, ein immer gutgelaunter Rheinländer, der auf mich etwas reserviert wirkte. Als Rüttgers Rottenhund flog bei diesem Einsatz Unteroffizier Kurt Wolf, der sowohl in der Unterhaltung am Boden als auch beim Fliegen in der Luft mit Intelligenz seine eigenen Wege fand. Mit gerade drei Jahren Flugerfahrung war er in dieser Gruppe der Unerfahrenste. Diese Truppe erwartete nun einiges über London.

Nachdem uns der Staffelkapitän und der Gruppenkommandeur verlassen hatten, übernahm ich die Führung und flog weiter auf dem befohlenen Kurs Richtung englische Hauptstadt. Wir waren nur noch ein Überbleibsel der einst stattlichen Gruppe von 36 gutausgebildeten Jägern, aber für mich bedeutete das Kommando dennoch eine große Verantwortung. Unsere fünf Flugzeuge von der 3. Staffel flogen im Schwarm mit. Wir kannten uns gegenseitig gut und wußten, was wir konnten.

Urplötzlich herrschte Verwirrung. Niemand hatte die 30 bis 40 Jäger herannahen sehen, die uns jetzt angriffen. Hurricanes und Spitfires kamen wie eine Wand auf uns zu. Ich entschied, daß die beste Art der Verteidigung in diesem Fall der Angriff sei, und befahl meinen Piloten, nicht abzuhauen, sondern zusammenzubleiben.

Unser Schwarm blieb auch zusammen, aber alle anderen stoben auseinander – zum großen Vorteil der Engländer. Ich funkte meinen Kameraden: »Kurven, mit Vollgas steigen!«, und ich konnte sehen, wie sie mir folgten. Ich ließ den Motor meiner gelben »2« Überdrehzahlen machen, während ich engste, steile Kurven, die ständig nach oben zeigten, flog. Dabei beobachtete ich die Spaltflügel an der Vorderkante der Tragflächen. Sie kamen heraus – was sonst nur bei langsamer Fahrt während der Landung geschieht – und gingen wieder hinein. Also beschrieb ich etwas weitere Kurven, denn neben mir, auf der linken, inneren Seite, flog ja Lothar, und der mußte, um dranzubleiben, noch enger kurven.

Die Versuchung war groß, abzubrechen und nach unten wegzustürzen. Aber bei der Überzahl der englischen Jäger blieb uns letztlich nichts anderes übrig, als eng zu kurven, zu steigen und Höhe zu gewinnen. Zur Ermutigung gab ich nochmals durch: »Dranbleiben – ohne Rücksicht Vollgas – steigen – Höhe gewinnen!« Wir schafften es, obwohl wir ständig von englischen Jägern angegriffen wurden. Aber sie kamen aus der Höhe, hatten mehr Fahrt und konnten einfach nicht eng genug einkurven, um einen von uns vor die Flinte zu bekommen. Einer nach dem anderen verschwand nach unten im Sturzflug. Als eine Spitfire Karl Rüttger ins Visier geriet – natürlich hatten wir durchgeladen und das Revi eingeschaltet – feuerte er kurz entschlossen, und die Spitfire löste sich in Fetzen auf. Also auch noch ein Abschuß!

Aber für uns sollte es lange dauern, bis wir von unserer ursprünglichen Höhe von 7000 Metern herunterkamen. Dabei hatten wir schon 40 Minuten Sprit verbraucht. Bis wir nach oben gelangten, konnte noch einige Zeit vergehen, und ob dann keine englischen Jäger mehr über uns sein würden? Immer wieder wurde ich etwas flacher, damit die anderen dranbleiben konnten.

Nachdem Rüttger getroffen hatte, wurden die feindlichen Jäger vorsichtiger, aber wir schienen eine Ewigkeit zu brauchen, bis wir von 7000 Metern spiralförmig auf etwa 10000 Meter gestiegen waren. In diesem Abwehrkreis im Steigflug benötigten wir dafür mehr als zehn Minuten, während wir die Differenz von 3000 Metern – auch in dieser Höhe – sonst in wenigen Minuten schafften. Aber wir kamen schließlich hoch oben über den englischen Jägern durch – ohne Verluste.

Während des Kurvens konnte ich ab und zu nach unten schauen, wo sich die Themse in silbrigem Sonnenschein spiegelte. Keine 50 Meter unter mir hing der arme Kurt Wolf am Ende der Formation, der er gerade noch folgen konnte. Diese langsame Fliegerei, fast immer mit Vollgas und wippenden Vorflügeln, verlangte verdammt viel Geschick und Disziplin von allen Piloten, aber es zeigte sich: Sie waren Könner! Ich fühlte mich sehr erleichtert, als ich meine Maschine endlich wieder in die Waagerechte legen und Kurs Richtung Kanal, Richtung Coquelles aufnehmen konnte, denn wir waren bereits 60 Minuten in der Luft und noch gute 110 Kilometer von unserem Heimathafen entfernt. Aber von nun an flogen wir »bergab«. Bei steilem Propeller, Dreiviertelgas und über 700 Kilometern pro Stunde auf dem Stau (Kilometerzähler in der Luft) konnte uns kein Feind mehr folgen. Nach ungefähr 70 Minuten Flugzeit landeten wir.

Wir hatten unser gesamtes Benzin verflogen, aber das war nicht umsonst gewesen. Jeder hatte seinen Motor geschunden und bewiesen, daß er fliegen konnte. Wir hatten vor dem Angriff bereits 250 Kilogramm Benzin verbraucht sowie durch Schießen Munition und damit Gewicht verloren, gingen also leichter in die Schlacht als der Feind, aber dennoch waren Geschick und Disziplin nötig gewesen, um dessen Übermacht zu trotzen. Wir waren am Rande des Risikos geflogen, aber wir hatten überlebt, und das gab uns Stärke und Zuversicht. Rüttger hatte eine Maschine abgeschossen, ein Erfolg, der sich auf die ganze Gruppe auswirkte. Aber klar war auch: Sollte einmal das Gegenteil eintreten, würde es die gegenteilige Wirkung erzielen. Wenige Stunden nach der Landung sollten wir erfahren, daß der Teil der Gruppe, der mit dem Geschwader »abgehauen« war, mit Glück davongekommen war, doch die II. Gruppe des Jagdgeschwaders 52 verlor allein bei diesem Einsatz sieben Me 109 samt Piloten.

Das Erlebte versetzte unsere Staffel in Hochstimmung, doch schon wenige Tage später wartete eine noch größere Herausforderung auf uns. Helmut Kühle war immer noch krank. Die Diagnose lautete: Verschluß der Eustachischen Röhre.* Also führte ich die Staffel. Darüber freuten sich die Flugzeugführer, die wie ich der Meinung waren, daß Kühle zu vorsichtig flog. Wir waren Jäger und wollten, wann immer sich die Gelegenheit bot, jagen. Kühles Credo lautete dagegen, erst anzugreifen, wenn man sich seines Erfolges sicher war und keine Verluste riskierte.

Den 30. September 1940 werde ich nie vergessen. Wir hatten an diesem Tag drei Einsätze: Von 9.00 bis 10.10 Uhr, von 12.43 bis 14.07 Uhr, von 16.00 bis 17.35 Uhr (Landung in Boulogne)

---

* Da man im Zweiten Weltkrieg noch nicht in Druckkabinen flog, war ein Verschluß der Eustachischen Röhre schmerzhaft. Ohr und Rachen konnten keinen schnellen Druckausgleich durchführen. Ähnliche Probleme treten heute noch bei Tiefseetauchern auf.

und von 18.22 bis 18.31 Uhr (Boulogne–Coquelles). Da wir nur vier einsatzbereite Flugzeuge hatten, mußte Lothar Schieverhöfer beim ersten Einsatz verzichten. Ich führte also einen Schwarm, mehr war von der Staffel nicht mehr übrig. Feldwebel Siggi Voss war mein Rottenhund, Feldwebel Karl Rüttger und Unteroffizier Wolf bildeten die zweite Rotte. Kaum hatten wir den Kanal überquert, da wurden wir von unserer Geleitaufgabe entbunden und zur »freien Jagd« freigegeben. Als wir die Küste von Sussex um ungefähr 9.30 Uhr überquerten, hatten wir bereits viel Höhe. Genau in diesem Augenblick sahen wir inmitten vieler Formationen, schräg vor und unter uns, eine Hurricane-Staffel. Sie war im Steigflug, drei Ketten hintereinander, in engem Verband, was ich sehr altmodisch fand. Das war für uns die Gelegenheit zum Angriff. Über Funk sagte ich in aller Ruhe an, daß ich die vorderste Kette übernehmen würde, Voss die nächste und Rüttger mit Wolf die letzte. Zwar waren viele andere feindliche Jäger unterwegs, aber ich glaubte, aus der Höhe mit viel Fahrt durchzukommen.

Wir griffen an, bekamen viel Fahrt bei dem steilen Anflug, gelangten hinter und unter die Hurricanes. Aus dieser Position konnten wir von unten mit großer Überraschung angreifen. Jetzt gab ich den Befehl: »Nach Angriff in Linkskurve sammeln!« Später wußte keiner genau, was passiert war: Ich fegte von unten durch die gesamte Kettenformation und schoß dabei mit MG und Kanonen. Dabei entging mir, daß die anderen abgebrochen hatten. In Coquelles fielen sie dann fast über mich her. Warum ich mitten im Angriff gerufen hätte: »In Linkskurve sammeln«? »Nach Angriff« war gar nicht durchgekommen. Vielleicht hatte ein anderer gleichzeitig gefunkt (überlagert), vielleicht hatte ich auch zuerst die MG gedrückt und erst später den Funkknopf – auf jeden Fall waren sie wütend.

Zu allem Unglück hatte Wolf nach rechts weggezogen. Englische Jäger, die unseren Angriff beobachtet hatten, erwischten ihn, als er allein war. Unsere kleine Formation wurde zerstreut, Voss und ich trafen zusammen in Coquelles ein, Rüttger etwas später allein und Wolf gar nicht. Wir meldeten einen Abschuß, und ich mußte mir Vorwürfe von Oberleutnant Kühle, dem Staffelkapitän, anhören.

Nach dem Krieg offenbarte sich, daß die Engländer an jenem

Tag großes Glück im Unglück hatten. In dem Buch »Battle over Britain«,* das ich zu meinem 60. Geburtstag erhielt, wird dieser Angriff vom 30. September folgendermaßen resümiert:

»British Losses:
20. 229 Squ. Northolt,
Hurricane destroyed, Plt. Officer F.A Robshaw, baled out (abgesprungen), slighly wounded leg by 109 at 09.35.
21. 229 Squ. Northolt,
Hurricane destroyed. Plt. Officer N.K Stansfield, baled out (abgesprungen), wounded in leg by 109 at 09.37.
22. 229 Squ. Northolt,
Hurricane damaged, Plt. Officer R.A.L. Duvivier, returned unhurt, by 109 at 09.40.
23. 229 Squ. Northolt,
Hurricane damaged, Sgt. R.J. Ommaney, returned with foot wound, by 109 at 09.43.
24. 229 Squ. Northolt,
Hurricane burnt (verbrannt), Plt. Officer M. Ravenhill, shot down in flames, pilot died in cockpit, by 109 at 09.43.

Innerhalb von fünf Minuten waren also fünf Hurricanes getroffen worden!

3. Oktober 1940
Liebe Mutter!
Du beglückwünschst mich zu meinem 1. Abschuß. Nun darf ich Dir mitteilen: Am 30. 9. habe ich meinen 4. feindlichen Jäger abgeschossen, und am 2. Oktober bekam ich das EK I. Seither war Ruhe, wir waren wieder mal in Lille.

Allerdings – wenn ich es nochmals zu tun hätte, dann würde ich diesen 4. nicht gemacht haben, er hat mich einen ausgezeichneten Flugzeugführer gekostet. Es war auch dumm von mir, als Staffelführer etwa 40 bis 45 Hurricanes und Spitfires mit nur 4 Maschinen anzugreifen. Ich kam nur noch mit einem nach Hause, der 3. fand allein nach hier, der

* Francis K. Mason, »Battle over Britain«, Harvest Hill 1990.

4. blieb aus. Das hat mich wahnsinnig geschlaucht. Aber am Abend hatte ich nochmal die Staffel mit 4en. Das war der schwerste Einsatz, den wir bis jetzt hatten, und da wir alle heimkamen, war ich wieder etwas mit mir selbst zufrieden.

Wir begleiteten Ju 88 nach London, die blind über den Wolken flogen. Wie es kam, ich weiß nicht, sie flogen links an London vorbei und machten erst kehrt, als wir schon 3/4 unseres Benzins verbraucht hatten. Nun flogen sie aber nach Hause einen verkehrten Kurs, Richtung Isle of Wight, wo der Kanal so breit ist. Den Verband konnten wir nicht allein lassen, weil immer und immer Spitfire da waren. Also Sprit sparen, das heißt möglichst langsam geradeaus fliegen und schützen. Und wirklich, es gelang: Die Bomber kamen alle heil nach Hause, und wir kamen mit dem letzten Tropfen nach Boulogne. Dort tankten wir und dann heim. Das Bodenpersonal, das schon alle aufgegeben hatte, jubelte mehr als bei allen Abschüssen, als wir wieder da waren. Leider wurde Kirchner, der schon in Frankreich abgeschossen wurde, bei dieser Tour auch abgeschossen, und ich fürchte, diesmal kommt er nicht wieder.

Also, ich will mal alle Vermißten und in Gefangenschaft Geratenen aufschreiben:

Feldw. Zieger	3. Staffel,	gefangen
Uffz. Bokel	2. Staffel,	vermißt
Feldw. Bacher	2. Staffel,	gefangen
Uffz. Hartlieb	2. Staffel,	vermißt
Ogfr. Malecki	2. Staffel,	gefangen
Fw. Bischoff	1. Staffel,	gefangen
Fw. Ürlings	1. Staffel,	gefangen
Ofw. Gerber	2. Staffel,	vermißt
Lt. Geller	Adjutant,	vermißt
Uffz. Kind	1. Staffel,	vermißt
Obltn. Waller	3. Staffel,	gefangen
Lt. Berthel	Adj. II,	vermißt
Uffz. Weber	2. Staffel,	mit Bauchschuß gelandet, tot
Uffz. Wolf	3. Staffel,	vermißt
Obltn. Kirchner	1. Staffel,	vermißt

So alle auf einmal sieht das natürlich etwas schlimm aus,

Spritmangel war am Kanal ein großes Problem für die deutsche Luftwaffe. Wenn wir Bomber begleiteten, lautete von September an der Befehl: »Begleitung erst abbrechen, wenn die englische Südküste wieder erreicht ist!« Das führte dazu, daß die Luftwaffe am 30. September 34 Me 109 Jagdflugzeuge verlor, davon fielen 21 wegen Benzinmangels in den Kanal. Nur zwei der Flugzeugführer konnten von Seenotflugzeugen geborgen werden, 19 ertranken. Einige erreichten Frankreich mit dem letzten Tropfen und mußten dann notlanden, wie diese Maschine auf unserem Platz in Coquelles. Die Briten haben von diesen Verlusten damals nichts erfahren.

aber mit der Zeit wird sich sicher noch mancher als in Gefangenschaft befindlich rausstellen, und die holen wir uns sicher eines Tages wieder.

Unsere Gruppe hat nun doch in diesen Tagen auch schon 70 Feindflugzeuge im Luftkampf sicher, 11 wahrscheinlich (kein Zeuge) und etwa 30 am Boden vernichtet.

Du schreibst, Uz, flieg vorsichtig, Mutter, das ist falsch, ich fliege so, wie ich es für meine Pflicht halte. Wo sollten wir hinkommen, wenn wir nur vorsichtig fliegen würden!

... Übrigens, wenn sich zu Hause alles nach uns erkundigt,

Oberfeldwebel Mohring, der Oberwerkmeister unserer 3. Staffel, führt vor, wie leicht der Aluminium-Zusatztank, den wir dringend gebraucht hätten, zu tragen war. Aber die Vorrichtung, mit der der Tank hätte befestigt werden können, war die gleiche, die auch die 250-kg-Bomben der Me 109 trug, und nur dafür durfte sie nach Görings Verfügung eingesetzt werden.

dann freuen wir uns sehr darüber, vor allem wenn es von der Seite des Heeres kommt. Unsere Aufgaben sind auf Dauer nicht leicht, aber wir werden sie eisern erfüllen, und wir werden zeigen, daß wir Soldaten sind. Wie sich der Krieg weiter entwickeln soll, kann ich mir bald nicht mehr denken. Vielleicht geht es doch über den Winter, bei uns munkelt man, wir kämen dann zur Erholung in irgendwelche südlichen Länder. Aber das ist sicher genau so falsch wie alles andere, und ich glaube auch nichts …

Der Feindflug am Morgen hatte mich nachdenklich gemacht. Mein Ungestüm und das Draufgängertum der anderen Flugzeugführer hatten die Taktik von Kühle auf den Kopf gestellt. Wenn es nicht die unglückliche Verwirrung im Funk gegeben hätte, wären wir sicher ungewöhnlich erfolgreich gewesen. Nun aber vermißten wir Kurt Wolf, der vermutlich den Tod gefunden hatte. Ich hatte gesehen, daß er von der Seite abgeschossen worden war.*

Alles lag mir schwer auf dem Gewissen. Erst der Einsatz am späten Nachmittag, als es mir – trotz Spritmangel – gelang, alle vier Maschinen unversehrt nach Hause zu bringen, brachte Erleichterung. Dieser abendliche Einsatz war für die Luftwaffe ein erstes Experiment mit dem Funkleitstrahl »Knickebein«, das für die Begleitjäger verheerend verlief. Der Feind hat von den Auswirkungen erst viel später erfahren. Für uns war es ursprünglich ein üblicher Bomberbegleitauftrag. Wir wurden jedoch so weit eingeweiht, daß diese neuesten Ju 88 auf dem Funkleitstrahl »Knickebein« London über den Wolken anfliegen und mit großer Genauigkeit ihre Bomben abwerfen sollten, wenn ein Funkquerstrahl aus Dänemark überflogen worden war. Bomberangriffe bei Tage konnten damals wegen der starken englischen Jagdabwehr nur noch über den Wolken erfolgen. Es wurde kaum erwartet, daß englische Jäger die Wolkendecke über London durchstießen. Von uns, den deutschen Begleitjägern, die sicherheitshalber mitgeschickt wurden, erwartete man allerdings, daß wir die geschlossene Wolkendecke über Frankreich genau nach Uhrzeit im Blindflug durchstießen, um dann über den Wolken die Bombergruppe – rund 30 modernste Ju 88 – zu treffen. Mit meinem erfahrenen Schwarm – die gesamte Gruppe zog in engem Verband durch die etwa 200 Meter dicken Wolken – gelang das auch. Die Bomber waren pünktlich, und man traf sich über den Wolken.

Was dann geschah, kann ich nur vermuten. Der Gruppenführer flog auf dem Leitstrahl gen London, verfehlte aber den Quer-

---

* Als ich bereits selber »Prisoner of War« war, sah ich Wolf im Hafen von Greenock vor der Überfahrt nach Kanada wieder. Er konnte sich am 30. September mit dem Fallschirm retten.

strahl, der den Bombenwurf auslösen sollte. Er flog und flog, und wir schauten immer besorgter auf unseren Tankinhalt. Er verfehlte London komplett und legte seine Bomben irgendwo in die Felder nordwestlich der Hauptstadt. Wir hatten schon zwei Drittel unseres Benzins verbraucht, als er endlich umdrehte – und auch noch den falschen Kurs nahm. Er flog nicht Richtung Coquelles, sondern Richtung Isle of Wight. Dafür gab es allen Grund, denn auch die Wettervorhersage stimmte nicht. Über ganz Kent waren die Wolken aufgerissen, und so wimmelte es von englischen Jägern. Obwohl uns das Benzin knapp wurde, durften wir die Bombergruppe nicht allein lassen (Göring hatte den Bombern Schutz versprochen, auch wenn uns das Benzin ausging). Es dauerte verdammt lange, bis die Bomber endlich die Südküste Englands erreichten und uns entließen. Wir hatten noch rund 100 Kilometer bei starkem Wind übers offene Meer zu fliegen. Es wurde ein Kampf ums Überleben.

Da der Gegenwind in Meereshöhe geringer war, gingen wir zuerst in den Tiefflug über. Wir streiften fast die vom Sturm gepeitschten Wellen und hofften darauf, daß die Tankanzeige einen leeren Tank zu früh meldete und das Benzin doch noch bis zur Küste reichte, aber vergeblich: Einer nach dem anderen meldete das Aufleuchten des »roten Lichts«, einer nach dem anderen meldete »Motor steht«. Per Funk wurde geraten: »Nicht ins Wasser gehen – hochziehen und mit dem Fallschirm abspringen!« Jeder Versuch, bei Geschwindigkeit die Me 109 zu wassern, sollte unterbleiben, da die hohen Wellen beim Auftreffen wie Beton wirkten und die Maschine zerschmettern würden. Das Abspringen bot größere Überlebenschancen.

Wir mußten mit ansehen, wie einer nach dem anderen ins Wasser fiel, manchmal wurde hochgezogen, und wir gewahrten noch den geöffneten Schirm. Unsere Flugstrecke konnte man leicht an den weißen Punkten der schwimmenden Fallschirme und der gelben Schwimmwesten zurückverfolgen. Selbstverständlich hatten wir per Funk die Hilfe der Seenotflugzeuge angefordert, aber es war kalt und stürmisch.

In den »geheimen« Mitteilungsblättern konnte ich am nächsten Tag nachlesen, daß bei diesem Einsatz 21 Piloten ins Wasser gefallen waren, davon konnten nur zwei von Seenotflugzeugen gerettet werden, 19 Flugzeugführer ertranken.* Unser gesamter Schwarm von vier Flugzeugen schaffte es nach Boulogne. Ich konnte den Motor am »Parkplatz« abstellen, bei Voss ging er beim Zurückrollen aus, und bei den anderen beiden blieb der Propeller direkt nach der Landung stehen. Sie mußten vom Traktor zum Tanken geschleppt werden.

An diesem Tag mußte das Bodenpersonal in Coquelles mit ansehen, wie ringsum in den Feldern die Maschinen der Luftwaffe herunterkamen. Verständlich, daß sie jubelten, als wir vier – mit dem letzten Büchsenlicht – um 18.31 Uhr in Coquelles landeten. Die Lage hatte sich aber bereits entspannt, als mein Anruf aus Boulogne einging. Bis dahin hatten alle bangend um meinen Hund Terry herumgesessen und gehofft, daß er in dem schrecklichen Durcheinander mein Flugzeug ausmachte.

Von unseren ursprünglich 36 erfahrenen Flugzeugführern waren nicht allzu viele übriggeblieben. Unsere Stimmung war niedergeschlagen.

---

* Die Verlustliste in dem Buch »Battle over Britain« verzeichnet am 30. September 59 deutsche Verluste bei insgesamt 59 Maschinen, darunter 35 Me 109. Nicht inbegriffen sind die Maschinen, die in den Kanal stürzten oder in Frankreich auf Äckern und Wiesen zu Bruch gingen.

Unsere Reihen lichten sich

Schon von Mitte September an wurde ein neues Verfahren bei uns eingeführt, das den Schluß zuließ, daß am Kanal mit dem Nachschub gespart werden mußte. Wir haben uns damals darüber keine ernsthaften Gedanken gemacht. Für »die da oben« schien die Schlacht gegen England vorüber zu sein, was gleichzeitig hieß, daß an dieser Front nicht mehr aus dem vollen geschöpft wurde.

Wenn wir in Bereitschaft 1 waren, mußte das Bodenpersonal die Motoren der Maschinen jede Stunde laufen lassen, damit das Motoröl warm gehalten wurde und Alarmstarts überhaupt möglich waren – Mehrbereichsöl gab es noch nicht. Diese Art des Warmlaufens kostete viel wertvolles Benzin. Deshalb befahl das Technische Kommando der Luftwaffe, nach jedem Warmlaufen, aber auch nach jedem Flug den Ölverbrauch zu messen und statt Öl eine vorgeschriebene Menge Flugbenzin nachzufüllen. Anschließend sollte der Motor noch einmal kurz gestartet werden, damit eine gute Durchmischung stattfand. Auf diese Weise sollte das ständige Warmlaufenlassen vermieden werden. Wir Flugzeugführer waren entsetzt: War es nicht tödlich gefährlich, mit einer Mischung aus Öl und Benzin in der Ölwanne zu starten? Mußte das nicht zwangsläufig zu Explosionen führen?

Kühle überließ es uns, dieses Gemisch – jeder auf seine Art – zu testen. Keiner traute der Theorie, daß das Benzin im Öl langsam verdunste, je wärmer der Motor, damit das Öl, wurde. Aber siehe da: Es ging alles glatt und gut. Ich flog gen Dungeness, schoß zur Probe und kehrte ohne Probleme zurück. Das neue Verfahren bürgerte sich rasch ein. Als ich nach einigen Wochen meinen Ersten Wart, Erwin Frey, dabei »erwischte«, wie er Benzin in den Ölstutzen einfüllte, und ihn »zur Schnecke« machen wollte, erinnerte er mich, daß das inzwischen »normal« war. Ich war der Blamierte.

Wenn es in diesen Tagen um die Wende vom September zum Oktober herbstlich nebelig und kühl war, vergingen die Tage wie Wochen. Es herrschte eine gedrückte Stimmung. Vielleicht haben »die da oben« das kommen sehen, denn etwa seit Mitte September erhielten wir pro Woche einen freien Tag. Leider wußten wir nie, wann das sein würde. Aber mein Nachfolger im Amt des Nachrichtenoffiziers, Hauptmann Förster, hatte gute Kontakte zu den höheren Stäben und entwickelte ein Gespür dafür, wann der freie Tag bevorstand. Dann übermittelte er uns schon auf dem Rückflug per Funk: »Letzter Feindflug für heute – Austern morgen!« Der Hinweis auf die Austern war für uns die Ankündigung, daß wir am nächsten Tag im »Huitrière« in Lille luxuriös speisen konnten.

Lille lag etwa 100 Kilometer südlich von Coquelles. Je nach Sicht- und Verkehrsbedingungen brauchten wir für die Fahrt anderthalb bis zwei Stunden. Für uns »Frontschweine« war Lille friedliche Etappe, wo es alles gab, nicht nur ausgezeichnetes Essen, sondern auch elegante Läden, gute Hotels, sogar Maßschneidereien. Dort wollte ich mir für den bevorstehenden Winter einen neuen Uniformmantel anfertigen lassen und fand auch Tuch, das den Vorschriften der Luftwaffe entsprach. Ich zahlte im voraus, erschien zur ersten Anprobe – und dann nie wieder. Erst lange nach dem Krieg erzählte mir ein befreundeter Oberleutnant aus der 2. Staffel, daß er in mein Maß gepaßt hatte. Also war für den Schneider nichts verloren, und mein Offizierskollege kam zu einem preiswerten Mantel.

Da es im Herbst 1940 keinen anderen Kriegsschauplatz gab, trafen sich in Lille alle Berühmtheiten, die der Front Unterhaltung bieten wollten. Lille war nicht zuletzt wegen der außerordentlich guten Speisen und Getränke im »Huitrière« beliebt. Ich erinnere mich in diesem Zusammenhang an den dicken Komponisten Ludwig Schmidseder (»Guitarren spielt auf«). Der brachte es mit rund 160 Kilogramm auf einen solchen Umfang, daß er in keinen normalen Stuhl paßte. Wenn er im »Huitrière«erschien, mußte der Besitzer mit einem breiten Spezialstuhl einspringen (noch heute hält sein Enkel diesen Stuhl bereit). Auch Heinz Rühmann begrüßte uns des öfteren an unserem Jagdfliegertisch und glänzte gerne in seiner blauen Leutnantsuniform mit dem

Flugzeugführerabzeichen der Luftwaffe. Es sei ihm nicht erlaubt, sagte er, an Feindflügen teilzunehmen. Man munkelte, daß er ein sehr »strenger« Offizier gewesen sei und daß es ihm nicht gefiel, auch in Uniform immer Späße machen zu müssen.

Kaum hatte Förster durchgegeben »Austern morgen«, da entspann sich ein Funksprechverkehr, daß die Frequenz kaum ausreichte. Es war manchmal schlimmer als im Luftkampf. Sobald Kühle drankam, ließ er den Funkknopf nicht mehr los. Er bestellte seinen Fahrer samt Wagen auf den Liegeplatz, wo die Maschinen abgestellt wurden, und wenn nötig, gab er auch noch Anweisung, was in seinen Koffer zu packen sei. Wir konnten solche Details nicht durchgeben. Aber wenn wir eine gewisse Vorahnung hatten, dann flogen wir bei diesen letzten Flügen des Tages in weißem Hemd mit Schlips und Kragen und in bester Ausgehuniform. Nach der Landung verschenkten wir keine Minute, legten den Fallschirm ab und stiegen in den Wagen zur Fahrt nach Lille. Diese Tage in Lille blieben mir in guter Erinnerung.

5. Oktober 1940
Liebe Mutter!
Nachdem ich gestern schon wieder einen abgeschossen habe, muß ich heute gleich wieder schreiben.

Gestern war es mehr Glück als sonst was. Wir kamen gerade von einem Begleitauftrag nach Hause, als über Calais ein »Mehrmotoriger« gemeldet wurde. Alle suchten, ich hatte ihn anscheinend als erster gesehen, er flog in Richtung Dover, aber meine »2« gab alles her, und husch war ich dran. Er warf gleich seine Bomben ins Wasser, und dann wackelte er. Das machen sonst nur eigene Bomber, und das heißt: »Nicht schießen, ich bin ja ein eigener.« Na dachte ich, daß Du kein eigener bist, sehe ich ja selbst, warum wackelst Du dann? Also schoß ich mal kurz von rechts und kurz von links, und da ich sehr wenig Fahrt hatte fiel mir auf, daß er im Gleitflug war und noch weniger hatte. Nun ging mir ein Licht auf: Er wollte sich kampflos aufs Wasser setzen. Also schön aufpassen und dabei bleiben, damit ihm nicht noch etwas anderes einfiele. Leider schoß mein Rottenflieger, anscheinend in Unkenntnis der Sachlage, noch mal drauf, aber gleich danach setzte er seine Blenheim schön ins Wasser. Sofort sprang einer mit gelbem Schlauchboot auf die Fläche und blies es mit Preßluft auf, die anderen beiden stiegen nach, und gleich darauf versackte die Blenheim. Da das ganze nur etwa 10 km vor der Küste war, holte ich gleich durch Funksprech Hilfe, die Kerle taten mir leid, wie sie so winkend unten hockten. Nach 20 Minuten saßen sie schon in einem Seenotboot, waren Gefangene. Einer ist schwer verletzt und liegt hier irgendwo im Lazarett, bei Gelegenheit werde ich ihn mal besuchen.

Heute hatten wir wieder mal 2 Einsätze, aber es war nichts besonderes los. Jetzt mache ich Platzschutzrotte, wenn wieder eine Blenheim käme, das wär wieder eine schöne Entschädigung. Das ist leichter als mit Spitfires.

Übrigens Bert (Ltn. Göbel) sitzt gerade da und sagt Dir einen schönen Gruß!

Als ich den verwundeten Engländer im Lazarett suchte, wurde mir eröffnet, daß er inzwischen gestorben sei, ich könne aber die anderen Besatzungsmitglieder besuchen, die seien noch da. Das war mir dann zu viel – ich wollte diese Geschichte nicht hören und lehnte dankend ab.

In langen Gesprächen hatte ich inzwischen sowohl Kühle als auch Ewald überzeugt, daß die »elektrische« (batteriebetriebene) 8-mm-Kamera in die Me 109 eingebaut werden konnte und dabei weder Flugzeugführer noch Maschine oder gar die Waffen beim Schießen behinderte. Lange hatte ich mit meinem Waffenwart und meinem Ersten Wart Erwin Frey getüftelt. Sie erklärten, daß die elektrische Kamera, deren Motor durch eine Batterie angetrieben wurde, so geschaltet werden könne, daß der Abzugshebel für die MG, der oben am Steuerknüppel lag, auch die Kamera auslöste. Dadurch könnten die Abschüsse zuverlässiger dokumentiert werden als durch Zeugen.

Mir kam es aber nicht darauf an, ein besseres Zeugnis für Abschüsse zu erzielen, ich stellte mir vor, daß solche Filme, solche Bilder, eine wertvolle Bereicherung unseres filmischen Kriegstagebuchs sein könnten. Mit diesem Argument habe ich schließlich auch den Gruppenkommandeur, Hauptmann Ewald, überzeugt.

Das Hauptproblem für die Techniker bei der Montage war jedoch nicht das Auslösen durch den elektrischen Abzug, sondern die Vibration. Sobald der Motor angelassen wurde, vibrierte das ganze Flugzeug und damit auch die Kamera, die links vom Reflexvisier, direkt hinter dem Glas der Frontscheibe, montiert war. Hauptmann Ewald bat darum, die ganze Sache vertraulich zu behandeln, vor allem meine Versuchsflüge, die wegen der Vibrationen notwendig wurden.

Leider kam es dann doch nicht zu der angestrebten technischen Lösung, andere Ereignisse traten in den Vordergrund: Am 12. Oktober wurde Siggi Voss abgeschossen, weil meine Waffen versagten. Ich hatte den Anflug der Spitfire rechtzeitig gesehen und meine Waffen durchgeladen. Alle vier Lichter leuchteten grün auf. Ich hätte die Spitfire erwischt, bevor sie zum Schuß kam, aber als ich die auslösenden Knöpfe drückte, rührte sich nichts. Hastig lud ich nochmals durch, wieder leuchteten die grünen Lichter, und obwohl sich meine Finger durchbogen, löste sich kein Schuß. Voss wurde voll von hinten getroffen und verschwand in einer Abwärtskurve nach rechts.

Klar war, daß ich mich nach der Landung sofort bei Erwin Frey und besonders bei dem Waffenwart beschwerte. Ich beschimpfte sie und machte sie für den Verlust von Siggi verantwortlich, den ich, da er stark beschossen worden war, für tot hielt. Immer noch wütend verschwand ich dann in unserem Zelt. Es sollte keine Stunde dauern, da erschienen Erwin Frey und mein Waffenwart und hielten ein Stück Mehrfachkabel in der Hand. Das solle ich mir anschauen. Durch einen Schuß war dieses Kabel durchtrennt worden und hatte den gesamten Abzug lahmgelegt. Glück hätte ich gehabt und keinen Grund, sie zu beschimpfen! Ich hatte tatsächlich im vorausgehenden Luftkampf Treffer bekommen. Die Erkenntnis, daß ich so knapp davongekommen war, jagte mir noch nachträglich einen Schauder über den Rücken, denn das durchtrennte Kabel verlief hinter meinem rückwärtigen Kopfpanzer. Wäre der Panzer nicht gewesen, hätte das Geschoß meinen Kopf von hinten durchschlagen. Bei den Warten konnte ich mich entschuldigen, Siggi aber blieb verloren. Ausgerechnet Siggi, der sich so rührend um Seddy gekümmert und mich stets gut beschützt hatte.

19. Oktober 1940
Lieber Vater!
Von jetzt ab schreib ich also an Deine Adresse. Das Wetter ist hier in den letzten Tagen saumäßig, und wir sitzen sehr häufig untätig herum. Und da wir sicher den Winter ausnützen werden, um wieder ein wenig auf den Damm zu kommen, glauben wir, daß man uns über Winter irgendwo hinlegt, wo wir Ausbildung betreiben können. Die jungen Flugzeugführer, die wir bekommen, müssen noch viel lernen, und wir können sie hier einfach nicht mitnehmen, ohne sie mit 50 % Wahrscheinlichkeit beim 1. Einsatz zu verlieren. Vom alten Stamm sind von der Gruppe gerade noch zwölf übrig geblieben. So kommt es vor, daß wir zu acht oder neunt Einsätze fliegen. Ein kleines Häuflein, zwar kampfstark, aber zum Aufbau gehört auch ein gewisser Stamm, und der darf bei uns jetzt nicht mehr kleiner werden.

Die Engländer scheinen zum Teil in ihrer Spitfire* einen neuen Motor zu haben, und da kommt unsere Me dann kaum mit. Allerdings, wir haben auch verbesserte und zum Teil andere Motoren, von einer absoluten Überlegenheit kann man aber in dieser Beziehung nicht mehr sprechen.

Wir hatten neulich (12. Okt.) mit diesen neuen Spitfires zu tun und hatten dabei 3 Verluste gegen einen Erfolg. Ich selbst kam wüst in Bedrängnis, mein Rottenhund wurde abgeschossen, ich war allein gegen zwei Spitfires und hatte zum Pech auch noch nach kurzer Zeit auf allen 4 Waffen Hemmung. Es blieb also nichts anderes übrig als abzuhauen, wie ich eben konnte. Mit 3 Treffern kam ich nach Hause, davon

---

* Offensichtlich war das die Zeit, als die Spitfire II mit dem Merlin-XII-Motor von Rolls-Royce erschien. Dieser Typ wurde von Ende August an an die RAF ausgeliefert. Bis Ende der »Battle« waren mehr als 200 dieser Maschinen im Dienst. Sie waren der 109 mit dem Daimler Benz DB 601 vor allem in der Höhe überlegen, denn der Merlin-XII-Motor hatte einen zweistufigen Höhenlader. Die Engländer geben für Oktober 1940 an: Me 109 – Gipfelhöhe 10 000 Meter, Spitfire II – Gipfelhöhe 11 340 Meter. Danach konnte die Spitfire uns damals um gut 1000 Meter übersteigen und aus der Höhe mit großem Fahrtüberschuß angreifen.

war aber keiner in einen wichtigen Teil gegangen. Zuerst war ich über diesen 1. Einsatz mit meiner neuen »2« etwas bedeppert, aber nun fühle ich mich wieder wohl darauf.

Daß die RAF ein tapferer Gegner war, das hatten wir längst zu spüren bekommen, aber nun offenbarte sich, daß sie auch technische Vorteile gewann. Unsere Führung verkündete zwar, daß die englische Gegenwehr immer schwächer würde, in den letzten Zügen liege, aber wir erlebten, daß die feindlichen Jäger zahlreicher wurden und höher steigen konnten als wir. Das machte die Piloten der Hurricanes und Spitfires immer mutiger und ihre Angriffe immer wirkungsvoller. Die deutschen Bomber tauchten schließlich nur noch bei geschlossener Wolkendecke über England auf. Das wurde uns so erklärt: London ist das Herz Englands, es ist nicht nur das Herz eines Landes, sondern auch das Herz der englischen Wirtschaft. Wenn dieses Herz aufhört zu schlagen, erliegt sowohl das Land als auch die Wirtschaft. England kann so zur Aufgabe gezwungen werden. Deshalb soll London dauernd im Luftschutzkeller gehalten werden. Bei schlechtem Wetter und bei Nacht erledigen das die Bomber, bei Tag erscheinen Jagdbomber – Me 109 mit untergeschnallter 250-kg-Bombe – alle 20 Minuten über London, London und nichts als London. Welcher Irrtum unserer Führung! Nie verkroch sich die gesamte Bevölkerung der 10-Millionen-Stadt in den Luftschutzkellern. Auf den Häusern standen die »house wardens«, und erst wenn die in ihre Pfeife bliesen, gingen die Anwohner in den nächsten Keller. Bis dahin lief alles ganz normal weiter. Da war die deutsche Spionage völlig auf dem Holzweg. Als Kriegsgefangener wurde ich durch ganz London zum Verhör in eine Villa im Hyde Park gefahren und konnte beobachten, was sich dort in Wirklichkeit abspielte.

Anfang Oktober 1940 sah meine Welt noch ganz anders aus. Nach 150 Feindflügen betrachtete ich mich langsam als Experten. Aber immer nur London – wo blieb da die Überraschung? Immer Gipfelhöhe für die Begleitjäger, alle 20 Minuten über London und dann immer die Kehrtkurve. Das sollte »Jagdfliegen« sein? Wahrscheinlich wurde es selbst unserem Staffelschreiber zu dumm, denn in den Flugbüchern sind nicht alle Feindflüge jener Zeit eingetragen. Ich erinnere mich aber deutlich, daß ich an einem Tag dieses Oktobers 14 Hühnereier und sieben Schokodosen »verdiente«, weil ich siebenmal über London war und jedesmal Jagdbomber begleitet hatte.

Jeder Einsatz über London dauerte etwa 55 Minuten. Der Flugplan sah etwa so aus: Start und Steigflug, etwa 45 Minuten, Kehrtkurve über London, dann mit steilem Propeller und viel Gas mit 700 Kilometern pro Stunde in zehn Minuten wieder nach Hause. Dabei hatte sich fast schon eingespielt, daß die englischen Jäger nur in der Kehrtkurve über London angriffen und auch nur dann, wenn sie auf gleicher Höhe oder in der Überhöhung waren. Flog man in der ersten »Welle«, wie wir es ausdrückten, konnte man fast sicher sein, daß man keinen Feind traf. In der zweiten Welle hing es davon ab, ob man es mit den neuen, in der Höhe stärkeren Rolls-Royce-Motoren oder mit den schwächeren zu tun hatte. Bei der dritten Welle konnte man davon ausgehen, daß die Engländer in der »berühmten« Kehrkurve über London von oben durchbrausen würden.

Mein Zeitplan an jenem Oktobertag sah folgendermaßen aus:

Start 07.00 Uhr	Landung 08.00 Uhr	Tanken, wenn nötig Waffen laden
Start 08.40 Uhr	Landung 09.40 Uhr	Tanken, wenn nötig Waffen laden
Start 10.20 Uhr	Landung 11.20 Uhr	Tanken, wenn nötig Waffen laden
Start 12.00 Uhr	Landung 13.00 Uhr	Tanken wenn nötig Waffen laden
Start 13.40 Uhr	Landung 14.40 Uhr	Tanken wenn nötig Waffen laden
Start 15.20 Uhr	Landung 16.20 Uhr	Tanken wenn nötig Waffen laden
Start 17.00 Uhr	Landung 18.00 Uhr	Tanken wenn nötig Waffen laden

Im Oktober endete diese Fliegerei bei schönem Wetter mit dem letzten Tageslicht. Man erkennt, wie schnell die schwarzen Männer waren: Zum Nachfüllen von Öl und Benzin, zum Überprüfen und Nachladen brauchten sie gerade 40 Minuten. Schnelligkeit war nötig, denn wir hatten ja nur noch ein paar Maschinen. Die Luftwaffenführung servierte uns den englischen Jägern ja gera-

Das Flugfeld in Coquelles, kurz nachdem die Jäger zu einer vorbereiteten Begleitung eines Bombergeschwaders aufgebrochen sind.

dezu auf dem Tablett. Sie konnten starten, Höhe gewinnen, uns beobachten, parallel fliegen und warten, bis wir unsere Kehrtkurve flogen. Genau in diesem Moment, wenn sich die Rotten nicht mehr gegenseitig schützen konnten, stürzten sie dann aus der Höhe, die sie mit dem neuen Motor gewinnen konnten, herunter und schossen die Katschmareks und die »lahmen Enten« am hinteren Ende ab. Dann konnten sie nach unten wegtauchen, auftanken, aufladen und auf die nächste Welle lauern, die in genau 20 Minuten kommen würde. So konnten sich die englischen Staffeln die Aufgaben teilen und bei gutem Wetter Welle um Welle gezielt angreifen.

Dieser Luftkrieg erinnerte an den Stellungskrieg des Ersten Weltkrieges. Sah man nicht, daß er zur Erschöpfung der eigenen Kräfte führen mußte? Wir verloren nach und nach unsere kampferprobten, erfahrenen Kameraden. Wir sollten eine Metropole in den Luftschutzkeller zwingen, die unsere wenigen und kleinen

Maschinen nur mit letzter Kraft erreichten! 60 Prozent unserer Flugzeit verbrachten wir über Feindesland. London lag für die Jäger bereits an der Grenze ihrer Reichweite, so daß sie jedesmal maximales Risiko zu tragen hatten. Da der junge Nachschub an Flugzeugführern dieser Aufgabe nicht gewachsen war und gar nicht eingesetzt werden konnte, dezimierte sich das Häuflein der Piloten zusehends. Diese Taktik war nicht durchzustehen. Meinem Vater, einem altgedienten Soldaten, wollte ich das wohl nicht eingestehen.

22. Oktober 1940
Lieber Vater!
... wir tun unsere Pflicht selbstverständlich weiterhin, wenn die Bedingungen auch manchmal durchs Wetter erschwert sind. Außerdem hat sich nun doch rausgestellt, daß die neue Spitfire schneller ist als wir. Aber dafür sind wir in der Überzahl und werden sie eben nun mit einer neuen Taktik bekämpfen müssen. Das wird sich sicher wieder ins richtige Geleise schieben, wenn man nur erst mal weiß, was der Gegner kann und was nicht. Wir sind schon im besten Zuge dazu.

Leider haben wir in letzter Zeit sehr viel schlechtes Wetter, und das ist für uns Jäger nichts. In 6 Tagen habe ich nur 1 Feindflug gemacht. Wollen wir hoffen, daß wir noch mal eine Schönwetterperiode kriegen, vielleicht schaffen wir es doch noch in diesem Jahr!
Mit herzlichen Grüßen an Dich und Mutter
Dein Uz.

27. Oktober 1940
Abschuß

Am frühen Morgen des 27. Oktober – einem Sonntag – wurde ich nur langsam wach. Es roch feucht, und draußen war es kalt und diesig, typisches Oktoberwetter. Langsamer als sonst schob ich meine Bettdecke zurück.

Während ich mich mit nacktem Oberkörper an der Waschschüssel mit dem Spiegel rasierte, wurde mir kalt. Schnell ein Wischen mit dem Waschlappen, und schon schlüpfte ich in Unter- und Oberhemd. Bevor ich in die Uniformhose stieg, probierte ich meine dickste lange Unterhose aus. Für diesen kalten Morgen erschien sie mir zu kalt, also behielt ich meine Schlafanzughose aus Flanell an.

Kühle im Nebenbett war schon wach, seine Wolldecke war aufgeschlagen. Daneben stand das leere Bett von Hinnerk. Ob ich wollte oder nicht, die Erinnerungen kamen zurück: Ich sah Hinnerk aussteigen, sah, wie sein Fallschirm sich öffnete. Als ich im Stehen eine Tasse Kaffee hinunterspülte, überfielen mich die Bilder seines Abschusses. Ich mußte mir einen Ruck geben, fühlte mich aber schon besser, als ich mit Karl Rüttger, Lothar Schieverhöfer und Kühle im offenen Kübelwagen zum Staffelliegeplatz fuhr.

Im September war ich 22 Jahre alt geworden. An diesem Morgen hatten wir Frühbereitschaft. Zunächst sah es nicht so aus, als ob an diesem Tag viel aus dem Fliegen würde. Der Nebel lag in dichten Schwaden über den Rüben- und Stoppelfeldern, die unseren Feldflugplatz darstellten. Dann aber klarte es auf, und bald konnte man sogar an einzelnen Stellen das Blau des Himmels durchscheinen sehen. Eben war mein Staffelkapitän, Oberleutnant Kühle, im Wagen vom Gefechtsstand zurückgekommen und brachte den Einsatzbefehl mit: »Begleitung von Jagdbombern nach London, Start um 9.05 Uhr, wir fliegen heute zweite Welle, unsere Gruppe fliegt mit acht Maschinen in der üblichen Form, wir sind als oberste Formation im Geschwader eingesetzt!«

Kurz vor dem Start kam ein Wart zu mir: »Zum Telefon!« Am anderen Ende meldete sich der Schlagerkomponist Ludwig Schmidseder, der uns am Tag zuvor mit seinen Künstlern in Calais viel Freude bereitet hatte. »Nein, Sie brauchen sich jetzt nicht durchs Telefon von mir zu verabschieden, Herr Schmidseder! In etwa 55 Minuten bin ich ja wieder zurück, dann komme ich bei Ihnen vorbei«, rief ich in den Hörer.

Nun mußte ich mich beeilen, aber das war ja nichts Ungewöhnliches. Im Nu war ich angeschnallt und wartete darauf, daß der Chef seinen Motor anließ. Leider saß ich an diesem Tag nicht in meiner neuen gelben »4« mit neuer Luftschraubenautomatik, die ich schon seit zwei Wochen flog, da sie in die erste Motorüberholung mußte. Ich saß wieder in der guten alten »2“, mit der ich es bereits auf fünf Striche (Abschüssen) am Leitwerk gebracht hatte.

Mein Erster Wart Erwin Frey freute sich, daß die nun schon fast vergessene alte Liebe wieder einmal aus dem Stall kam. »Vielleicht haben Sie wieder mal Glück, Herr Oberleutnant, mit der Neuen scheint es ja nicht zu klappen«, wünschte er mir, bevor er die Klappe schloß. »Glück hat man bei dieser verdammten Taktik, wenn man wieder zurückkommt«, dachte ich verbittert. Auf Abschüsse konnte man gar nicht mehr hoffen. Wenn die Bomben abgeworfen waren, waren wir alle froh – nicht nur die Bombenträger. Eine 250-kg-Bombe war für die Me 109 eine erhebliche fliegerische Behinderung. Nach dem Wurf hieß es dann, so schnell wie möglich nach Hause.

Wenig später versammelte sich unser Verband über dem Kanal. Ich befand mich mit meinem Rottenhund, Feldwebel Schieverhöfer, ganz oben rechts in dem Pulk, dessen Kern die Jagdbomber bildeten. Sie flogen in verhältnismäßig enger Formation in der Mitte der klug angeordneten Gruppe. Wir paßten gut auf, aber es war kein Feind auszumachen. Daß man nichts Verdächtiges gewahrte und im Funk Ruhe herrschte, war am aufreibendsten. Jeder drehte und verrenkte den Hals nach allen Seiten, vor allem nach rückwärts.

Der Wetterbericht stimmte: über England eine fast geschlossene Wolkendecke, über London aufgerissen. Wir waren 10 000 Meter hoch und konnten vor uns schon das Loch in der weißen flaumigen Decke unter uns erkennen. Da, endlich: »Meldung von Rabe: in 11, hoch, Kondensstreifen. Gleiche Flugrichtung!« Jawohl, da waren sie, links über uns! Es lief wie üblich ab: Unsere erste Welle hatte unbelästigt ihre Bomben geworfen. Bis wir kamen, hatten die englischen Jäger genügend Zeit, Höhe zu gewinnen. In 1000 Metern über uns konnten sie dann warten, bis wir in die Kurve gingen. In dieser Kehrtkurve waren wir verletzlich, das war der Augenblick für die Spitfires. Vorläufig hieß es, sie im Auge zu behalten.

Von meiner Position aus hatte ich sie gut im Blickfeld. Schön und geradezu friedlich sahen diese weißen, schnurgeraden Silberstreifen aus. Zuerst verliefen sie ganz exakt parallel, dann quollen sie auf und lösten sich schließlich in feinen Rauch auf. Aber dann hatte ich mich mit meiner Luftschraubenverstellung zu beschäftigen. Beim Fliegen in dieser Höhe leistete der Motor wenig, gerade genug, wenn man die Drehzahl nicht ständig veränderte. Durch flache Anstellung der Luftschraube brachte man den Motor auf Touren, dann ging man wieder zurück auf steile Stellung und holte so die Kraftreserve, die der Motor aus erhöhter Laderdrehung und damit besserer Luftverdichtung erhielt, wieder heraus, indem man damit Fahrt aufholte. So mußte man unentwegt mit der Schraubenverstellung hin und herspielen, um auf gleicher Fahrt wie der Verbandsführer zu bleiben, der selbst nicht kurven durfte, wie der Deckungsflieger darüber es mußte.

Bei mir machte sich leider die lange Standzeit der Maschine bemerkbar. Das Fett im Luftschraubengetriebe wurde langsam aber sicher steif. Beim Parken in herbstlicher Witterung hatte sich Kondenswasser gebildet, die Zahnräder im Verstellgetriebe drehten sich langsamer und langsamer. Das Fett drohte infolge der niedrigen Temperaturen in dieser Höhe zu erstarren. Bald würde ich meine Verstellung überhaupt nicht mehr betätigen können. »Umdrehen?« Wie oft hatte ich gehört, daß sich Flugzeugführer wegen Bagatellschäden abgemeldet hatten. Freilich lautete die Anweisung: »Bei Maschinenschaden sofort Auftrag abbrechen.« Aber war es jetzt nicht besser, bei den anderen zu bleiben, wo doch gleich die Kurve kommen mußte?

Ich entschloß mich zu bleiben und meine Luftschraube so einfrieren zu lassen, daß ich mit Vollgas Übertouren herausholen konnte. Damit war immerhin eine gewisse Kraftreserve vorhanden. Mein Motor hatte schon so oft Übertouren aushalten müssen und würde mich auch dieses Mal nicht im Stich lassen. Die Vorstädte der englischen Hauptstadt lagen bereits unter uns. Langsam mußte ich wissen, ob wir in einer Rechts- oder Linkskurve abschwenken sollten, denn angesichts der feindlichen Jäger hieß es jetzt, in eine gute Position zu gehen. Mein Rottenhund und ich flogen am höchsten im Verband und mußten damit rechnen, daß der erste Angriff uns galt. Da kam schon die Frage des Chefs: »Rechts- oder Linkskurve?« Der Führer des Bomberverbands gab durch: »Nach Bombenwurf Rechtskurve!« Das war für uns goldrichtig! Wir flogen damit in der Innenseite der Kurve und würden nach dem Wendemanöver nicht die letzten Hasen sein, die die »Jäger« zur Strecke brachten.

Schließlich war es so weit! Die 109 mit den Bomben drückten leicht an, zielten, und das Kommando »Bomben weg!« kam. Wir drückten leicht mit an, und jetzt ging der Zauber los! Im Funk war das Durcheinander so groß, daß man lange Zeit nur noch Pfeifen hörte. Einer rief: »Meine Bombe hängt noch dran, langsamer machen!« Eine ärgerliche Stimme antwortete: »Ziehen Sie doch den Notzug!« Wieder Pfeifen! Und dann wurde unter uns eine Linkskurve eingeleitet! Scheußlich! Ich saß ziemlich weit rechts abgesetzt. Mein Rottenhund, der auch beim Funk aufgepaßt hatte, flog auf meiner rechten Seite. Und nun eine Linkskurve! Ich nahm sofort Gas zurück, sonst wäre Schieverhöfer überhaupt nicht mehr mitgekommen. Im Kopfhörer rief jemand ganz aufgeregt: »Aufpassen! Aufpassen! Sie kommen! Sie kommen! Aus der Sonne!«

In die grelle Sonne mußte ich genau hineinschauen – und dort flog Schieverhöfer, mein Feldwebel! Der hatte die Lage erkannt und blieb schön beweglich, raste unter mir durch und kam auf der anderen Seite wieder hoch. Jetzt konnte auch ich herumreißen. Ich schob die Stange wieder voll nach vorn, der Motor brauste ohne Verstellung auf, machte seine 2800 Touren – etwa 400 zu viel, aber mich zog es dabei ganz schön nach vorn. Gewöhnlich hing man mit den etwa 230 Kilometern pro Stunde in dieser Höhe wie eine »Pflaume« am Himmel. Bis zu 5000 Metern

Höhe ging die Me 109 gute 450 Kilometer pro Stunde im Geradeausflug, aber dann wurde es immer weniger. Genau mit diesem Tempo kamen die Engländer in der Kehrtkurve aus ihrer Überhöhung lässig von oben – das war eben der Vorteil der größeren Höhe!

Schon zeigte die Schnauze wieder Richtung Heimat. Lothar und ich waren auf gleicher Höhe geblieben. Das war wichtig, falls man sich gegenseitig hinter den Schwanz schießen mußte. Wir lagen aber ziemlich weit hinter dem Verband zurück. Wir setzten zum Aufholen an, da brach es los: »Aus der Sonne! – Aus der Sonne!« Hoch über Schieverhöfer kamen vier bis fünf Maschinen angestürzt. Sie hatten großen Fahrtüberschuß. »Lothar, aufpassen!« rief ich und kurvte auf ihn zu. Aber anstatt wegzudrücken, kam er auf mich zu und schoß hinter mein Leitwerk. Ich riskierte einen Blick nach hinten – und schon stand meine Maschine auf dem Kopf! Hinter mir gewahrte ich eine gebogene Leiter, die in die Sonne führte und aus Spitfires bestand. Die vordersten schossen aus den acht kleinen Löchern in den Flügelvorderkanten. Das genügte! Lothar mußte nun selber sehen, daß er nach unten abdrehte. Mit Schrecken registrierte ich, daß mein Motor irrsinnige Drehzahlen raste. Das Gas war weg, aber 3300 Touren blieben drauf – jetzt wirkte sich die eingefrorene Luftschraubenverstellung voll aus.

»Plaff!« Auf der linken Seite gab es eine kleine Explosion. Gleichzeitig verspürte ich einen Ruck am Steuerknüppel. Das konnte nur der Turbolader sein. Vermutlich war er infolge der Überdrehung geplatzt, irgendein Teil war wohl abgefallen und hatte noch die Verwindungsklappen oder das Leitwerk gestreift. Die Maschine blieb voll beweglich, aber ich traute dem Frieden nicht. Wenn der Lader geplatzt war, mußte ich sowieso möglichst nahe am Boden fliegen, um noch eine einigermaßen ausreichende Motorleistung zu haben. Also raste ich mit 700 Kilometern pro Stunde und mit hoher Überdrehzahl in harten Schlangenlinien den Wolken zu, die mich in etwa 2000 Metern Höhe aufnahmen. Mein Blick war dabei beständig nach hinten gerichtet. Sie hatten mich offensichtlich verloren. Niemand verfolgte mich.

Als ich in dem Milchbrei verschwunden war, ließ ich den Knüppel wieder etwas nach hinten – und sofort schoß ich wieder nach oben ins Freie. Ich war kurz geblendet von dieser neuerlichen Helligkeit, doch es war gut, die Sonne zu sehen, denn mein Kompaß routierte infolge der dauernden Schaukelei. Da die Sonne ungefähr rechts vor mir stand, stimmten Kurs und Richtung. Also tauchte ich wieder in die schöne, sichere Milch ein. Erst einmal sehen, was mit der Maschine los ist. Doch kaum tauchte ich in die Wolken ein, da fiel ich auch schon wieder unten heraus. Unter mir gewahrte ich Teile der Themsemündung – sehr weit war ich also trotz meiner irrsinnigen Fahrt nicht gekommen.

Und plötzlich sah ich unter mir die Hurricanes, unzählige Hurricanes, die ganz friedlich in dieselbe Richtung flogen wie ich. Da hieß es aber schnell sein, denn die hatten mich noch nicht gesehen! Ich schaltete mein Reflexvisier ein und versuchte mit meiner Maschine zu zielen, doch das ging nicht: Beim Durchfliegen der Wolkenschicht hatte sich Eis auf meiner Vorderscheibe gebildet, so daß ich alles verzerrt sah.

Ich zog den Handschuh aus, um das eiserne Notvisier herunterzuklappen, gleichzeitig nahm ich die Sauerstoffmaske ab, um besser sehen zu können. In dieser Höhe brauchte ich sie nicht mehr. Doch nun durchzuckte mich ein gewaltiger Schreck: Es roch wie in einer Lokomotive! Die Kühlertemperatur zeigte 130 Grad, das bedeutete Kühlertreffer! Damit waren meine Abschußaussichten dahin. Ich mußte froh sein, wenn die Hurricanes mich nicht sahen und in Ruhe ließen. Zögernd schob ich den instinktiv zurückgenommenen Gashebel wieder nach vorne und stieg sachte der erstbesten Wolke zu, wobei ich die Quecksilberkugel und den Wendezeiger beobachtete – noch lag die Öltemperatur innerhalb der roten Grenzen! Ich meldete mich bei der Bodenstation in Coquelles: »Von Eule 2a: Habe Kühlerschuß! Versuche Kanal zu erreichen. Nehme Kurs von Themsemündung Richtung Manston! Bitte um Bestätigung!« Keine Antwort.

Langsam stieg ich mit möglichst wenig Gas wieder auf 2000 Meter, flog immer noch mit wenig Fahrt in den Wolken, also: »Gerade legen und dann wieder Köpfchen nach unten. Gute Seele, halte schön brav durch! Sieh, ich will dich schonen, schalte jetzt sogar die Zündung aus, damit dir dein Eingeweide nicht verbrennt!« Im Gleitflug ging es nach unten. Es war nicht einfach, meinen Vogel blindzufliegen, aber ich strengte mich an wie nie zuvor, den Zeiger still zu halten und auf Kurs zu bleiben. Und es gelang! In 1200 Metern hatte ich Erdsicht, doch ich glitt weiter abwärts. Die Zündung ließ ich ausgeschaltet, das Öl sollte Zeit haben, sich abzukühlen. Jetzt, da ich Erdsicht hatte, brauchte ich mich nicht mehr so sehr auf die Instrumente zu konzentrieren und rief wieder: »Von Eule 2a: Habe Kühlerschuß, muß voraussichtlich im Kanal notlanden!

Da meldete sich die Bodenstelle: »Habe verstanden, Seenotdienst wird benachrichtigt! Ins Wasser gehen nur dann, wenn unbedingt notwendig! Denken Sie an Geller!« Das war der gute Hauptmann Förster auf dem Gefechtsstand in Coquelles. Er zeigte sich um mich besorgt und wollte mich vor dem Schicksal Gellers bewahren, der ertrunken war.

Meinen Chef, Oberleutnant Kühle, erkannte ich sofort an der Stimme: »Von Eule! Habe verstanden! Suche sofort Kanal ab, Rest der Gruppe fliegt nach Hause und kommt nach Tanken wieder, um abzulösen.« Das klappte ja wie am Schnürchen! Wenn die mich gefunden hatten, konnten sie Standortmeldungen für das Seenotflugzeug abgeben.

Inzwischen war ich bis auf 500 Meter Höhe im Gleitflug nach unten gekommen. Leichte englische Flak in der Nähe einer kleineren Stadt fing an, mich zu beschießen. Also wieder Zündung eingeschaltet! Der Propeller drehte sich, angetrieben von der Luftströmung, mit, und der Motor nahm an. Wieder gewann ich schön sachte an Höhe. Die Öltemperatur hielt sich innerhalb der Grenzwerte. Die Steigzeit bis zum Eintritt in die Wolken nutzte ich zu einer neuen Durchgabe meines Standortes und fügte hinzu, daß ich ab Manston über Wasser einen Kurs von 100 Grad fliegen würde. So müßten sie mich eigentlich im Wasser finden. Vorerst lief der Motor noch schön rund und gleichmäßig, allerdings stieg die Öltemperatur. Kaum war ich in die Wolken eingetaucht, war sie schon bei über 100 Grad angelangt. Also: Zündung wieder herausnehmen und in den Gleitflug gehen.

Inzwischen hörte ich Kühle mit der Bodenstelle sprechen. Diese gab ihm durch, daß der Seenotdienst benachrichtigt sei. Alles in allem konnte die Verbindung nicht besser sein. Ich sah bereits die englische Südküste und gab meine Position durch, kam dabei aber auf 250 Meter herunter. Also schleunigst wieder Zündung einschalten und Gas geben! Der Motor nahm an, aber nicht lange! Ich merkte nach wenigen Umdrehungen, daß er hart lief, also Gas zurück! Mit der geringen Leistung konnte ich aber kaum noch Höhe halten. Auch das Gaswegnehmen half nichts. Der Motor würgte geradezu metallisch hart. Vielleicht sollte ich es mit Vollgas probieren? Vielleicht riß er nochmals durch? Ich schob die Stange voll hinein. Das wirkte auf besondere Weise – der Motor blieb knirschend stehen! Er hatte sich festgefressen! Der Propeller drehte sich nicht mehr; es war ganz still um mich. Draußen rauschte nur noch die Luft mit etwa 220 Kilometern pro Stunde vorbei.

In solcher Stille war ich nie in einer 109 geflogen! Aussteigen! Keine Notlandung! Ich werde meine Maschine zerstören! Aber vorher noch eine Meldung: »Von Eule 2a: Motor steht! Ich steige aus!«

Ich riß die Funkhaube ab. Diesmal war es viel gemeiner, dieses Aussteigen, als damals auf dem Übungsflug, als ich gerammt worden war. Damals waren alle Steuerungen zerstört, der Motor raste auf Vollgas, und ich durfte keine Sekunde verlieren. Diesmal lief alles so langsam und friedlich ab – und doch so folgenschwer!

Wenn ich schon aussteigen mußte, dann mit Überlegung! Galt der Entschluß? Jawohl, er galt! Die Maschine sollte dem Feind nicht in die Hände fallen. Beim Absturz würde sie zerstört werden! »Arme ›2‹, jetzt ist es aus mit dir. Eigentlich hast du das nicht verdient«, dachte ich.

Zuerst die Kabine weg! Ich zog am Abwurfhebel für die Kabine, riß und zerrte. Die Plombe ging ab, aber der Griff ließ sich keinen Millimeter weiter rückwärts bewegen. Verdammt, schon war ich wieder auf 250 Meter, Fahrt nur noch 200 Kilometer pro Stunde! Jetzt wurde es eng! Es gab nur noch eins: Kabinendeckel auf! Sofort wurde der Deckel vom Luftdruck weggerissen. Polternd flog das Plexiglasgehäuse nach hinten. Losschnallen! Ich stützte mich ab und wurde mit dem Fallschirm unterm Hintern vom Fahrtwind so stark an die hinter mir aufragende Kabine gedrückt, daß ich mit den Beinen unter der vorderen Kanzel Halt suchen mußte, um nicht rückwärts Hals über Kopf abgerollt zu werden. Das konnte ich mir einfach nicht leisten, denn da stand ja noch der kurze, stabile Antennenmast samt Draht. Noch einmal versuchte ich mit den Fingerspitzen an den Knüppel zu gelangen, um der Maschine Fahrt wegzunehmen. Aber ich erreichte ihn nicht mehr. Mein guter Vogel ging jetzt auch noch von selbst in eine Rechtskurve, die schon bedenklich Richtung Boden geneigt war.

Es ging nicht mehr mit Überlegung! Ohne Rücksicht darauf, ob es die Fallschirmpackung in Fetzen reißen würde, wälzte ich mich nach rechts, zog meine Beine an und sprang ab. Auch bei einer Geschwindigkeit von nur 200 Kilometern pro Stunde ist man ein ziemlich hilfloses Etwas in der Luft. Wie ein Stück Lumpen wurde ich da am Rumpf der Maschine entlanggezwirbelt. Kopf einziehen, vorbei an der Antenne und dem Leitwerk! Das ging schnell, aber gut.

Nun war es mir erst einmal gleichgültig, wie viele Saltos ich schlug und in welche Richtung sie drehten. Ich suchte den Griff, mit dem man den Fallschirm auslöst – und zog. Diese verdammten Sekunden! Schon fürchtete ich, der Schirm würde nicht aufgehen, wollte mit den Händen rückwärts nachhelfen, da kam der kleine bauschige Öffnungsschirm zwischen meinen Beinen durch! Er hatte mit viel Geschick einige Schlingen um mein linkes Bein gelegt, und als der Entfaltungsruck kam, meinte ich, mir würde das Bein ausgerissen. Zwar gab ich den auftretenden Bewegungsanforderungen so weit wie möglich nach, aber es war einfach zu viel verlangt. So führte ich eine Figur aus, wie man sie sicher auch im Zirkus nicht zu sehen bekommt: Zuerst hörte das Saltoschlagen ruckartig auf, dann hing ich mit dem Kopf nach unten und drehte mich, wobei mein linkes Bein die Achse bildete, dann tat es noch einen Schnapper, und ich gelangte mit dem Kopf nach oben. Zu meiner größten Verwunderung war das linke Bein noch dran, und es ließ sich auch noch bewegen, schmerzte allerdings so stark, daß ich diese Bewegungen sofort einstellte.

Ich sah noch, wie meine brave »2« – Propeller und Motor voraus – mitten in einer Herde von Kühen den Boden traf und sich selbst den Ehrensalut schoß. Auch ich kam jetzt in Bodennähe. Im Endpunkt einer Pendelbewegung gelang es mir, so aufspringen, daß ich den gesamten Schwung mit dem rechten Bein auffangen konnte. Der Boden war sumpfig und weich. Die Landung klappte für ein verletztes Bein glänzend. Den Knopf am Seefallschirm, der

23.	**3/JG 52**	**CM**	**Missing from combat sortie over Kent; fate not known.**
24.	**3/JG 52**	**CM**	**Missing from combat sortie over Kent; fate not known.**

Ausschnitt aus der Verlustliste vom 27. Oktober 1940 (entnommen aus dem bereits erwähnten Buch »Battle over Britain« von Francis K. Mason)

verhindern sollte, daß man bei der Landung im Wasser zugedeckt wurde, hatte ich rechtzeitig entsichert. Ein Druck, und die Gurte fielen ab. Dieser Schirm war eine feine Sache! Kraftlos fielen die Seidenbahnen keine fünf Meter vor mir ins Gras.

Meine Maschine konnte ich nicht mehr sehen, denn ich war dicht neben einem Damm heruntergekommen, der neben einem kleinen Kanal verlief und mir die Sicht versperrte. Ich sah aber Rauch aufsteigen und hörte die Explosionen, die wahrscheinlich von der Munition der 2-cm-Kanonen stammte.

Ich stand auf englischem Boden! Der Himmel über mir war grau, und es nieselte leicht. Ich konnte gar nicht glauben, daß ich noch vor wenigen Minuten dort oben in der herrlichsten Sonne geschwommen war. Aus. jetzt würde ich für einige Zeit der Möglichkeit beraubt sein, über mein Schicksal selbst zu bestimmen. Ein Gefühl der Ohnmacht beschlich mich, das mich fast zum Weinen brachte. Über mir hörte ich das Brummen und Heulen der Motoren meiner heimkehrenden Kameraden, mit denen ich eben noch gesprochen hatte und von denen ich jetzt hoffnungslos abgeschnitten war.

Ich rappelte mich auf und versuchte einige Male mit dem linken Bein aufzutreten. Es ging nicht! Jede Bewegung verursachte Schmerzen wie Nadelstiche über die ganze Länge des Beins. Der Kern des Übels steckte im Knie. Langsam legte ich meine Sonderausrüstung ab: Schlauchboot mit Farbbeutel, den ich lieber im Wasser aufgerissen hätte, Leuchtpistole – da fiel ein Schuß! Ich sah mich um. Sollte das wirklich mir gegolten haben? Die Gegend wirkte doch so friedlich mit dem Sträßchen, das im weiten Bogen zu der Brücke über den Kanal führte. Instinktiv kam mir meine Infanterieausbildung in Erinnerung, und ich ging Deckung suchend auf den Bauch. Nun konnte ich die Brücke zwar nicht mehr sehen, aber von dort aus auch nicht mehr beschossen werden.

Messerschmitt Bf 109 E-4 (2798: yellow 2)	100%	Oblt. Ulrich Steinhilper missing.
Messerschmitt Bf 109 E-4 (3525: yellow 4)	100%	Fw. Lothar Schieverhöfer missing.

Neben der Brücke hatte sich ein Zivilist mit Armbinde postiert. Mit dem Gewehr im Anschlag zielte er auf mich. Welche Gefahr stellte ich armes Würstchen denn noch dar? Außer der Leuchtpistole hatte ich nichts bei mir. Die Offizierspistole war uns ja verboten worden, als sich vor Wochen Flugzeugführer im kalten Seewasser erschossen hatten. Ich mußte verhindern, daß dieser Mann mit der Armbinde zum Schuß kam. Er würde schon selbst bemerken, daß ich mich nicht einmal bewegen konnte. Mit nachschleifenden Beinen robbte ich an den Damm und kam mit Mühe an den oberen Rand. Da sah ich, wie der Mann auf der anderen Seite des Kanals ebenfalls hinter dem Damm heranrkroch. Sein Gewehrlauf wurde ab und zu sichtbar. Solange das Gewehr gen Himmel zeigte, konnte die Sache nicht gefährlich werden. Als wir uns direkt gegenüberlagen, lugten wir beide über die Böschung. Es war fast zum Lachen: Wir waren kaum fünf Meter auseinander. Er rief: »Get up!« Für mich war das die Gelegenheit, mein Schulenglisch anzuwenden. »I can't, my leg is damaged.«

Auf die Wirkung war ich gespannt: Tatsächlich, meine Lehrer hatten mich nicht betrogen, es war Englisch, was man uns beigebracht hatte! Mein Gegenüber hatte verstanden und überwand sein Mißtrauen. Er stand auf, und auch ich versuchte hochzukommen. Dabei ließ ich die Gewehrmündung nicht aus den Augen. Sobald sie in die Horizontale käme, würde ich sofort den Kopf wieder einziehen, noch hatte ich die Möglichkeit. Ich rief hinüber: »I cannot walk, you must come and help me!«

Der Mann senkte das Gewehr. Ich wälzte mich auf den Damm hinauf, kam sogar kurzzeitig auf dem rechten Bein zum Stand, aber der Schmerz im linken fällte mich gleich wieder und ließ mich auf den Hintern plumpsen. Er werde über die Brücke zu mir kommen, rief der Mann mir zu, ich solle sitzen bleiben.

Da saß ich nun. Wann würden meine Eltern davon erfahren, daß alles glattgegangen war? Und die Kameraden?

Lebenszeichen

Obtln. Kühle, L 07141, Lg.P.A. Brüssel
Ende Oktober 1940
Sehr geehrter Herr Steinhilper!
Als stellvertretender Gruppenkommandeur teile ich Ihnen mit, daß Ihr Sohn Ulrich Steinhilper am 27. 10. von einem Feindflug gegen England nicht zurückkehrte.

Es besteht aber die berechtigte Hoffnung, daß er sich heil in englischer Gefangenschaft befindet, da ich mit ihm kurz vor seiner Notlandung in Funkverbindung stand.

Der augenblickliche Verlust ist für die Gruppe unersetzlich.

Als Staffelkapitän habe ich zusammen mit Ihrem Sohn zahlreiche Luftkämpfe ausgefochten. Ich schätzte seine Fähigkeiten als Offizier und Jagdflieger über alles. Ganz abgesehen davon, daß er mir als Mensch mit seiner unbekümmerten Frische nahe stand.

Wir alle hoffen mit Ihnen, daß möglichst bald aus englischer Gefangenschaft Benachrichtigung eintrifft.
Ich grüße Ihre Frau Gemahlin und bin.
Heil Hitler!
Helmut Kühle.

Der Flug am 27. Oktober 1940 war der letzte Feindflug in der »Battle of Britain« für die I. Gruppe des Jagdgeschwaders 52. Seit dem 12. Oktober, als mein Rottenhund Siggi Voss abgeschossen worden war, die Gruppe Oberleutnant Büsgen aus der 1. Staffel sowie Oberleutnant Sauer von der 2. Staffel verloren hatte und Oberfeldwebel Große, der in unserer 3. Staffel flog, wegen der »Kanalkrankheit« häufig ausfiel, war die Gruppe gewaltig geschrumpft. Nur noch acht Flugzeugführer blieben von den stol-

Feldpost.

Herrn

Wilhelm Steinhilper

Heutingsheim

b.Stuttgart

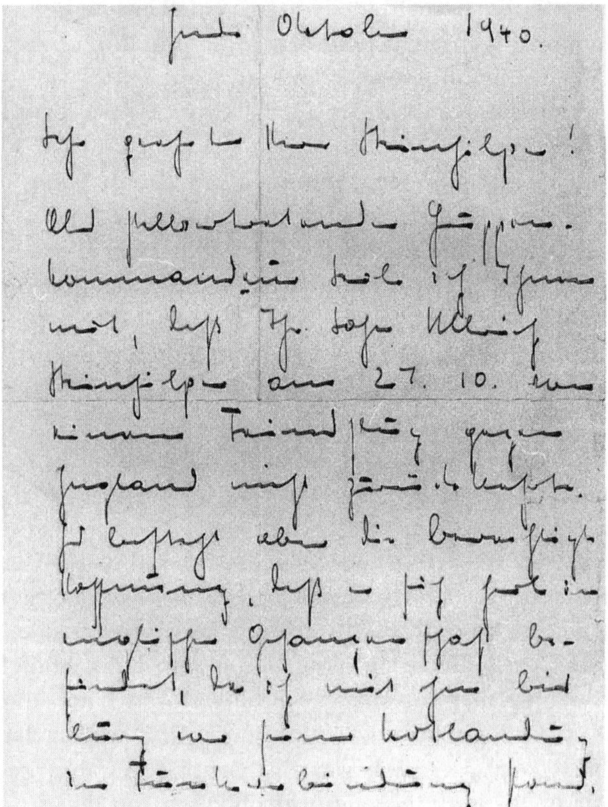

[illegible] Oktober 1940.

Sehr geehrter Herr Steinhilper!

Als stellvertretender Gruppenkommandeur teile ich Ihnen mit, daß Ihr Sohn Ulrich Steinhilper am 27. 10. von einem Feindflug gegen England nicht zurückkehrte. Ich besitze aber die berechtigte Hoffnung, daß er sich jetzt in englischer Gefangenschaft befindet, da ich mit ihm bis kurz vor seinem Notlanden in Funkverbindung stand.

Brief von Oberleutnant Kühle an meine Eltern mit der Nachricht, daß ich über England vermißt sei.

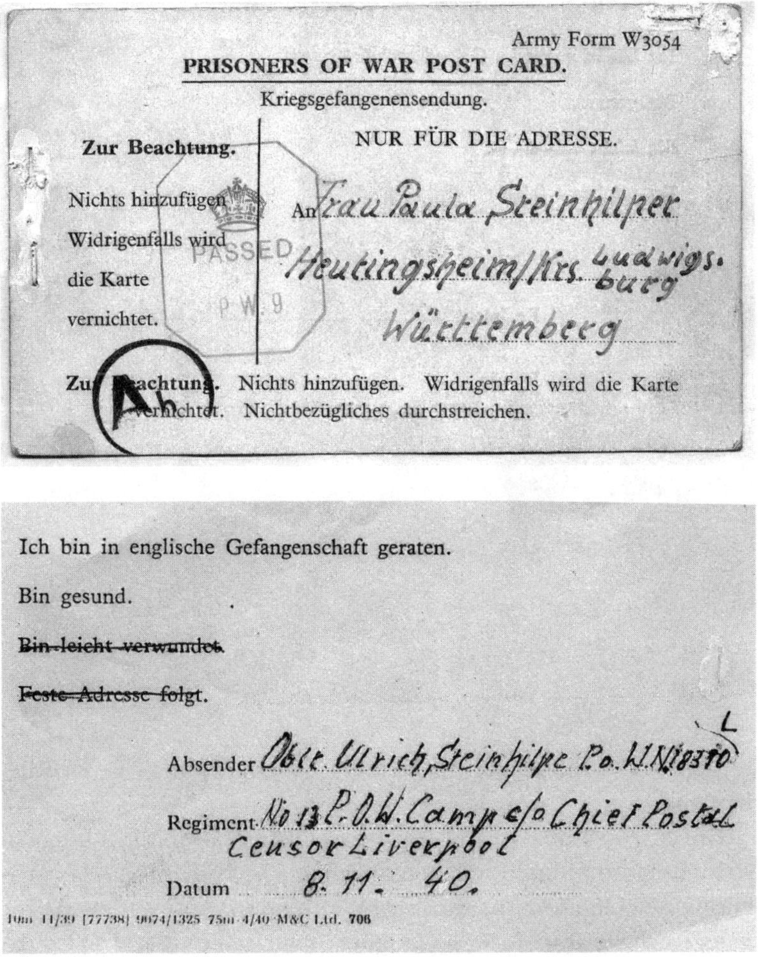

Army Form W3054

PRISONERS OF WAR POST CARD.

Kriegsgefangenensendung.

Zur Beachtung.

Nichts hinzufügen. Widrigenfalls wird die Karte vernichtet.

NUR FÜR DIE ADRESSE.

An Frau Paula Steinhilper
Heutingsheim/Krs. Ludwigsburg
Württemberg

PASSED P.W. 9

Zur Beachtung. Nichts hinzufügen. Widrigenfalls wird die Karte vernichtet. Nichtbezügliches durchstreichen.

Ich bin in englische Gefangenschaft geraten.

Bin gesund.

~~Bin leicht verwundet.~~

~~Feste Adresse folgt.~~

Absender Oblt. Ulrich Steinhilper P.o.W. No 83310

Regiment No 13 P.O.W. Camp c/o Chief Postal Censor Liverpool

Datum 8. 11. 40.

10m 11/39 [77738] 9074/1325 75m 4/40 M&C Ltd. 706

Am 27. Oktober 1940 wurde ich abgeschossen, am 8. November durfte ich diese Nachricht an meine Eltern senden, die erst im Februar 1941 bei ihnen eintraf.

zen 36 übrig, mit denen unsere Gruppe die »Battle of Britain« begonnen hatte. Am 27. Oktober wurde auch Lothar Schieverhöfer abgeschossen, außerdem verlor die Gruppe den Gefreiten Bott, einen Nachwuchspiloten, der in der 2. Staffel geflogen war. Nach diesem Einsatz wurde sie vom Kanal über Antwerpen nach Krefeld

Dieses Bild stand, mit einem Trauerflor versehen, im Wohnzimmer meiner Eltern, solange ich als vermißt galt. Ich habe es dem »Battle of Britain«-Museum in Hawkinge vermacht. Es wird dort neben den Trümmern meiner ausgegrabenen Me 109 E 4 gezeigt.

verlegt und begann dann mit der »Neuaufstellung« in Katwijk, Holland.

Am 8. November wurde mir erstmals gestattet, eine Benachrichtigung an meine Eltern auszufüllen. Die Nachricht – laut Urkunde des Oberkommandos der Wehrmacht, Auskunftsstelle für Kriegsverluste und Kriegsgefangene, vom 5. Februar 1941 – erreichte meine Eltern nach dreieinhalb Monaten. Während dieser Zeit hing mein Porträtfoto in weißer Sommeruniform schwarzgerahmt im Wohnzimmer.

Die RAF hat in der »Luftschlacht über England« Rückgrat und Siegeswillen der deutschen Luftwaffe schwer getroffen. Die Verluste an Flugzeugen, an Bombern und Jagdflugzeugen, konnten ersetzt, sogar durch bessere Flugzeuge mehr als ausgeglichen werden, aber die Erfahrung der Männer, die bis dahin die Kader der fliegenden Luftwaffe gebildet hatten, ging unwiederbringlich über England verloren.

Nachwort

Am 27. Oktober 1940 traf eines der MG-Projektile aus der Supermarine Spitfire des englischen Piloten Bill Skinner verhängnisvoll den Kühler meiner Messerschmitt Me 109 am Himmel über Südengland. Meine lahmgeschossene Me bohrte sich daraufhin im Sturzflug mehr als sieben Meter tief in den sumpfigen Boden nahe Canterbury. Dort blieb sie vierzig Jahre. Ich kam für mehr als sechs Jahre in englische Kriegsgefangenschaft nach Kanada, damals noch Teil des British Empire. Dort hielt es mich nicht hinter Stacheldraht – fünfmal gelang es mir auszubrechen. Ich war dann meist mehrere Tage und Nächte auf der Flucht im feindlichen Land, bevor man mich wieder aufspürte und erneut festnahm.

Es war später Nachmittag, schon fast Abend, als am 27. Oktober 1940 ein kalter Nieselwind über die sumpfigen Felder südlich von Canterbury fegte. Nur wenige Neugierige versammelten sich bei diesem schlechten Wetter um das schwarze Loch mitten im Sumpfgras. In diesem dunklen Loch war die gelbe »2« verschwunden.

Ringsherum lagen größere Trümmer an der Oberfläche verstreut: Die Flächen, Teile des Leitwerks, aber auch die bunt gestreute Munition aus den 2-cm-Kanonen. Kleinere und größere Jungs steckten heimlich »Souvenirs« vom »Jerry Plane«, des deutschen Jagdflugzeugs, in ihre Taschen. Schon am nächsten Tag füllten man das schwarze Loch mit Erde.

Im Jahre 1980 wurde die mehr als fünfjährige Suche eines Teams des »Battle of Britain«-Museums von Kent belohnt. Der »Frieden« der vergangenen vierzig Jahre war vorüber! Die Ausgrabung begann am 26. Oktober 1980, also ziemlich genau vierzig Jahre nach dem Absturz. Je mehr dicker Lehm zur Seite geräumt wurde, um so mehr Teile kamen zum Vorschein: Ein langer Teil des Rumpfes wurde ausgegraben, sogar die Klappe für

Motor meiner gelben »2«, einer Messerschmitt Me 109 E 4, Baunummer 2798, zu besichtigen im »Battle of Britain«-Museum in Hawkinge.

das Funkgerät kam zum Vorschein. Die Beschädigungen erschienen gering. Mike Llewelly, der Direktor des Museums, hoffte, zum ersten Mal einen Rumpf komplett bergen zu können.

Das gelang nicht, doch die Maschine ist so weit wie möglich wieder zusammengesetzt worden und stellt das vollständigste Exemplar einer in England ausgegrabenen Me 109 dar. Die Instrumente sind eingefügt. Für Kenner ist in einem Kühler der entscheidende Treffer auszumachen. Aufmontiert sind auch die beiden Maschinengewehre, die ursprünglich über dem Motor angebracht waren, durch den Propeller schossen, aber erst beim Aufprall um 45 Grad verbogen wurden. Die gesamte gegurtete Munition, je 1000 Schuß pro MG, blieb beim Aufprall unversehrt – und scharf. Erst im Museum wurde sie vom Pulver befreit!

Nachtrag

Hauptmann Graf von Pfeil und Klein Ellguth
(später Oberstleutnant)

Von Gräfin von Pfeil erfuhr ich nach meiner Heimkehr, daß ihr Mann erst zwei Jahre nach seinem Abschuß an der Westfront als aktiver Offizier wieder Verwendung fand. Obwohl die besten Gesichtschirurgen ihn mehrfach operierten, blieb das Gesicht entstellt. Es gelang nicht, seine verbrannten Augenlider zu ersetzen, und so konnte er von jenem Tage an seine Augen nicht mehr schließen. Er hat bezüglich weiterer dienstlicher Verwendung um Hilfe bei Adolf Galland nachgesucht. Laut Gräfin von Pfeil endete dieser Versuch erfolglos. Schließlich fand er als Stabsoffizier in Frankreich eine neue Aufgabe. Zu Beginn der alliierten Invasion geriet von Pfeil – nach Aussage seiner Frau – während einer Autofahrt in einen Hinterhalt. Er wurde von den Partisanen so schwer verwundet, daß er in einem Lazarett starb.

Gräfin von Pfeil war lange auf sich allein gestellt, brachte aber mit viel Tapferkeit – ursprünglich ohne eigenes Einkommen – alle drei Kinder gut durch die Schulen. Als ich sie besuchte, berichtete sie, was ihr Mann von seinem Abschuß erzählt hatte: Er wollte Geller schützen, wurde dabei in Brand geschossen und hatte versucht mit dem brennendem Flugzeug zurückzufliegen. Sie erinnerte sich auch noch – mit Schmunzeln – an meinen Auftritt mit dem Blumenstrauß.

Leutnant Herbert Fermer
(später Oberleutnant Staffelkapitän 7/JG52)

Schon am 24. Juli 1940 ist Oberleutnant Fermer gefallen. Er wurde über Margate getroffen und ist ins Meer gestürzt. Er wurde abgeschossen von Flight Officer Edward Smith, der eine Spitfire flog, die zur 610. Staffel aus Biggin Hill gehörte.

Leutnant Christoph Geller

Christoph Geller hatte wahrscheinlich bei einem Feindflug über Dover Motorschaden. Er rettete sich vor der englischen Südküste in den Kanal, wurde vom Seenotdient aber nicht gefunden. Er gilt bis heute als vermißt. Wahrscheinlich ist er ertrunken.

Oberleutnant Kühle

(später Major; zahlreiche Positionen, unter anderem Adjutant des Geschwaderkommodore JG 52)

Helmut Kühle war während des gesamten Krieges im Einsatz. Er flog, hatte aber auch verschiedene Stabspositionen inne. Gerüchte wollen wissen, daß er aufgrund einer zu geringen Zahl von Abschüssen abgelöst, später aber befördert wurde. Ich kann nicht glauben, daß Kühle »feige« war. Seine Taktik lautete »Vorsicht – Erfahrung sammeln«. Da er immer in Sorge um die ihm Unterstellten war, ging er nicht immer das letzte Wagnis ein. Er hat nie Menschenleben leichtfertig aufs Spiel gesetzt. Beim letzten Angriff der deutschen Luftwaffe, in der Schlacht um die Ardennen, ist er im Februar 1945 abgeschossen worden und fand dabei den Tod.

Feldwebel Schieverhöfer

Lothar Schieverhöfer überlebte den Krieg als Kriegsgefangener in Kanada. Er flog am 27. Oktober als mein Rottenhund und wurde zusammen mit mir abgeschossen. Oft habe ich mir Gedanken gemacht, ob ich mit meiner »eingefrorenen« Luftschraube nicht besser hätte umdrehen sollen. Wäre jedoch die Kehrtkurve über London so ausgeführt worden, wie vorher angesagt, hätte es weder mich noch Lothar getroffen.

Lothar war abenteuerlich veranlagt. Nach der Rückkehr aus der Gefangenschaft führte er in einem großen Wanderzirkus die Kantine und zog in einem komfortablen Wohnwagen umher. Dann ging er als Buschpilot nach Westafrika, nach Monrovia in Liberia. Bei einem »Bruch«, der von seinem Flugzeug nur Trümmer übrigließ, blieb er zwar unverletzt, geriet aber in finanzielle Not. Ich habe ihn unterstützt, mit ihm Briefe gewechselt, aber irgendwann meldete er sich nicht mehr. Er ist wohl in Afrika verschollen.

Feldwebel Siegfried Voss

Am besten zitiere ich hier das »Hamburger Abendblatt« vom Freitag, dem 11. März 1988: »Ein Hamburger Pensionär, der sich in England als tollkühner Kriegsheld feiern ließ, ist jetzt von Historikern als Lügenbaron entlarvt worden. Seine Aufschneiderei wurde nur möglich, weil er – Siegfried Voss (72) aus Bramsfeld – einen Namensvetter in Bonn hatte. Doch obwohl der falsche V. überführt ist, bleibt er dabei, der Bruchpilot von Ashford zu sein ...

Es gelang ihm, ehemaligen Royal-Air-Force-Angehörigen einzureden, er sei der Pilot gewesen, dessen Messerschmitt 109 sich am 12. Oktober 1940 bei Ashford sechs Meter tief in das 16 Hektar große Erbsenfeld auf Lord Brabournes Gut bohrte. ›Ich sehe mich noch am Fallschirm hängen. Die Gegend hat sich überhaupt nicht verändert‹, erzählte er und erfand eine dramatische Geschichte: Öltankexplosion in 200 Metern Höhe. Der Fallschirm öffnete sich erst 50 Meter über dem Boden. Einziger Augenzeuge: ein deutscher Spion namens Bodo, eben einem kleinen Tauchboot entstiegen. V. schlägt sich zum U-Boot durch und gelangt nach Deutschland.

Britische Hobby-Historiker hatten die Me 109 mit Metallsuchgeräten aufgespürt. Andy Saunders (33), Rathausbeamter in Hastings und Mitarbeiter des Militärflugzeug-Museums Tangmere: ›Wir fanden Teile einer Me 109 des Geschwaders 2/JG52. Aus britischen Unterlagen ging hervor, daß der Pilot Siegfried Voss hieß. Der deutsche Jagfliegerverband half und machte den Hamburger ausfindig. Er ist Mitglied im Jagdfliegerverband. Das kann aber jeder werden.‹

Der Bramsfelder bestätigte eilfertig und reiste nach Ashford. Doch Andy Saunders bekam Zweifel und spürte schließlich den richtigen Mann in Bonn auf. Saunders: ›Die Geschichte des Hamburgers stimmte nicht.‹

Der richtige Siegfried V. in Bonn konnte jedoch nichts zur Aufklärung beitragen. Er starb kurz vor seinem 70. Geburtstag.«

Es war ein hartes Stück Arbeit und kostete viel Mühe, den falschen Voss aus der Gemeinschaft der Jagdflieger auszuschließen.

Oberleutnant Hinrich Waller

»Hinnerk« Waller, der ein begeisterter Offizier (aber auch Bauer) war, trat nach dem Zweiten Weltkrieg in die neue deutsche Luftwaffe ein Er wurde als Oberstleutnant und Gruppenkommandeur im neuen JG 71 Richthofen pensioniert.

Schicksalsschläge führten zu einem Schlaganfall und völliger Erblindung. »Hinnerk« starb am 28. September 1987.

Oberleutnant Tietzen

Oberleutnant Horst Jacob Tietzen wurde als Hauptmann Staffelkapitän der 5. Staffel im JG 51. Er wurde schon am 18. August 1940 über der Themsemündung durch den später berühmten Peter Townsend von der 85. Hurricane Squadron aus Debden abgeschossen.

Tietzen wurde erst Tage später an der französischen Küste mit aufgeblasener Schwimmweste angeschwemmt. Er hatte sich selbst mit seiner Offizierspistole einen Kopfschuß verpaßt. Die Kälte des Wassers war wohl unerträglich geworden. Sein Schicksal und das anderer angeschwemmter toter Piloten führten dazu, daß wir, die deutschen Flugzeugführer, etwa von September an ohne Pistolen zu fliegen hatten. Falls wir ins kalte Seewasser fielen, sollten wir nicht in Versuchung geraten. Wer also abgeschossen wurde, kam in England unbewaffnet auf dem Boden an.

Feldwebel Karl Rüttger

Feldwebel Rüttger überlebte zusammen mit Oberleutnant Kühle die »Battle« und wurde anschließend auf der Kriegsschule Offizier. Er übernahm die 3. Staffel, die er als Leutnant vom 24. Juni bis 1. Juli 1942 führte. Seine Staffelführung endete, als er wegen Motorschadens hinter der Kampflinie in Rußland notlanden mußte. Er geriet in russische Gefangenschaft, die er überlebte.

Nach der Rückkehr hat er es in einem westdeutschen Produktionsbetrieb zum technischen Leiter gebracht. Nach der Pensionierung zog er mit seiner Frau Margot nach Holland.

Bisher erschienen in der Reihe ZEITGUT

Gebrannte Kinder. Zweiter Teil.
Kindheit in Deutschland 1939-1945
36 Geschichten und Berichte von Zeitzeugen
334 Seiten mit vielen Abbildungen,
Ortsregister, Chronologie, gebunden.
Band 7
ISBN 3-933336-26-2, EUR 18,90

Nachkriegs-Kinder
Kindheit in Deutschland 1945–1950
67 Geschichten und Berichte von Zeitzeugen
424 Seiten mit vielen Abbildungen,
Ortsregister, Klappenbroschur.
Band 2
ISBN 3-933336-01-5, EUR 18,90

Lebertran und Chewing Gum,
Kindheit in Deutschland 1945–1950
55 Geschichten und Berichte von Zeitzeugen
361 Seiten mit vielen Abbildungen,
Ortsregister, Chronologie, gebunden.
Band 14
ISBN 3-933336-23-6, EUR 18,90

Schlüssel-Kinder
Kindheit in Deutschland 1950–1960
46 Geschichten und Berichte von Zeitzeugen
336 Seiten mit vielen Abbildungen,
Ortsregister, Klappenbroschur.
Band 6
ISBN 3-933336-05-8, EUR 18,90

Weitere Informationen unter www.zeitgut.com

Bisher erschienen in der Reihe ZEITGUT

Wir wollten leben
Jugend in Deutschland 1939–1945
40 Geschichten und Berichte von Zeitzeugen
344 Seiten mit vielen Abbildungen,
Ortsregister, gebunden.
Band 5
ISBN 3-933336-24-4, EUR 18,90

Wir sollten Helden sein
Jugend in Deutschland 1939–1945
38 Geschichten und Berichte von Zeitzeugen
331 Seiten mit vielen Abbildungen,
Ortsregister, Klappenbroschur.
Band 12
ISBN 3-933336-11-2, EUR 18,90

Hungern und hoffen
Jugend in Deutschland 1945–1950
48 Geschichten und Berichte von Zeitzeugen
361 Seiten mit vielen Abbildungen,
Ortsregister, Chronologie, Klappenbroschur.
Band 10
ISBN 3-933336-06-6, EUR 18,90

Zwischen Kaiser und Hitler
Kindheit in Deutschland 1914–1933
47 Geschichten und Berichte von Zeitzeugen
368 Seiten mit vielen Abbildungen,
Ortsregister, gebunden.
Band 15
ISBN 3-933336-16-3, EUR 18,90

Weitere Informationen unter www.zeitgut.com

Bisher erschienen in der Reihe ZEITGUT

Täglich Krieg.
Deutschland 1939–1945
41 Geschichten und Berichte von Zeitzeugen
362 Seiten mit vielen Abbildungen,
Ortsregister, Chronologie, Klappenbroschur.
Band 9
ISBN 3-933336-08-2, EUR 18,90

Und weiter geht es doch.
Deutschland 1945–1950
45 Geschichten und Berichte von Zeitzeugen
361 Seiten mit vielen Abbildungen,
Ortsregister, Chronologie, Klappenbroschur.
Band 8
ISBN 3-933336-10-4, EUR 18,90

Von hier nach drüben.
Grenzgänge, Reisen und
Fluchten 1945–1961
38 Geschichten und Berichte von Zeitzeugen
332 Seiten mit vielen Abbildungen,
Ortsregister, Chronologie, Klappenbroschur.
Band 11.
ISBN 3-933336-13-9, EUR 18,90

Getäuscht und verraten.
Jugend in Deutschland 1933–1939
43 Geschichten und Berichte von Zeitzeugen
320 Seiten mit vielen Abbildungen,
Ortsregister, Chronologie, geunden.
Band 16
ISBN 3-933336-07-4, EUR 18,90

Weitere Informationen unter www.zeitgut.com

Nichts führt zurück.
Flucht und Vertreibung 1944–1948
in Zeitzeugen-Erinnerungen.
ZEITGUT Auswahl 2
208 Seiten mit vielen Abbildungen,
13 x 21 cm, gebunden.
ISBN 3-933336-22-8, EUR 14,80

Immer seltener führt uns die Bitte „Erzähl doch mal ...“ zurück in die Alltagswelt bei Kriegsende und in die Zeit der großen Flüchtlingstrecks aus den damals deutschen Gebieten jemseits von Oder und Neiße. Die Menschen, die dabei waren, kommen in die Jahre. Was in den Geschichtsbüchern zurückbleibt, sind Zahlen und Fakten. Die vielschichtige Lebenswirklichkeit aber beginnt zu verblassen.
Das Buch dokumentiert Flucht und Vertreibung aus persönlicher Sicht. Zeitzeugen schildern die kaum vorstellbaren Verhältnisse, das schreiende Unrecht und das geringe Verständnis der anderen Deutschen, denen die Heimat und oft aller Besitzstand geblieben war,

Ein Stück Berlin.
Jugend-Erinnerungen 1918–1945
ZEITGUT Auswahl 1
184 Seiten mit vielen Abbildungen,
13 x 21 cm, gebunden.
ISBN 3-933336-21-X, EUR 9,80

Schreib so oft Du kannst.
Feldpostbriefe
des Lehrers Gerhard Udke
1940–1944
Herausgegeben von Dr. Gerwin Udke
240 Seiten, viele Fotos, gebunden.
ISBN 3-933336-33-3, EUR 18,90

Gerhard Udke, geboren 1906 in Berlin, gefallen im Juni 1944 bei Bobruisk in Rußland war Germanist, tätig als Studienrat am Arndt-Gymnasium in Berlin-Dahlem, wo er zugleich als „Hausvater“ im angeschlossenen Internat wirkte.

Die hier von seinem Sohn, dem Juristen und Hochschullehrer Dr. Gerwin Udke, vorgelegten Feldpostbriefe sind trotz ihrer Privatheit und Intimität aufwühlende und bildhaft geschriebene Zeitzeugen-Dokumente des Zweiten Weltkriegs. Sie sind der erhalten gebliebene Teil eines Briefwechsels mit seiner Frau Dorothea; die an ihn gerichteten Briefe sind leider verlorengegangen.

Gerhard Udke hat beim Verfassen seiner Briefe gewiß nicht an eine spätere Veröffentlichung gedacht. Dafür hat der im Beruf auf Außenwirkung bedachte Pädagoge dem Briefpapier zu viele persönliche Schwächen und Ängste anvertraut. In seinen Briefen in die Heimat schildert er sehr plastisch und im Laufe des Krieges immer offener den soldatischen Alltag. Er erläutert die strategische Situation, in der sich seine Einheit jeweils befindet und charakterisiert mit sicherem Gespür die Menschen, mit denen er täglich umgehen muß. So entstehen inmitten von Chaos und Vernichtung lesenswerte Miniaturen eines sinnlosen Krieges.